Varia / Feltrinelli

ALMANACCO LUTTAZZI DELLA NUOVA SATIRA ITALIANA 2010

Feltrinelli

Prima edizione in "Varia" ottobre 2010

Stampa L.E.G.O. S.p.A. Stabilimento di Lavis - TN

ISBN 978-88-07-49100-9

Almanacco Luttazzi della nuova satira italiana 2010

Intro

È aperta **La Palestra**, il luogo dove allenare ed esibire i vostri muscoli satirici (www.luttazzi.it). Inviatemi le vostre battute sui fatti del giorno. Usate come premessa della battuta un titolo di giornale. Sceglierò quelle che mi piacciono e le pubblicherò.

Prima di cominciare, studiatevi il mini-manuale **Preparazione H e cinti erniari per Principianti**. Buon lavoro a tutti.

Preparazione H e cinti erniari per Principianti

Il vostro sforzo è stato notevole e adesso molti di voi manifestano emorroidi classiche ed ernie smaniose, contro cui è meglio premunirsi.

1) La battuta deve essere una **sorpresa** rispetto alla premessa. Se la sorpresa è poca, la battuta è debole debole. (Es.: *Svolta nei* Simpson. *Per la prima volta Maggie parla. E rivela di aver avuto una relazione con Berlusconi.*) Ma la sorpresa non deve essere campata per aria, sennò la battuta non funziona lo stesso. (Es.: *Giro d'Italia: "Sono pronto per vincere!" ha dichiarato il testicolo destro di Armstrong.*) Il difficile è proprio l'equilibrio. A questo serve la Palestra.

2) **Lasciate perdere i giochi di parole.** Innanzitutto, perché sono la prima cosa che viene in mente a tutti. Quindi dov'è la sorpresa? Solo ieri ho ricevuto 48 esempi di questa battuta: *L'ex terrorista Battisti rompe il silenzio: Mogol gli scrive il*

testo. In secondo luogo, perché i giochi di parole sono tipici dei pedanti che vogliono sfoggiare il proprio acume. Per questo **irritano**. Un comico bravo gioca con le idee.

Infine, perché i giochi di parole originali richiedono esperienza. Lo stesso vale per le meta-battute (le battute sul fare battute). Avete appena cominciato a sollevare manubri da 1 kg; inoltre il vostro coefficiente Sinclair è basso: non siete pronti per sollevare a strappo bilancieri da 3 quintali. Vi fate male.

3) Come nella moda, anche nelle battute esiste uno **stile** legato all'epoca. Me ne arrivano molte direttamente dagli anni cinquanta. (Es.: *Il Parla&Mento approva due mozioni che stabiliscono più fondi per le scuole private, dal titolo "La scuola pubblica deve essere privata... di tutto".*) Ricordate sempre che siamo nel 2009 e nel frattempo sono già arrivati Woody Allen, Bill Hicks, i Monthy Python, Eddie Izzard, Francesco Salvi, Bergonzoni e Maurizio Milani con gli sci di ultimo tipo.

4) Soprattutto, **asciugate** il più possibile. Togliete le parole superflue: a parità di contenuto, è migliore la battuta con meno parole. Se però dovete scegliere fra brevità e ritmo, **privilegiate il ritmo**.

5) Una bella battuta contiene **un'idea, non un luogo comune**. E l'idea deve avere un fondo di verità, altrimenti la battuta è fasulla. (Es.: *SMS troppo costosi per l'Antitrust che passa a Vodafone.* Ma l'Antitrust ha multato sia Tim che Vodafone per gli SMS troppo costosi.) (Altro esempio no: *"El País" pubblica le foto scattate a Villa Certosa. Delusione tra i lettori: sembra di vedere un porno giapponese, c'è gente che fa sesso e i genitali sono oscurati.* Ma in quelle foto nessuno fa sesso. La base della battuta satirica dev'essere **vera**, sennò è barare: sono capaci tutti.) La satira deve portare alla luce **contraddizioni vere** (di fatto e/o psicologiche). La contraddizione falsa non fa ridere. (Es.: *Brunetta vieta internet in ufficio. Dà l'annuncio durante l'orario di lavoro via twitter.*) Per scrivere satira **occorre essere informati**. Chi vi ha detto che è facile?

6) Una battuta satirica allude a un fatto, ma **non funziona se il riferimento è per specialisti e devi spiegarlo**. (Es.: *Il Papa a Betlemme: "Uno Stato per i palestinesi, il Madagascar"*. Il riferimento è ad Adolf Eichmann e al finto piano nazista di trasferire gli ebrei tedeschi in Madagascar: un falso che nascondeva l'intenzione vera di sterminare tutti gli ebrei.) (Altro esempio: *Giovane si addormenta con il cellulare umts collegato a internet. Dilapidato il credito. Si giustifica così: almeno posso sognare in modo fluido.*)

7) Gli autori satirici vengono spesso querelati per **diffamazione** dal potente di turno. Evitate accuse assurde che non potete provare in alcun modo. (Es.: *La rivelazione di Marzotto: "Naomi mi picchiava". Naomi: "Dovevo farlo, bastava che lo lasciassi solo un minuto e se la finiva tutta lui".*)

8) **Niente battute fascistoidi** (leggete il post "Mentana a Elm Street") e niente battute razziste. (Ieri qualcuno ha inviato questa: *È arrivato in Europa uno dei videogame più discussi nel quale vince chi effettua più stupri. Il joystick sarà a forma di rumeno.* Scivoloni che succedono, quando papà è abbonato a la "Padania".) Attenti inoltre alle **implicazioni**. (Es.: *Stupri nei videogame. Monito del Santo Padre: "Pixel sono già piccole creature"*. Questa battuta si schiera contro il Papa, ma indirettamente giustifica i videogame con stupri!)

9) Non inviate battute prese da altri siti satirici. Questo è il modo perfetto per essere espulsi. Il senso della Palestra è esercitare se stessi, non farlo fare agli altri al posto nostro. Corollario: se le inviate qui, non inviatele altrove. E viceversa. Niente casini inutili. E non inviate mie vecchie battute, o calchi di mie vecchie battute. (*Daniele, leggi qua. Penso che tu sia tonto.*)

10) A volte la cosa più sorprendente è quella che nessuno vede perché è sotto gli occhi di tutti. Lavorateci su. Inviate la vostra battuta migliore. Se non convince voi, come potete sperare che convinca me? Mica sono il supplente.

La "verità" di una battuta satirica

Paola e Massimo chiedono spiegazioni sulla battuta di Michele pubblicata ieri: *Per festeggiare i 40 anni dallo sbarco sulla Luna, verrà girato un nuovo video negli stessi studi usati per il primo.*

L'obiezione è che, al punto 5 della *Preparazione* H, scrivo che "una bella battuta contiene un'idea, non un luogo comune. E l'idea deve avere un fondo di verità, altrimenti la battuta è fasulla. [...] La base della battuta satirica dev'essere vera, sennò è barare: sono capaci tutti".

Secondo loro, la battuta di Michele va contro questa regola, dato che sostiene, come fanno i complottisti disinformati, che in realtà l'uomo non è mai stato sulla Luna.

Quello della verità di una battuta satirica è un tema su cui è bene non equivocare. Vanno individuati due piani di verità: quello **legale** (se fai satira addossando reati a qualcuno, il fatto deve essere vero o ti becchi una querela) e quello **artistico** (la satira deve commentare un fatto vero: le teorie complottiste, ad esempio, sono un fatto vero). Io credo che la dietrologia relativa allo sbarco sulla Luna sia una baggianata, ma che questa dietrologia esista è un fatto vero. Quindi posso alludervi con tutte le battute che voglio e queste battute funzionano perfettamente: la satira è sulla cultura pop. In altra veste, ritroviamo qui la distinzione, cara agli antichi greci, fra ***episteme*** **(verità scientifica)** e ***doxa*** **(opinione)**. La satira si può fare su entrambe. Negli esempi al punto 5, invece, il plot della battuta è un fatto falso. Questo è barare.

La satira su Michael Jackson

Davide e Luca, lette le battute recenti su MJ (es. *Michael Jackson, nello stomaco solo pillole. Dubbi, invece, sul liquido verdastro rinvenuto nelle branchie* e *Resi pubblici i risultati dell'autopsia sul corpo di Michael Jackson: secondo i medici, il suo stomaco è talmente pieno di pillole che prima di mangiarlo i vermi dovranno esibire la ricetta*) chiedono perché non siano fascistoidi come nel caso Griffin-Anna Frank. (cfr. "Mentana a Elm Street", *La guerra civile fredda*, pagg. 189-199).

Il motivo è che Michael Jackson è vittima dei suoi eccessi, non c'è nessun carnefice. Quindi entra in funzione la regolina di Lenny Bruce legata al contesto: **comicità = tragedia + tempo.**

Quella regola riassume empiricamente i meccanismi di reazione a una battuta. L'obiezione giusta, a questo punto, diventa: *Non sarà troppo presto per fare battute su MJ?*

Può darsi, ma quando a una battuta si applica "tragedia + tempo", non significa che, se è troppo presto, la battuta non faccia ridere in assoluto. Nel post "Mentana a Elm Street" scrivo infatti della sensibilità del comico: sta a lui decidere se è troppo presto. Magari il comico si sbaglia e TUTTO il pubblico fa buuu. Magari non si sbaglia e solo parte del pubblico mugugna, mentre il resto apprezza l'acidità della battuta. L'importante è che la battuta faccia ridere il comico. (Mi ripeto a scanso di fraintendimenti: la regola "l'importante è che faccia ridere il comico" NON si applica nel caso ci sia un carnefice, es.: i nazisti su Anna Frank.)

Nel caso particolare di Michael Jackson, poi, la sua vita è stata talmente sopra le righe e controversa (il re del pop, l'accusa di pedofilia, Neverland, la camera iperbarica, il lama, la pelle sbiancata, la chirurgia plastica) che la sua morte non viene vissuta come una tragedia umana tipo l'uccisione di Carlo Giuliani (avvertite la vibrazione fascistoide di questo paragone?) ma come la scomparsa di un'icona, accorciando di molto i tempi.

Va considerato infine che "tempo" equivale a "spazio". Un evento luttuoso che accade geograficamente lontano da noi riduce la salienza della tragedia, anche qui accorciando i tempi.

Per tutti questi motivi, se oggi morisse Ligabue (lunga vita, caro Luciano!) sarebbe impossibile farci su delle battute.

Va ricordato che Jackson è stato assolto da ogni accusa di pedofilia. Battute che danno del pedofilo a Michael Jackson sono diffamatorie (reato).

Pedagogia

Ogni tanto c'è chi mi chiede perché mai la sua battuta formidabile sia stata scartata.

Il motivo è semplice: perché, incredibilmente, quella battuta è l'esempio di uno o più errori elencati nella *Preparazione* H (es.: c'è chi si ostina a inviare giochi di parole penosi).

Dalla Palestra si impara in tre modi:

– confrontando le proprie battute scartate con le regoline della *Preparazione* H
– confrontando le proprie battute scartate con quelle scritte da altri sullo stesso argomento
– confrontando la propria battuta pubblicata con la propria battuta inviata: spesso, infatti, prima di pubblicarle le aggiusto. Così uno, se vuole, capisce tante cosine.

Il grande segreto

Ciò che fa scattare la risata è LA TECNICA della battuta, non il contenuto. Fateci caso: quando un giornalista riassume la battuta di qualche comico oppure ne fa una parafrasi con parole sue, la battuta non fa ridere. Il contenuto serve alla salienza e predispone l'animo alla risata, ma è la tecnica (il timer) a farla esplodere. Ed è la tecnica che si impara a mettere a punto, in questa Palestra di bombaroli. (Dai miei piccoli esperimenti live su battute di comici famosi, ad esempio, ho scoperto che basta spostare una parola in un certo modo e la battuta diventa molto più forte.)

(Quale modo? Scoprìtelo da soli. Io ci ho messo vent'anni per arrivarci. Magari sarete più fortunati.) (Sì, buonasera.)
Poi esistono contenuti (idee) più o meno originali e qui serve il confronto con gli altri.

A proposito del luogo comune "L'idea è la stessa!".

Fabiola mi chiede per quale motivo la battuta *Per festeggiare i quarant'anni dallo sbarco sulla Luna, verrà girato un nuovo video negli stessi studi usati per il primo.* sia stata preferita alla sua battuta "*Dopo l'Apollo 11, due sonde Usa stanno per sbarcare sulla Luna: già allestito il set fotografico.* In fondo, argomenta Fabiola, "*l'idea è la stessa e la mia ha più sintesi.*"

Stessa specie di obiezione da Max. Perché la battuta *Brunetta: "Nel sesso ero imbranato, ora ho raggiunto ritmo ed eleganza". E pensare che sono bastati un metronomo e un guanto di cashmere* è stata scelta, mentre il suo Pilates

1. *Brunetta: "Nel sesso ero imbranato, ora ho raggiunto ritmo ed eleganza".*
2. *Brunetta: "Da giovane mi venivo direttamente nelle mutande, ora mi faccio delle gran pippe usando un metronomo e dei guanti di seta firmati Dolce e Gabbana".*

invece no? In fondo, sostiene anche Max, "*l'idea è la stessa*".

Va ricordato allora per l'ennesima volta che la risata scatta non per l'idea, ma per la tecnica della battuta. Una battuta è un racconto in miniatura in cui distinguiamo una **trama** (il *plot*) e una **sceneggiatura** (la *struttura*). Il plot contiene una risata latente che solo la struttura fa esplodere. Infatti la parafrasi di una battuta (cioè il plot senza la struttura) non fa ridere.

La struttura di una battuta è il meccanismo a orologeria che modula il fluire del tempo narrativo rendendolo sorprendente. Esistono vari meccanismi, ciascuno composto da tante rotelline: fra queste, una delle principali è **l'esattezza del dettaglio**. Come la sintesi a scapito del ritmo è un errore, così la sintesi a scapito dell'esattezza. La dietrologia relativa allo sbarco sulla Luna favoleggiava di una messinscena realizzata dalla Nasa in uno studio cinematografico, non in un set fotografico. Il dettaglio sbagliato da Fabiola inceppa il meccanismo a orologeria della battuta e lo sportellino del cucù resta chiuso.

In un altro meccanismo, la rotellina nevralgica è **l'allusione**. Prendiamo due versioni di uno stesso *plot* (Brunetta si masturba). Max, nella sua, lo dice direttamente: non c'è sorpresa, il plot resta senza struttura e la risata non scatta. In quella pubblicata nella Palestra, invece, il plot è raccontato per allusione: c'è sorpresa, il meccanismo scatta e infatti si ride.

Da notare che l'idea di quella battuta non è, come pensa Max, il metronomo e il guanto di lusso. È Brunetta che si masturba. Metronomo e guanto sono solo gli indizi (i dentelli) che servono per far ingranare l'allusione (la rotellina). Così l'orologeria diventa arte.

Sul piano culturale, il luogo comune "*L'idea è la stessa*" diventa ideologia piccolo-borghese, coi suoi retaggi romantici sull'unicità dell'ispirazione artistica. Nell'arte, *originalità* (Picasso, Mozart, Bill Hicks) e *miglioramento* (Picasso che rifà Velázquez, Mozart che rifà Vivaldi, Bill Hicks che rifà Lenny Bruce) sono valori equipollenti. È **il modo** (l'integrazione di *plot* e struttura) a fare la differenza. L'amore contrastato fra due giovani (*plot*) con una certa struttura diventa Shakespeare (*Giulietta e Romeo*), con un'altra diventa una battuta (*Un ragazzo incontra una ragazza, il ragazzo perde la ragazza, il ragazzo diventa una ragazza*).

Acido lattico

A centinaia le battute su pornostar/pompini/ministero delle Pari opportunità. È l'associazione di idee che viene in mente a chiunque, per cui è banale: non c'è sorpresa e quindi non fa ridere. Preferibile scartare la prima battuta che vi viene in mente su un argomento. Già che ci siete, scartate anche la seconda. Inviate la terza idea o magari la quarta. Qualcuno in

Palestra lo sta facendo e i risultati si vedono. Non siate precipitosi: avete un giorno di tempo! Per una battuta!

Implicazioni

Un caso interessante è la battuta (di cui l'altro giorno ho ricevuto decine di versioni identiche) *Berlusconi: "La Gandus giudice? È come se il proprietario di Mediaset facesse le nomine dei dirigenti Rai"*. Le ho scartate tutte perché l'implicazione di questo paragone è falsa: la battuta finisce per sostenere che la Gandus non è legittimata a fare il giudice così come Berlusconi non lo è per fare le nomine Rai; ma la Gandus ha tutto il diritto di fare il giudice e di essere considerata imparziale, mentre Berlusconi non ha alcun diritto di fare le nomine Rai. Attenti a quello che la vostra battuta dice davvero!

Sociologia del comico

Gabriella mi chiede come mai così poche donne partecipino alla palestra satirica. L'ho notato anch'io: ogni giorno, in media, su cento battute solo tre sono di ragazze. Verificare questo dato sociologico ("*le donne sono minoritarie nella satira?*") è uno degli intenti della Palestra. Il mio sospetto è che si sconti anche qui, come nel resto della società, un retaggio culturale. Va notato come, nel mondo, le comiche siano un numero ridottissimo rispetto ai comici. Stereotipi sociologici cui corrispondono stereotipi culturali: nella comicità, a fronte di quattro ruoli maschili principali, i ruoli femminili sono fondamentalmente due: la bella Colombina e la vecchia megera. L'eccezione (la donna autonoma che sa il fatto suo) è già in Aristofane (*Le donne a parlamento*), ma si tratta appunto di un'eccezione: venne recuperata per brevissimo tempo negli anni trenta/quaranta con le cosiddette "screwball comedies" (*Bringing up baby*, *His girl friday*). In questo genere particolare di film comico, la donna domina la relazione. I gusti del pubblico di massa (sempre condizionati, peraltro) sembrano però non accogliere con favore questo genere di commedie, neppure ai giorni nostri, dove la "screwball comedy" viene edulcorata sotto forma di sit-com come *Maude* (1970) e *Roseanne* (1990).

Quanto alla satira, la lettura del fenomeno può confermare un altro aspetto: le donne tendono a essere complete, gli uomini mooolto parziali. Gli uomini hanno hobbies: ricavano soddisfazione dal concentrarsi su una cosa alla volta, escludendo tutto il resto del mondo. Le donne gestiscono vite, sanno stabilire priorità, si dedicano a cose più urgenti: non sono soddisfatte se tutto il loro mondo non è armonico. La satira non è un genere armonico. Divide, schernisce, ferisce.

Esercizi di rassodamento

Uno dei polpacci della comicità è l'ESAGERAZIONE. Mi stupisce quanto poco utilizziate questo muscolo nelle vostre prove. Affinché non vi resti rachitico, è importante esercitarlo. D'ora in poi, delle tre battute che inviate in Palestra, almeno una dovrà essere una esagerazione. La macchina su cui vi eserciterete è una struttura standard (formula) che risale alla notte dei tempi: "**X è talmente (aggettivo) che (esagerazione)**".

Johnny Carson la impiegava così spesso che la rese un suo marchio di fabbrica. L'antecedente illustre è il *Cyrano de Bergerac*. **David Letterman** porta avanti la nobile tradizione: l'altra sera, commentando la cerimonia del premio Tony per il teatro, ha detto: "*Una cerimonia talmente lunga che alla fine Godot è arrivato*". Oro puro.

Dateci dentro!

Nuova rubrica I

In diversi mi segnalate titoli veri che sono già satirici di per sé, senza bisogno di aggiungere altro. Esempio:

Milingo si lamenta: "Quanto mi costa la moglie". (libero-news.it/Giuliano Cassataro)

Se ne individuate uno, inviatelo qua per la nuova rubrica **Le parallele asimmetriche**.

Davide propone la correlazione fra due titoli:

1. "la Repubblica"/Politica: "Mara Carfagna ha ricavato un libro dal suo primo anno di esperienza da ministro".
2. "la Repubblica"/Scienza: "Ricavata cellulosa da spermatozoi". (Davide Candeli)

È un'idea ottima.

Dato un titolo 1, trovate un titolo 2 che sembri correlato.

Variazione: il confronto fra due frasi contraddittorie dello stesso personaggio, la prima detta oggi, la seconda tempo fa. Esempio:

1. Influenza A: Sacconi: "No allarmismi". (20 febbraio 2009, ansa.it)
2. Sacconi: "Stiamo considerando l'ipotesi di immunizzare contro la nuova influenza 15,4 milioni di persone". (22 luglio 2009, corriere.it/Mimmo Riccio)

Data la frase 1 detta oggi, trovate la frase 2 contraddittoria detta tempo fa.

Inviatele qua. Sono **Parallele simmetriche**. Insieme a quelle asimmetriche completeranno la rubrica **Parallele**.

Nuova rubrica II

1. Franceschini si ricandida alla guida del Pd: "Non posso riconsegnare il partito a quelli che c'erano molto prima di me".
2. Franceschini ai dalemiani: "Fuori dai coglioni".

La frase 1 è quella pronunciata pubblicamente.
La frase 2 è quello che significa davvero.

Trovate una frase 1, inventate la relativa frase 2.

Inviatele qua per la nuova rubrica **Pilates**.

Nuova rubrica III

1. Berlusconi: "Vertice riuscito, premiata la mia lucida follia".
2. Michelle Obama: "Perché la carbonara di Berlusconi è blu??".
(Vittorio Lattanzi)

La frase 1 è quella pronunciata pubblicamente.
La frase 2 è la domanda bizzarra che l'ha provocata.

Trovate una frase 1, inventate la relativa domanda 2.

Inviatele qua per la nuova rubrica **Carnac**.

Insomma:

come non si può giocare a calcio senza conoscere i fondamentali, così è per la satira.

I vari esercizi della Palestra servono a tonificare i muscoli satirici di base. Ce n'è uno per l'esagerazione, uno per i paragoni, uno per l'invenzione, un altro per lo spirito di osservazione eccetera.

Ogni giorno arrivano in Palestra circa duemila battute. Passo quattro ore al giorno a selezionare e correggere. Una battuta è formata da un *plot* (l'idea) e da una *struttura* (la tecnica). Contrariamente a quello che pensano tutti, **a far scattare la risata non è l'idea, ma la tecnica**. Infatti quando un giornalista riporta una battuta facendone la parafrasi, non fa ridere. La Palestra serve a migliorare la tecnica. Esempio: una battuta inviata era *Berlusconi è talmente faccia di culo che arriverà a sostenere che era lui a essere pagato dalle donne per le sue prestazioni sessuali.* Pubblicata, è diventata: *Berlusconi: – Le escort? Erano loro a pagare me* –. Dal confronto fra la battuta inviata e la stessa battuta pubblicata, uno impara tante cosine, se vuole.

La satira italiana è in ottima salute, ma in questi anni i tromboni ignoranti che l'hanno soffocata in tv hanno anche diffuso pregiudizi perniciosi che vanno smentiti. Ad esempio il luogo comune secondo cui la satira non deve fare politica e non dev'essere faziosa. Errore: **la satira NASCE politica e faziosa**, con Aristofane. È politica e faziosa per natura. Ingiuriare i mascalzoni, a pensarci bene, è onorare gli onesti. (Aristofane, *I cavalieri*) Chi attacca la satira e non la permette in tv è un censore e va disprezzato. Berlusconi: "*La sinistra mi odia!*". Ma odiare i mascalzoni è una cosa nobile: lo diceva già Quintiliano.

Ogni giorno, le battute della Palestra superano per quantità e qualità le battute pubblicate sui giornali e trasmesse in tv. È un risultato eccellente.

Divertenti si nasce. Sapere la tecnica non è sufficiente. Comunque, cinque princìpi valgono in tutti i casi: **brevità, esattezza, semplicità, sorpresa, ritmo**.

Gli **errori più comuni** finora? Scrivere battute già scritte meglio da altri (pigrizia, inesperienza) oppure basate su giochi di parole e luoghi comuni (banalità) oppure piatte (poca fantasia) oppure diffamatorie (eccesso di bile).

Tutte le battute pubblicate mi hanno fatto ridere. Ognuna contiene una scintilla della grande risata universale.

Cosa dà lo spunto per una battuta? Il tuo modo di vedere le cose. E questo non si può insegnare, mi spiace.

Maggio 2009

9 maggio

Richiamo del Vaticano alla moralità del premier. L'editoriale affidato alla rivista "Chierichetti da dietro". (Leonardo Settimelli)

Dopo le aspre critiche dei vescovi a Berlusconi, su "Libero" le foto conturbanti di una giovane Madre Teresa di Calcutta. (Anonimo)

Se la notizia della relazione tra Berlusconi e Noemi avesse fondamento sarebbe oltremodo disgustosa. Voglio dire, ha diciotto anni! Potrebbe essere sua figlia. Potrebbe essere sua nipote. Potrebbe essere una sua prescrizione. (Anonimo)

Roma. La vedova dell'anarchico Pinelli al Quirinale. Napolitano: "Si affacci, guardi che panorama". (Anonimo)

Commosso dalla stretta di mano tra le vedove Pinelli e Calabresi, Napolitano ha subito organizzato per domani un'incontro tra la vedova Moro e Livia Andreotti. (Anonimo)

Ipotesi G8 a L'Aquila, i Black Block esprimono riserve e chiedono la ricostruzione di cinque sportelli bancari crollati per il terremoto. (Fabio Graziani)

10 maggio

Baltimora. Arrestata la farfalla che ha causato il terremoto in Abruzzo. (Francesco Biondi)

Clandestini respinti. Si tratta dell'ennesimo dramma della povertà in cui molte persone rischiano l'arrivo in Italia nella speranza di riuscire a morire in mare. (Adelmo Monachese)

Spuntano in rete foto sexy di Rihanna, ma si tratterebbe di un falso: nelle foto è intonata. (Silvio Di Giorgio)

11 maggio

Respinti i clandestini. Il rabbino Di Segni: "Così anche prima della Shoah". Maroni: "Adesso basta con i complimenti". (Anonimo)

Il Papa: "Non dimenticherò mai la Shoah. Ho delle foto bellissime". (Federico Montironi)

Censis: un italiano su due è colpito dalla crisi. L'altro ci ha fatto l'abitudine. (Anonimo)

Torino, scritte anarchiche contro Calabresi. Saranno almeno quarant'anni che il comune non lava i muri della città. (Anonimo)

La Russa propone ai giovani: "Un mese di stage con gli alpini". Già pronte 2000 fotocopiatrici mimetiche. (Raul Colombi)

12 maggio

Il Papa allo Yad Vashem: "Non dimenticare mai la Shoah: con quello che ci è costata in biglietti per il Sudamerica!". (Anonimo)

Calcio: Berlusconi critica Ancelotti. “Con gli uomini che ha il Milan, si poteva benissimo tenere testa all’Inter. Insomma, guardate io con chi governo un paese.” (Diego Leonardi)

13 maggio

Roma, 1 maggio: 800.000 fedeli accalcati in piazza San Giovanni in occasione della riesumazione della salma di Vasco Rossi. (Giovanni Ledda)

Il Papa: “Sì a una patria palestinese. Il muro di divisione è una tragedia”. Il progettista del muro: “Sarà bello San Pietro!”. (Marco Messina)

Il Papa ai giovani palestinesi: “Resistete alla tentazione del terrorismo. Si diventa ciechi”. (Anonimo)

Pubblicata la vita di Berlusconi in fascicoli settimanali. Aumenta l’attesa per l’opera postuma. (Claudio Gatti)

Napoli, pensionato ucciso in casa. Il cadavere rinvenuto da un passante. (Andrea Canavesi)

Cremona, paura nell’ex fabbrica di amianto. Quattro morti da gennaio, la proprietà smentisce. Ancora intatte le salme. Dopo la cremazione. (Matteo Prencipe)

Modena. Depressione post-partum, una giovane madre ha gettato dal balcone la sua figlioletta di due mesi che piangeva. Poi l’ha riportata in casa perché ha smesso. (Gianluca Fauci)

Estradato in Germania John Demjanjuk: dovrà rispondere della morte di 29.000 ebrei. La difesa proverà a dimostrare che l’auto di Demjanjuk ha cercato di frenare. (Silvio Di Giorgio)

Migliaia di canguri sterminati dall’esercito australiano. Il generale: "Scusate, ma è stato troppo divertente". (Marco Messina)

Oregon. Scoperto scambio di culle a cinquantasei anni di distanza. Lettini restituiti ai legittimi proprietari. (Stefano Lai)

Da Google un nuovo sistema per affinare la ricerca. Tutti gli utenti che hanno digitato "soluzione pene incastrato aspirapolvere" ringraziano. (Luca Cogoni)

F1. La Ferrari annuncia il ritiro assoluto dal prossimo anno. Per quest'anno si ritirerà solo durante ogni Gran Premio. (Roberto Nadalin)

Dopo il pareggio nel big match tra Juve e Milan, entrambi i tecnici recriminano. Ancelotti: "A noi manca un rigore". Ranieri: "A noi manca Moggi". (Marco Calderoni)

Incidente al Giro d'Italia: allo sprint finale Armstrong perde la macchina fotografica. (Fabio Corigliano)

14 maggio

Inchiesta, le 10 domande mai poste al Cavaliere.
Con o senza ingoio?
Con o senza ingoio?
Con o senza ingoio?
Con o senza ingoio?
Con o senza ingoio?
Con o senza ingoio?
Con o senza ingoio?
Con o senza ingoio?
Con o senza ingoio?
Con o senza ingoio? (Domenico De Felice)

Attentato suicida a Khost, Afghanistan: 7 morti. Le autobomba le hanno inventate i libanesi: hanno perso 95 uomini prima di riuscire ad arrivare all'ufficio brevetti. (Silvio Di Giorgio)

Profezia Maya: “La fine del mondo nel 2012”. Gasparri: “Volete davvero dare retta a un’ape?”. (Anonimo)

Recenti ricerche dimostrano che il Tetrapack è opaco alla luce solo dall’esterno verso l’interno. In altre parole, il succo di pera ci osserva. (Anonimo)

Dopo Montecarlo, anche Roma avrà il suo Gran Premio: tra le novità, i pit-stop in seconda fila. (Anonimo)

15 maggio

Napolitano: “Troppa retorica xenofoba”.
Berlusconi: “Non si riferiva a noi”.
Napolitano: “Mi riferivo a ’sto cazzo”. (Giancarlo Savatta)

Schifani: “La nostra generazione ha ancora in mente una nozione di famiglia tradizionale”. Una madre, un padre, una minorenne e un divorzio. (Roberto Geroli)

D’Alema attacca Berlusconi. Il forte scirocco impedisce però l’abbordaggio. (Giovanni Mori)

Berlusconi colto da un lieve malore durante un’apparizione all’ultimo congresso del Pdl. Solo un breve giramento di testa, il Cavaliere ha perciò voluto rassicurare i presenti sulle sue buone condizioni di salute riprendendo subito la parola e andando avanti: “Che cosa non stavo affatto dicendo?”. (Gianluca Mauro)

Kamasutra cattolico. Polemiche sul capitolo dedicato alla fellatio, “Prendete e bevetene tutti”. (Stefano Lai)

Birmania, in carcere Aung San Sun Kyi. O qualcosa del genere. (Maurizio Lippa)

La Nike taglia 1750 posti di lavoro. Spese troppo alte in omogeneizzati. (Francesco Alberici)

Caterina Caselli contro i download pirata del brano per l'Abruzzo: "Non c'è pietà per nulla e per nessuno", ha dichiarato la discografica. È esattamente quello che ho pensato mentre ascoltavo il pezzo. (Patrizio Giovannotti)

Scandalo Michael Jackson, al buio s'illumina. "E figuriamoci quando vi dirò dove infilo la presa" ha replicato il cantante. (Peppe Clemente)

A causa del riscaldamento globale, si estinguerà l'orso polare. Momenti di sconcerto, poi la Coca-Cola troverà un'altra mascotte. (Stefano Marchesi)

Ladri in casa Zalayeta: "Sono stato narcotizzato". Trovato cd di Gigi D'Alessio. (Peppe Clemente)

16 maggio

Tre maxi-emendamenti con voto di fiducia per: zittire il Parlamento, trasformare l'immigrazione in reato, dar via libera alle ronde leghiste e allungare i tempi di detenzione nei Cie. Ma è un ddl, o un rito satanico per resuscitare Oriana Fallaci? (Marco Cannariato)

Bossi: "I giudici dovranno essere eletti direttamente dal popolo". Poi sarà il turno dei parlamentari. (Andrea Tornese)

Berlusconi va da Putin e firma importanti accordi sul gas. Quello avanzato dal teatro Dubrovka. (Federico Montironi)

Sri Lanka, Tamil prossimi alla sconfitta: "Siamo pronti al suicidio di massa". Chiesta la consulenza di Veltroni. (Mario del Franco)

Berlusconi: "Il peggio è passato". Il peggio: "Non ho trovato nulla di interessante". (Manuel Pica)

Morta Susanna Agnelli. In segno di lutto la Fiat rimetterà in produzione la Duna. (Anonimo)

Papa, Rabbino e Imam insieme, comincia con il botto il convegno mondiale di Star Trek. (Matteo Marzorati)

Cina. Vent'anni dopo piazza Tienanmen, sono ancora un simbolo le immagini dello studente che andò contro i carri armati. Pechino: "Quante storie per un tizio che chiedeva indicazioni". (Nicolò Musmeci)

17 maggio

Bossi: "Silvio ha dimenticato il Nord!".
In serata, Berlusconi interviene alla festa di una diciottenne di Brescia. (Diego Leonardi)

La Russa si è scusato per aver definito l'Alto Commissariato per i Rifugiati dell'ONU "organizzazione disumana e criminale". "Ripensandoci," ha dichiarato, "non sono poi così organizzati." (Davide Rossi)

Arrestato all'aeroporto di Bologna un narcotrafficante internazionale: trasportava la cocaina nascondendola nella protesi della gamba. Che poi ingeriva. (Silvio Di Giorgio)

Amato, boss degli "scissionisti" di Scampia, arrestato a Marbella. Avete notato? Mai successo che un camorrista venga catturato, che so, all'interno del Louvre. (Andrea Canavesi)

Il Papa: "Mai più spargimento di sangue! Mai più terrorismo! Mai più guerra!". La differenza tra i bambini che chiedono la pace nel mondo a Babbo Natale e i credenti che pregano Dio è che i bambini, alla lunga, capiscono come funziona. (Nanni Mattei)

Caos durante il Gay Pride a Mosca. Decine di manifestanti in manette. Poi è arrivata la polizia. (Anonimo)

18 maggio

Il Papa: "L'aborto è un reato: embrioni e feti sono già delle piccole creature. Visto come sculettano?". (Mauro Tetti)

Fini: "Il Parlamento deve fare leggi non orientate da precetti di tipo religioso".
Franceschini: "Quello che ha detto lui". (Diego Leonardi)

Sri Lanka. Le Tigri Tamil: "Smettiamo di combattere". Insorgono i giornalisti: "E il suicidio di massa?". (Francesco Leonetti)

"Times" rettifica il pezzo sulla madre di Noemi: "Il signore di cui parla non è Berlusconi, ma Dio". Poca differenza, nessuno dei due può essere processato. (Federico Previtera)

19 maggio

Mills: 600.000 dollari per favorire Berlusconi. Il Pd attacca: "Che cosa??? A lui l'han pagato?!?!?". (Stefano Galdo)

28 secondi, ecco il volo record dell'aeroplanino di carta. Esultano i 4 deputati presenti in aula. (Daniele Bisegna)

La Lega propone che i magistrati siano eletti dal popolo. Maxischermi pronti a Casal di Principe per seguire l'evento. (Piero Zito)

Secondo l'ultimo sondaggio di Berlusconi, il Pdl sarebbe al 40%. Ma il Pd non ci sta: "Stando ai nostri dati, è al 50%". (Davide Rossi)

Emergenza sanitaria all'Aquila, nell'ospedale da campo scarsa igiene, promiscuità e rischio infezioni. Berlusconi fiducioso: "È un po' come passare un weekend in Thailandia". (Fabrizio Sordello)

"Corriere": "La Fiat stringe per Opel". Marchionne cerca di convincere gli operai tedeschi: "Per ognuno di voi che perderà il lavoro, noi lasceremo a casa 10 operai italiani". (Marco Viganò)

Il nuovo film di Bellocchio convince solo a metà. Quella in cui ho dormito. (Francesco Conte)

La Ventura lascia *X Factor*. Proprio adesso che mi si è rotto il televisore. (Anonimo)

Tenta rapina armato di banana, scivola sulla custodia dell'arma durante la fuga. (Guido Settingiano)

20 maggio

Rivelazione di "Chi": i 600.000 dollari erano il regalo per i diciott'anni di Mills. (Maurizio Migliora)

21 maggio

La strage di piazza Fontana diventa un film. Ancora ignoto il nome del regista. (Davide Barile)

Primi segni di indignazione della gente dopo gli scandali Letizia e Mills. Berlusconi travolto all'uscita dell'hotel Raphael da un fitto lancio di minorenni. (Jan Pochobradsky)

Nel covo del boss Gaetano Lo Presti trovati 10 milioni di dollari falsi. La banconota è stata sequestrata. (Matteo Zeppe)

Irlanda: rapporto-shock su abusi fatti da religiosi cattolici. Un prete si difende: "Chi non ha mai fatto cazzate, a un addio al seminario?!". (Nicola Ulivieri)

Scandalo annunciato per il nuovo film di Moretti, in cui interpreterà lo psichiatra del Papa. "Allora, Joseph, potrebbe per cortesia indicarmi il punto nella stanza dove si trova in questo momento 'Dio'?" (Riccardo Viganò)

Pubblicato il "kamasutra cattolico". Il capitolo sulla masturbazione è scritto in braille. (Filippo Mornaghini)

22 maggio

Troppo caldo. Il Papa sfoggia il "saturno". Sotto, il classico bikini bianco. (Manuel Pica)

Gorbaciov: "Wojtyla mi fece sentire il soffio dello spirito santo. Era un soffio marroncino". (Lucio Massarotto)

Una pornostar tenta di battere il record mondiale di sesso orale con più di duecento uomini, ma sviene. Tutto da rifare, esultano i partecipanti. (Riccardo Viganò)

Giro d'Italia. Menchov vince la cronometro delle Cinque Terre e conquista la maglia rosa: gli sarà consegnata non appena saranno riusciti a fermarlo. (Silvio Di Giorgio)

A causa del caldo, Papa Benedetto XVI rinuncia alla papalina e indossa il cappello a forma di Saturno. Probabilmente, un omaggio a Galileo. (Maurizio Lippa)

Per un errore della banca, Leo Gao e la fidanzata Cara Young si sono visti accreditare sul proprio conto una somma di denaro spropositata. La coppia è fuggita senza lasciare traccia, ma la banca ha rinunciato a esporre denuncia, come deciso dai nuovi proprietari, Leo Gao e Cara Young. (Davide Prevarin)

Donna fa sesso con due uomini diversi lo stesso giorno e rimane incinta entrambe le volte. Evoluzione: ritrovato fossile di quarantasette milioni di anni. Il Vaticano: "E passare un cazzo di giorno in santa pace?". (Pino Potenza)

Le parallele asimmetriche

Berlusconi: "L'Italia cresce se crescono l'informazione e la libertà". (ansa.it/Piero Lisi)

Schifani a Palermo inaugura il Villaggio della Legalità. (ansa.it/Emanuele Vigo)

Arriva il codice sui "processi in tv": "Sì alla cronaca, no alle ricostruzioni". Vespa: "Noi sempre corretti". (corriere.it/Francesco Leonetti)

23 maggio

Sentenza Mills, speciale *Studio Aperto*: "Il premier apprende la decisione mentre si trova a Milano, dove alcuni giorni fa un romeno ha violentato una ragazzina che mangiava un gelato. Secondo un recente studio, infatti, gli italiani quest'estate mangeranno almeno 13 kg di gelato a testa. Per combattere quella che si preannuncia come l'estate più calda degli ultimi dieci anni. Ma vediamo come affronterà l'afa Belen Rodriguez". (Riccardo Viganò)

Le parallele asimmetriche

Iran: tre giustiziati, una donna e tre uomini (corriere.it/Francesco Barabaus)

Infrastrutture, Matteoli: "Salerno-Reggio Calabria pronta entro 2012". (corriere.it/Francesco Barabaus)

Confalonieri ai giovani: "Non rimbambitevi davanti alla televisione". (adnkronos.com/Raffaele My)

Emanuele Filiberto: "Ho imparato in fretta a ballare, imparerò a fare il parlamentare". (corriere.it/Andrea Ponticorvo)

Berlusconi: "Parlamento inutile e dannoso? Non l'ho mai detto". (ansa.it/Piero Lisi)

24 maggio

Berlusconi sul caso Noemi: “Ci sono stati giornalisti che hanno raccontato le più grandi falsità, raccontando una versione del tutto modificata della vicenda per perseguire interessi politici dettati dall’alto”. “Ma non ce l’avrei mai fatta senza il mio meraviglioso staff, Presidente” si è subito schermito Emilio Fede. (Riccardo Viganò)

Benedetto XVI: “So quanto sia critica la situazione di tanti operai. Ecco perché io faccio il Papa”. (Giovanni Giuzio)

Capezzano. Realizzato lo spaghetto più lungo del mondo. 7560 mt. Impossibile finirlo senza cominciare a cagarlo. (Salvatore Pirolo)

Pistoia. Pulisce l’arma e colpisce per sbaglio la madre novantaseienne: sequestrato il bazooka. (Silvio Di Giorgio)

Nuovo slogan della compagnia di bandiera: “Alitalia vola con te”. Speravo fosse il contrario. (Alessandro Verdoliva)

Draghi: “Stop superbonus per manager”. Poi ha finito le parole che finivano per consonante. (Adelmo Monachese)

Le parallele asimmetriche

Famiglie sempre più povere per la crisi. L’appello del Papa: “Servono soluzioni”. (adnkronos.com/Carlo Sassi)

Lesbica diventa uomo. E si scopre gay. (ilgiornale.it/Andrea Sesta)

Cina, tenta suicidio dal ponte. Automobilista sale e lo butta giù: è salvo. (corriere.it/Federico Previtera)

Napolitano ricorda Falcone e Borsellino: “Nessuno mini il prestigio delle Istituzioni”. (repubblica.it/Mauro Pompili)

Parlamento: Casini, premier non si smentisca. (ansa.it/Anonimo)

25 maggio

Le veline candidate alle europee hanno tutte la laurea e i loro rapporti con il premier sono strettamente formali. Quando riceve una telefonata da una di loro, Berlusconi risponde: "Buonasera, dottore". (Stefano Giaimo)

Arte e Cultura La Bagnaia, assegnati quattro premi speciali: a Giulio Andreotti, "il più conosciuto e longevo rappresentante dell'Italia nel mondo, emblema della diplomazia nazionale"; a Paolo Bonaiuti, "per aver dedicato la vita al mondo dell'informazione prima da giornalista e poi da uomo delle istituzioni", a Maurizio Gasparri, "per le sue battaglie quotidiane tese costantemente alla semplificazione del sistema politico italiano"; infine a Jack lo Squartatore, "per l'importante contribuito nella lotta alla prostituzione". (Francesco Daucelli)

Papa Benedetto XVI sulle Beatitudini: "Beati i poveri... però nemmeno io mi posso lamentare". (Daniele Vitale)

Berlusconi: "Roma sporca come una città africana". Poi precisa: "Non volevo attaccare Alemanno, ma solo usare un'espressione razzista". (Nicolò Musmeci)

Una donna ha tentato di battere il record mondiale di pompini. Al settantacinquesimo uomo si è dovuta fermare per un malore. La cerimonia nuziale è stata interrotta. (Luca Cogoni)

NASA: "Gli astronauti si dissetano con urina riciclata". Anche al ristorante. (Matteo Zeppe)

Le parallele asimmetriche

Matteoli: "La linea 6 del metrò si farà, ma prima verranno la 4 e la 5". (corriere.it/Fausto Murizzi)

Berlusconi: "I've never made a gaffe". (cnn.com/Francesco Barabaus)

26 maggio

Belpietro: "Pare che il giovane fidanzatino di Noemi abbia avuto problemi con la giustizia". Giovane? A settantadue anni? (Yuri Mozetic)

Parla il padre di Noemi: "Io e Silvio ci conosciamo da tanti anni. E presto mi diranno esattamente quanti". (Giuseppe Revel)

"Alitalia vola con te!" Ah, anche lei prende la British Airways? (Andrea Troiani)

Napoli. Un ragazzo di sedici anni ha puntato un coltello da cucina contro il fratellino di due chiedendo denaro ai genitori. Il piccolo è riuscito a difendersi grazie al machete della Chicco. (Francesco De Lisi)

Radio Vaticana in rosso. La Santa Sede apre agli spot. Il primo cliente sarà l'Enel. Il nome della società elettrica sostituirà la sigla Inri. (Manuel Pica)

Il segretario generale della Cei su Berlusconi: "Non si può essere incuranti degli effetti che certi atteggiamenti producono, e ciò vale a seconda della visibilità di ciascuno". Io quindi continuo a masturbarmi. (Alessandro Verdoliva)

Marilyn Manson: nuovo album, nuove polemiche. I sensazionalisti rispolverano il caso Bestie di Satana, ma i fan non sono una massa acritica. Prendete me. Entrai nelle Bestie di Satana e ne uscii quasi subito. Ti promettono orge e feti, ti ritrovi addetto al catering. (Mattia Coletti)

Il ministro Tremonti attacca nuovamente le banche. E dategliela, 'sta cazzo di agendina!! (Ico Bellungi)

Bellucci a Cannes, ladri a casa sua. Le portano via gioielli, due computer, il passaporto e una doppiatrice. (Matteo Zeppe)

Le parallele asimmetriche

Compra un escavatore all'asta online. A tre anni. (corriere.it/Ernesto Montale)

Barbara Matera: "Vive in me una semimonaca". (corriere.it/Luca Iti)

In tutto il week-end sono stati denunciati nove automobilisti, tra questi una donna di Molinella fermata in via Friuli Venezia Giulia e alla quale oltre la patente è stata confiscata la patente. ("Il Resto del Carlino"/Anonimo)

Barbara Matera: la sua grande passione, prima ancora del cane dobermann di nome Johnny, è padre Pio. (corriere.it/Giorgio Montanari)

Dieci domande a Franceschini. ("Il Giornale"/Piero Lisi)

Caso Noemi, Berlusconi alla CNN: "Mai mentito". ("Il Giornale"/Piero Lisi)

27 maggio

Ritorna l'incubo rifiuti a Napoli. Qualche stronzo ha girato le telecamere. (Daniele Vitale)

Il 60% degli italiani è contrario al nucleare, favorevole invece la maggioranza. (Richi Selva)

Le parallele asimmetriche

Uccide la moglie e chiama la polizia: "Ho perso la testa". (ansa.it/Michele Fantoni)

Caso Noemi. Quello che Dario non dice. (ilgiornale.it/Piero Lisi)

28 maggio

Caso Noemi, il premier sbotta: "È indecente il tempo che devo perdere dietro a questa vicenda; ho cose ben più importanti e urgenti su cui mentire". (Pietro Borrelli)

Caro diario, sai che anche il suo cazzo sa di cerone? (Giuseppe Rallo)

I cardinali: "La bellezza non sia l'elemento decisivo per le candidature". Replica del Pontefice: "Volete dire che non mi avete eletto per il mio nasino?". (Leonardo Pezzuto)

Lapo, dopo la fuoriscita dal cda della casa automobilistica torinese, in un'intervista racconta della sua vita senza Fiat. Nella prossima puntata racconterà della sua vita senza congiuntivi. (Claudio Margaroli)

Le parallele asimmetriche

Berlusconi: "Mai stato con le minorenni: altrimenti mi sarei dimesso". (corriere.it/Francesco Barabaus)

Berlusconi: "Non ho mai avuto rapporti piccanti". Fischi dai commercianti. ("l'Unità"/Giancarlo Gaudiuso)

Terremotati Abruzzo, Berlusconi: "Nessuno in tenda quando arriverà freddo". (corriere.it/Francesco Barabaus)

Le autorità militari sudcoreane e statunitensi hanno alzato il livello di allerta sulla Corea del Nord da 3 a 2. (corrieredelticino.ch/Francesco Barabaus)

29 maggio

Per un guasto meccanico l'aereo di Schifani è riatterrato a Mosca. Imbarazzo nella delegazione russa che stava festeggiando la sua partenza. (Roberto Nadalin)

Franceschini: "Fareste educare i figli da Berlusconi?". Indignati i figli del premier: "Siamo profondamente orgogliosi dei valori che ci ha trasmesso nostro padre. E senza farci pagare un euro di tassa di successione". (Roberto Piro)

Le parallele asimmetriche

Paura in volo per l'aereo con a bordo Schifani. ("La Stampa"/Paola Cava)

Pinza dimenticata nell'addome, avviata un'indagine interna. (Ancona Informa/Stefano Barco)

Opel: Fiat frena. (corriere.it/Matteo Cutini)

Lui vuole lasciarla, lei lo stordisce e gli fa "saltare in aria" il pene con i petardi. (il gazzettino.it/Massimo Manfrin)

30 maggio

Noemi ai giornalisti: "Silvio è come un padre per me. Per questo io lo chiamo 'Papi' e lui mi chiama 'Soon-Yi'". (Giorgio Marti)

Fareste giurare Berlusconi sulla testa dei vostri figli? (Lorenzo Gemo)

I passeggeri del traghetto Tirrenia sono ancora sotto shock: "Credevamo di non farcela, le condizioni della nave erano disastrose: sapevamo che non avremmo resistito a lungo. Poi per fortuna c'è stato l'incendio".(Silvio Di Giorgio)

Una sigaretta produce tre volte l'inquinamento atmosferico di una Harley Davidson: lo dice una ricerca condotta dall'Istituto dei Tumori di Milano. "La parte più complessa dell'esperimento," spiega l'ideatore, "è stato convincere i dottorandi a fumare la Harley Davidson." (Federico Cecconi)

Il Papa: "Non ho capito perché Dio abbia scelto proprio me". Siamo in miliardi a chiedercelo. (Peppe Clemente)

Le parallele asimmetriche

Sanremo: muore di infarto mentre uccide il suo cane. ("Corriere della Sera"/Davide Rossi)

Il Papa: "Aids, fedeltà e astinenza". (ilgiornale.it/Giuseppe Cossu)

Monsignor Mansueto Bianchi: "Gesù è il miglior tronista di tutti, ma il suo trono è la croce". ("corriere fiorentino"/Filippo Lori)

31 maggio

Gran Bretagna. È morta Millvina Dean, l'ultima sopravvissuta all'affondamento del *Titanic.* Polemiche sul ritardo dei soccorritori. (Matteo Mazzucco)

Le parallele asimmetriche

Santanchè: "Berlusconi ha tentato di tutto per tenere in piedi la famiglia". ("la Repubblica"/Marco Salvini)

Gli scatti a Villa Certosa. Berlusconi: "Toccato il fondo". (corriere.it/Antonio Bonventre)

"In Berlusconi esiste una dose di innocenza, e di incoscienza quindi, che è propria dei giovani." Dall'intervista rilasciata al "Corriere della Sera" da Miti Simonetto, curatrice dell'immagine di Silvio Berlusconi. (Mario Antonelli)

I genitori dicono no al matrimonio e lui si taglia via il pene per protesta. ("Corriere della Sera"/Davide Rossi)

Scontro sui voli di Stato. (repubblica.it/Paola Cava)

Cossiga: "Dalla Francia non sapremo mai la verità". (adnkronos.com/Claudio Mucci)

Giugno 2009

1 giugno

Kansas, ucciso medico abortista di 2652 settimane. (Riccardo Viganò)

Berlusconi sta rischiando seriamente di perdere consensi. Panico nel Pd. (Davide Rossi)

Parte l'attacco a Veronica. Santanchè: "Ha un compagno". Si tratterebbe del capo della sicurezza della villa di Macherio. Signora Lario, un consiglio: se finisce con un miliardario arabo, eviti i sottopassi. (Marco Racca)

Le parallele asimmetriche

Berlusconi su Napoli: "Immondizia elettorale". ("Corriere della Sera"/Michele Comelli)

Emergenza rifiuti: a Palermo arriva Bertolaso. (ansa.it/Piero Lisi)

2 giugno

Microsoft: sparisce il joypad, giocheremo con le mani. "Dov'è la novità?" ha commentato l'amministratore di Youporn. (Daniele Bisegna)

Bondi: "Ragazze? Alla villa di Berlusconi ricordo solo famigliole". Risate di chi venne invitato nei giorni giusti. (Tommaso Satta)

Berlusconi sulle europee: “Per la sinistra sarà una sconfitta terribile”. Franceschini: “Già, non vorrei essere nei loro panni”. (Giuseppe Revel)

Bari: ha tentato di avventarsi contro Berlusconi, arrestato. L’uomo con precedenti penali ha poi terminato la conferenza stampa. (Matteo Zeppe)

A rischio il processo di beatificazione di Papa Wojtyla: la corrispondenza con una donna di nome Wanda ha vanificato per il Vaticano quanto di buono c’era nell’amicizia con un sanguinario dittatore cileno di nome Augusto. (Stefano Lai)

In Israele una donna tenta il suicidio sdraiandosi sui binari, il treno passa ma lei rimane incredibilmente illesa. Episodio simile qualche anno fa a Roma: un anziano si stese sui binari, aspettando il treno. Morì di fame. (Jacopo Spaziani)

Lanciato il videogioco dei Beatles. È più famoso di quello di Gesù. (Francesco Ortiz)

Le parallele asimmetriche

Air France: “È la più grave tragedia nella storia della società”. CHOC PER LA COMPAGNIA: L’AIRBUS ERA NUOVO (“Corriere della Sera”/Piero Pusceddu)

Netturbini, il potere forte di Palermo. (“La Stampa”/Emanuele Barborini)

2 giugno, Napolitano: “Italia coesa e solidale”. (ilgiornale.it/Carlo Sassi)

L’ufficio di Monsignor Boniecki affacciato sul cortile arcivescovile è “il rifugio dove si nascondevano Wojtyla e gli altri SEMINAZISTI per sfuggire alle retate dei nazisti”. (lastampa.it/ezio62)

Le sequenze delle giovani arrivate anche con aerei di Stato e scortate dai bodyguard del premier. Tra gli ospiti Apicella, una ballerina di flamenco e Topolanek. (corriere.it/Ivan Mal)

Fermato affiliato al clan Belforte, chiedeva il pizzo a San Nicola. ("Corriere del Mezzogiorno"/Patrizia Pietrovanni)

3 giugno

Divorzio, caso Noemi, processo Mills, foto scandalo, questione rifiuti, gestione terremoto. Alla vigilia delle elezioni Berlusconi, sotto assedio, cala nei consensi. Potrebbe essere l'occasione giusta per il Pd di riaprire il dialogo. (Francesco Daucelli)

Parma. Il boss mafioso Giacomo Maurizio ha ottenuto gli arresti domiciliari perché depresso: neanche lui si ricordava quale fosse il nome e quale il cognome. (Marco Racca)

Le parallele asimmetriche

Troppo alto per entrare nella bara, le pompe funebri gli segano le gambe. (ilgazzettino.it/Massimo Manfrin)

4 giugno

"Le Monde": "Forse l'Airbus A-330 di Air France si è disintegrato perché volava a velocità troppo bassa". Cossiga: "Chapeau". (Alberto Fanchini)

Un gruppo di ricercatori dell'Università di Anversa ha messo a punto uno speciale sistema di pannolini "musicali" in grado di aiutare i bambini a usare il WC. Nonostante il progetto sia ancora in una fase di sperimentazione, sono già migliaia i pannolini scaricati illegalmente da e-Mule. (Richi Selva)

Incendio doloso distrugge il topless bar del Maine. I pompieri l'avrebbero potuto salvare ma erano troppo impegnati a far giocare le ragazze con gli idranti. (Roberto Nadalin)

Da oggi è ufficiale, Windows 7 sarà in vendita dal prossimo ottobre. Il nuovo sistema operativo della Microsoft sarà disponibile in tre versioni: family, professional, e funzionante. (Davide Prevarin)

Berlusconi ritorna su Obama: "Abbronzato? Si trattava di un complimento assoluto". E spiega: "Mi piacerebbe avere il tempo per espormi al sole e avere quel bel colore, ma con tutti questi impegni non posso godermi la mia piantagione di cotone". (Stefano Giaimo)

Obama al Cairo, storico discorso all'Islam. Ci ha lavorato fino all'ultimo minuto. Cercava una perifrasi di "Quella testadicazzo del mio predecessore". (Manrico Corazzi)

La sfida di Obama: "Israele fermi le colonie, i palestinesi le violenze". Gli israeliani, pur fermando la colonizzazione, potranno continuare con le violenze. (Federico Graziani)

Galles. Si studia la possibilità di creare benzina ecologica con l'erba. Prima la fumi, poi ti passa completamente la voglia di muoverti. (Davide Simonovic)

Germania: embrioni per curare il morbo della mucca pazza. Entusiasti i vertici McDonald's: "Allora con la nostra salsa segreta abbiamo curato i nostri clienti per anni!". (Piero Esposito)

Le parallele asimmetriche

"Supporters seek Nobel for Berlusconi. Really." (nytimes.com/Claudio Bertelli)

Berlusconi: "Mediaset non ha mai attaccato nessuno, credo di essere l'editore più liberale che ci sia". (adnkronos.com/Tito Darca)

Aggressione a procuratore Verona: è stato minorenne. (ansa.it/Marrazzo)

Berlusconi: "Purtroppo abbiamo una carta stampata e certe volte anche una televisione che rappresenta un'Italia diversa da quello che è". (corriere.it/pker868)

Il premier: "Le foto in Sardegna? Assolutamente pubblicabili". (corriere.it/Nicola Congiu)

5 giugno

"Pillola abortiva fai-da-te, è un anti-ulcera." Per lui. (Nicola Magnani)

Dopo mesi di studio alcuni ricercatori inglesi hanno scoperto che anche le scimmie ridono. Ci sarebbero arrivati molto prima se avessero noleggiato qualcosa di meglio di *Natale in India*. (Silvio Di Giorgio)

Scienza. Anche le scimmie sanno ridere se in loro presenza definisci il Pd "forza di opposizione". (Stefano Lai)

David Carradine morto per un gioco erotico finito male. "Dio solo sa quante volte ho rischiato una fine del genere," dichiara in lacrime il criceto di Richard Gere. (Fabio Di Girolamo)

Le parallele asimmetriche

Vicenza. Comune contro base Usa, stop ai parà nel parco: spaventano gli spazzini. (ilgazzettino.it/Massimo Manfrin)

Spara a sindaco nel Pavese, preso. (ansa.it/Francesco Balducci)

Berlusconi: "Milano sembra l'Africa". ("Corriere della Sera"/Claudia Marforio)

6 giugno

Ghedini: "Villa Certosa peggio del *Truman Show*". Ok. Se vi diciamo dov'è nascosta la porticina, poi ve ne andate tutti affanculo? (Giuliano Aloisi)

Perù, rivolta degli indios. Scontri con la polizia, costretta al lancio di conquistadores con la sifilide. (Francesco Daucelli)

Foto Villa Certosa, Pdl: "E se invece fosse stato un fucile?". Esagerati. È appena un pisello, e pure piccolo. (Betta Antichi)

Il giudice Rosario Priore sull'Airbus 330: "Molte le analogie con Ustica. Mi auguro solo che le indagini non conducano a un altro film diretto da Marco Risi". (Silvio Di Giorgio)

Scienza: "Le scimmie sono capaci di ridere". Evitate di portarle ai funerali. (Angelo Taibi)

Palermo. Cane antidroga scopre corriere con 51 ovuli di cocaina in corpo. Le autorità stanno ancora cercando di sfilargli l'animale dal culo. (Michele Comelli)

Le parallele asimmetriche

Teramo: mezzo agricolo si ribalta, morto. (adnkronos.com/Davide Rossi)

7 giugno

Si fa sterilizzare ma resta incinta. Donna fa causa all'ospedale. L'uomo, intanto, firma autografi. (Manuel Pica)

I ricercatori hanno scoperto che le scimmie sono capaci di ridere. E che smettono cagandosi addosso alla vista degli elettrodi. (Ernesto Montale)

Le parallele asimmetriche

Rifiuti, è allarme sanitario per topi e scarafaggi. (palermo.repubblica.it/Giuseppe Cossu)

Pier Silvio a Mike: "Nessuno sfratto ma ora sei più libero". (corriere.it/Giorgio Mantoan)

8 giugno

Franceschini: "Il progetto continua. La prossima volta perdiamo di almeno 10 punti". (Piero Iudiciani)

Anche il Pdl perde consensi. Berlusconi: "Non ci preoccupiamo del risultato elettorale, confidiamo che già da domani i sondaggi ci daranno oltre il 70%". (Enrico Baccini)

Vento di destra in Europa. E io che credevo stessero solo rivoltando del letame. (Augusto Rasori)

Benedetto XVI: "Traccia della Trinità nel genoma di ogni uomo". Chiesa irlandese: "Non siamo stati noi". (Marino Zimbaldi)

Le parallele asimmetriche

La prima volta di Noemi, al seggio scoppia il caos. ("La Stampa"/Simone Pasqualetto)

Berlusconi: "Clinton ha mentito, io no". (adnkronos.com/Michele Comelli)

9 giugno

Da ricerche tramite sofisticatissimi strumenti di misurazione è risultato che la Trinità contenuta nel genoma umano corrisponde a una percentuale dell'8 per mille. (Massimo Grande)

Thyssen, nuova udienza: "Operai impreparati contro incendio". Bruciavano. (Massimo Sacco)

Cina impone programma di censura su pc. È un software che blocca una serie di siti web sgraditi al governo di Pechino, che l'ha già ribattezzato il Software delle Libertà. (Francesco Daucelli)

Il legale della famiglia: "Carradine è stato ucciso da una setta segreta di kung fu". La famiglia: "Chi cazzo l'ha chiamato Taormina?". (Paolo Medico)

Si droga in aereo: multato Pete Doherty. Ha anche dovuto lasciare i comandi. (Andrea Michielotto)

Le parallele asimmetriche

Parigi, 15:19 – FRANCIA: AL VIA PROCESSO A MADRE CHE CONGELÒ FIGLI
Palermo, 14:56 – CINEMA: A LIPARI LA PRIMA MONDIALE DI *ERA GLACIALE III* (repubblica.it/Tiziana Mancini)

Berlusconi su Di Pietro: "Resta per me un mistero come si faccia a votare un simile filibustiere". (corriere.it/Marco Salvini)

10 giugno

Vergognosa aggressione a Balotelli: dei tifosi romani lo insultano e gli lanciano delle banane. Il mondo politico si indigna e si interroga sui motivi della deriva razzistica del Paese. L'eurodeputato Borghezio si chiama fuori: "Non è certo colpa della Lega se un bingobongo viene attaccato da quattro merdacce levantine". (Riccardo Viganò)

Grillo show al Senato: "Siete vecchi". Qualcuno gli spieghi il significato della parola senatore. (Carlos Catucci)

La iena all'attacco del fenicottero, l'incredibile fotosequenza di Shah. Il fenicottero: "Dare una mano no, eh?". (Sean Hall)

11 giugno

Ancora ignote le cause di una pioggia di girini in Giappone. Godzilla: "Neanche una sega in pace ci si può fare?". (Michele Comelli)

Il decreto intercettazioni colpirà la libertà di stampa. "Macché, il nostro lavoro proseguirà esattamente come prima," ha affermato Emilio Fede. (Nicola Congiu)

Le parallele asimmetriche

Bertinotti: "Nuovo partito a sinistra". ("La Stampa"/Nadia Collina)

Berlusconi: "Pd si contraddice". (ansa.it/Michele Comelli)

12 giugno

Berlusconi: "Presto ddl anti-foto, gli italiani sono stanchi di essere fotografati mentre organizzano party con decine di donne in topless nelle proprie mega-ville". (Tito Darca)

Il discorso di Gheddafi alla Sapienza è stato così entusiasmante che ho detto una cazzata. (Angelo Taibi)

Visita Gheddafi, pensieri notturni di Silvio: "Donne come bodyguard! Come ho fatto a non pensarci?". (Enzo Patronelli)

Corea del Nord, scelto anche il nomignolo per il figlio del dittatore Kim Jong-il: sarà "PierKim". (Leo Serrabrotto)

Aiuti all'Africa. Bono e Bob Geldof scriveranno una canzone insieme se l'Italia non rispetterà i patti. (Davide Rossi)

Le parallele asimmetriche

Treviso. Escursionisti dispersi in Cadore. Si temeva la tragedia, erano in carcere. (ilgazzettino.it/Massimo Manfrin)

Il segreto del sonno perfetto? Più facile se si è sposate ("la Repubblica"/Luisa Bi)

Fa il bucato e sventa incidente a centrale nucleare. (ansa.it/Michele Iuri)

13 giugno

Da Ghedini esposto-bis per Villa Certosa: "Sequestrare le altre cinquemila foto". A breve uscirà anche il film. Basterà far scorrere velocemente tutte le foto. (Manuel Pica)

Visita notturna di Berlusconi alla tenda di Gheddafi, dove il presidente si è trattenuto per circa mezz'ora. Ghedini puntualizza: "Erano presenti anche i genitori del leader libico". (Stefano Picardi & Matteo Bianchini)

Il raìs atteso alla Camera. Fini: "Una volta i dittatori erano in orario". (Ernesto Montale)

Niente scuola per Kenny. La bambina fa visita al presidente degli Stati Uniti d'America, il quale le firma il permesso per la maestra. Chissà perché questa scusa con me non ha mai funzionato. (Manuel Pica)

Il regista James Cameron sta girando *Avatar*, per il quale la 20th Century Fox non ha badato a spese: il film è talmente costoso che Julia Roberts comparirà nelle scene di massa. (Federico Erittu)

Berlusconi: "I giudici hanno talmente tanti poteri che potrebbero arrivare a processarmi!". (Luca Rondoletti)

Le parallele asimmetriche

Berlusconi: "Minorenni, veline, Mills e voli di Stato: c'è stato un piano eversivo contro di me". (corriere.it/Eleonora Colpo)

15 giugno

Ronde, il Viminale: "Niente divise o simboli politici". Subito fondati gli squadroni razzisti casual. (Nicola Congiu)

Maroni: "Esorcizziamo il termine ronde". E se invece provassimo a legalizzare il termine coglioni? (Maurizio Delnegro)

Ronde nere. Ordinate le volanti per i nuovi volontari della Guardia nazionale italiana. Saranno delle Uno bianche. (Edoardo Rubatto)

A Genova sequestrato pellet radioattivo: le persone davanti alla stufa non proiettavano sul muro ombre, ma radiografie. (Federico Erittu)

Le parallele asimmetriche

Francia, muore dopo il trapianto di faccia e mani. "Problemi al cuore." (corriere.it/Nicola Congiu)

Terremoto: installati primi parasole. (ansa.it/Massimo Grande)

16 giugno

Scienziati italiani scoprono il primo pianeta extra-galattico. Pare sia così distante dalla Terra che le frequenze di Radio Maria non riescono a raggiungerlo. (Stefano Castagnone)

Il Papa all'Onu: "È inaccettabile che milioni di persone soffrano la fame e la povertà. Preghiamo". (Alberto Fanchini)

Mastella: "Dopo il voto sui Dico mi telefonò il Papa. Pensai subito a uno scherzo di Fiorello. Invece era proprio il Santo Padre. Che imitava Fiorello". (Davide Rossi)

Le parallele asimmetriche

Obama a Silvio: "Aiutami". ("Libero"/Massimiliano Di Bacco)

17 giugno

Polemiche negli Usa durante un'intervista, Obama uccide una mosca. In sua difesa accorre Bush: "Calma, ragazzi, sta iniziando adesso!". (Pierpaolo Buzza)

Franceschini: "Dopo i ballottaggi dirò che cosa voglio fare". Favorito il mare sulla montagna. (Adelmo Monachese)

Patrizia D'Addario, candidata per la lista "La Puglia prima di tutto". Adesso si chiama "La Puglia"? (Antonio Diez)

Scoperta nuova molecola contro la disfunzione erettile: induce l'erezione nei topi. Sarà pure efficace ma il mio gatto si rifiuta di mangiare topi con peni eretti. (Francesco Daucelli)

Gita fuori porta per la nazionale italiana in Sudafrica. Gli uomini di Lippi hanno fatto visita a un safari vicino Johannesburg. Tenerissime le immagini di Quagliarella che abbraccia un tigrotto e di Cannavaro che accarezza Gattuso. (Nico Donisi)

Le parallele asimmetriche

Berlusconi: "Niente propaganda ma al referendum voterò sì". (repubblica.it/Gerardo Franco)

18 giugno

Ghedini: "Mi spiace ma il linguaggio tecnico è quello: colui che riceve è l'utilizzatore finale. Può essere un linguaggio crudo ma è così". Anche "testa di cazzo" è un linguaggio crudo, ma è così. (Davide Giacca)

Cinema. Ferzan Ozpetek è il codice fiscale di Raffaello Matarazzo. (Damiano Debiasi)

Monito di Papa Ratzinger ai sacerdoti: "Non rassegnatevi ai confessionali vuoti. È ancora pieno di gonzi in giro". (Diego Leonardi)

La crisi colpisce anche Al Qaeda, appelli per i fondi. Invia 3 euro con un sms al 48488, 5 euro con una chiamata da telefono fisso al 45455, oppure fai esplodere un edificio chiamando il 491109. (Mirco Pagano)

Messina, operazione anti-assenteisti, arrestati cinque dipendenti comunali. "Gli arresti avrebbero potuto essere di più," spiega la polizia, "ma in ufficio abbiamo trovato solo loro." (Giovanni Di Gilio)

Le parallele asimmetriche

Il Papa: "I preti pedofili allontanano i fedeli". ("Il Giornale"/Francesco Petrelli)

19 giugno

Berlusconi: "C'è un complotto oscuro contro di me che mira a far credere che io abbia detto che c'è un complotto oscuro contro di me". (Claudio Mucci)

Marte: scoperto un lago sul pianeta rosso. Molto bella la villa di George Clooney. (Giovanni Garbellini)

La Gelmini in tv è talmente rigida che in confronto papa Ratzinger sembra Tony Manero. (Gianni Usai)

Le parallele asimmetriche

Berlusconi: "Mai parlato di complotto". (ilmessaggero.it/Carlo Sassi)

Berlusconi: "Ora basta falsità". (ansa.it/Alessandro Verdoliva)

Mozzarelle senza latte, maxi sequestro a Crema. (rainews24.it/Antonino Di Liberto)

Nuova influenza, colpita nave. (ansa.it/Massimo Manfrin)

20 giugno

Rai: dal 22 giugno, a causa della risistemazione delle frequenze televisive, 14 milioni di italiani potrebbero ritrovarsi di fronte a uno schermo nero qualora dovessero sintonizzarsi su Raiuno. E qualcuno potrebbe addirittura accorgersi della differenza. (Paolo Perzan)

Sul "Corriere", Aldo Grasso si chiede: "Perché i commenti di Bagni o Boniek?". O quelli di Aldo Grasso? (Giulio Motta)

FIA: i team escono sbattendo la porta. Mosley ha comunque ottenuto di poter poggiare sullo stipite i testicoli. (Daniele Peretto)

In Iran c'è così poca democrazia che non si possono vincere le elezioni senza avere dalla propria parte l'autorità religiosa. Mi ricorda qualcosa... (Federico Graziani)

Le parallele asimmetriche

Bossi: "Ma la magistratura non ha di meglio da fare?". ("Il Messaggero"/Alessandro Ghidoni)

Berlusconi: "Preoccupati per libera informazione in Iran" (repubblica.it/Riccardo Zava)

Terremoto, il premier ai contestatori: "Speculano sui morti. Vergogna". (repubblica.it/Giuseppe de Finis)

21 giugno

Si ritorna a parlare del ponte sullo Stretto di Messina. Un'opera indispensabile se si vuole che l'Italia non venga tagliata fuori dalle rotte internazionali del bungee jumping. (Silvio Di Giorgio)

Ratzinger: "Padre Pio combatté contro il male". Le stimmate se le procurò impugnando al contrario la spada laser. (Pinuccio Bussu)

La Cina blocca i siti esteri su Google. Motivo ufficiale: salvaguardare i bambini dalla pornografia. "Non vogliamo che immagini sconce turbino le loro 16 ore di lavoro." (Diego Leonardi)

Italia fuori dalla Confederations Cup. Contro il Brasile gli azzurri hanno giocato talmente male che, durante l'intervallo, Dunga ha proposto di mischiare le squadre. (Diego Leonardi)

"Immaginare che Berlusconi paghi una donna 2000 euro per avere rapporti con lui mi sembra esagerato. Penso che potrebbe avere molte donne, e gratis," ha affermato Niccolò Ghedini. "Solo che dopo qualche anno s'incazzano," ha ribattuto Veronica Lario. (Alessandro Loi)

Le parallele asimmetriche

Berlusconi: "Non ho nessun potere". (rainews24.it/Tommaso Ari Moscati)

22 giugno

A Villa Certosa ragazze slave vestite da Babbo Natale. Ghedini: “Ok ok, aspetta, mi piacciono le sfide...”. (Andrea Armandi)

Palermo, l’AMIA ha speso 750.000 euro per 1500 cassonetti nuovi, troppo piccoli per i camion e quindi inutilizzabili. Adesso ne hanno ordinati altri 1500, un po’ più grandi, così da poterci buttare dentro quelli sbagliati. (Riccardo Viganò)

Le parallele asimmetriche

Siamo tutti Berlusconi. (“Libero”/Diego Boscolo)

23 giugno

L’Aquila. La terra è tornata a tremare nella tarda serata di ieri. La scossa è stata talmente forte che gli sfollati hanno temuto un nuovo concerto di beneficenza. (Davide Rossi)

Le parallele asimmetriche

Berlusconi: “D’Addario pagata”. (repubblica.it/Fabio Graziani)

Sciopero perché senza paga? Il padrone apre il fuoco. (unita.it/Marco Monguzzi)

Triestina, occhi su Zinna. (tuttomercatoweb.com/Davide Priore)

Chiama cane “Berluscane”: multato. (tgcom-mediaset.it/Alessandro Mastantuoni)

Province: da 50-9 per il Pd a 34-28 per il Pdl. Franceschini: “Comincia il declino della destra”. (corriere.it/Michele Marasciulo)

24 giugno

Berlusconi: "Non ho mai pagato una donna. Non ho mai capito che soddisfazione ci sia se non c'è il piacere della conquista; sarebbe come vincere una sentenza corrompendo un giudice". (Michele Incollu)

"Non sapevo che fosse una prostituta." Berlusconi è talmente ingenuo che potrebbe accogliere in casa un mafioso e scambiarlo per stalliere. (Massimo Mirandola)

Silvio: "Mai pagato una donna". Veronica: "Preparati". (Alessandro Riva)

L'Inail festeggia il nuovo record in ribasso degli incidenti sul lavoro. I lavoratori rimpiangono di non avere un lavoro dove avere un incidente. (Claudio Favara)

Arriva Kobian, il robot che esprime sette emozioni umane. Nicoletta Braschi non lavorerà mai più. (Pierpaolo Buzza)

Un camion di bestiame ha preso fuoco sulla A10: morte quaranta mucche. Se i vigili del fuoco fossero arrivati solo cinque minuti prima a quest'ora le mucche sarebbero sane e salve al mattatoio. (Silvio Di Giorgio)

Vile aggressione a una donna da parte di un branco di naziskin. I passanti erano così scioccati che hanno fatto foto tutte mosse. (Ernesto Montale)

Le parallele asimmetriche

Berlusconi: "Punire i clienti delle prostitute". (repubblica.it/Andrea Perolino)

25 giugno

Berlusconi nella conferenza stampa di questa mattina ai giornalisti: "Poiché i fatti recentemente emersi mi rendono responsabile di una grave lesione della dignità e dell'immagine del ruolo istituzionale che rappresento, con mio grande rammarico riporrò in maniera assoluta e irreversibile il mio incarico nelle mani del presidente della Repubblica. Bene, scritto? Ecco, adesso strappate il foglietto e infilatevelo su per il culo!". (Cristian Albanese)

Slitta il ddl sulla prostituzione. Prima verrà varato il Lodo D'Addario che esime dal pagare le escort le quattro più alte cariche dello Stato. (Augusto Rasori)

Britney Spears interpreterà il ruolo della prigioniera di un campo di concentramento in un film sull'Olocausto. Il Consiglio Centrale degli ebrei in Germania protesta: "Britney ebrea fa stare dalla parte dei nazisti!". (Stefano Pisani)

Le parallele asimmetriche

Berlusconi: "Le bugie verranno fuori". ("Il Giornale"/Silvio Di Giorgio))

Berlusconi: "Gli italiani mi vogliono così. Ho il 61%. Mi vogliono così perché sentono che sono buono, sincero, generoso, leale, che mantengo le promesse". (rainews24/Massimo Manfrin)

Berlusconi: "Querelare? Io di solito non lo faccio, lo sapete". (repubblica.it/Giuseppe Signore)

Australia. Canguri drogati saltano in cerchio tra i papaveri. (ansa.it/Michele Comelli)

Nuovo logo "Italia" per il rilancio del turismo. Berlusconi: "L'immagine del Paese era appannata". ("Corriere della Sera"/Claudia Marforio)

Censurato Berlusconi. ("Libero"/Diego Boscolo)

Gruppo Espresso: "Denunciamo il premier". Replica di Berlusconi: "Non temono vergogna". (ilgiornale.it/Diego Boscolo)

Pilates

1. Berlusconi: "Abbiamo sbagliato l'ospite e l'ospite ha sbagliato a portare quell'altro ospite".
2. Berlusconi: "La prossima volta le troie me le scelgo io". (Alessandro Brescia)

1. Draghi: "Pil 2009 sotto il 5%".
2. Draghi: "Siamo nella merda e quello pensa a trombare". (Bastiano Pugioni)

1. Cesa: "Noi andiamo avanti da soli".
2. Cesa: "Chi offre di più?". (Davide Rossi)

1. Berlusconi sulla crisi: "Faremo un decreto che terrà conto delle esigenze delle imprese".
2. Berlusconi sulla crisi: "Faremo un decreto che terrà conto delle esigenze delle mie imprese". (Silvio Di Giorgio)

1. Berlusconi: "Mio gradimento al 61% nonostante ciò che si dice e si scrive".
2. Berlusconi: "Mio gradimento al 61% grazie a ciò che non si dice e non si scrive". (Piergiorgio Romano)

1. Gelmini: "Bocciature? Archiviata la scuola del buonismo".
2. Gelmini: "Bocciature? L'abilitazione da avvocato l'ho già presa in Calabria, e sono pure ministro". (Francesco Daucelli)

1. G8, Frattini: "Nessun rischio sisma".
2. G8, Frattini: "Mi sto toccando le palle". (Andrea Artigiano)

1. Napolitano: "Non confondere la crisi della politica con quella delle istituzioni".
2. Napolitano: "Non è la politica che sta andando a puttane, ma i politici". (Andrea Bertoldo)

1. Cda Rai: "Richiamo a tutti i direttori su pluralismo e completezza informazione".
2. Cda Rai: "Minzolini, ok, hai seguito le direttive, ma cazzo, un po' di stile! Così ci sgamano tutti!". (Carlo Sassi)

1. D'Alema: "Non abbiamo vinto".

2. D'Alema a Franceschini: "Hai perso". (Luca Cogoni)

1. Gasparri: "Berlusconi più protetto e difeso dall'ipocrisia del politically correct se fosse stato omosessuale".
2. Gasparri: "A frociii!!! Viva Berlusconiii!!!". (Valerio Petrini).

26 giugno

Morto Michael Jackson, aperto il testamento. Il cantante ha chiesto di essere seppellito con gli oggetti più cari di tutta una vita: un microfono, un cavallo a dondolo e Macaulay Culkin. (Alberto Aimi)

Seconda prova d'esame al Classico: Cicerone spiega i doveri dell'uomo di Stato. Auspica che nessun uomo politico si faccia condurre dall'ira e dalla collera contro i propri avversari ma solo dal senso di giustizia. Berlusconi: "Cicerone ha fatto un uso criminoso degli esami pubblici". (Davide Paolino)

Ahmadinejad: "Obama parla come Bush". Qualcuno gli spieghi che si chiama inglese. (Augusto Rasori)

Le parallele asimmetriche

La morte manda in tilt Wiki e Twitter. (corriere.it/Giovanni Enobocai)

Tutte le escort del clan D'Alema. ("Il Giornale"/Silvio Di Giorgio)

Pilates

1. Berlusconi: "Solidarietà a Cesa e a Massimo D'Alema".
2. Berlusconi: "Quanto adoro smentire bugie sugli altri pubblicate apposta dal mio giornale per farmi sembrare meno sporco". (Riccardo Cantoni)

1. Franceschini: "Improponibile rinviare all'anno prossimo il congresso Pd".
2. Franceschini: "L'anno prossimo il Pd potrebbe non esistere più". (Michele Sommariva)

1. Berlusconi a proposito di Tarantini: “Sono un garantista e per questo sospendo ogni giudizio”.
2. Berlusconi a proposito di Tarantini: “Se parla sono fottuto”. (Michele Incollu)

1. Berlusconi: “Io non cambio, gli italiani mi vogliono così”.
2. Berlusconi: “Dovranno cambiare gli italiani”. (Riccardo Viganò)

1. Berlusconi agli abruzzesi: “Non preoccupatevi se dal parlamento non uscirà un provvedimento come avete voluto”.
2. Berlusconi agli abruzzesi: “È già tanto se avete le tende”. (Maurizio Botindari)

27 giugno

Motomondiale, Rossi vince il Gp d’Olanda. Sfuma tuttavia l’impresa di battere il proprio record del circuito stabilito due anni fa, quando superava i 740. (Federico Righi)

Pakistan: missile Usa centra funerale, strage di civili, il cui funerale è centrato da missile Usa, strage di civili, il cui funerale è centrato da missile Usa, strage di civili, il cui funerale è centrato da missile Usa... (Federico Righi)

Morte di Michael Jackson. “Dopo cinque minuti di arresto cardiaco i danni alla corteccia cerebrale diventano irreversibili,” ha affermato il neurologo Marco Pappagallo. “Se fosse sopravvissuto, avrebbe cantato come Michael Boublé.” (Stefano Pisani)

Veronica Berlusconi: "Come mai tante persone giudicano senza sapere?". Ironia della vita, cara Veronica: di tuo marito i giudici sanno tutto e non riescono a giudicarlo. (Giorgio Mannelli)

La morte di Farrah Fawcett oscurata da quella di Michael Jackson. Un’ottima copertura, ha commentato Charlie. (Flavio Cherchi)

Draghi: "Pil 2009 al -5%". Tremonti: "Congetture". Minzolini: "Ricevuto!". (Devan Maggi)

Le parallele asimmetriche

Tarantini: "Molte donne pagherebbero per una storia con il presidente. Quanto alle ragazze, sono loro che corrono dietro a lui, e non viceversa". ("Il Giornale"/Silvio Di Giorgio)

Pilates

1. Tarantini: "Quando ho avuto la possibilità di conoscere Berlusconi, ho toccato il cielo con un dito. Non mi sembrava vero. Poi l'ho conosciuto sul piano personale, con la sua simpatia, il suo calore umano, il suo rispetto per gli altri, la sua genialità. Davvero irresistibile. E ho creduto che sarebbe stato più facile frequentarlo facendomi accompagnare da bellissime ragazze. Da qui è venuta fuori la storia che ha occupato i giornali e che è nella realtà molto diversa da come è stata raccontata".
2. Tarantini: "...non fatemi del male non fatemi del male non fatemi del male non fatemi del male...". (Diego Leonardi)

1. Tarantini: "Ho conosciuto Berlusconi e ho creduto che sarebbe stato più facile frequentarlo facendomi accompagnare da bellissime ragazze".
2. Tarantini: "Col cazzo che gli porto mia moglie". (Ernesto Montale)

1. Tarantini: "Le ragazze? Pagate per fare bella figura non per avere rapporti intimi. La D'Addario? Non sapevo facesse la escort".
2. Tarantini: "Caro Silvio, speriamo che stavolta se la bevano perché per la prossima intervista al 'Giornale' non so più che cazzo inventare...". (Diego Boscolo)

1. Bruxelles su Berlusconi: "Non è la prima volta che attacca gli organismi internazionali. La reazione più appropriata ci sembra quella di non commentare per non alimentare nuove polemiche".
2. Bruxelles su Berlusconi: "È un testa di cazzo". (Davide Giglio)

1. L'"Osservatore Romano": "Jackson immortale, non scalfito da inchieste sulla pedofilia".
2. L'"Osservatore Romano": "A noi, invece, rompono sempre le scatole". (Cesare Ciasullo)

1. Berlusconi: “Gli italiani mi vogliono così”.
2. Berlusconi: “Io so’ io e voi nun siete un cazzo”. (Ezio Mella)

1. Silvio Berlusconi: “Non ho mai condiviso i modi di chi ricorre ai pettegolezzi e alle chiacchiere di vario genere per insinuare dubbi o gettare discredito nei confronti di qualcuno, per questo esprimo perciò tutta la mia solidarietà a Lorenzo Cesa. Se si leggono gli articoli sul ‘Giornale’ di oggi si vede che su Cesa non c’è nulla di nulla ma basta un titolo che fa un nome per criminalizzare una persona e sconvolgere una famiglia. Conosco Cesa, gli sono amico e lo stimo al di là delle differenze politiche. Lo stesso voglio dire espressamente nei confronti dell’onorevole Massimo D’Alema, dei suoi collaboratori, della famiglia Agnelli e per quanti siano stati colpiti oggi da questo tipo di polemiche. Sono stato facile profeta quando ho previsto che l’imbarbarimento provocato da una ben precisa campagna di stampa avrebbe messo in moto una spirale che va assolutamente arrestata. Poiché io ho denunciato aggressioni a mio danno – concludeva il Cavaliere – nessuno può pensare che io possa approvare analoghi metodi e aggressioni nei confronti di chiunque”.
2. Silvio Berlusconi: “Sono capace di utilizzare i miei giornali e le mie puttane (quelle che scrivono) per fare esattamente la stessa cosa, pettegolezzi, insinuare dubbi, infangarvi tutti quanti. Mando un messaggio mafioso a Lorenzo Cesa, che dovrebbe capirli bene. Se si leggono gli articoli del mio giornale di oggi si dovrebbe capire che posso reagire a un attacco sulle puttane inventandomi che andavate a puttane pure voi, distruggendo la vostra credibilità e le vostre famiglie. Conosco Cesa, abbiamo diviso il trogolo per un po’, e quello che sto dicendo dovrebbe causargli un travaso di bile per quanto è falso e perverso. Voglio fare le stesse minacce a Massimo D’Alema e anche ai suoi collaboratori, ricordando la passione per i trans, non solo politica, che condividete con Lapo. Sono stato facile profeta (questa dovrebbe divertirvi, questa è fortissima) quando ho previsto che i miei giornali e i telegiornali che controllo avrebbero reagito a un gigantesco, e vero, grappolo di scandali sessuali che mi riguardano con omissioni e diffamazione, ma potrei eventualmente fermarmi se lo fate anche voi. Siccome mi avete fottuto, non potete pensare che io non tenterò di fottervi esattamente nello stesso modo. Il significato reale di questa ipocrita espressione di solidarietà dovrebbe inoltre farvi capire ormai che posso prendere gli italiani totalmente per il culo”. (Matteo Poles)

28 giugno

Roma. Condannati all’ergastolo nove SS ultraottantenni responsabili delle stragi in Toscana. È incredibile come certi bastardi vivano così a lungo da poter essere addirittura condannati in Italia. (Federico Graziani)

Berlusconi: "Gli italiani mi vogliono così". Ecco, adesso viene fuori che è costretto ad andare a puttane per farci contenti. (Tito Darca)

Berlusconi rassicura il Santo Padre: "Durante i miei rapporti extraconiugali non ho mai fatto uso del preservativo". (Ubaldo Gioia)

Valentino Rossi è talmente forte sulla moto che queste cento vittorie sono solo quelle dichiarate. (Piero Lisi)

Le parallele asimmetriche

Bondi: "Così Scalfari e 'Repubblica' puntano a rovinare l'Italia". (ilgiornale.it/Diego Boscolo)

Seconda autopsia su Jackson. La tata: "Pompavo il suo stomaco". (repubblica.it/Federico Graziani)

Berlusconi: "Mai parlato di bocche chiuse". (repubblica.it/Massimo Grande)

Calcio: Padania è campione del mondo delle nazioni non riconosciute. (corriere.it/Giovanni Rago)

Alcol: ritirata patente a prete e lui dice: "Ho celebrato quattro messe". (corriere.it/Giovanni Rago)

Pilates

1. Tremonti sul decreto legge anticrisi: "Il governo ha fatto la sua parte, ora è l'economia che deve fare la sua".
2. Tremonti sul decreto legge anticrisi: "Il governo non ha fatto nulla, ora speriamo che l'economia si riprenda da sola". (Claudio Favara)

1. Draghi: "La crisi non è finita".
2. Draghi "Il 'Times', l''Independent' e la Snai mi danno a 2,50". (Daniele Guccione)

1. Berlusconi sulle sue gaffes: "Io quando parlo penso già a quello che devo dire dopo. La trasformazione in parole da parte del cervello risente del mio andare troppo avanti e veloce".

2. Berlusconi sulle sue gaffes: "Invento cazzate a getto continuo, è normale che mi confonda da solo". (Silvio Di Giorgio)

29 giugno

"Scontro aperto tra Udc e Berlusconi su escort, feste e droga." Non riescono a mettersi d'accordo su chi deve portare cosa... (Paolo Spinello)

Ratzinger annuncia: "Abbiamo trovato frammenti ossei nella tomba di san Paolo, e l'esame del carbonio 14 dimostra che appartengono a una persona vissuta tra il primo e il secondo secolo". Oh, questo spazza via ogni dubbio. (Andrea Cervellera)

Esplode un cellulare, donna ferita. Fa discutere la nuova applicazione per iPhone firmata Al Qaeda. (Davide Priore)

Resi pubblici i risultati dell'autopsia sul corpo di Michael Jackson: secondo i medici, il suo stomaco è talmente pieno di pillole che prima di mangiarlo i vermi dovranno esibire la ricetta. (Giuseppe Revel)

Michael Jackson, nello stomaco solo pillole. Dubbi, invece, sul liquido verdastro rinvenuto nelle branchie. (Massimo Cecci)

Pilates

1. Fini: "Pensare a una crisi di governo significa confondere speranze con realtà".

2. Fini: "Non vedo l'ora di prendere il posto di Berlusconi ma, purtroppo, grazie anche alla Lega che lo ricatta, adesso è solo un sogno". (Cesare Ciasullo)

1. Tremonti: "Un governo tecnico scade come lo yogurt".

2. Tremonti: "Continuerete a mangiare la nostra merda ogni santo giorno". (Federico Righi)

1. Napolitano: "Fino a G8 stop a polemiche. Vista la delicatezza di questo grande appuntamento internazionale, sarebbe giusta una tregua".
2. Napolitano: "Io non so più che cazzo dire". (Alessandro Brescia)

1. G8 all'Aquila, l'auspicio di Napolitano: "Serve una tregua nelle polemiche".
2. Napolitano: "Silvio, smettila di andare a puttane per qualche giorno". (Anonimo)

1. Napolitano: "Sarebbe giusto, di qui al G8, data la delicatezza di questo grosso appuntamento internazionale, avere una tregua nelle polemiche".
2. Napolitano: "Tra pochi giorni arrivano gli ospiti, non facciamoci riconoscere". (Rossella Esposito)

1. Il giudice Mazzella: "Non credo che io, da individuo privato, debba dar conto delle cene che faccio". "In casa mia invito chi voglio e parlo di quello che voglio."
2. Il giudice Mazzella: "Silvio, stai sereno". (Alessandro Brescia)

30 giugno

San Giovanni Rotondo: pronta la cripta d'oro in cui verranno deposte le ossa di Padre Pio. Anche da morto, il frate continua ad avere le mani bucate. (Nicola Congiu)

Luciano Moggi tornerà nel calcio come consulente del Bologna. I tifosi bolognesi sono talmente contenti che sono già scesi in strada per festeggiare il loro ottavo scudetto. (Stefano Trevisone)

Mistero sul testamento di Michael Jackson. È uguale a quello di Al Bano. (Francesco Dibenedetto)

Polemiche sui primi soccorsi prestati a Michael Jackson: non sarebbero stati appropriati. Ma d'altronde, cosa si può pretendere da dei bambini? (Dario Sevieri)

Le parallele asimmetriche

Tremonti: "Berlusconi durerà a lungo. Tutto il resto è roba per guardoni". (ilmessaggero.it/Maria Alessandra Tatò)

Viareggio, treno esplode in stazione, 17 morti, 15 gravissimi. ("la Repubblica"/Luca Orrù)

Berlusconi: "Nel pomeriggio vado a Viareggio a prendere in mano la situazione". (repubblica.it/Marco Racca)

Berlusconi fischiato dai disoccupati: "Sono della sinistra, si vergognino". (corriere.it/Cesare Ciasullo)

Pilates

1. Berlusconi: "Troppo odio contro di me".
2. Berlusconi: "Troppa gente sta cominciando a capire chi sono veramente". (Paolo Ariu)

1. Card. Bagnasco: "Lo specifico della fede cristiana non è avere buoni sentimenti e neppure un codice di comportamento, ma è la vita della grazia".
2. Card. Bagnasco: "Fate un po' quello che vi pare, ma datemi il vostro 8 per mille". (Michele Incollu)

1. Fini: "Gli italiani giudicano il governo solo per quello che fa".
2. Fini: "Gli italiani giudicano il governo solo per quello che le televisioni raccontano". (Michele Incollu)

1. Berlusconi: "Il mio governo è il più stabile in Occidente".
2. Berlusconi: "In qualsiasi altro Paese non mi avrebbero neanche fatto avvicinare al Parlamento e probabilmente sarei in galera. Per fortuna che qui siamo in Italia". (Davide Rossi)

Luglio 2009

1 luglio

Viareggio. Un treno merci carico di gpl deraglia in stazione a mezzanotte e innesca l'apocalisse. Berlusconi in conferenza stampa: "A proposito di gas, vi ho mai raccontato di quando feci a gara di scoregge con Putin?". (Yuri Fontana)

San Giovanni Rotondo: pronta la cripta di Padre Pio, realizzata in oro massiccio e ricca di mosaici che ricoprono una superficie di circa duemila metri quadrati. L'ambiente è così luccicante che negli affreschi Gesù indossa i Ray-Ban. (Federico Righi)

Sei sostenitori di Mousavi impiccati l'altro ieri nella città santa di Mashhad. Ahmadinejad: "Chi altro vuol farsi ricontare i voti?". (Andrea Michielotto)

A causa della censura, internet in Iran è talmente lento che su Google Earth c'è la Pangea. (Alessio Caprari)

Tanzi è di nuovo imprenditore, Moggi torna al calcio col Bologna. Previti: "E io cosa sono, merda?". (Gianni Zoccheddu)

Pilates

1. Elio Vito: "Alla cena di Berlusconi a casa del giudice Mazzella non si parlò del Lodo Alfano".
2. Elio Vito: "Non spunterà mica un registratore anche stavolta...". (Stefano Pisani)

1. Benedetto XVI: "In politica importanti i valori etici e morali".
2. Benedetto XVI: "L'inaugurazione della cripta d'oro massiccio per Padre Pio potrebbe non essere il più alto esempio di sobrietà. Diciamo qualcosa sul puttaniere". (Federico Righi)

2 luglio

Sopravvive a un incidente aereo aggrappandosi per dodici ore a un relitto in mare aperto. "Non è stato difficile," dice. "L'unica seccatura era l'hostess che ogni mezz'ora mi chiedeva se volevo noccioline o una bibita." (Piero Esposito)

Summit delle forze dell'ordine in vista del G8 dell'Aquila. "Questa volta chi le porta le molotov?" (Alessandro Brescia)

La pillola argento che ritarda l'eiaculazione. L'ho provata. È talmente potente che la mia ragazza ha avuto il tempo di sfilarsi le mutande. (Luca Fracassi)

Pilates

1. Schifani: "Basta ai mostri sbattuti in prima pagina!".
2. Schifani: "Le abbiamo scelte apposta, le parlamentari fighe, metteteci quelle sui giornali no??". (Davide Priore)

3 luglio

Pd, avviato il duello per la segreteria. Chi uscirà sconfitto sarà il nuovo segretario. (Fulvio Pistolin)

Golpe in Honduras. Il neodittatore Micheletti: "L'Honduras è il Paese che amo". (Giovanni Pontano)

Bari, così Tarantini conobbe il premier: "Io, Silvio, Elio Letizia, i due fidanzati di Noemi e l'autista di Craxi un bel giorno ci imbarcammo su un cargo battente bandiera liberiana...". (Patrizia Pietrovanni)

I Ros arrestano due anarchici che volevano sabotare la linea ferroviaria Orte-Ancona. "È vero," ammettono i due, "ma quando siamo arrivati sul posto abbiamo scoperto che qualcun altro ci aveva preceduto. E aveva fatto un lavoro pazzesco per centinaia e centinaia di chilometri." (Carlo Sassi)

North Carolina. Scoperta una strana creatura pulsante attaccata ai muri delle fogne. Oh, finalmente. Mi ero sempre chiesto cosa diventasse il cibo dei fast food dopo che l'hai cagato. (Pietro Lasalvia)

Usa, cinquantenne si spoglia durante un volo. L'uomo ha creato un tale imbarazzo che la coppia seduta vicino a lui ha smesso di scopare. (Andrea Canavesi)

Arrestato cinquantenne che si fingeva mafioso per estorcere il pizzo a un ristorante. La mafia si scusa per l'inconveniente e annuncia che manderà al più presto un proprio incaricato munito di regolare tesserino. (Francesco Dibenedetto)

Nuova enciclica di Benedetto XVI *Caritas in veritate*. Spiega tutti i trucchi su come racimolare soldi rifilando panzane ai fedeli. (Luca Cogoni)

Le parallele asimmetriche

Duro il Vaticano: "Porterà dolore". (corriere.it su ddl sicurezza/Fabiola Gastaldi)

Forattini: "Berlusconi non ha mai querelato nessuno che si occupi di satira". (tg5/Massimiliano Di Bacco)

Abruzzo: "Dal Burkina Faso denaro per la ricostruzione". (lastampa.it/Lia Alessandrini)

Ritrovato Bubbles, lo scimpanzè di Jacko; era stato allontanato dal ranch Neverland perché aggressivo con i bambini. (corriere.it/Stefano Bessone)

Dario Argento: "Vi farò paura con mia figlia Asia". ("la Repubblica"/Guido Andruetto)

Intatti poteri procuratore antimafia: li avevano limitati, ma ora si è tornati alla legge attuale. (ansa.it/Francesco Demelas)

Maroni contro il Vaticano. (repubblica.it/Omar Ceriani)

Cliente superdotato, la prostituta si ribella. (il Centro/Mauro Di Nicola)

Pilates

1. Berlusconi: "Bisogna restare ottimisti, la situazione non sta peggiorando ma sta migliorando".
2. Berlusconi: "Cos'è l'Istat?". (Andrea Canavesi)

1. Mons Pagano: "Il caso Galileo insegna alla scienza a non presumere di fare da maestra alla Chiesa in materia di fede e di sacra scrittura e insegna alla Chiesa contemporaneamente ad accostarsi ai problemi scientifici con molta umiltà e circospezione".
2. Mons Pagano: "Purtroppo non disponiamo più del tribunale dell'inquisizione". (Claudio Penazzo)

1. Schifani: "Campagne scandalistiche danneggiano immagine Italia".
2. Schifani: "La verità danneggia Berlusconi". (Davide Rossi)

1. Mazzella: "Caro presidente, l'amore per la libertà e la fiducia nella intelligenza e nella grande civiltà degli italiani che entrambi nutriamo ci consente di guardare alla barbarie di cui siamo fatti oggetto in questi giorni con sereno distacco. L'Italia continuerà ad essere, ne sono sicuro, il Paese civile in cui una persona perbene potrà invitare alla sua tavola un amico stimato. Con questa fiducia, un caro saluto".
2. Mazzella: "Sire, la totale mancanza di scrupoli e la fiducia nella propaganda delle tue televisioni che abbiamo in comune ci consente di non temere conseguenze da questo scandalo. L'Italia continuerà ad essere, ne sono sicuro, un paese corrotto in cui giudici, imputati e legislatori potranno sistemare i loro affari intorno a un tavolo. Sempre fedele, attendo nuovi ordini". (Michele Incollu)

1. Veltroni: "L'ambizione giusta per il Pd è la vocazione maggioritaria: o c'è la vocazione maggioritaria nel Pd o non c'è il Pd".
2. Veltroni: "Non ci siamo ancora stancati di perdere". (Marco Panunzio)

1. Il Colle: "Sarebbe un'interferenza nell'autonomia della Corte".
2. Il Colle: "Sono cazzi vostri". (Vito Danilo Gattullo)

1. Trichet: "Ripresa solo a metà 2010".
2. Trichet: "A metà 2010 vedremo se ci sarà una ripresa". (Carlo Sassi)

4 luglio

Gli Stati Uniti intensificano l'offensiva contro i talebani. Mai visto datori di lavori accanirsi così tanto su ex dipendenti. (Francesco Carnovale)

Digitale terrestre, da oggi si potrà scegliere tra due versioni di *Studio Aperto*: emergenza caldo ed emergenza freddo. (Adelmo Monachese)

Avviata procedura per dedicare una via a Craxi. L'iter sarà particolarmente lungo: la tangente sull'appalto, quella sul sub-appalto, quella sul marmo, quella sull'inchiostro... (Pietro Borrelli)

A Torino due ladri hanno fatto una rapina in una banca con il volto coperto dalle maschere di Berlusconi e di Dell'Utri. La polizia ha potuto arrestarli solo perché non erano quelli veri. (Damiano Debiasi)

Le parallele asimmetriche

Viareggio: domani camera ardente. (ansa.it/Giorgio Mannelli)

Sicurezza, Vaticano: nessuna critica al governo. ("Il Giornale"/Francesco Dibenedetto)

Pilates

1. Gasparri: "La legge sulla sicurezza è ispirata a principi di solidarietà".
2. Gasparri: "Ormai sono diventato così bravo che non mi scappa neanche più da ridere". (Massimo Grande)

1. Alemanno: "Stupratore seriale? Più che un mostro, un mostriciattolo".

2. Alemanno: "Adesso minimizziamo l'accaduto con la stessa faccia come il culo con cui li amplificheremmo se fossimo in campagna elettorale". (Pierpaolo Buzza)

5 luglio

Rutelli: "Sto con Franceschini". Bersani: "E anche questa è andata". (Pietro Borrelli)

Ddl sicurezza: per le infrazioni in bicicletta si perderanno punti della patente. Per gli automobilisti introdotta la possibilità di portare un passeggero seduto sul volante. (Cesare Lazzini)

Il Papa: "Lavoro per tutti". Berlusconi: "È inutile, non ci cascano più. Per questo motivo ci siamo buttati sulla figa". (Bernardo Capriglione)

Le parallele asimmetriche

Berlusconi: "Africa, mi dispiace". (lastampa.it/Anonimo)

L'amico di Harry Potter ha la nuova influenza. (rainews24 it./Richi Selva)

Tolentino Biennale Umorismo: Forattini capo giuria. (ansa.it/Vittorio Lattanzi)

Crocifisso Michelangelo a Napoli. (ansa.it/Filippo Nobili)

Perché le donne velate sono un insulto all'Islam. ("Il Giornale"/ Francesco Dibenedetto)

Pilates

1. Berlusconi sulla crisi: "Cercheremo di essere anche noi sentimentalmente portati a vedere la dura realtà dei conti e della crisi guardando avanti e sperando in un futuro migliore".
2. Berlusconi sulla crisi: "I pochi soldi che avevamo li abbiamo dati a banche e imprese, gli altri vedano un po' di arrangiarsi". (Michele Incollu)

6 luglio

Dopo gli arresti targati Maroni di esponenti dell'Onda, gli studenti annunciano: "Occupiamo il rettorato. Ci chiuderemo tutta la notte nell'università". La polizia: "Non chiedevamo di meglio". (Antonio Libonati)

Proteste no-global. Gli atenei occupati sono talmente tanti che la polizia teme di non farcela con la riserva di molotov. (Matteo Bianchini)

Condannati quattro poliziotti per la morte di Aldrovandi. La perizia balistica non è riuscita a dimostrare che un sasso deviò i manganelli. (Leone Volta)

Bernie Ecclestone fa marcia indietro: "Io nazista? Un malinteso". Poi esclama: "Ehi, funziona davvero! Grazie Silvio...". (Manuel Pica)

Massacro in Cina, Napolitano protesta: "Attenti ai diritti umani". Un monito talmente forte che Hu Jintao ha ritardato l'accordo con la Fiat di quasi venti secondi. (Simone Garbuglia)

Martedì i funerali di Michael Jackson: "Un evento senza precedenti". Non era mai morto nessuno. (Rubens Jurgen Shehu)

Ryanair: "Viaggi gratis a chi sta in piedi". E se mi appendo al carrello quanto mi danno? (Massimo Cecci)

Secondo uno studio tedesco, l'odore della paura esiste. E ricorda parecchio quello della merda. (Massimo Cecci)

Bulgaria: diversi boss del crimine si candidano alle elezioni per evitare la prigione. Hmmm, è un bug di *Matrix* o l'ho davvero già sentita? (Nicola Magnani)

Il provvedimento sulle intercettazioni è talmente sbagliato che anche Veltroni lo trova sbagliato. (Mattia F. Pappalardo)

Scontri etnici in Cina: 140 morti, oltre 800 feriti. Berlusconi: “Io una volta sono stato al ristorante cinese”. (Francesco Cremonini)

Le parallele asimmetriche

Ci scusiamo con i lettori per la spiacevole interruzione della “Padania” online, ma stiamo lavorando per proporre un prodotto migliore. (padania.com/Francesco Demelas)

Il cattolico adulto che il Papa non vuole. (“la Repubblica”/Vito Mancuso)

Pilates

1. Il Papa: “I poveri sono una risorsa, non un fardello”.
2. Il Papa: “I poveri ci servono per convincere gli altri a darci i soldi”. (Luca Cogoni)

1. Giovanardi: “Regolarizzare colf e badanti, struttura portante dell’assistenza”.
2. Giovanardi: “Me la trovi Calderoli, un’italiana che pulisce il culo a mia nonna per 5 euro l’ora!!!”. (Franz Foti)

1. Napolitano: “Lo sviluppo economico che si sta realizzando in Cina pone nuove esigenze in materia di diritti umani, una questione che l’Italia intende affrontare nel massimo rispetto delle ragioni cinesi”.
2. Napolitano: “Scusate se ho usato l’espressione diritti umani. Ora, parlando di cose serie: abbiamo bisogno di voi per uscire dalla crisi!”. (Pierpaolo Buzza)

1. Ecclestone: “Chi mi conosce sa che mai attaccherei le minoranze”.
2. Ecclestone: “Chi mi conosce sa che mai attaccherei le razze inferiori”. (Giorgio Mantoan)

1. Enciclica di Benedetto XVI *Caritas in Veritate*: “La carità nella verità pone l’uomo davanti alla stupefacente esperienza del dono. La gratuità è presente nella sua vita in molteplici forme, spesso non riconosciute a causa di una visione solo produttivistica e utilitaristica dell’esi-

stenza. L'essere umano è fatto per il dono, che ne esprime e attua la dimensione di trascendenza".

2. Enciclica di Benedetto XVI *Caritas in Veritate*: "Donate più che potete alla Chiesa prima che la BCE abbassi ancora il costo del denaro". (Francesco Demelas)

1. Mons. Crociata: "Il libertinaggio non è cosa privata soprattutto quando coinvolge i minori".

2. Mons. Crociata: "E che cazzo, mica romperete i coglioni solo a noi?". (Alessio Marinelli)

1. Berlusconi: "Sarà il G8 delle regole".

2. Berlusconi: "Sarà il G8 delle regole. Per gli altri". (Federico Graziani)

1. D'Alema: "Per il premier è iniziato il declino".

2. D'Alema: "Ancora un po' di pazienza e non dovremo più preoccuparci di giustificare le nostre responsabilità per quanto sta succedendo in questo paese". (Giuseppe Revel)

1. Nota di Palazzo Chigi: "Siamo di fronte, con tutta evidenza, ad un gioco di rimbalzo, ad un attacco concertato, ad una morbosa campagna di stampa che però non ha elementi fondati sui quali basare le proprie accuse. Nessuna immagine scattata a Villa Certosa può avere alcunché di imbarazzante per il Presidente Berlusconi e sarebbe liberamente pubblicabile se non violasse gravemente la privacy di soggetti ritratti a loro insaputa. Le immagini descritte che si vorrebbero pubblicare non corrispondono a fatti avvenuti e sono certamente frutto di manipolazione o di fotomontaggi digitali. Si ricordi comunque che la pubblicazione di foto scattate a Villa Certosa è inibita da un provvedimento del Garante per privacy".

2. Berlusconi: "È intollerabile che all'estero esistano ancora dei giornali che io non possieda, controlli o riesca a ricattare e intimidire, che osano dire la verità sul mio conto". (Pietro Borrelli)

1. D'Alema su Marino: "È una persona seria che non fa parte di quel nuovismo ignorante del quale parlano i giornali ma non credo che sia l'uomo giusto in questo momento in grado di garantire un rilancio robusto del Pd".

2. D'Alema su Marino: "Il nuovo segretario sarà Bersani, l'ho deciso io punto e basta. Se Marino starà buono potrà avere il posto di sottosegretario ombra alla Sanità, passo e chiudo". (Mattia Cavani)

1. Ue, Mauro: "Non mi candido alla presidenza per non spaccare il Ppe".

2. Ue, Mauro: "Non mi candido per evitare figure di merda". (Giuseppe Cossu)

1. Emma Marcegaglia: "Lavorare tutti perché l'Africa diventi un nuovo Far East, perché anche lì si inneschi un processo di crescita simile a quello che ha portato negli ultimi dieci anni milioni di cinesi e indiani fuori dalla soglia della povertà".
2. Emma Marcegaglia: "Ormai anche negli sweatshop cinesi i lavoratori vogliono essere pagati. Ci servono persone ancora più povere da sfruttare. Idea!". (Paolo Severini)

1. Berlusconi: "Milan più forte dell'Inter".
2. Berlusconi: "Inter più forte del Milan". (Davide Priore)

La palla medica

Sputtanato dagli scandali Mills/Noemi/D'Addario, e insultato dagli italiani stufi di essere presi per il culo da lui (promesse non mantenute, in finanziaria nessun rimedio alla crisi economica, leggi per evitare i propri processi e imbavagliare magistratura e stampa) Berlusconi due giorni fa ha dichiarato: "Sparirò per un lungo periodo, per rigenerarmi. Tornerò come nuovo. Approfitterò dell'estate per capire come ripartire. Con il governo. Con il partito. E anche con me stesso".

Vestirsi e truccarsi come Elvis, strangolare Vespa in diretta tv, sposare la nuova Claudia Koll, sparire nella foresta amazzonica con Calderoli e tornare con al collo una collana di denti di Calderoli, andare a piangere sulla tomba di Enzo Biagi, sorridere di più: cosa potrebbe fare Berlusconi per migliorare la sua immagine, a questo punto?

Cosa potrebbe fare Berlusconi per migliorare la sua immagine, a questo punto?

1. Attuare subito la promessa "Sparirò per un lungo periodo" e disattendere la minaccia "Tornerò di nuovo". (Cesare Ciasullo)
2. Esibirsi nel moonwalk al funerale di Michael Jackson. (Aldo Trevisan)
3. Farsi scrivere l'autobiografia. Da Marco Travaglio. (Andrea Canavesi)
4. Tingersi i capelli biondo platino. (Francesco Abbaticchio)
5. Vendere tutte le sue aziende, rinunciare alle prescrizioni, ri-penalizzare il falso in bilancio, rinunciare al Lodo Alfano, sbloccare le rogatorie internazionali, farsi ripetere le domande e non avvalersi della facoltà di non rispondere, chiedere scusa ai magistrati e ai giornalisti, restituire la Mondadori, dimettersi. Aspettare che finiscano tutti i processi. Scontare l'eventuale condanna detentiva. (Pierpaolo Buzza)
5. Offrirsi volontario per stanare le mine antiuomo in Iraq e in Afghanistan. (Federico Righi)
6. Fare un "reverse engineering" dei suoi trapianti e lifting; torna-

re invecchiato e calvo; e dire che era stato rapito e clonato dagli alieni. (Massimo Mirandola)

7. Fidanzarsi con Rita Levi Montalcini. (Davide Paolino)

8. Risorgere il terzo giorno. (Giulia Fontan)

9. Sparire e cominciare a inviare video-messaggi da una grotta sconosciuta. (Riccardo Viganò)

10. Ammettere che la scena della vasca si verificava abitualmente. (Augusto Pizzuti)

11. Trasferirsi ad Hammamet. (Davide Priore)

12. Smettere di raccontare balle. (Pier G. Esposito)

13. Provare a dormire otto ore a notte. Senza scordarsi le medicine al mattino! (Ernesto Montale)

14. Prendere un jet privato con Schifani che gli augura "Buon viaggio!". (Giorgio Mannelli)

15. Raggiungere il Monte Fato e distruggere per sempre l'Anello del Potere, sconfiggendo una volta per tutte Sauron, l'Oscuro Signore della Terra di Mezzo. (Stefano Bachis)

16. Stabilire un nuovo record di hula hoop. (Antonio Corraine)

17. Far giurare i suoi figli sulla sua testa. (Ezio Mella)

18. Tornare, e a reti unificate dire: "Vabbe', dai, basta, lo ammetto... vi ho presi tutti per il culo. Ho montato tutta 'sta storia per non finire in galera... Ma, cazzo, anche voi, vi bevete proprio tutto, però. Comunque, un nuovo patto con gli italiani: voi mi cancellate tutte le pendenze, fate finta che non sia successo niente negli ultimi venticinque anni, e io me ne vado in Guatemala a godermi i miei miliardi, ok? O volete che resti?". (Francesco Toneghin)

19. Tornare a cantare sulle navi. (Flavio Bauer)

20. Tornare a sorpresa al processo Mills a dire che, sì, le tangenti le ha date lui, ma la sua mano destra era comandata dall'emisfero di sinistra. (Mirco Bonini)

21. Essere il primo uomo sul Sole. (Francesco Ditrani & Romina D'Eredità)

22. Andare a scendere l'immondizia, che non ho voglia. (Francesco Ditrani & Romina D'Eredità)

23. Uscire fuori con le mani alzate. (Silvio Di Giorgio)

24. Pettinarsi con la riga in mezzo. (Davide Gualtieri)

25. Scuotere per scherzo il tavolo durante la cena del G8, urlando "TERREMOTO!!!!". (Ernesto Montale)

26. Fare un bed-in di protesta contro gli scandali con Yoko Ono, nel letto grande. (Antonio Perillo)

27. Organizzare una dancehall con i brani di Salvini a Napoli nei quartieri spagnoli. (Maurizio Delnegro)

28. Scegliere come consulente d'immagine Klaus Davi. Con Fassino ha funzionato, no? (Stefano Marchesi)

29. D'ora in avanti, presentarsi sempre in pubblico tenendo in braccio un tenerissimo cucciolo di koala. (Stefano Marchesi)

30. Venire al diciottesimo compleanno di mia figlia. (Peppe Clemente)

31. Dire finalmente la verità: il colpevole di tutto è suo fratello Paolo. (Aldo Fontana)

32. Andare a Sofia e dichiarare in conferenza stampa che "l'uso che Vespa, come si chiama quell'altro?, Saccà, ma l'altro? Minzolini hanno fatto della televisione pubblica pagata coi soldi di tutti è un uso criminoso". (Piero Lisi, Nicola Congiu, Alberto Gatta)

33. Mettersi una parrucca bionda e farsi chiamare Veronica. (Sandro Fiuzzi)

34. Uscire dal culo della Merkel con il suo consueto "cucù"! (Stefano Bessone)

35. Finire sull'isola di *Lost*. (Mattia Pravettoni)

36. Scrivere una prefazione alla nuova enciclica del Papa terminandola con la frase: "Se Ratzinger fosse una biondina diciottenne, me la farei". (Fabio Morasca)

37. Promettere ai terremotati un nuovo terremoto. (Fabio Morasca)

38. Sedersi al G8 vestito da Gabibbo. (Francesco Demelas)

39. Incontrare il Papa indossando il costume di Darth Vader. (Massimo Mirandola)

40. Camminare sul Tevere e affondare, dimostrando finalmente la sua umanità. (Davide Galipò)

41. Prendere Previti, Dell'Utri e Ghedini e truccarsi come i Kiss. (Augusto Pizzuti)

42. Condividere le sue esperienze con altre persone nella sua situazione. (Augusto Pizzuti)

43. Crearsi degli interessi. (Augusto Pizzuti)

44. Combattere la mafia dall'interno. (Luca Rondoletti)

45. Ridenominare il suo ruolo al governo in "Magic President". (Paolo Ingraito)

46. Farsi sparare da un cannone. (Davide Sanseverinati)

47. Farsi castrare. (Davide Sanseverinati)

48. Mettere all'asta Barbara Berlusconi. (Lorenzo Pedalà)

49. Concludere il G8 con il discorso finale di *Rocky IV*, dicendo pubblicamente: "Se io posso cambiare e voi potete cambiare allora tutto il mondo può cambiare". (Anonimo)

50. Partecipare al *tableau vivant* della scena della vasca in tutti i prossimi spettacoli di Luttazzi. (Claudio Valentini)

51. Farsi lo sbiancamento dell'ano. (Ubaldo Gioia)

52. Offrirsi per la sperimentazione di nuovi farmaci. (Rosaria Greco)

53. Collezionare tutti i 150 pokemon piu Mew, il pokemon leggendario. (Tommaso Springhetti)

54. Mettere i video su Youporn. (Matteo Giacomelli)

55. Ricomprare l'auto bruciata di Barbara Montereale. (Michele Incollu)

56. Andare di nuovo a cena da Mazzella, e restare prigioniero di quella casa come ne *L'Angelo Vendicatore* di Buñuel. (Pietro Borrelli)

57. NON risorgere il terzo giorno. (Federico Cecconi, Marco Loddo)
58. Dovrebbe recitare il ruolo di kapò in una fiction da prima serata. (Mauro Tetti)
59. Durante la foto di gruppo per il G8 indicare Obama e poi fare il tipico gesto della L. (Emanuele Vigo)
60. Annaffiare il parco di Villa Certosa: la Sardegna (Stefano Fabrizi)
61. Peggiorare quella degli italiani. (Carlo Trimarchi)
62. Dedicarsi alla sua passione segreta: imitare Benny Hill, con Bondi nella parte dell'omino pelato e la Carfagna in quelli della poliziotta in giarrettiera. (Emilio Mazzon)
63. Mettere incinta una donna in coma da diciassette anni. (Andrea Spinelli)
64. Rassicurare sulla crisi spiegando agli italiani che d'altra parte, comunque vada, fra cent'anni saremo tutti morti. (Andrea Spinelli)
65. Stupire il mondo con un'imitazione dissacrante di Stefania Craxi. (Andrea Spinelli)
66. Entrare in un supermercato a Gaza ironizzando sulla poca varietà. (Andrea Spinelli)
67. Gridare: "Prendi meee, prendi meee" e poi gettarsi dalla finestra. (Luca Cogoni)
68. Annunciare l'impatto imminente di un asteroide con la Terra e salvare il mondo con una smentita. (Ernesto Montale)
69. Esordire al prossimo G8 in presenza degli altri capi di Stato dicendo: "È qui la festa!?". (Francesco De Lisi)
70. Mettere al capo del governo Gasparri, sparire, aspettare qualche mese e poi chiedere agli italiani: "Ora posso tornare?". (Anonimo)
71. Dire una cazzata, smentire di averla detta, smentire di aver smentito, smentire di smentire di aver smentito, fare una pausa e concludere dicendo: "Dai, 'sta volta è stato divertente". (Giulio Lazzarini)
72. Citare le fonti dei sondaggi che usa. (Michele Palmarini)
73. Cambiare l'ormai obsoleto *Inno* di Mameli col più coerente tema del film *Il Padrino*. (Michele Palmarini)
74. Niente. Ci penserà il Pd. (Radu Gabriel Tanasescu)
75. Mettersi un naso finto che si allunga ogni volta che dice una bugia. (Davide Rossi)
76. Salire su una bici, mettere Brunetta nel cestino davanti e volare via. (Stefano Lasagni)
77. Prendere il posto di Paolini, quello che si mette dietro agli inviati dei tg. (Stefano Lasagni)
78. A cena, durante il G8, urlare alla Merkel: "Si mangia bene in Italia, eh?", dopo averle messo sotto al culo il cuscino scoreggione. (Federico Righi)
79. Presentarsi con la barba lunga, dichiarare di aver ricevuto da Dio due tavole di pietra mentre era su un monte e chiedere: "Qualcuno di voi ha idea di cosa sono?". (Alessandro Ghidoni)

80. Fingere uno svenimento al G8 e mentre viene assistito strizzare l'occhio alle telecamere. (Alessandro Ghidoni)
81. Scrivere un'autobiografia dal titolo *Silvio, a prescindere dal suo gemello cattivo.* (Sabina Delkic)
82. Dire a Mike Tyson: "Sei giovane bello e abbronzato". (Emanuele Musarra)
83. Telefonare in viva voce da La Maddalena al G8: "Cazzo fate lì!?". (Carlo Sassi)
84. Scrivere una nuova prefazione alle opere di Čechov. (Pier G. e Antonio F. Esposito)
85. Fare da sagoma in un poligono di tiro. (Fabio Scalese)
86. Scendere in campo con i tori alla Fiesta di San Firmino. (Alessio Marinelli)
87. Entrare in diretta durante una dichiarazione di Capezzone e dire: "Ma certo che è proprio un coglione questo". (Giulio Pirino)
88. Entrare al G8 trascinandosi dietro la Carfagna attaccata al pene, scrollarsela e dire: "Scusate, possiamo cominciare". (Vincenzo Campisi)
89. Dichiarare: "Nelle tendopoli il clima è positivo". Ah, no, cazzo, l'ha già fatto. (Vincenzo Campisi)
90. Cambiare sarto. (Francesco Cossiga/Sergio Benni)
91. Terminare le conferenze stampa svanendo in una nuvola di fumo. (Augusto Pizzuti)
92. Mettersi a parlare in falsetto. (Augusto Pizzuti)
93. Ogni volta che dice una cifra dei suoi sondaggi portarsi il mignolo alla bocca come il Dottor Male di Austin Powers. (Federico Bicocchi)
94. E usare Brunetta come "mini-me". (Davide Rossi)
95. Durante il prossimo incontro ufficiale atterrare il Papa con una mossa di wrestling. (Luca Cogoni)
96. Farsi costruire un altro vulcano. Nei pantaloni. (Giovanni Pontano)
97. Piantare un albero per ogni stronzata che ha detto. (Andrea Spinelli)
98. Dire che Obama è giovane, bello e abbronzato. Di nuovo. (Federico Cecconi)
99. Durante il pranzo del G8 provare a catapultare un'oliva col cucchiaio innescando una guerra totale tra capi di governo. (Emanuele Vigo)
100. Dichiarare che secondo i sondaggi, la sua immagine è già migliorata. (Davide Priore)
101. Io spero che riesca a cambiare pur riuscendo a rimanere se stesso. Che è importante. (Andrea Spinelli)

7 luglio

Negli Stati Uniti, una donna ritrova il portafoglio smarrito ventisette anni prima. La signora è stata talmente contenta del ritrovamento che ha dichiarato di non serbare alcun rancore nei confronti del servizio bagagli di Alitalia. (Francesco Carnovale)

Continuano gli scontri nello Xinjiang. Le parole di Napolitano sono state talmente efficaci che il governo cinese ha deciso di non reprimere più la protesta in maniera feroce e sanguinosa, ma solo in maniera sanguinosa. (Luca Cogoni)

Sport, torna l'atleta ferito da giavellotto. Stavolta senza la T-shirt col bersaglio. (Matteo Giacomelli)

Abbiamo la persona giusta alle Pari opportunità: in fondo, non tutte le donne hanno carattere, intelligenza, personalità. Ma tutte abbiamo una bocca. (Rosaria Greco)

Le parallele asimmetriche

Berlusconi: "Il G8 nasce sotto i migliori auspici". (*Tg1*/Augusto Pizzuti)

L'addio a Jacko. Alla cerimonia anche il corpo. (corriere.it/Mimmo Riccio)

G8, Berlusconi: "Ecco cosa dirò ai Grandi". L'Aquila trema ancora (ilgiornale.it/Paolo Giannace)

Pilates

1. Il Papa: "Capita talvolta che chi è destinatario degli aiuti diventi funzionale a chi lo aiuta e che i poveri servano a mantenere in vita dispendiose organizzazioni burocratiche".
2. Il Papa: "Oooops!". (Giovanni Pontano)

1. Benedetto XVI: "La povertà ha un impatto negativo sul piano economico e mette a rischio la democrazia".

2. Benedetto XVI: “Ecco, come monarca assoluto di uno Stato teocratico lasciate che vi dica come dovrebbe essere la democrazia...”. (Mirko Bonini)

1. I vescovi: “Libertinaggio non è affare privato”.
2. I vescovi: “Potevate chiamarci”. (Anonimo)

1. Enciclica, Benedetto XVI: “Perdurano in varie parti del mondo pratiche di controllo demografico da parte dei governi, che spesso diffondono la contraccezione e giungono a imporre anche l’aborto. Nei Paesi economicamente più sviluppati, le legislazioni contrarie alla vita sono molto diffuse e hanno ormai condizionato il costume e la prassi, contribuendo a diffondere una mentalità antinatalista che spesso si cerca di trasmettere anche ad altri Stati come se fosse un progresso culturale”.
2. Benedetto XVI: “Dall’Irlanda mi segnalano carenza di chierichetti”. (Nicola Congiu)

1. Bersani: “Se fossimo ancora in mezzo a Veltroni e D’Alema, saremmo l’unico posto al mondo in cui in vent’anni non è cambiato niente”.
2. Bersani: “In vent’anni non è cambiato niente”. (Richi Selva)

1. Ratzinger: “La ragione senza la fede è destinata a perdersi nell’illusione della propria onnipotenza”.
2. Ratzinger: “Io parlo con Dio”. (Davide Rossi)

1. Marcegaglia: “Accordi con la Cina per due miliardi di dollari. Giornata storica”.
2. Marcegaglia: “Non mi frega un cazzo degli italiani, figuriamoci degli uiguri”. (Diego Leonardi)

1. Berlusconi su Obama: “È giovane, è bello, ed è anche abbronzato”.
2. Berlusconi su Obama: “È negro”. (Lorenzo Pedalà)

8 luglio

Gran Bretagna, creato sperma umano da staminali. I ricercatori: “Ha lo stesso sapore”. (David Tosolini)

Ancelotti, nella sua prima conferenza stampa da allenatore del Chelsea, ha parlato per oltre un’ora in inglese. Pronunciando una sola frase. (Enrico Gastaldelli)

G8. Berlusconi: “C’è intesa sul clima”. Hanno stabilito che fa caldo. (Nicola Congiu)

Maroni: “Chiunque lavori in nero è clandestino”. Panico tra i portaborse parlamentari. (Gianmaria Caschetto)

Brunetta: “Nel sesso ero imbranato, ora ho raggiunto ritmo ed eleganza”. E pensare che sono bastati un metronomo e un guanto di cashmere. (Massimo Cecci)

In arrivo l’afa estiva in tutta la penisola. Già pronti i tradizionali servizi Trenitalia: Sostalunga (il treno si ferma a 3 km dalla stazione senza motivo), Sostalunga Plus (i cessi si intasano improvvisamente), Sostalunga Extra (si accende il riscaldamento). (Stefano Tiburzi)

Bersani ha dichiarato: “Il mio Pd è come l’Avis o la bocciofila”. Talmente deludente che il mio Pd è come le iniziali di una bestemmia. (Ernesto Montale)

L’Aquila blindata in vista dell’arrivo dei no-global. Migliaia gli agenti sparsi per il territorio pronti a ricevere eventuali promozioni. (Giovanni Runza)

È uscita l’enciclica di Benedetto XVI, il tema è “etica nell’economia”. Il Papa: “Ero indeciso tra questo, quello di attualità sui social network e quello di letteratura su *La coscienza di Zeno*”. (Eddie Settembrini)

Le parallele asimmetriche

Harry Potter, anteprima bagnata ed Emma rimane in mutande. (repubblica.it/Nicola Magnani)

Pornostar Usa in rivolta: “Pochi dialoghi, troppo sesso”. (repubblica.it/Federico Graziani)

Il mondo del teatro: “Il governo salvi la cultura”. (corriere.it/Emanuele Musarra)

Sgridato, per ripicca mette online le foto osé della madre. (repubblica.it/Augusto Pizzuti)

Pilates

1. Obama: "Napolitano ha una reputazione meravigliosa e merita l'ammirazione di tutto il popolo italiano, non solo per la sua carriera politica, ma anche per la sua integrità e gentilezza: è un vero leader morale e rappresenta al meglio il vostro Paese".
2. Obama: "Non come quell'altro stronzo". (Richi Selva)

1. G8, Obama: "Italia, forte leadership".
2. G8, Obama: "L'Italia è una piattaforma militare troppo importante per le nostre truppe in Europa perché io possa davvero dire quello che penso di questo manicomio". (Fabio Corigliano)

1. Berlusconi: "Crisi? Pesante non tragica".
2. Berlusconi: "Gente, se non l'avete ancora capito, siete in un mare di diarrea. Ora, siccome sto per passare con l'aliscafo, spero vi piacciano le onde!". (Nikitas Thlimmenos)

1. Prima enciclica di Benedetto XVI: *Caritas in Veritate.*
2. Prima enciclica di Benedetto XVI. "Be', sì, parliamo di precariato. Numericamente, riguarda molti di voi. E smentire che il precariato è una brutta cosa, non lo farà di certo nessuno, è questione di buonsenso. Certo molti potranno pensare ai nostri numerosi flirt con questo governo che ha privato una generazione del futuro, che ha aumentato la disoccupazione, il lavoro sommerso, fa demagogia riguardo la sicurezza sul lavoro ed ha costretto giovani e non a lavorare in condizioni degradanti e sottopagati. Ma ad aggiustare il tiro penseranno i telegiornali. Sull'aborto sapete già com'è la storia. Ah, *Caritas in Veritate*. O nano-nano, fate un po' voi". (Antonio Corraine)

9 luglio

Le first lady all'Aquila sconvolte alla vista delle macerie. Poi Berlusconi si è truccato. (Aldo Fontana)

Operaio della TAV investito da un treno. Il lutto delle ferrovie italiane: "Se solo fosse stato in ritardo...". (Luca Speranzoni)

Creato sperma dalle cellule staminali. I ricercatori: "Ci sono voluti anni per capire come masturbarle". (Luca Cogoni)

Le bagnine di *Baywatch* sbarcano al cinema, soddisfazione unanime: "Finalmente un formato sufficiente a mostrarne le tette in scala 1:1". (Diego Daniel)

Alimentazione: oggigiorno ai polli vengono somministrati talmente tanti antibiotici che i macellai consigliano di assumerli per almeno cinque giorni consecutivi. (Luigi Vitali)

Woody Allen: "Girare film è come fare sesso". Guardare i film dei Vanzina è come prenderlo nel culo. (Moreno Fasano)

George Clooney in visita all'Aquila: "Era dai tempi di *Ocean 13* che non vedevo un disastro del genere". (Stefano Bessone)

Balene. Oggi il vero affare è il *whale watching*: l'avvistamento dei cetacei vale più della loro carne. Non si scompongono le compagnie di pesca giapponesi: "Abbiamo un nuovo progetto. Presto scoprirete quanto sarà divertente vederle uccidere". (Vittorio Banfi)

Harrison Ford in *Indiana Jones 5*. Nel film l'attore sarà talmente vecchio che sarà lui stesso la reliquia da recuperare. (Carlo Pinciroli)

Il primo ministro canadese mette in tasca l'ostia durante la messa. "La mangio poi col gelato." (Maura Guidi)

Bersani sul blog: "Il mio Pd? Funzionerà come una bocciofila". Un annuncio così invitante che ho subito deciso di tesserarmi. A una bocciofila. (Riccardo Viganò)

Piccoli disguidi al G8: non ancora consegnate agli agenti le nuove divise da black block. (Gianni Zoccheddu)

G8: Visita nel centro dell'Aquila. Obama è talmente carismatico che Berlusconi sembrava il suo agente immobiliare. (Andrea Garofalo)

Le parallele asimmetriche

Anche le first ladies fra le macerie. (repubblica.it/Michele Sommariva)

Balene: meglio guardarle che ucciderle. (repubblica.it/Stefano Marchesi)

Donne, quasi un anno per decidere come vestirsi. (corriere.it/Nicola Congiu)

Pilates

1. Berlusconi al G8: "Ho fatto un miracolo".
2 Berlusconi al G8: "Minchia, sono riuscito a non toccare il culo alla Merkel". (Fabio Corigliano)

1. Chiambretti: "Provoco senza esagerare e mi censuro da solo".
2. Chiambretti: "Sono un paraculo e me ne vanto". (Davide Rossi)

1. Ecclestone sulle critiche seguite al suo elogio del Fürher: "Mi dispiace che il mio pensiero sia stato un po' decontestualizzato".
2. Ecclestone sulle critiche seguite al suo elogio del Fürher: "Ci sono contesti in cui si può esaltare Hitler senza problemi". (Andrea Michielotto)

1. Chiambretti: "A Mediaset serviva un outsider. Io lo sono. Ma se c'è il vantaggio di portare novità, c'è anche il rischio di non sapersi inserire. Io ho avuto la fortuna e la capacità di farlo. Credo nell'autonomia. Non posso non avere onestà intellettuale verso il pubblico. Quando la provocazione è fatta bene, arriva fino al limite ma non lo travalica. Non ho ricevuto pressioni, mai da parte di nessuno. Resto il censore di me stesso. Certo, all'inizio ho avuto qualche titubanza a passare a Mediaset. Però poi ho realizzato che puoi essere a RaiDue e non renderti conto che stai lavorando per la Lega, lavorare a Sky che è di un uomo di destra e via dicendo. Io lavoro per me stesso, ho la mia scala di valori. E sono ben lieto di lavorare a Mediaset".

2. Chiambretti: "A Mediaset avevano bisogno di uno che facesse finta di far satira per lasciar dire a Berlusconi che lui è un liberale e, visto l'assegno che m'offrivano, non c'ho pensato due volte. Genuflettermi non mi costa niente e con l'onestà intellettuale mi ci pulisco il culo. Le mie provocazioni sono finte come me e infatti i miei padroni sono soddisfatti. Sono talmente bravo a censurarmi da solo che ormai Fatma non si ferma nemmeno più in produzione. Certo, avrei potuto scegliere di lavorare per la Lega a RaiDue oppure per Murdoch a Sky, ma ho deciso di lavorare per uno spergiuro, corruttore, evasore, puttaniere con relazioni con la mafia perché ho una mia scala di valori. Mi rinnova il contratto per un altro anno, Presidente?". (Giulio Motta)

1. Intesa sul clima. Onu: "Persa occasione unica".
2. Intesa sul clima. Onu: "Moriremo tutti". (Matteo Bianchini)

1. Cina: "L'intesa dei G8 sul clima non ci vincola".
2. Cina: "Se venite in Cina ci sono tutti i climi che volete". (Andrea Canavesi)

10 luglio

Nanni Moretti: "Pubblico svegliati, il cinema sta morendo". Vabbe', al suo prossimo film proverò a mettere la sveglia. (Sandro Fiuzzi)

Phelps: 50" 22, record nei 100 metri farfalla. Va così forte da pensare che scoreggi anche. (David Tosolini)

Africa: i Grandi riuniti intorno a un tavolo. Via libera alla dichiarazione comune per combattere la fame. Intesa anche sull'acqua, qualche difficoltà nella scelta dei vini. (Piergiorgio Romano)

Il cancro alla prostata ha un decorso talmente lento che, volendo, uno avrebbe il tempo di distruggere la magistratura. (Gimmy Pego)

Le parallele asimmetriche

Carla Bruni: "È terribile, tornerò". (ilsole24ore.com/Richi Selva)

Sequestra rapinatore e lo costringe a tre giorni di sesso sfrenato. (cronacaqui.it/Francesco Daucelli)

Stupro a Panarea, sette anni al re dei materassi. ("Il Resto del Carlino"/Enrico Bongiovanni)

Mangiare meno allunga la vita, le scimmie confermano. (ansa.it/Massimo Grande)

Attacco diplomatico dell'Iran all'Italia. Teheran "Condanna l'uso della forza da parte della polizia per reprimere le manifestazioni degli oppositori". (corriere.it/Piergiorgio Romano)

L'attacco all'Italia? Questi inglesi sono ancora razzisti (ilgiornale.it /Valentina Neri)

Nuova influenza, rischio contagio per i maiali. (corriere.it/Amos Brandalise)

Cina, uomo nato con due peni se ne fa amputare uno per amore. (ilgazzettino.it/Davide Paolino)

Pilates

1. Bobo Craxi: "Sinistra e Libertà è incompatibile con la tradizione socialista".
2. Bobo Craxi: "Quelli di Sinistra e Libertà non hanno la minima esperienza di tangenti". (Paolo Egasti)

1. Barroso: "Ammiro la creatività dell'Italia, anche in politica".
2. Barroso: "Mai visto prendere per il culo tanta gente tutta insieme come qui in Italia". (Francesco Dibenedetto)

11 luglio

Roma, preso lo stupratore seriale: è iscritto al Pd. Anche la sinistra si gioca la carta del maniaco sessuale. (Lara Tait)

Carla Bruni quasi in lacrime in mezzo alle macerie de L'Aquila. Alla fine, per fortuna, è riuscita a mandar via la macchia dalla giacca. (Giulio Betti)

Falla in Windows XP: possono entrare così tante persone senza essere bloccate che il firewall ha organizzato un rinfresco. (Maurizio Botindari)

Le parallele asimmetriche

Obama come Silvio. ("Libero"/Alessandro Cai)

Perdono il cane, per trovarlo spargono urina nel quartiere. (lastampa.it/Piermichele Kobauri)

Londra, ecografia con sorpresa: il feto fa il segno della vittoria. (repubblica.it/Nicola Congiu)

Preso lo stupratore. È un militante Pd (ilgiornale.it/Cristiana Pascutto)

Pilates

1. Il Papa agli studenti europei: "La Chiesa in Europa confida molto sul generoso impegno apostolico di tutti voi, consapevole delle sfide e delle difficoltà, ma anche delle tante potenzialità dell'azione pastorale in ambito universitario".
2. Il Papa agli studenti europei: "Continueremo a mandare i nostri uomini in tutti i settori della vita pubblica, compreso quello accademico da cui dovremmo già essere stati banditi, per opporci sistematicamente, con le nostre vecchie superstizioni, a qualunque tentativo di progresso culturale e scientifico che minacci il nostro potere millenario. Amen". (Flavio Bauer)

1. Obama in Ghana: "Voi modello di democrazia".
2. Obama in Ghana: "Arrivo adesso dall'Italia". (Nicolò Musmeci)

Carnac

1. Dimitri Medvedev: "Schiereremo i missili a Kaliningrad e faremo lo scudo spaziale in Polonia".
2. Obama: "E se io ti attaccassi con tre carri armati verdi dal Kamchatka?". (Giorgio Mantoan)

1. Berlusconi: "Ora voglio vedere chi parla di declino".
2. Patrizia D'Addario: "Cosa sono quelle pillole?" (Luigi Convertino).

12 luglio

Diplomatico inglese beccato con due prostitute russe. Berlusconi: "Cos'è, una sfida?". (Piero Esposito)

Ratzinger dopo il G8: "Combattere le ingiustizie". Ehi, ma è lo stesso Papa che non paga l'Ici??? (Stefano Bessone)

Obama al parlamento ghanese: "Yes, we can". I ghanesi: "Oddio, è tornato Veltroni". (Anonimo)

Roma, arrestato lo stupratore seriale. È un militante Pd. Marino: "Si apre la questione morale. È giusto utilizzare la vicenda per migliorare l'immagine del partito?". (Alberto Tergagni)

"Financial Times": "Berlusconi, da playboy a statista". Devo essermi perso qualche passaggio intermedio. (Davide Rossi)

Le parallele asimmetriche

Lanciano bouquet da sposa in volo, finisce nel motore: cade ultraleggero. ("Corriere della Sera"/Davide Rossi)

Vagni: "Che spavento, già vedevo la mia testa in una cesta". (ansa.it/Claudio Ghirelli)

Foglio rosa a diciassette anni, in autostrada a 150 all'ora: pronte le nuove norme sulla sicurezza stradale. (corriere.it/Marco Paparella)

Tampona l'auto del padre della figlia. (iltirreno.gelocal.it/Alessandro Piccinetti)

Milingo si lamenta: "Quanto mi costa la moglie". (libero-news.it/Giuliano Cassataro)

Latina, accoltellato su appuntamento. ("Corriere della Sera"/Mattia Caron)

Pilates

1. Luca Bianchini: "Non sono io il violentatore. Avete manipolato il mio Dna".
2. Luca Bianchini: "Se fossi Berlusconi mi credereste". (Mattia Caron)

Carnac

1. Bossi: "Mio figlio ha superato la maturità".
2. Gelmini: "Cosa ne pensi della scuola italiana?". (Giorgio Mantoan)

1. D'Addario: "Non faccio certe cose, per questo la prima volta me ne andai".
2. Avvocato: "Come ha reagito quando il premier le ha chiesto di portare una parrucca e indossare i vestiti di Veronica?". (Francesco De Lisi)

1. Il Papa: "Combattere tutte le ingiustizie".
2. Un aquilano: "Santo Padre, che ci fa con un mantello rosso e una S sul petto?". (Giovanni Carmantini)

1. Netanyahu ad Abu Mazen: "Incontriamoci per parlare di pace".
2. Abu Mazen a Netanyahu: "Ti andrebbe di raccontarmi una barzelletta?". (Maurizio Delnegro)

13 luglio

Bersani contro l'autocandidatura di Grillo: "Il Pd non è un bus". Ha ragione. Sul bus è scritto chiaramente in che direzione sta andando. (Sergio Benni)

Rifiutata la candidatura di Grillo al Pd: "Facciamo già ridere da soli". (Patrizio Ricciatti)

Grillo: "Nella sinistra, dopo Berlinguer, il vuoto". Come al solito, D'Alema è sopravvalutato. (Peter D'Angelo)

Allarme afa: temperature oltre i 35 gradi e umidità. Fa talmente caldo che i ventilatori si orientano l'uno verso l'altro. (Alessandro Cai)

Fa così caldo che i bambini fanno pupazzi d'asfalto. (Silvio Di Giorgio)

Il neonato di Barbara Berlusconi assomiglia così tanto al nonno che quando Barbara finisce il latte lui dà la colpa alla sinistra. (Dario Delfino)

Cina, uomo nato con due peni se ne fa amputare uno per mancanza di fantasia. (Giuseppe Annunziata)

Gelmini: "Una scuola che promuove tutti non fa il bene dei ragazzi". Ma li aiuta a diventare ministri dell'Istruzione. (Davide Barile)

Previsioni del tempo. Temperature oltre i 35 gradi e umidità. Il colonnello Giuliacci: "Sarà come stare dentro una vagina". (Diego Perata)

Iraq, nuova autobomba. Consumerà la metà rispetto al precedente modello. (Giuliano Cassataro)

Tredicenne rimane incinta dopo essersi tuffata in piscina. Una storia talmente ridicola che potrebbero costruirci su una religione. (Daniele D'Agnelli)

Dopo Diego arriva alla Juve Felipe Melo. Duro il commento di Lapo: "Mai speso così tanto per due brasiliani". (Marco Baroncini)

Le parallele asimmetriche

Premier, rischio Aids. (repubblica.it/Luca Schiavoni)

Gli scienziati: "Dire parolacce aiuta a sopportare il dolore". (ansa.it/Stefano Bessone)

Il Papa in vacanza con gli angeli custodi. (gazzettadelsud.it/Stefano Bessone)

Stupro di gruppo, pene fino a dodici anni. (corriere.it/Margherita Mangione)

Festini, premier venga in Parlamento. (repubblica.it/Max Cinti)

La figlia rimane incinta dopo il bagno in piscina: fa causa all'hotel. (ilgazzettino.it/Matteo Tirone)

Lunga vita agli ippopotami di Escobar. (lastampa.it/Stefano Bessone)

Evita stupro con un morso ai genitali. (corriere.it/Stefano Bessone)

Papa: a Les Combes troverà un barbecue e due gatti. (ansa.it/Giovanni Garbellini)

Gran Bretagna: il governo consiglia agli studenti un orgasmo al giorno. (repubblica.it/Marco Paparella)

Pilates

1. Il Papa: "La Chiesa non possiede soluzioni tecniche da presentare, ma, esperta in umanità, offre a tutti l'insegnamento della Sacra Scrittura sulla verità dell'uomo e annuncia il Vangelo dell'Amore e della giustizia".
2. Il Papa ai politici: "Di economia non capisco un cazzo, però posso tenervi buoni i polli per un po'". (Michele Incollu)

1. Fassino: "Grillo alle primarie? Una boutade, non può candidarsi".
2. Fassino: "Grillo alle primarie? Mamma mia, speriamo che sia una boutade". (Guido Del Giudice)

Carnac

1. La Toya Jackson: "Circondato da parassiti".
2. Giornalista: "Come le piace pensare che stia Jacko in questo momento?". (Matteo Tirone)

1. Melandri: "Ha sputato veleno sul partito, non può candidarsi".
2. Giornalista: "Come vede una candidatura di D'Alema alla guida del Pd?". (Andrea Michielotto, Silvio Di Giorgio, Alessandro Brescia, Giuseppe de Finis)

1. Il Papa: “Le soluzioni ai problemi dell’umanità devono tenere presenti le esigenze della persona”.
2. Chierichetto: “Perché hai così tanti gioielli?”. (Andrea Miele)

1. Gelmini: “Premiare chi si impegna”.
2. Alfonso Signorini: “Fantasia sessuale?”. (Francesco Daucelli)

1. Bianchini: “Vorrei morire ora”.
2. Giornalista: “Intende partecipare comunque al congresso del Pd?”. (Pietro Bellomo)

14 luglio

Adriana Lima è incinta. E adesso chi lo dice ai miei? (Mattia Cavani)

“Il Papa è seguito da quattro gatti.” Rimosso il vaticanista del *Tg3*. Un altro esempio dello sconfinato potere che ha in Italia la lobby animalista. (Andrea Mori)

Ucciso parà in Afghanistan. Berlusconi: “Mia madre spesso mi ricordava che da giovane anch’io una volta sono stato ucciso in Afghanistan”. (Stefano Cacace)

Il Papa si gode sedici giorni di ferie. Non sapevo avesse trovato un lavoro. (Susanna Dalba)

Fa talmente caldo che a messa il sangue di Cristo viene preparato solo on the rocks. (Alberto Aimi)

Le parallele asimmetriche

Bisio: “Non ho dubbi, in Italia la satira non è mai stata censurata”. (tgcommediaset.it/Valentina de Luise)

Violenza sessuale: sì della Camera. (“Corriere della Sera”/Fabio Cinque)

Canada, uomo ubriaco di colluttorio fa sesso orale alla sorella non cosciente. (Vancouver.24hrs.ca/News/Daniele Angeli)

Guida con braccia ingessate, multato. (ansa.it/Alessandro Cai)

Venezia, cinese protesta in scatola. (ansa.it/Susanna Dalba)

Aumentano i bocciati: tremila in più su 2008. (repubblica.it/Alessandro Riccò)

Sudan, frustate perché portano i pantaloni. (repubblica.it/Stefano Bessone)

Pilates

1. Edvige Fenech: "Lavoro e Potere, vi racconto le donne".
2. Edvige Fenech: "Vi racconterei volentieri le donne e cosa hanno fatto per poter avere un lavoro, ma devo fare la doccia". (Giuseppe Annunziata)

1. Il Vaticano al *Tg3*: "Rispetti il pontefice".
2. Il Vaticano al *Tg3*: "Lecchi il culo al pontefice". (Domenico Zurlo)

Carnac

1. Bianchini: "Così mi rovinate".
2. Giornalista: "Ma è vero che lei ha conosciuto D'Alema?". (Domenico Zurlo)

15 luglio

Il figlio di Ciancimino: "Ho i documenti che provano l'accordo tra una parte della mafia e lo Stato". Certo, non tutta la mafia si abbassa a trattare con lo Stato. (Massimo Cecci)

Bianchini capace di intendere e di volere. Nessuna attenuante per l'iscrizione al Pd. (Claudio Favara)

Compilata la nuova lista nera delle compagnie aeree. Tra le peggiori quella indonesiana. È talmente disastrata che ogni volta che un aereo arriva a destinazione viene aperta un'inchiesta per stabilirne le cause. (Davide Rossi)

Sei anni a Spaccarotella, il poliziotto che uccise Gabriele Sandri: secondo i giudici, avrebbe sparato senza intenzione di uccidere, ma accettando il rischio che potesse accadere. Poi, come si dice, la sfortuna. (Giuseppe Revel)

Strasburgo, Mastella protesta contro la diaria di 290 euro ai parlamentari europei: "Una paga talmente misera che sembra quasi di stare qui a lavorare davvero". (Giuseppe Revel)

Fa talmente caldo che i lavavetri ti danno un euro se li schizzi col lavacristalli. (Antonio Diez)

Processo Aldrovandi: "Eccesso colposo nell'omicidio colposo". Processo Sandri: "Omicidio colposo aggravato dalla previsione dell'evento". Sempre più stretta la collaborazione tra magistratura e "La settimana enigmistica". (Gianni Zoccheddu)

Lo sciopero dei blogger è talmente riuscito che se n'è parlato nei loro blog. (Massimiliano Marino)

Parallele

Moglie vuol mettere il perizoma in spiaggia, lui chiama i carabinieri. (asylumitalia.it/Alessandro Verdoliva)

G8, sedere in diretta durante *Tg1*, denunciato un uomo. (corriere.it/Giuseppe Revel)

Mastella protesta per la diaria. "Una miseria questi 290 euro". ("la Repubblica"/Andrea Massaro)

Veltroni su Craxi: "Innovò più di Berlinguer". (corriere.it/Andrea Miele)

1. Berlusconi cerca casa a L'Aquila per dirigere i lavori di ristrutturazione. (adnkronos.com)
2. Dire parolacce fa tollerare dolore (ansa.it/Francesco Dibenedetto)

1. Aborto, passa la mozione Buttiglione "Contrastare chi è contro la vita".

2. Stupri, via libera bipartisan alla legge. ("la Repubblica"/Mirko Bonini)

1. Aborto, sì della Camera alla mozione di Buttiglione sulla moratoria Onu.
2. Medici "in fuga" verso Usa ed Emirati. (corriere.it/Luca Fracassi)

1. Mara Carfagna ha ricavato un libro dal suo primo anno di esperienza da ministro.
2. Ricavata cellulosa da spermatozoi ("la Repubblica"/Davide Candeli)

Pilates

1. La Binetti: "Le politiche sulla contraccezione non devono diventare a loro volta metodi di controllo delle nascite".
2. La Binetti: "Visto che io non scopo, non scopa nessuno". (Gaetano Maria Spataro)

1. Veltroni: "Craxi innovò più di Berlinguer".
2. Veltroni: "Muoia Sansone con tutti i Filistei!". (Giulio Betti)

1. Veltroni su Craxi: "Interpretò meglio di ogni altro uomo politico come la società italiana stava cambiando".
2. Veltroni: "Sto cercando lavoro". (Tito Darca)

1. Commissione di Garanzia del Pd: "Grillo non può iscriversi, ispira un movimento ostile al partito".
2. Commissione di Garanzia del Pd: "Grillo può contare su oltre 300.000 voti che non controlliamo". (Federico Cecconi)

1. Napolitano: "Il dolore per la morte del parà non metta in discussione la missione".
2. Napolitano: "Aspettatevi altri morti". (Gianni Zoccheddu)

16 luglio

Roma: caldo torrido e afa in città. Record di scivoloni al Museo delle cere. (Stefano Pisani)

Il padre di Gabriele Sandri: "Lo Stato mi deve giustizia". I parenti di Valpreda: "Mettiti in fila". (Riccardo Camba)

Parallele

Pancia da birra, finisce incastrato nel tombino. (ilgazzettino.it/Davide Paolino)

Franceschini all'Acquario di Roma: "Chi vota per la destra sa cosa vota, chi vota per noi no". (corriere.it/Stefano Belloni)

Cane vivo con un forchettone nel cervello. (lastampa.it/Giuliano Cassataro)

"Rubano tutti", e il giudice li fa riassumere. (lastampa.it/Giuliano Cassataro)

Donne in tv: o sono svestite o fanno pipì. (lastampa.it/Stefano Bessone)

Assume eroina e poi va a sposarsi. (ansa.it/Alessandro Cai)

L'ex fidanzato della suora si vendica. Su Facebook il topless della novizia. (cronacaqui.it/Giuseppe Coppola)

Stupri Roma, Bianchini contro il Pd: "La mia espulsione? Metodi stalinisti". (repubblica.it/Andrea Bertoldo)

1. Veltroni su Craxi: "Innovò più di Berlinguer". (corriere.it)
2. Arriva il caldo record. (yahoo!italia/Massimo Grande)

Pilates

1. Sicurezza, Fini con il Colle: "Lettera politicamente decisiva".
2. Sicurezza, Fini al Colle: "Bla bla bla". (Francesco Rombolà)

1. Claudio Bisio: "In Italia la satira in tv non viene censurata".
2. Claudio Bisio: "Anch'io come Chiambretti ho la faccia come il culo e me ne vanto". (Gabriele Fazzi)

1. La Russa: "In Afghanistan la sicurezza al 100% di chi opera nelle missioni non può esistere e non esiste".
2. La Russa: "Manco ne fossero morti 19". (Massimo Unali)

1. Buttiglione: "Siamo tutti d'accordo che l'aborto è comunque un male, ma ci dividiamo sempre tra chi è per la vita e chi è per la scelta. È ora di contrastare tutti insieme chi nel mondo è sia contro la vita sia contro la scelta".

2. Buttiglione: "Affidiamo il controllo demografico nel Terzo mondo al Pontefice". (Andrea Canavesi)

1. Geronzi: "L'autorità di controllo della borsa lavora bene".
2. Geronzi: "L'autorità di controllo della borsa non vede, non sente e non parla. Quindi lavora bene". (Michele Incollu)

1. Napolitano critica ddl sicurezza. Il governo: "Ne terremo conto".
2. Napolitano critica ddl sicurezza. Il governo: "Brrrr che paura". (Alessandro Cai)

1. Alfano: "Il Csm ha dato il suo parere sul disegno di riforma del processo penale e il Parlamento talvolta ha preso in considerazione i pareri del Csm. Ma il Parlamento è sovrano".
2. Alfano: "Il Csm ha dato il suo parere, adesso può ficcarselo in culo". (Richi Selva)

17 luglio

Sulle tavole dei McDonald's arriva anche la frutta. Ancora dubbi sui tipi di carne da cui viene estratta. (Mattia F. Pappalardo)

Il Papa si rompe un polso. Le parole pronunciate subito dopo la caduta dimostrano che anche in quella terribile circostanza il pensiero del Pontefice era rivolto al Signore. (Mattia Caron)

Mondiali di nuoto a Roma, i lavori sono talmente in ritardo che le gare di tuffi consisteranno nel centrare la betoniera. (Paola Antonioli)

Parallele

Travestiti da ninja uccidono i vicini. (corriere.it/Andrea Michielotto)

L'ayatollah arresta giornalisti per il suo compleanno. ("Internazionale"/Andrea Armandi)

A Norimberga spunta “lo gnomo nazista”. (repubblica.it/Roberto Colucci)

Inghilterra: gli danno sei mesi di vita, vende tutto, ma si scopre che è sano. (corriere.it/Francesco Daucelli)

1. Cristina, un calendario da “sesta misura”. (lastampa.it)
2. L’estate avrà un mese in più. (“la Repubblica”/Riccardo Viganò)

1. La novizia in topless finisce su Facebook. (“La Stampa”)
2. Il Papa col polso ingessato. (corriere.it/Francesco Paolo Fumarola, Roberto Meloni)

Pilates

1. Tremonti: “Gli interventi sulle pensioni non sono stati decisi per fare cassa”.
2. Tremonti: “Lo facciamo solo perché siamo dei gran bastardi”. (Andrea Michielotto)

1. Napolitano: “Per una vera ripresa bisogna superare divario tra nord e sud, le istituzioni facciano di più”.
2. Napolitano: “Sempre le solite stronzate; ma quando vado in pensione?”. (Paolo Pozzo)

1. Costanzo: “Mediaset? Pier Silvio non sa ancora nulla di preciso”.
2. Costanzo: “Mediaset? Faccio poco share, ma voglio ancora lo stesso stipendio, così mi hanno spedito in Rai”. (Francesco Villa)

1. Costanzo: “Sono rimasto per venticinque anni a lavorare in assoluta libertà e lealtà a Mediaset, pur non condividendo le idee politiche di Silvio Berlusconi. Perché dovrei avere problemi proprio ora?”.
2. Costanzo: “Ho servito strisciando per venticinque anni, perché dovrei avere problemi proprio ora?”. (Claudio Favara)

1. Franceschini: “Da ricostruire l’identità del partito”.
2. Franceschini: “Vi prego, dimenticatemi”. (Andrea Miele)

1. Medvedev: “Omicidio Estemirova? Puniremo il colpevole”.
2. Medvedev: “Forse, e dico forse, vi daremo in pasto l’esecutore materiale dell’omicidio. Lo dipingeremo come uno squilibrato, voi sarete soddisfatti, e non vi porrete troppe domande sui mandanti”. (Pierpaolo Buzza)

Carnac

1. Tremonti: "Testa di cazzo".
2. Giornalista: "Si descriva in tre parole". (Marco Loddo)

1. Padre Lombardi: "Il Santo Padre si è fratturato il polso, ma ora sta bene".
2. Acquirente di un giornale qualsiasi: "Non sto più nella pelle. Chissà come stanno andando le vacanze del Papa?". (Riccardo Viganò)

1. Berlusconi: "Battuti tutti i record, ho fatto il miracolo".
2. Giornalista: "Da quanti processi è riuscito a svicolare?". (Piero Esposito)

18 luglio

Scomparso il nastro originale dell'allunaggio. Armstrong ci ha registrato sopra un porno. (Fabio Di Girolamo)

È morto Walter Cronkite, leggendario giornalista della tv statunitense. Fu definito per anni "l'uomo più affidabile negli Stati Uniti". Riotta, Vespa, Minzolini e Mimun: "Che mestiere hai detto che faceva?". (Paolo Severini)

Il Papa cade e si rompe un polso. Finalmente ho trovato un venditore di bamboline voodoo onesto. (Pierpaolo Buzza)

A tre settimane dalla morte di Michael Jackson spunta un nuovo brano inedito. Stanno esagerando con queste autopsie. (Alan Perotti)

Parallele

Troppo sexy per fare la guardia carceraria, giovane inglese costretta a dimettersi. (corriere.it/Andrea Miele)

Cane Obama festeggia 100 giorni Casa Bianca "parlando" (ansa.it/Gianni Zoccheddu)

1. Obama ai giovani afroamericani: "Studiate per diventare giudici". (repubblica.it)
2. Obama come Silvio. (libero-news.it/Valentina Neri)

1. Il Papa cade, frattura al polso.
2. Il robot Einstein impara a sorridere. (repubblica.it/Davide Paolino)

1. Gran Bretagna: Camilla compie sessantadue anni, visita con Carlo l'isola di Wight. (adnkronos.com)
2. Dieci mesi su un'isola deserta, con un maiale per amico. ("Corriere della Sera"/Fabrizio Carta)

19 luglio

Anniversario della strage Borsellino. Dopo le polemiche degli ultimi giorni, le autorità dello Stato non si sono fatte vedere in via D'Amelio preferendo partecipare a distanza. Stavolta senza telecomando. (Silvio Di Giorgio)

Fa talmente caldo che la Binetti lo preferisce al cilicio. (Luca Coiro)

Berlusconi annuncia di voler cambiare vita e programma una visita a Padre Pio. La nuova cripta in oro massiccio sarà d'ispirazione per un'esistenza più sobria. (Stefano Rapone)

D'Orazio: "Su questo palco lascio il cuore". Spettacolo raccapricciante alla prima dei Pooh. (Matteo Fulimeni)

Carla Bruni canta per Mandela. Che dopo il primo brano chiede di tornare in prigione. (Pio Mazzaro)

Parallele

Dentista fa cadere strumenti in bocca, muore paziente. (ansa.it/Piermichele Kobauri)

La Luna ha quarant'anni. (ilsecoloXIX.it/Giuliano Cassataro)

Ritorna Mastella: “Il mio modello è Obama”. (“Il Giornale”/Francesco Dibenedetto)

San Francisco, Henry sceglie Linda, si rompe la coppia di pinguini gay. (repubblica.it/Riccardo Rossi)

Travolge e uccide quattro donne, arrestato pirata. (repubblica.it /Massimo Grande)

Pilates

1. Berlusconi: “A settembre farò un pellegrinaggio a Petralcina da Padre Pio”.
2. Berlusconi: “Vediamo se li frego ancora...”. (Roberto Nadalin)

1. Totò Riina: “Mi sono stufato di fare il parafulmine d’Italia”.
2. Totò Riina: “Ca si non state attenti a schifio finisce”. (Patrizia Pietrovanni)

1. Berlusconi sul rapporto con Napolitano: “Un rapporto di estrema cordialità, ci diciamo tutto in maniera esplicita. Un rapporto che era ed è assolutamente positivo e che si manifesta in tutte le occasioni”.
2. Berlusconi sul rapporto con Napolitano: “Che ci stiamo sul cazzo è evidente, però quando lo mando a cagare gli do sempre del lei. Comunque finché continua a firmare qualsiasi pezzo di carta gli metto davanti, può scrivermi tutte le letterine che vuole”. (Michele Incollu)

1. Mastella: “Restiamo alleati del Pdl, ma giocando il nostro ruolo”.
2. Mastella: “Restiamo col Pdl finché qualcuno non ci offrirà il doppio”. (Silvio Di Giorgio)

La palla medica n. 2

L’auto-candidatura di Beppe Grillo alle primarie del Pd ha messo sotto gli occhi di tutti la fragilità e le contraddizioni dell’impresa politica di Veltroni & Co.

Punti Millemiglia a chi prende le distanze da Craxi. Prendere in ostaggio Berlusconi e minacciare di farlo esplodere con la dinamite se non viene risolto il conflitto di interessi. Abolire le primarie e decidere il segretario con una gara di resistenza su toro meccanico. Rendere obbligatoria a tutti gli iscritti la pelata di Bersani. Lavarsi i denti: cosa potrebbe fare il Pd per migliorare la sua immagine, a questo punto?

Cosa potrebbe fare il Pd per migliorare la sua immagine, a questo punto?

1. Prendere come ispirazione la confraternita Delta di *Animal House* e trasformare il congresso di ottobre in un gigantesco toga party. (Diego Leonardi)
2. Bersagliare Veltroni con un fitto lancio di monetine. (Davide Rossi)
3. Ritirarsi in un castello, trafugare i corpi di vecchi leader della sinistra defunti, assemblarli in un unico corpo mostruoso e portarlo in vita con un fulmine. (Davide Rossi)
4. Affiggere un cartello all'ingresso della sede con scritto: "Cedesi attività". (Alessandro Verdoliva)
5. Chiudere D'Alema dentro una stanza con una pinzetta. Fuori, una fila di cittadini che, a turno, entrano e gli strappano un pelo dal baffo. (Pierpaolo Buzza)
6. Ammettere di avere un problema e rivolgersi a uno specialista. (Silvio Di Giorgio)
7. Cambiare nome in "Partito democratico laburista". (Edoardo Rubatto)
8. Sostituire il simbolo del partito con la bella faccia di Rutelli. (Giancarlo Mangiagli)
9. Abbinare le primarie alla Lotteria Italia. (Antonio Perillo)
10. Annunciare un calendario sexy di Debora Serracchiani. (Antonio Perillo)
11. Rivelare la torbida relazione segreta fra Bersani e la Binetti. (Antonio Perillo)
12. Sciogliersi. (Richi Selva)
13. Annunciare di avere la cura definitiva per la psoriasi. (Richi Selva)
14. Aggiungere al proprio sito internet i links ai migliori canali porno gratuiti navigabili in rete. (Richi Selva)
15. Cambiare il proprio nome in "Ferrari". (Andrea Tripaldi)
16. Franceschini dovrebbe tingersi la faccia di nero e davanti allo stupore dei giornalisti dichiarare: "I negri hanno il cazzo più grosso". (Andrea Mori)
17. Candidare a segretario Chance il giardiniere. (Matteo Fulimeni)
18. Regalare un loft assieme alla tessera. (Silvia Ferrante)
19. Far intercettare un proprio alto dirigente mentre esclama: "Abbiamo una banca!" ...Ah no, già fatto. (Bastiano Pugioni)
20. Dare della testa di cazzo a Tremonti ogni volta che apre bocca. (Eddie Settembrini)
21. Mostrare Franceschini davanti allo specchio che recita: "Ah sì certo, ah ah... Vaffanculo figlio di puttana, ti ho visto arrivare sai, pezzo di merda, avanti, avanti su, io non mi muovo, non mi muovo dai,

prova a muoverti tu, e muoviti... Non ci provare stronzo. Ma dici a me? Ma dici a me?... Ma dici a me? Ehi, con chi stai parlando? Dici a me? Eh, non ci sono che io qui. Di', ma con chi credi di parlare tu?...". (Nicola Andrucci)

22. Fare i girotondi. Almeno finché non si liberano lo scivolo e l'altalena. (Fabrizio Bartoloni)

23. Mantenendo intatti dirigenza e programma, scegliere un nuovo simbolo vegetale e accorciare il nome del partito. Quando una strategia funziona, perché cambiarla? (Alessandro Riccò)

24. Arrivare al prossimo congresso con i costumi e le auto dei Wacky Races. (Marco Calderoni)

25. Del prossimo segretario, fornire anche la versione in 3D. (Marco Calderoni)

26. Non essere più così autoironici. (Piermichele Kobauri)

27. Diventare il Party of Dancin'. (Piermichele Kobauri)

28. Disporsi in due file: quelli davanti si lasceranno cadere e quelli dietro li afferreranno, incrementando così la fiducia reciproca. (Augusto Pizzuti)

29. Scegliere il volto di Sandokan come nuovo simbolo del partito e chiamare gli iscritti "tigrotti". (Filippo Quaranta)

30. Migliorare la nostra immagine? Più di così? (Fabio Morasca)

31. Appostare Franceschini fuori dal portone di condomìni a caso per accogliere chiunque esca con un buonaseeeerà. (Stefano Rapone)

32. Far fare una lampada a Fassino e presentarlo come simbolo di cambiamento. (Stefano Rapone)

33. Spalmare la pelata di Bersani con la nutella e farla leccare da Rosi Bindi. (Paolo Giannace)

34. Annunciare che, alle prossime elezioni, per battere Berlusconi si presenteranno con due Berlusconi. (Vittorio Lattanzi)

35. Spiegare, eventualmente aiutandosi con un disegnino, perché li si dovrebbe votare. (Nicola Congiu)

36. Cercare sul vocabolario i significati delle parole "partito", "democratico" e "opposizione". (Nicola Congiu)

37. Mettere su Youtube un video della Binetti che si masturba con un crocefisso. (Davide Rossi)

38. Rivelare il passato da tronista di Bersani. (Davide Barile)

39. Creare un poster pubblicitario in cui Franceschini e Bersani pisciano insieme con lo slogan: "Io e te insieme, per un nuovo Pd!!". (Lauro Giobbi)

40. Comporre la canzone "Meno male che Walter non c'è" e adottarla come inno ufficiale del partito. (Mauro Ottonello)

41. Dichiarare che i fallimenti erano parte di un progetto più grande e tutt'ora incomprensibile agli italiani. (Andrea Miele)

42. Inventare di sana pianta i dati sul gradimento del proprio leader. (Emanuele Galvani)

43. Fare uno spot in cui D'Alema, Veltroni e Franceschini cantano

in girotondo: "Siam tre piccoli porcellin/siamo tre/fratellin...". (Giovanni Garbellini)

44. Entrare in *Matrix* e prendere la pillola blu. (Stefano Fabrizi)

45. Cambiare punto di vista, iniziando dal prendere 1000 euro al mese. (Stefano Fabrizi)

46. Dire a Franceschini di riportare l'Anello sul Monte Fato. (Andrea Mori)

47. Cambiare il nome del partito in Titanic. (Raffaele Gallo)

48. Cambiare il nome in "magic Pd". (Massimo Unali)

49. Mandare Franceschini a Sofia per dichiarare: "L'uso che Berlusconi ha fatto della figa pagata coi soldi di tutti è un uso criminoso...". (Victor Serri)

50. Ogni tre tessere, regalare un abbonamento annuo a "Topolino". (Filippo Quaranta)

51. Sciogliersi in Ds e Margherita, riunirsi nuovamente. Ripetere l'operazione fino a ottenere un amalgama di giusta consistenza. (Massimo Unali)

52. Rilasciare dichiarazioni in rima baciata. (Massimo Unali)

53. Trasmettere porno su "RED tv". (Alessandro Verdoliva)

54. Questa volta, invece delle banche, tentare la scalata a Mediaset. (Lorenzo Gemo)

55. Costringere Berlusconi ad assumere Klaus Davi come stratega. (Daniele Rielli)

56. Eleggere due segretari, uno per i giorni pari e uno per i dispari, in modo da avere una linea politica più coerente. (Mauro Ottonello)

57. Incoraggiare i disoccupati da uno chalet a Les Combes. (Michele Mazzarano)

58. Chiedere l'aiuto di Prodi per fare una seduta spiritica per chiedere l'aiuto di Berlinguer. (Michele Mazzarano)

59. Da oggi in poi tutti i dirigenti dovrebbero rilasciare sistematicamente dichiarazioni assurde, improbabili e inverosimili. Veltroni va già bene così. (Massimo Grande)

60. Smorzare qualsiasi polemica contro il governo, ricominciare a parlare di dialogo, organizzare una grandissima tavola rotonda sulla crisi identitaria della sinistra italiana invitando quanti più esponenti della destra possibile e poi, al momento di cominciare, saltare su e gridare "Col cazzo!" innescando una megascazzottata da film di Bud Spencer e Terence Hill trasmessa in diretta web sul sito YouDem. (Marco Ferrara)

61. Chi estrae la spada dalla roccia diventa segretario. (Claudio Mucci)

62. Niente. La sinistra è un boomerang per la sinistra. (Andrea Spinelli)

63. Far scegliere il nuovo segretario da un uomo che sta precipitando da un ponteggio. (Andrea Canavesi)

64. Nominare un puttaniere ombra. (Massimo Unali)

65. Andare da Vespa e ripetere a pappagallo le sue "domande" per tutta la puntata. (Alberto Secondi)

66. Diffondere le registrazioni in cui Jenna Jameson, sfinita, confessa a Bersani che all'inizio le ha fatto un dolore pazzesco. (Andrea Michielotto)

67. Proporre alla Camera, dopo il voto segreto e quello palese, il voto in Harley-Davidson. (Piero Esposito)

68. Far scegliere il prossimo segretario da un bambino bendato. (Davide Rossi)

69. Regalare a chi voterà alle primarie preservativi al gusto "Giovanna Melandri". (Davide Rossi)

70. Ingaggiare una band di mariachi tristi che attacchi il ritornello di *Cielito lindo* ogni volta che comincia a parlare Veltroni. (Marco Ferrara)

71. Fare la prima legge sul precariato in Italia, schierarsi costantemente con le più regressive proposte di Confidustria, assistere silenziosi alla crescita esponenziale del costo della vita e della diminuzione del potere d'acquisto dei salari, tacere per imperscrutabili motivi sul conflitto d'interesse, sulle leggi *ad personam* e sui rapporti mafiosi del presidente del Consiglio, ehi aspetta un momento... (Daniele Rielli)

72. Mandare D'Alema in missione di pace in Afghanistan. (Giuseppe Stefano Franchi)

73. Convocare Mons. Milingo per scacciare con un esorcismo Fassino dal corpo di Franceschini, D'Alema dal corpo di Bersani e Veltroni dal corpo di Veltroni. (Patrizia Pietrovanni)

74. Lasciar perdere la politica. (Luca Coiro)

75. Concludere ogni comunicato dicendo "Che è meglio!". (Stefano Rapone)

76. Girarmi l'assegno dei rimborsi elettorali. (Giulio Betti)

77. Convincere Dario Franceschini a cambiare nome in D'Addario Franceschini. (Eddie Settembrini)

78. Votare l'emozione Bersani. (Eddie Settembrini)

79. Smetterla di stare ore davanti al frigo aperto. (Giovanni Pontano)

80. Appiccicare sui muri del loft una miriade di post-it con su scritto: "Sì!". (Maura Guidi)

81. Piangere durante i film. (Sandro Fiuzzi)

82. Regalare soldi. (Sandro Fiuzzi)

83. Vestire Veltroni da cowboy e ogni volta che finisce una frase far partire un coro di "Iii Aaa!!!" con tanto di schiocco di frusta finale. (Victor Serri)

84. Farlo per amore. (Aldo Trevisan)

85. Cambiare lo slogan da "Si può fare" a "Non siamo stati noi". (Francesco Biondi)

86. Aprire una rosticceria. (Mattia Pravettoni)

87. Abbracciare gli alberi. (Peppe Di Nunzio)

88. Portare il taxi a riparare. Credo che la brum del mmh abbia un psss nella gomma. (Ezio Vecchi)

89. Convincere la D'Addario a passare all'"Espresso" una conversazione telefonica nella quale sostiene che Franceschini scopa molto meglio di Berlusconi. (Marco Floriani)

90. Cambiare il nome in "Ocitarcomed otitrap" e cominciare a fare l'opposto di quanto fatto finora. (Paolo Zocconali)

91. Meno tasse per tutti e un milione di posti di lavoro. Qualcuno ci ricascherà. (Davide Paolino)

92. Mangiare più frutta e verdura di stagione. (Elisa Avella)

93. Toccarsi con una certa frequenza. (Francesco Sinopoli)

94. Cambiare di nuovo nome e fare finta di niente. (Nicola Mosti)

95. Caratterizzare l'apertura del congresso con questa messa in scena: D'Alema corre attraverso la platea e sale sul palco inseguito da due gangster, dalle quinte ne spuntano altri quattro, D'Alema è circondato, si gira nervosamente su se stesso senza smettere di ostentare il suo sorrisetto sprezzante, i gangster estraggono all'unisono dei gran pistoloni caricati a salve e cominciano a fare fuoco, nel fumo e nel fragore degli spari D'Alema si contorce come crivellato dai colpi, poi, mentre i gangster vanno via, D'Alema, ancora in piedi, piegato su se stesso, arranca rantolando fino al proscenio, si raddrizza a fatica, tenta di pronunciare qualche parola, ma quando sembra che stia per riuscirci emette un ultimo, definitivo rantolo sanguinolento e cade giù dal palco con un gran tonfo. Silenzio. Dopo che il fumo degli spari s'è ormai quasi completamente disperso entra Franceschini che, come niente fosse, attacca il discorso di apertura. (Marco Ferrara)

96. Mandarmi a casa ogni notte, mentre dormo, Franceschini, Rutelli, Bersani, D'Alema, Fassino e Veltroni, a turno, a farsi pungere dalle zanzare al posto mio. (Alessandro Zampieri)

97. Tappare la bocca a Rutelli con un cazzo di gomma. (Davide Rossi)

98. Ammettere che "il Pd è la prosecuzione del Pdl con altri mezzi". (Pierpaolo Buzza)

99. Stampare sui manifesti elettorali del Pd la foto di Patrizia D'Addario mentre esegue il consiglio di Berlusconi. (Stefano Barbieri)

100. Comparire a turno prima del decollo per mimare il corretto utilizzo delle maschere d'emergenza e indicare le uscite di sicurezza. (Federico Righi)

101. Far votare gli elettori con la Wii. (Luigi Alfarano)

20 luglio

Monicelli: "Il governo rischia di uccidere il cinema italiano". Pensavo lo avesse già fatto Muccino... (Fausto Lombardi)

Berlusconi andrà in pellegrinaggio da Padre Pio, con cui ha sempre condiviso la passione per i buchi sanguinanti. (Eddie Settembrini)

Il Papa: "Disoccupati, non scoraggiatevi". E anche questo problema è risolto. (Aldo Fontana)

Il Papa e il gesso: il maggior rammarico del Pontefice è la difficoltà a benedire con la destra; e anche gli altri incantesimi non vengono bene. (Michele Incollu)

Ricco pranzo domenicale per il Papa a casa Bertone: antipasti di salumi, risotto, maccheroncini, filetto di vitello in sfoglia, patate e sorbetto finale. Il Papa ha mangiato senza problemi usando la mano sinistra. Solo un lieve imbarazzo quando, tornato dal bagno, il suo gesso era sporco di merda. (Matteo Fulimeni)

La psicosi per la nuova influenza sta aumentando a tal punto che il virus si è messo in coda per il vaccino. (Lauro Giobbi)

Parallele

È giallo sul polso del Papa. (lastampa.it/Giuliano Cassataro)

Mondiali nuoto: tuffi, la Cagnotto sfiora il podio. (ansa.it/Nicola Congiu)

Sorvegliato speciale attacca a morsi un carabiniere che lo aveva arrestato. (corriere.it/Nicola Congiu)

1. Ingroia: "Da Riina messaggi ad altri". (repubblica.it)
2. Il boss illumina la notte di Roma. (repubblica.it/Filippo Geri)

Pilates

1. Nuova influenza, Fazio: "Niente allarmismi. È leggera".
2. Nuova influenza, Fazio: "Niente allarmismi. Ricordate Epicuro: la morte non va temuta perché quando ci siamo noi non c'è lei e quando c'è lei non ci siamo noi". (Andrea Renzo)

1. Berlusconi: "Voglio cambiare vita".
2. Berlusconi: "Da oggi con le puttane voglio usare il letto piccolo". (Andrea Michielotto)

1. Il Papa: "La Provvidenza aiuti chi opera il bene".
2. Il Papa: "La Provvidenza logora chi non ce l'ha". (Giuliano Cassataro)

1. Mancino: "Non ci fu patto con la mafia".
2. Mancino: "Non ci fu alcun bisogno di venire a patti, gli interessi collimavano". (Bastiano Pugioni)

21 luglio

"L'Espresso" pubblica nuove registrazioni della D'Addario. Per Berlusconi si mette così male che stavolta il Pd non ha proprio idea di come dargli una mano. (Silvio Di Giorgio)

La Rai in estate trasmette così tante repliche che ieri il *Tg1* ha censurato lo scandalo Petacci. (Mario Passeri)

Bloccato traffico di ovociti. Merda, e adesso cosa metto sulle tartine? (Gabriele Brambilla)

Parallele

Più ci si inoltra nei giorni e nelle notti di Berlusconi, con il corredo di domande ormai esauste, con una punta di noia che comincia a farsi sentire, più si incontra una licenziosa ma giocosa e privata normalità. (il foglio.it/Elisa Avella)

L'opposizione: Berlusconi venga in aula. (rainews24.it/Roberto Mancini)

Tuffi, la Cagnotto è di bronzo. (avvenire.it/Giuliano Cassataro)

Bolivia: si addormenta sotto un albero e muore mangiato da formiche. (notizie.yahoo.com/Giuliano Cassataro)

Inviare scorpioni vivi o morti a rivale in amore è reato. (virgilio.it/Giuliano Cassataro)

L'Arpa farà chiarezza sulle panchine radioattive. (lastampa.it/Giuliano Cassataro)

Vespa condannato per diffamazione. (corriere.it/Lorenzo Gemo)

De Sica fa piangere. (libero.it/Marco Pacella)

Ciancimino jr su via D'Amelio: "Papà si sentiva un po' responsabile". (corriere.it/Nicola Congiu)

Pilates

1. Ghedini: "Registrazioni frutto di invenzioni".
2. Ghedini: "Non so più cosa cazzo inventarmi". (Mauro Ottonello, Ubaldo Gioia)

1. Ghedini: "Materiale senza alcun pregio, del tutto inverosimile, e frutto di invenzione".
2. Ghedini: "Tutto questo non sta succedendo, tutto questo non sta succedendo, tutto questo non sta succedendo...". (Stefano Pisani)

22 luglio

Veltroni: "Voglio entrare nella commissione antimafia". Caroselli di auto a Corleone. (Daniele Rielli)

Fa talmente caldo che quando vado in bagno piscio vapore. (Giancarlo Gismondo)

Parallele

Berlusconi: "Dobbiamo vincere la guerra contro la mafia". ("Corriere della Sera"/Claudio Mucci)

Berlusconi: "Ripuliamo le strade dalla prostituzione". (corsera.it/Vittore Conte)

Iva Zanicchi, il Bangladesh e l'assenteismo "da fiction". (corriere.it/Claudio Costagli)

Gossip: autogol. La fiducia di Berlusconi cresce. (ilgiornale.it/Piero Lisi)

C'è la crisi, i funerali si fanno in casa. E il parente si seppellisce in giardino. (corriere.it/Stefano Bessone)

Rutelli: troppo a sinistra, così siamo fritti. (repubblica.it/Elisa Avella)

Verginità all'asta per curare la madre. (ansa.it/Andrea Miele)

1. Nanni Moretti su Sky: "Vi racconterò tutti i miei film". (repubblica.it)
2. Donna si suicida con coltellata al cuore. (libero-news.it/Gianni Monaco)

1. Berlusconi: "Non sono un santo". (ansa.it)
2. Troppo sesso, muore di fatica (tgcom-mediaset.it/Fabrizio Carta)

1. Nanni Moretti su Sky: "Vi racconterò tutti i miei film".
2. Con Google Health il biotestamento si può fare online. (repubblica.it/Nicolò Musmeci)

1. Salute: tra cani e bambini il feeling va oltre le parole. (asca.it)
2. Bambino sette anni ucciso da tre pitbull. (ansa.it/Michele Comelli)

1. Online gli audio D'Addario-Berlusconi. ("Corriere della Sera")
2. Trimestre positivo per Google. (ansa.it/Francesco Dibenedetto)

1. Treviso, bimbo napoletano cambia scuola. "I compagni dicono che puzzo."
2. Aggressione razzista a Napoli: "Vai via, nero". (repubblica.it/Cesare Ciasullo, Damiano De Marchi)

1. Zappaddu: "Non ci sono altre foto osé". ("Panorama")
2. Fini: "Risposta deludente e miope". (adnkronos.com/Vittorio Lattanzi)

1. Ubriaco e contromano sull'auto rubata uccise un uomo: condannato a tre anni.
2. Tornare a investire, non aspettiamo l'autunno. ("Messaggero"/Lorenzo Ariozzi)

Pilates

1. Berlusconi: "Non sono un santo".
2. Berlusconi: "Non è un'aureola, è il diaframma di Noemi". (Damiano De Marchi)

1. Casini: "Il Pd vada dove vuole ma abbia il coraggio di liberarsi del grillismo e di Di Pietro che inietta veleno allo stato puro sul Pd".
2. Casini: "La trattativa per una coalizione Pd-Udc è a buon punto. Mancano solamente gli ultimi dettagli". (Luca Coiro)

1. Berlusconi: "Cambio vita".
2. Berlusconi: "Gioco il jolly". (Francesco Dibenedetto)

23 luglio

A fuoco la Beghelli, record di rotture di palle per i 20.000 allarmi scattati. (Claudio Mucci)

Dagli audio pubblicati sull'"Espresso":
Berlusconi: "Aspettami nel lettone".
D'Addario: "Quello di Putin?".
Putin: "Sì". (Giuseppe Revel)

"Sono una persona di buon gusto, di cultura e di eleganza." Per questo non usa il preservativo con le troie. (Antonio Diez)

"La legge ritiene violenza sessuale i rapporti con adolescenti che non hanno ancora compiuto quattordici anni, e l'età del consenso sale a sedici anni se la persona adulta in causa ha qualche forma di autorità sul minore oppure vive nella stessa casa. Questa norma si applica per esempio a insegnanti, catechisti, educatori, fratelli maggiori, assistenti sociali, medici, pubblici ufficiali." (corriere.it)
FRATELLI MAGGIORI?? (Daniele Rielli)

Ricco pranzo domenicale per il Papa a casa Bertone: antipasti di salumi, risotto, maccheroncini, filetto di vitello in sfoglia, patate e sorbetto finale. Mancava solo il corpo di Cristo. (Federico Graziani)

Parallele

Intervista a Giovanni Allevi: "La musica di Chopin ricorda la pioggia. E la sua?". ("La Gazzetta dello Sport"/Paolo Ingraito)

Algeria: ucciso kamikaze. (ansa.it/Massimo Grande)

Usa, tentano di vendere lo squalo e lo trascinano in metropolitana. (repubblica.it/Roberto Colucci)

Aborigeno sniffava benzina. Colpito da Taser, in fiamme. (ansa.it/Francesco Dibenedetto)

Allevi: "Quando ballavo la break dance...". (corriere.it/Nicola Congiu)

Papa incontra bambini durante passeggiata serale. (repubblica.it/Claudio Favara)

1. La scuola ha smesso di insegnare.
2. È il momento di investire in India. ("La Stampa"/Diego Daniel)

1. Berlusconi lo fa senza preservativo. (voceditalia.it)
2. Settebello sconfitto. (raisport.rai.it/Vittore Conte)

1. Beppino Englaro: "Mai in politica". (adnkronos.com)
2. Englaro, Martina, Fiano: parte la sfida per la segreteria del Pd (corriere.it/Gianni Monaco)

1. Berlusconi, la gag con Vespa che lo annusa: "Odoro di santità". (corriere.it)
2. Berlusconi: "Non sono un santo". (corriere.it/Claudio Costagli)

1. Influenza A: Sacconi: "No allarmismi". (ansa.it)
2. Sacconi: "Stiamo considerando l'ipotesi di immunizzare contro la nuova influenza 15,4 milioni di persone". (corriere.it/Mimmo Riccio)

Pilates

1. Berlusconi: "Non sono un santo".
2. Berlusconi: "Troia". (Giuseppe Revel)

1. Veltroni: "Sto per presentare un ddl sul conflitto di interessi".
2. Veltroni: "Ho la faccia come il culo". (Paolo Pozzo)

1. Tremonti: "La caduta si sta fermando".
2. Tremonti: "Stiamo per schiantarci al suolo". (Antonino Bondi)

24 luglio

La Santarelli è diventata mamma. Il bambino ha pianto e si è addormentato. Che coincidenza: sono esattamente le stesse cose che farei anch'io dopo essere uscito dalla vagina della Santarelli. (Davide Rossi)

Fa così caldo che mi è sembrato di veder passare Dante e Virgilio. (Francesco Dibenedetto)

La D'Addario a Berlusconi: "Sai da quanto tempo non faccio sesso come ho fatto stanotte?". "È chiaro che lo dica, è una escort!", mi ha spiegato un amico. Oh cazzo. Questo significa che fino a oggi ho fatto sesso solo con escort! (Pierpaolo Buzza)

Parallele

Francia: ruba in cimitero sotto il sole e muore d'infarto. (ansa.it/Nicola Congiu)

La Cassazione: palpare le colleghe non è reato se fatto "senza libidine". (Davide Rossi)

Pisa. Crepa sulla pista, caos all'aeroporto. ("Il Tirreno"/Giuseppe Rallo)
Sequestrato a Napoli "Marijuancello" liquore di cannabis. (ansa.it/Francesco Dibenedetto)

Licenziato perché la moglie fa la pornostar. (repubblica.it/Andrea Miele)

Treviso: multato con prostituta, "Volevo redimerla". (corriere.it/Andrea Miele)

Rutelli: "Abbiamo avuto botta di culo a inventarci il Partito Democratico". (corriere.it/Davide Paolino)

Passera: "Serve una scossa". (repubblica.it/Erika Romandini)

1. Nuovi audio Berlusconi-D'Addario. (ansa.it)
2. È la giornata più bollente. (ansa.it/Susanna Dalba)

Pilates

1. Berlusconi: “Gli attacchi personali che sto ricevendo non mi toccano perché quello che conta è l’azione del governo”.
2. Berlusconi: “Gli attacchi personali che sto ricevendo non mi toccano perché nei telegiornali sentirete solo le difese dei miei scagnozzi”. (Michele Incollu)

1. Franco Frattini: “I giornalisti hanno pagato questa escort, questa prostituta”.
2. Franco Frattini: “E adesso prendetevela con me, se avete il coraggio”. (Elisa Avella)

1. Frattini: “La escort pagata dai giornali”.
2. Frattini: “E che cazzo, sono il ministro degli Esteri della Repubblica Italiana, io. Devo risolvere crisi internazionali, parlare di guerra e di global economy. Senti che cazzo mi tocca dire per colpa di quel vecchio puttaniere”. (Bastiano Pugioni)

1. Prestigiacomo: “Lascio”.
2. Prestigiacomo: “Resto”. (Bastiano Pugioni)

Carnac

1. Frattini: “La D’Addario è stata pagata”.
2. Marziano: “Succede spesso sulla terra che una bella signora scopi con un vecchio nano?”. (Paolo Zocconali)

1. Berlusconi: “Devi toccarti di più”.
2. Passera: “Serve una scossa”. (Giuseppe Stefano Franchi)

1. Rutelli: “Sono preoccupato per le polemiche tra i candidati”.
2. Barbara: “Caro, perché non ti diventa duro stasera?”. (Davide Rossi)

25 luglio

Ghedini si sta talmente abituando a negare e smentire che non riesce più a fare un’ordinazione al bar. (Massimo Russo Tramontana)

Parallele

Padre Pio, l'ultima tentazione di Silvio. (lastampa.it/Stefano Bessone)

Maroni: basta critiche, non sono Hitler. (corriere.it/Mauro Tetti)

Scherzi del navigatore satellitare. In viaggio per Capri finiscono a Carpi. (repubblica.it/Stefano Bessone)

1. Stava per perdere il lavoro, operaio trentenne si uccide. ("il Resto del Carlino")
2. Crisi: Sacconi, per i giovani una frustata salutare. (ansa.it/Giovanni Garbellini)

Pilates

1. Slogan di Bersani: "Bersani '09. Un senso a questa storia".
2. Slogan di Bersani: "Bersani '09. Un senso a questa storia, anche se questa storia un senso non ce l'ha". (Andrea Miele)

26 luglio

Bossi sui soldati in Afghanistan: "Io li porterei a casa tutti". Fa talmente caldo che il cervello di Bossi elabora frasi sensate. (Michele Incollu)

Fa talmente caldo che il navigatore continua a dirigermi verso un iceberg. (Daniele Palma)

Marco Pannella ha interrotto uno sciopero della fame iniziato nel '79 di cui si era completamente dimenticato. (Eddie Settembrini)

Parallele

Donna trovata morta al Verano. ("la repubblica"/Massimo Pascucci)

Droga: volontario Caritas trova hashish tra abiti usati. (corriere.it/Fabio Matarrese)

Scontri tra ronde, 5 agenti feriti. (ansa.it/Michele Incollu)

Bersani: "La mia prima paura è che ci sia uno scarto tra il barocchismo del percorso, lo stato dell'organizzazione e certe tensioni divisive. È una contraddizione che se non riusciamo a governare, può farci non capire nel Paese". ("l'Unità"/Massimo Unali)

1. Scontri tra ronde a Massa.
2. Massa, dopo la Tac il sollievo. (repubblica.it/Giovanni Garbellini)

27 luglio

Caso Sud, Berlusconi stoppa le polemiche: "Presto nuove bugie per il Meridione". (Diego Leonardi)

Lieve malore per Sarkozy. Carla Bruni è subito corsa in ospedale: era così preoccupata che lungo la strada si è fermata solo in due boutique. (Silvio Di Giorgio)

Malore per Sarkozy. Lo sapevo che era un po' troppo generico lanciare maledizioni a un "nanerottolo fascista". (Rosaria Greco)

Fa talmente caldo che ho cagato un cactus. (Mauro Baiocchi)

Parallele

Assediata dal delfino, rischia di annegare. (corriere.it/Andrea Canavesi)

Ordina una zuppa di cipolle, dentro ci trova un preservativo. (ilgazzettino.it/Giovanni Garbellini)

Latte frizzante debutta a New York. (ansa.it/Andrea Miele)

Astemio, va fuori strada. ("La Stampa"/Massimo Borghetto)

Sorpresa, Gaber è ancora vivo. (corriere.it/Devis Abriani)

Presentata la bambola gonfiabile per cani. (tgcom-mediaset.it/Devis Abriani)

Trans aggredisce prete durante messa, arrestato. (ansa.it/Tito Darca)

Rubato il naso finto di Jackson. (iltempo.it/Gianni Monaco)

1. Calderoli: “Italiani con Bossi”. (apcom. net)
2. Bossi: “Qualche pirla lo trovi sempre”. (ansa.it/Andrea Michielotto)

1. L’Angelus a Les Combes: “I nonni importanti nell’educazione”. (avvenire.it)
2. Genova, anziano uccide moglie e si suicida. (adnkronos.com/Gianni Monaco)

1. Berlusconi: “Un piano innovativo per rilanciare l’economia del Sud”. (ilgiornale.it)
2. Palermo, allarme per banconote false da 20 euro. (ilriformista.it/Gianni Monaco)

1. Caso Sud, Berlusconi: “Il piano sarà innovativo”.
2. In fumo Sicilia e Sardegna. (corriere.it/Claudio Costagli)

Pilates

1. La Russa sull’Afghanistan: “Pericoloso ma restiamo”.
2. La Russa sull’Afghanistan: “Pericoloso ma restano”. (Michele Incollu)

1. Etò’o a Milano: “Qui grazie al gran cuore di Moratti”.
2. Etò’o a Milano: “Qui grazie al gran portafoglio di Moratti”. (Stefano Bessone)

Afghanistan, italiani sotto attacco.
1. Frattini: “Useremo i Tornado”.
2. Frattini: “Ecco! Ci voleva tanto?!?!?!”. (Alberto Ida)

1. La Russa sulla guerra in Afganistan: “Torneremo indietro quando avremo concluso l’obiettivo della missione, che è dare all’Afghanistan la possibilità di gestire autonomamente il territorio”.
2. La Russa sulla guerra in Afganistan: “Torneremo indietro quando avremo concluso l’obiettivo della missione, che è dare all’Afghanistan la possibilità di essere controllato dall’Occidente”. (Marco Loddo)

Carnac

1. Il detenuto più vecchio d'Italia: "Non voglio lasciare il carcere".
2. Secondino: "Lo sai che là fuori ti aspetta un altro governo Berlusconi?". (Devis Abriani)

1. Franceschini: "Allibito dalle parole della Bindi".
2. La Bindi a Franceschini: "Di che colore metto le autoreggenti?". (Luca Cogoni)

1. Frattini: "Presto per parlare di dopo-Karzai. Ma ha bisogno di uomini fidati".
2. Kissinger: "Allora, hai capito?". (Alberto Ida)

28 luglio

Umberto Bossi: "Io riporterei a casa tutti i soldati".
Franceschini: "Non è il momento del rientro".
Dario, "opposizione" non significa neanche dire sempre il contrario. (Andrea Armandi)

Allatta a pranzo, l'hotel la allontana: "È una vergogna" si è lamentato il marito pulendosi la bocca. (Mattia Pravettoni)

Messo in commercio il latte frizzante. Se ne ricava un gorgonzola che rutta da solo. (Francesco Dibenedetto)

Fa talmente caldo che il Gabibbo puzza di cadavere. (Pierpaolo Buzza)

Parallele

Bush censurava i ghiacciai. (repubblica.it/Cesare Ciasullo)

Pordenone: vietato fermarsi in due per strada. (corriere.it/Salvatore Milia)

Forte odore da un cassonetto. Paura a Torino (torino.cronacaqui.it/Stefano Bessone)

Uomini alla fame rubano prede ai leoni. (repubblica.it/Pietro Lasalvia)

Donne brutte a rischio estinzione. (ansa.it/Francesco Dibenedetto)

"Avvenire": "La Chiesa non ha taciuto davanti alle vicende del premier". (repubblica.it/Salvatore Milia)

Pd: Franceschini, "Dopo congresso il segretario non sia triturato". (corriere.it/Salvatore Milia)

Lite tra procure, Apicella lascia la toga. (corriere.it/Mauro Tetti)

Frattini corregge Calderoli. (Agi.it/Mauro Tetti)

Crisi: oggi il sì della Camera. (corriere.it/Mauro Tetti)

Massa non molla. (calciomercato.it/Paolo Zocconali)

Pilates

1. L'"Avvenire" su Berlusconi: "I vescovi hanno parlato".
2. L'"Avvenire" su Berlusconi: "Dopo quindici anni abbiamo espresso qualche critica ma solo perché è evidente che è un puttaniere". (Cesare Ciasullo)

1. Palombelli: "Chi opera nell'informazione sa bene che con Francesco siamo ben distinti nelle professioni e negli schieramenti"
2. Palombelli: "Rutelli non lo voto neanch'io". (Andrea Michielotto)

29 luglio

Ratzinger a proposito del suo infortunio: "Forse il Signore voleva insegnarmi più pazienza e più umiltà e darmi più tempo per la preghiera e la meditazione". O forse il Signore non esiste. (Sandro Fiuzzi)

La Cina promette: "Ridurremo le condanne a morte. Va bene per tutti solo al giovedì?". (Vittorio Lattanzi)

Fa talmente caldo che ieri dall'analista ho parlato tutto il tempo di cosa provo per il mio ventilatore. (Eddie Settembrini)

Fa talmente caldo che ieri al mio ventilatore ho parlato tutto il tempo di cosa provo per il mio analista. (Andrea Mori)

Parallele

Gorizia, tra i bambini il "rap della maestra morta". (ilpiccolo.it/Stefano Bessone)

La gotta torna in auge. (corriere.it/Luca Cogoni)

Al marito si rompe il pene. La moglie chiede il divorzio. (affari.italiani.it/Giuliano Cassataro)

Sequestrate a Taranto 60.000 bolle di sapone cinesi contaminate. (ansa.it/Giuliano Cassataro)

Aspirante suicida si addormenta in braccio al pompiere. (ansa.it/Federico Cecconi)

Bossi abolisce l'italiano. ("Libero"/Massimo Grande)

Pilates

1. Franceschini: "Non ce l'ha ordinato il dottore di fare il Pd. Ciascuno di noi poteva restare nei Ds o nella Margherita. Se lo abbiamo fatto è perché crediamo nell'importanza della diversità, sapendo che le idee nuove nascono dalla sintesi dopo un confronto tra diversità".
2. Franceschini: "Abbiamo fatto la cazzata". (Andrea Miele)

Carnac

1. Tremonti: "Basta attacchi".
2. Giornalista: "Se ho cinque mele e ne regalo tre a un mio amico, quante mele mi rimangono?". (Andrea Miele)

30 luglio

L'attrice Sabina Began ha tatuata sulla caviglia la seguente frase: "S. B. l'uomo che mi ha cambiato la vita". Incredibile dove possono arrivare le fan di Saul Bellow. (Pietro Bellomo)

Continua l'impegno umanitario di George Clooney. Insegnerà alla Canalis a recitare. (Augusto Rasori)

Sud, Berlusconi: "Presto piano". Ormai riesce ad affermare e smentire con due parole. (Adelmo Monachese)

Commemorazione a Viareggio: Trenitalia ha partecipato con un minuto di porte bloccate. (Giorgio Mantoan)

"Formula 1, molla colpisce Massa lanciato ai 200 all'ora." Già pronto il testo del quesito di fisica della seconda prova di maturità per il 2010. (Nicola Zecchin)

Parallele

Berlusconi: "Mi occuperò io di lotta alla prostituzione". (repubblica.it/Luca Tripodi)

È probabile, tristemente probabile, che domani un comitato di tecnici e burocrati che si occupa di farmaci, l'Aifa, autorizzi l'impiego su larga scala anche in Italia della pillola abortiva o kill pill Ru486. Il prezzemolo moderno funziona così: un funzionario del sistema clinico, ché la parola medico è deviante e stupidamente nobilitante, ti dà in ospedale, se con il tempo e con l'uso non te lo passi addirittura la farmacia, un veleno antifeto che puoi ingerire per espellere il bambino "indesiderato". (ilfoglio.it/Elisa Avella)

Il Vaticano pronto alla scomunica del prete di Medjugorje: "Un figlio con una suora". Su padre Vlazic c'è il sospetto che si sia inventato tutto dei suoi colloqui con la Vergine. (lastampa.it/Massimo Unali)

Gelmini: legare i docenti al territorio. (lastampa.it/Massimo Unali)

Usa, ritrovata la neonata estratta dal ventre della madre uccisa (corriere.it/Stefano Bessone)

I cibi biologici? Costano di più ma nutrono come quelli industriali. (corriere.it/Luca Coiro)

Bellezze colombiane incendiano le passerelle. (ansa.it/Enrico D'Amato)

Jude Law papà, mistero sulla madre. (video.corrieretv.it/Mimmo Riccio)

1. Sanità commissariata, incarico a Bassolino.
2. Napoli, si getta dal balcone il console tedesco. (corriere.it/Franz Foti)

1. Mimun alla Fiction Rai, Feltri al "Giornale". (corriere.it)
2. Errori e memoria: sbagliando non si impara. (repubblica.it/Giorgio Mantoan)

31 luglio

Dopo *Scusa se ti chiamo amore* e *Scusa ma ti voglio sposare* già pronto il nuovo bestseller di Federico Moccia. Si intitolerà *Scusa se vado a puttane*. (Daniele Rielli)

Fa scalpore il caso della cagnetta Muffy: smarrita nel 2000 sulla Gold Coast australiana, è stata ritrovata nove anni dopo a 3000 chilometri di distanza. Mai visto lanciare un frisbee così lontano. (Daniele Gabrieli)

Parallele

Jesolo. "Troppi controlli antidroga, i clienti scappano." (ilgazzettino.it/Marco Tonus)

Coccodrillo scatena il panico sull'aereo. (corriere.it/Claudio Costagli)

Giapponesi truffati, no a invito del governo: "Una spesa inutile a carico degli italiani". (repubblica.it/Stefano Belloni)

Napoli: distesi al sole, accanto a un morto. (corriere.it/Mattia Caron)

Agosto 2009

1 agosto

Fondo Unico per lo Spettacolo: i soldi per il teatro sono talmente pochi che ormai Amleto può permettersi solo il "non essere". (Marco Ferrara)

Scandalo in Gran Bretagna per le foto di scene lesbiche sull'altare di una chiesa: senza autorizzazione, il fotografo ha realizzato un servizio in un luogo che potrebbe diventare di culto. (Stefano Giaimo)

Parallele

Gatto sopravvive a lavaggio in lavatrice. (ilmessaggero.it/Mauro Tetti)

Indossa gli stessi slip per un mese. Record sullo space shuttle *Endeavour*. (ilriformista.it/Gianni Monaco)

Carnac

1. Monsignor D'Urso: "Congeliamo i soldi di quel premio e diamoli ai poveri terremotati d'Abruzzo".
2. Giornalista: "Cosa pensate di fare dell'8 per mille?". (Gabriele Fazzi)

2 agosto

"Desidero esprimere con forza alla cittadinanza, anche a nome del governo, lo sdegno e la forte condanna di ogni forma di violenza e di terrore e il fattivo sostegno delle istituzioni per il quieto vivere sociale." Firmato: Tessera P2 numero 1816, codice E. 19. 78, gruppo 17, fascicolo 0625, data di affiliazione 26 gennaio 1978. (Giuseppe Stefano Franchi)

Lucca. Un russo alla guida di un'auto di grossa cilindrata ha investito un uomo in scooter, rimasto illeso. Per non aspettare i vigili, gli ha lasciato quattromila euro in contanti ed è andato via senza lasciare tracce, a parte le decine di pensionati che si lanciavano sul cofano della sua auto in corsa. (Nicola Congiu)

Brunetta: "Aumentato il potere di acquisto dei lavoratori". Sono talmente contento che non vedo l'ora di trovare un lavoro per scoprire se è vero. (Michele Comelli)

Fondo Unico per lo Spettacolo: i soldi per il teatro sono talmente pochi che quest'anno Albertazzi farà solo cinquantatré spettacoli diversi. (Massimiliano Vado)

Parallele

Tintarella integrale nel parco, spunta l'elefante guardone. (repubblica.it/Andrea Canavesi)

Guida in A1 col cane legato fuori dall'auto. (repubblica.it/Benedetta Greco)

La Ru486 in commercio dall'88 in Francia. Ecco come funziona (VIDEO). (adnkronos.com/Massimo Unali)

Limone, tenta di stuprare ventiduenne. (quibrescia.it/Daniele Polonioli)

Pilates

1. Berlusconi: "Desidero esprimere con forza alla cittadinanza anche a nome del governo lo sdegno e la forte condanna di ogni forma di violenza e di terrore".

2. Berlusconi: "Mangano è un eroe". (Claudio Favara)

CHIUSURA ESTIVA

24 agosto

Secondo la stampa Usa, Madoff, il re delle truffe, avrebbe un grosso tumore al pancreas. La notizia si è diffusa dopo la misteriosa scomparsa dei tumori degli altri detenuti. (Eddie Settembrini)

"Superenalotto, festa grande a Bagnone." Non capisco perché tutti esultino quando ha vinto uno solo: è come se nel quartiere di Brad Pitt facessero festa ogni volta che lui si scopa Angelina Jolie. (Andrea Michielotto)

Veltroni: "Non tutto il male è colpa di Berlusconi". Tranquillo, Walter, non ci siamo dimenticati di te. (Franz Foti)

Roma, raduno mondiale di testimoni di Geova allo stadio Olimpico. Installati nell'impianto settantamila citofoni. (Pierpaolo Buzza, Mauro Colapicchioni)

Parallele

Il calendario delle mogli dei soldati. Nude per i caduti delle guerre. (repubblica.it/Andrea Tartarelli)

Cade dal terzo piano su passante: illeso. (corriere.it/Federico Righi)

Popcorn aiuta a prevenire cancro. (ansa.it/Davide Rossi)

La Russia vieta Winnie the Pooh versione nazi. (adnkronos.com/Davide Rossi)

Pipì nella doccia per salvare la foresta. (corriere.it/Stefano Bessone)

Molesta Minnie a DisneyWorld. (corriere.it/Sibille Maicol)

Nell'alto, Antonietta Di Martino sfiora il podio. (ansa.it/Massimo Grande)

Dietro gli attacchi a Berlusconi i vescovi che guardano a sinistra. ("Il Giornale"/Francesco Dibenedetto)

1. Cabinovia ko, salvati in elicottero. (ansa.it)
2. Elicottero caduto: funerali martedì. (ansa.it/Francesco Dibenedetto)

1. Benedetto XVI scherza sulla sua mano pigra. (ansa.it)
2. Carfagna, giusta la preoccupazione dei vescovi. (ansa.it/Francesco Dibenedetto)

1. Comune Milano, allarme sesso online. (ansa.it)
2. Psicologia: internet per i depressi. (ansa.it/Nicola Congiu)

25 agosto

Papa Ratzinger: "Il relativismo è come il nazismo". Ma come cazzo fa a saperlo? Mica è mai stato relativista. (Pier Ferrero)

Capri, chiusa la Grotta Azzurra: l'acqua era talmente sporca che i pesci facevano la raccolta differenziata. (Giuseppe Revel)

Parallele

1. Giochi erotici in cambio dell'iPod. (corriere.it)
2. Ascolta l'iPod, un treno la travolge. (tgcom-mediaset.it/Alessio Marchesin)

Cinema: Torino a Venezia. (lastampa.it/Igor Rossi)

1. Usa, contro l'Hiv ipotesi circoncisione. (repubblica.it)
2. La conversione di Lapo: "Voglio essere ebreo". (corriere.it/Gabriele Brambilla)

Spara a moglie e uccide sei persone. (ansa.it/Susanna Dalba)

Colla a presa rapida sul water del bagno. Anziano resta incollato per ore. (ilmessaggero.it/Gianni Monaco)

Frecce tricolori in Libia, è scontro. (repubblica.it/Augusto Tonin)

1. Arriva in libreria *Noi* di Veltroni, la storia del paese in quattro generazioni. (ilmessaggero.it)
2. Pensionato tenta suicidio sparandosi alla testa, è grave. (adnkronos.com/Gianni Monaco)

Pilates

1. Fabio Betti: "Ci rivolgiamo a un target giovane, ed è quindi inevitabile dover utilizzare un linguaggio semplificato e uno strumento, il gioco, in grado di attirare l'attenzione".
2. Fabio Betti: "Quelli della Lega sono così ignoranti, che persino il razzismo glielo devi spiegare con parole semplici e giochi colorati". (Franz Foti)

26 agosto

A/H1N1, otto milioni di dosi entro il 2009, altri sedici milioni a partire da gennaio. Incredibile quanto può essere pericoloso un virus così blando, quando la moglie del ministro del Welfare è presidente di Farmindustria. (Franz Foti)

Arrestato l'aggressore della coppia gay di Roma. Da tutti conosciuto come "Svastichella", è una persona così adorabile che quando caga è la sua merda a pulirsi. (Andrea Lecca)

Fini sulla Lega: "No a politiche vagamente razziste". Chiamare le politiche della Lega "vagamente razziste" è come dire che i festini a Villa Certosa erano "cene simpatiche". (Alessandro Cai)

Dopo le polemiche con "Famiglia Cristiana" e "Avvenire", Berlusconi tenterà di ricucire lo strappo incontrando a L'Aquila il cardinale Tarcisio Bertone, un tipo così difficile che a proposito dei lefebvriani negazionisti dichiarò: "Nella Chiesa c'è posto per tutti". (Marco Ferrara)

Franceschini su Berlusconi: "Non accettare le critiche, intimidire gli editori e le singole testate è forse il passo che precede l'attacco ai singoli giornalisti". Tipo, potrebbe minacciare Biagi, Santoro e quell'altro. (Fabio Scalese)

Il principe William è talmente innamorato che forse questa non muore. (Gian Piero Travini)

Parallele

Danno fuoco al cane e adesso testimonierà contro di loro in tribunale. (express-news.it/Nicola Vialetto)

Il Cavaliere sul cammello. ("Libero"/Alessandro Cai)

Vede l'ex fidanzata con un altro: si accoltella per accusare il presunto rivale (il gazzettino.it/Stefano Bessone)

Tevere, trovato cadavere giovane. (ansa.it/Michele Comelli)

Ubriaco, un uomo di Oxford si taglia il pene da solo. (blitzquotidiano.it/Andrea Michielotto)

Ragazza inglese scopre per caso di avere due vagine. (blitzquotidiano.it/Andrea Michielotto)

1. Donna guarita a Lourdes, per la medicina è inspiegabile. (ansa.it)
2. Bimba morta a Locri: quattro medici indagati. (ansa.it/Giorgio Mannelli)

Pilates

1. Napolitano: "L'Italia è inscindibile".
2. Napolitano: "Ho una notizia cattiva e una buona da dare. La cattiva è che siamo nella merda. La buona è che ce n'è per tutti". (Stefano Bessone)

27 agosto

L'America piange Ted Kennedy, morto per un tumore al cervello. Intanto spunta un filmato amatoriale nel quale si distingue un secondo tumore appostato dietro a una collinetta. (Eddie Settembrini)

La Rai censura il trailer di *Videocracy*: "È un film che insinua che in Italia ci sia la censura". (Diego Leonardi)

Fa talmente caldo che sul cranio di Berlusconi è partita l'irrigazione automatica. (Augusto Pizzuti)

Lippi: "La mafia al Sud a volte è solo un alibi per non affrontare i problemi veri". Per esempio, la mafia. (Augusto Pizzuti)

Kabul, doppio attacco di pace agli italiani. (Federico Righi)

L'Antitrust contro Google Italia: "Il loro proprietario non è presidente del Consiglio". (Diego Leonardi)

Ciudad Juarez eletta città più pericolosa del mondo. La 'ndrangheta di Locri: "Non c'hanno manco messo in classifica. È tutto un magna magna". (Francesco Squillace)

In risposta a Fini, Gasparri discetta sulla differenza tra laicità e laicismo. Sono stupito, un po' come quando in *Babe* ho visto il maiale parlare. (Lucio Lamberti)

Paris Hilton in Guatemala per i bambini bisognosi. Non pensavo avessero bisogno di porno amatoriali. (Davide Paolino)

Fini: "I diritti fondamentali dell'uomo sono universali e non possono essere negati. È nostro dovere morale contrastare le leggi non ispirate a questo principio, come quella sull'immigrazione firmata da Bossi e... come si chiamava l'altro??". (Andrea Michielotto)

Parallele

Si fingeva carabiniere per gestire le due amanti. (corriere.it/Giorgio Mantoan)

Brescia, clandestino stanco dell'Italia chiede il rimpatrio. (adnkronos.com/Alessandro Cai)

Mogliano, in moto con ciabatte da mare tampona un'auto: gli amputano i piedi. (ilgazzettino.it/Alessandro Cai)

Tenta di uccidersi, ma sbaglia mira e gambizza il vicino di casa. ("Corriere del Veneto"/Davide Priore)

Le rane urlano per accoppiarsi, colpa del traffico. (ansa.it/Massimo Mirandola)

1. Scoperto pianeta che sfida leggi. (ansa.it)
2. Trasloco in vista per Silvio Berlusconi? (quotidiano nazionale/Francesco Dibenedetto)

1. Università: studenti disposti a sesso per raccomandazioni. (agi.it)
2. Francia: scuola per bimbi precoci. (ansa.it/Francesco Dibenedetto)

1. Ru486, Gasparri: "Sentiremo esperti in Commissione Sanità per capire se la pillola rispetta la 194". (corriere.it)
2. Puglia, grave per aborto clandestino. (ansa.it/Andrea Michielotto)

1. Genova, uccide il figlio neonato e si impicca. ("la Repubblica")
2. Un'ora appesa alla corda, poi precipita. ("la Repubblica"/Massimo Mirandola)

Pilates

1. Vaticano: "Se il premier non cambia stile di vita l'incontro della Perdonanza non avrà nessun effetto".
2. Vaticano: "Ma chi cazzo l'ha invitato?". (Lauro Giobbi)

1. Draghi: "Il peggio è passato".
2. Draghi: "Molte imprese non sopravviveranno, migliaia di lavoratori rimarranno senza lavoro, il debito pubblico sarà incontrollabile, sarà necessario alzare l'età pensionabile ma comunque il peggio è passato". (Augusto Rasori)

28 agosto

Salta l'incontro tra il cardinal Bertone e Berlusconi, al posto del presidente del Consiglio verrà delegato Gianni Letta. Letta: "Ma la delega con un puttanone mai?". (Giorgio Laghi)

Gelmini, nuove regole per chi vorrà diventare insegnante. Pensare a un altro lavoro. (Gianni Monaco)

Alemanno: "I romani non avrebbero mai votato un sindaco che faceva solo demagogia". Ma l'alternativa era Rutelli. (Augusto Pizzuti)

San Francisco, ragazza sparita diciotto anni fa ricompare. Gridando: "LIBERI TUTTI!!!". (Stefano Bessone)

Parallele

Bossi: "Berlusconi è odiato dalla mafia". (repubblica.it/Tito Darca)

Kurt Cobain rivive in *Guitar Hero 5*. (repubblica.it/Stefano Bessone)

Ecco la pecora che costa come una Ferrari: 260.000 euro. (corriere.it/Stefano Bessone)

L'ex vigile divenuto il "Gesù della Siberia". (lastampa.it/Stefano Bessone)

Dalle galline nasceranno i dinosauri. (yahoo.it/Andrea Michielotto)

Samoa in rivolta contro la guida a sinistra. (repubblica.it/Andrea Michielotto)

L'ascensore parte, il cane resta impiccato. (lastampa.it/Gianni Monaco)

Si addormenta con la sigaretta accesa, infermiera muore ustionata. (corriere.it/Gianni Monaco)

1. Berlusconi fa causa a "Repubblica", chiesto 1 milione di risarcimento.
2. Scovato il "Re della truffa". (rainews24.it/Stefano Bessone)

1. Adesca minori, arrestato insegnante. (ansa.it)
2. Nuove norme per fare gli insegnanti. (ansa.it/Francesco Dibenedetto)

29 agosto

Sgomento per la storia della donna segregata in casa per quasi vent'anni da un pazzo affetto da turbe sessuali. Come se non bastasse, dalle violenze alle quali è stata sottoposta sono nati tre figli: Barbara, Eleonora e Luigi. (Davide Rossi)

Bagnasco risponde all'articolo di Feltri: "L'attacco al direttore di 'Avvenire' è un fatto disgustoso e grave". Immediate le scuse nell'editoriale di Feltri: "Gesù Cristo e quello strano giro di apostoli". (Matteo Poles)

Scoperto nuovo pianeta extrasolare, il suo anno equivale a un giorno terrestre. È rassicurante sapere che esiste un posto nell'universo in cui il governo Berlusconi finirebbe mercoledì prossimo. (Eddie Settembrini)

Rai e Mediaset censurano *Videocracy*. Casomai servissero idee per un sequel. (Susanna Dalba)

Grande successo della scarpa che cresce con il piede. La Durex: "Come abbiamo fatto a non pensarci?". (Laura Cambi)

Berlusconi fa causa alle dieci domande di "Repubblica". Ci si chiede: perché solo adesso? Semplice. Per impedire che il quotidiano pubblichi anche l'undicesima domanda: "Fino a quante prostitute può portare un premier al Family-Day?". (Stefano Dongetti)

Parallele

Calderoli, premio "Giovanni Paolo II". "Ha promosso i valori dei cattolici." (corriere.it/Cinzia Bigliosi)

Usa: Kennedy, in cinquantamila nella camera ardente. (corriere.it/Andrea Canavesi)

Muore sul wc, trovata mummificata. (tgcom-mediaset.it/Federico Loddo)

Treviso, dà l'allarme stupro ma è una bambola gonfiabile. (liberonews.it/Giorgio Mantoan)

Berlusconi si dissocia dal "Giornale". (Rainews24/Stefano Conselmo)

1. L'Impregilo conferma che i lavori per il Ponte inizieranno nel 2010. (tempostretto.it)
2. Scossa di terremoto nello Stretto di Messina. (tempostretto.it/Giancarlo Gismondo)

1. Rimini: Tremonti, "L'Italia non è in declino". (corriere.it)
2. Brescia: immigrato irregolare si autodenuncia, "Rimandatemi a casa". (corriere.it/Pier Luigi Littera)

Contro lo stress arriva il profumo di prato. (adnkronos.com/Stefano Bessone)

Pilates

1. Berlusconi: "Mi dissocio dal 'Giornale'".
2. Berlusconi: "Segna una pipa per Feltri". (Stefano Pisani)

30 agosto

Il presidente della Cei, Monsignor Bagnasco, si schiera contro l'articolo di Feltri: "Attacco disgustoso". Oggi Bagnasco era ancora così disgustato che è riuscito a malapena a mandar giù un boccone del corpo di Cristo. (Giuseppe Revel)

Bossi: "La Lega ha radici cristiane. Sono anni che Calderoli ci aromatizza la grappa". (Eddie Settembrini)

Berlusconi: "Mai parlato con Feltri". Preferisce usare il fischietto a ultrasuoni. (Guido Norzi)

Israele, Olmert incriminato: ha approfittato della propria posizione per conseguire vantaggi personali. Nessun problema, invece, per quanto riguarda l'operazione "Piombo fuso": uccidere 1320 palestinesi è stato un gesto disinteressato. (Davide Barile)

Parallele

Rubano prodotti hi-tech, scoperti dalle telecamere. (corriere.it/Stefano Bessone)

Donna muore a Edolo. ("Bresciaoggi"/Massimo Grandc)

1. Rutelli: "Torneremo a vincere con un programma e proposte convincenti". (partitodemocratico.it)
2. È l'ingiustizia che ci spinge a dire bugie. (repubblica.it/Davide Paolino)

31 agosto

Gian Maria Vian, direttore dell'"Osscrvatore Romano": "Sulle vicende private di Silvio Berlusconi non abbiamo scritto una riga. Ed è una scelta che rivendico, perché ha ottime ragioni". Talmente ottime che sono esentasse. (Massimo Mirandola)

Che si è messo in testa questo Badoer? Nessuno si aspettava che salisse sul podio, però adesso esagera. Domenica alla prima sosta ai box ha chiesto il pieno e due Camogli. (Papet Rillot)

Il Partito democratico giapponese ha fatto sapere che formerà una coalizione coi partiti minori. Ma dal quartier generale hanno precisato che non si alleeranno con il Giappone dei Valori. (Davide Rossi)

Calderoli: "L'assalto all'ambasciata italiana dopo la mia maglietta anti-Islam mi ha fatto stare di un male incredibile. Però, mi sono anche detto che ero diventato un ingranaggio di qualcosa di molto più grande di me chiamato idiozia". (Stefano Giaimo)

Parallele

Bar giapponese offre relax con piccoli animali. (ansa.it/Augusto Pizzuti)

Torino, spiava la moglie dal televisore. (repubblica.it/Stefano Bessone)

Usa, tutti pazzi per le scarpe con le cinque dita. (repubblica.it/Andrea Michielotto)

La postina è troppo stanca. Le lettere nella spazzatura. (torino.blog.cronacaqui.it/Stefano Bessone)

Milano, rientra a casa e nella cucina trova un pitone albino. (ilgazzettino.it/Stefano Bessone)

1. Yigal Palmor, portavoce del ministero degli Esteri israeliano: "Quel circo equestre itinerante che è Gheddafi è divenuto da tempo uno show tragicomico. Mi chiedo se vi sia ancora qualcuno al mondo che prende seriamente ciò che dice quest'uomo". (repubblica.it)
2. Italia-Libia: oggi incontro Berlusconi-Gheddafi. (ansa.it/Andrea Michielotto)

1. Migranti, nuovo respingimento. (repubblica.it)
2. Ma che ingorgo sul Canal Grande. (lastampa.it/Betty Greco)

Pilates

1. Monsignor Mogavero su Berlusconi: "Non ci interessa la sua vita privata, ci interessa che non ne faccia motivo di spettacolo".
2. Monsignor Mogavero su Berlusconi: "Può andare a troie, purché non si faccia beccare". (Andrea Michielotto)

Settembre 2009

1 settembre

Dopo il caso Boffo, Feltri accusa Ezio Mauro di evasione fiscale. Stasera doppia porzione di croccantini. (Andrea Miele)

Massa sta meglio. La Ferrari: "Lo aspettiamo per il 2010. Abbiamo mandato Badoer a prenderlo". (Claudio Costagli)

La Walt Disney acquisisce la Marvel. Buone notizie per Paperino: anche ai Fantastici 4 sta sul cazzo Gastone. (Nicola Congiu)

Parallele

Rapallo, anziano salvo dopo tre giorni (ilsecoloxix.it/Stefano Bessone)

Scontro Berlusconi-Ue: "Portavoce devono stare zitti". (repubblica.it/Pierpaolo Buzza)

Addio al celibato degenera in orgia: ballerina incinta e test di paternità per otto. (ilgazzettino.it/Alessandro Cai)

1. Comandante Usa: serve nuova strategia in Afghanistan. (it.reuters.com)
2. *Rambo*: in arrivo il quinto episodio. ("Corriere della Sera"/Luca Tripodi)

1. Napoli, maxisequestro da 300 kg di hashish. (ilgiornale.it)
2. Entro ottobre 48 milioni di dosi. (iltempo.it/Giuseppe Savino)

1. I precari della scuola in rivolta. Si taglia: oltre 57.000 senza lavoro (repubblica.it)
2. La prof lascia Kant per il porno. (repubblica.it/Claudio Costagli)

1. Liste di baby-escort nelle scuole milanesi. Il proprio corpo in cambio di un iPod. ("il Giorno")
2. IPod, Mac e iPhone: a Milano sbarca il primo Apple Store del Nord Italia. (Blitz/Fabrizio Carta)

2 settembre

Berlusconi: "*Baarìa* capolavoro". Nel caso servisse un nuovo motivo per evitare i film di Tornatore. (Gianmaria Caschetto)

Berlusconi: "Le domande di 'Repubblica'? Non avrei avuto nessuna difficoltà a rispondere se non me le avessero poste". (Marco Ferrara)

Dopo "l'Unità" Berlusconi querela "L'Intrepido". L'accusa è di aver diffuso immagini non autorizzate delle calzature del premier. (PierPaolo Lucchini).

La Ferrari di Badoer è talmente lenta che la freccia di Zenone lo ha raggiunto. (Nicola Andrucci)

Primi sviluppi nella causa di Berlusconi a "Repubblica". La Cassazione respinge la richiesta del premier di spostare le dieci domande su un quotidiano di Brescia. (Alain Scherrer)

Parallele

Giappone: a ruba *Mein Kampf* in manga. (ansa.it/Michele Incollu)

Donna si getta dall'ottavo piano, ucciso un passante. (corriere.it/Luigi Alfarano)

H1N1, Obama arruola i Muppets. (repubblica.it/Stefano Negro)

1. Anche Frattini attacca l'Europa. (lastampa.it)
2. Molti animali sono più intelligenti di noi. (lastampa.it/Andrea Michielotto)

Pilates

1. Sacconi: "No allarmismi". (ansa.it)
Sacconi: "Stiamo considerando l'ipotesi di immunizzare contro la nuova influenza 15,4 milioni di persone". (corriere.it)
Sacconi: "Entro ottobre pronti 48 milioni di vaccini". (ansa.it)
2. Sacconi: "Mia moglie è presidente di Farmindustria". (Marco Della Motta)

Carnac

1. Berlusconi: "Non sono malato, anzi sono Superman".
2. Giornalista: "Come stanno andando le sue sedute dallo psichiatra?". (Gimmy Pego)

3 settembre

Una famiglia americana ha avuto 19 figli per volere di Dio. Il Dio degli opossum. (Piero Esposito)

L'Aquila, chiusa una tendopoli, sfollati adirati. Berlusconi ribatte: "Anche io ho finito le ferie, ma non vengo da voi a lamentarmi". (Giuseppe Revel)

Festival di Venezia, dieci minuti di applausi alla fine della proiezione di *Baarìa*. Entusiasta il direttore della mostra Marco Müller: "Finalmente è finito". (Andrea Miele)

Badoer è talmente lento che domenica scorsa è stato doppiato da Fangio. (Andrea Grimaldi)

Spopola in internet il video di un uomo indiano che gonfia palloncini con le orecchie. "L'ho sempre fatto e a me non sembra così sorprendente," ha dichiarato col culo. (Davide Rossi)

Berlusconi querela anche il settimanale "Topolino": "A chi si riferisce quel tappetto scuro con le orecchie così grandi?". (Paola Antonioli)

Parallele

1. Berlusconi: "Sono come Superman".
2. Luttazzi afferma che la continua elusione da parte di Berlusconi delle domande riguardanti la sua relazione con Noemi Letizia sia il culmine di anni di restrizioni striscianti alla libertà di stampa. "Berlusconi ora è come Superman, ma non c'è la kryptonite," ha affermato. ("The Times", Aldo Trevisan)

1. Caccia aperta con tre settimane di anticipo. ("la Repubblica")
2. "Avvenire", Boffo si dimette. ("la Repubblica"/Radu Gabriel Tanasescu)

1. Asili, corsa all'apertura con l'incubo influenza ("La Nuova" di Venezia e Mestre)
2. Scappa con il bimbo inseguita da un uomo nudo. ("La Nuova" di Venezia e Mestre/PierPaolo Lucchini)

1. Cinema: Carla Bruni accetta invito di Woody Allen, sarà la sua prossima musa.
2. Antonella Clerici condurrà il prossimo Festival di Sanremo. (Pietro Borrelli)

Pilates

1. Barroso: "Ci sono persone che a volte non comprendono l'originalità della Commissione, che ha non solo il diritto, ma il dovere di dare informazioni a tutti i cittadini. È ciò che fa ogni giorno con il servizio dei portavoce, di cui sono molto fiero. Non c'è nessun altro organismo amministrativo a livello internazionale che si metta ogni giorno al servizio dei cittadini".
2. Barroso: "Non si può pretendere che uno che si fa rappresentare da Cicchitto e Capezzone riesca a capire la serietà del lavoro del portavoce". (Guido Norzi)

1. Bondi: "*Baarìa* di Giuseppe Tornatore è un film magnifico, emozionante e profondo. È un omaggio alla sua città, ai personaggi reali e immaginari che ne popolano i racconti e i ricordi. Dosando la commozione e il sorriso, il regista descrive e inventa una storia, un mosaico, un

coro in cui tutti gli italiani possono riconoscersi. È un film epico e privato, sincero e immaginario, ilare e malinconico, profondamente legato alle radici e capace di incuriosire gli spettatori che vivono dall'altra parte del mondo. Le immagini, i volti, le atmosfere di *Baarìa* sono un dono per la storia del cinema mondiale".

2. Bondi: "*Baarìa* è un film prodotto da Medusa". (Federico Graziani)

4 settembre

Boffo dà le dimissioni, Feltri aggiunge una tacca alla stilografica. (Michele Incollu)

Parallele

Roma: gioco della pignatta con un coniglio vivo: denunciato il parroco. (adnkronos.com/Davide Barile)

Cina, bimba di sei anni: "Da grande farò la funzionaria corrotta". (gazzettino.it/Alessandro Cai)

Prova a rubare un'auto ma è della polizia. (libero-news.it/Alessandro Cai)

Le belle donne rendono gli uomini stupidi. (corriere.it/Radu Gabriel Tanasescu)

Costruisce ordigno contro nido calabroni e distrugge casa. (repubblica.it/Federico Righi)

Catania, pescatori assediati dai ratti su uno scoglio: salvati dai vigili del fuoco. ("Il Gazzettino"/Davide Paolino)

Jackson: sepolto con Humphrey Bogart e Walt Disney. (ansa.it/Davide Paolino)

Gasparri: "Lodo Alfano bocciato? Non importa, troveremo un cavillo". (repubblica.it/Andrea Armandi)

Gheddafi: "Smembrate la Svizzera". (corriere.it/Michele Incollu)

La moglie del premier giapponese: "Sono stata rapita dagli alieni". (corriere.it/Michele Marasciulo)

1. Il Papa: “No alla fede fai da te”. (“Corriere della Sera”)
2. McDonald’s: “No ai panini fatti in casa”. (Gabriele Costa)

Pilates

1. Berlusconi: “Povera Italia, con un sistema informativo come questo”.
2. Berlusconi: “Vi sembra possibile che si possa governare possedendo o controllando la gran parte dei mezzi di comunicazione, ma non tutti? È vita, questa?”. (Guido Norzi)

1. Bossi e Calderoli dal card. Bagnasco: “Un incontro molto positivo”.
2. Bossi e Calderoli dal card. Bagnasco: “Un incontro molto positivo: non ci ha mandato a cagare”. (Giorgio Mannelli)

5 settembre

Influenza A, vicino di casa di ragazzo infetto muore in incidente stradale. (Guido Norzi)

Como, nozze in dialetto. Talmente incomprensibili che alla domanda dell’officiante una sposa ha risposto: “Venti centimetri, più o meno”. (Augusto Pizzuti)

Berlusconi: “Sui giornali si legge il contrario della realtà”. Che sollievo! Mi avevano convinto che fosse presidente del Consiglio! (Paolo Perzan)

Il 2009 è l’anno internazionale dell’astronomia, ma dell’universo non si è ancora capito un cazzo, l’unica cosa chiara è che non è importante quanto sia grande ma come lo si usa. (Roberto Rabitti)

Scuola, il ministro Gelmini lancia la fase 2, che consiste nel far credere che ci sia stata una fase 1. (Eddie Settembrini)

Ghedini: “Il Cavaliere spiegherà che non è impotente”. Wow! Sarà fantastico vedere il plastico del pene di Berlusconi a *Porta a Porta*. (Manuel Pica)

Annozero, la Rai: "Accanto a Travaglio ci vuole un giornalista di destra". Ad esempio Travaglio. (Maura Guidi)

Ghedini: "Il Cavaliere dimostrerà in tribunale di non essere impotente". Inquietudine tra i pm: si teme l'incidente probatorio. (Pietro Lusso)

Berlusconi: "Quando ci sono cose da sapere io non ho bisogno di internet perché ho Gianni Letta che è un internet umano". Tarantini invece è il suo YouPorn. (Giampietro Belotti)

"Grazie alle nanotecnologie presto cureremo il cancro, l'impotenza e la calvizie". Mio Dio, è un incubo. (Paolo Quettier)

Parallele

1. Afghanistan: comandante forze Nato, concentrarsi su difesa del popolo. (asca.it)
2. Afghanistan, testimoni: oltre cento civili uccisi nel raid Nato. (ilmessaggero.it/Michele Incollu)

1. Bossi: "Rapporti tra noi e Vaticano ottimi".
2. Bossi: "Il Sud è quello che è grazie all'Atea Romana Chiesa, con i suoi vescovoni falsoni che girano con la croce d'oro nei paesi dove si muore di fame: il principale potere antagonista dei padani". (Giuseppe Reale)

Pilates

1. Lega, Bossi: "Rapporti con Chiesa sono buoni". (adnkronos.com)
2. Lega, Bossi: "L'8 per mille alla Chiesa e i finanziamenti alle scuole private non si toccano". (Gianni Monaco)

1. Berlusconi: "Povera Italia con questa stampa".
2. Berlusconi: "Ma quand'è che ricomincia *Porta a Porta*?". (Gianni Monaco)

6 settembre

Berlusconi: "Franceschini si è improvvisato cameriere alla festa del Pd? Un'ottima idea. Alla festa del Pdl vorrei fare la stessa cosa. Ma da noi lo voglio in livrea". (Silvio Di Giorgio)

Arriva la fede online: messe in streaming, preghiere digitali, cyber-fiori, candele votive accese online. E per l'assoluzione basta premere ctrl+alt+canc. (Alessandro Cai)

Legambiente denuncia: troppo fosforo nel Po. La concentrazione è così elevata che adesso il Po è più intelligente di Renzo Bossi. (Piero Esposito)

Gerusalemme: Madonna visita il muro del pianto. E lo sceglie per il giardino. (Federico Righi)

Noemi: "Lo chiamo Papi perché è dolce". Io invece lo chiamo 1816 perché è piduista. (Nicola Congiu)

Parallele

Spopola in Oriente la pera a forma di Buddha. (adnkronos.com/Alessandro Cai)

1. Frattini: "Avanza democrazia a Kabul". (ansa.it)
2. Kabul, voto annullato in 447 seggi. (lastampa.it/Alessandro Cai)

Pilates

1. Il Papa ai politici: "I cattolici facciano politica seguendo il Vangelo".
2. Il Papa ai politici: "Quando raccontate cazzate alla gente, esagerate!". (Nicola Congiu).

7 settembre

Strategia difensiva, Ghedini: "Berlusconi non è impotente, è solamente l'utilizzatore finale del suo cazzo". (Nicola Andrucci)

Parallele

Sogna di rapinare un supermercato e scopre di averlo fatto veramente. (ilgazzettino.it/Davide Paolino)

Bimbo esce dal coma con Marco Carta. (tgcom-mediaset.it/Federico Loddo)

Pilates

1. Galli della Loggia: "In una democrazia, decidere se qualunque persona è adatta o inadatta a guidare il governo non è compito dei giornali: è compito degli elettori e soltanto degli elettori. Anche se la loro decisione può non piacere".
2. Galli della Loggia: "Sarei stato l'intellettuale perfetto durante gli anni trenta in Germania". (Stefano Giaimo)

1. Fassino: "Io non ho proposto di fare l'alleanza con Galan. Ho detto che ci sono delle contraddizioni tra Lega e Pdl, che non sono solo tattiche, e che stanno emergendo ogni giorno di più. Può darsi che da queste tensioni si producano fratture e rotture che possono aprire prospettive nuove".
2. Fassino: "Ho proposto di fare l'alleanza con Galan". (Andrea Michielotto)

1. Berlusconi: "Gli italiani non sono stupidi come pensa la sinistra che vorrebbe trasformare l'Italia in uno Stato di polizia tributaria. Per questo privilegiano il mio governo".
2. Berlusconi: "Gli evasori con me possono stare tranquilli". (Andrea Michielotto)

8 settembre

Oggi è morto il più grande presentatore di quiz italiano. Chi era? (Paolo Quettier)

"M_rt_ Mike B_ngi_rn_." Provo a dare la soluzione. (Nicolas Bucci)

8 settembre: Mike Bongiorno lascia. (Massimo Mirandola)

In Italia fare domande è diventato talmente pericoloso che Mike Bongiorno è morto. (Eddie Settembrini)

Morto Bongiorno. I funerali saranno registrati domani. (Adelmo Monachese)

È morto Mike Bongiorno. Ancora incertezza sulla data del funerale e sul luogo dove verrà sepolto assieme a Fiorello. (Luca Cogoni)

Come sta Costanzo? (Massimiliano Vado)

Parallele

Imperia: rito abbreviato per il meccanico che si faceva frustare da minorenni. (corriere.it/Andrea Miele)

Bergamo: investito dalle fiamme di un cocktail, grave. ("Corriere della Sera"/Vittorio Lattanzi)

1. Enzo Biagi (18/4/2002): "Il presidente del Consiglio non trova niente di meglio che segnalare tre biechi individui: Santoro, Luttazzi e il sottoscritto. Quale sarebbe il reato? E siccome non intravede pentimento e redenzione, lascerebbe intendere che dovrebbero togliere il disturbo. Signor presidente, dia disposizioni di procedere perché la mia età e il senso di rispetto che ho verso me stesso mi vietano di adeguarmi ai suoi desideri. Sono ancora convinto che perfino in questa azienda ci sia ancora spazio per la libertà di stampa".

Alla morte di Biagi, Berlusconi (6/11/2007): "Stima, al di là delle divisioni. La verità è che io lo criticai ma non c'era nessuna intenzione di farlo uscire dalla televisione e neppure di porre veti alla permanenza in tv di chicchessia. Quindi ancora una volta è stato tutto deformato dalla sinistra".

2. Mike Bongiorno (5/6/2009): "Sono stato scaricato da Mediaset, dove ho fatto cose straordinarie. È stato un grande dolore".

Alla morte di Mike, Berlusconi (8/9/2009): "Un amico che aveva scelto di cambiare e di passare a Sky". (Antonio Rauccio)

A caccia di grilli con l'iPhone. (corriere.it/Federico Loddo)

Pilates

1. Berlusconi: "Come si può ben immaginare non ero a conoscenza dell'articolo del dottor Feltri sul presidente Fini apparso oggi sul 'Giornale', articolo di cui non posso condividere i contenuti. Confermo invece al Presidente Fini la mia stima e la mia vicinanza".
2. Berlusconi: "Bene. Chi è il prossimo adesso?". (Massimo Grande)

9 settembre

Auschwitz, incontro dei leader di tutte le religioni. Religiosi provenienti da tutto il mondo si sono riuniti nel più famigerato dei campi di sterminio nazisti. Polemiche per la delegazione dei lefevbriani. Sono entrati dalla porta dei fornitori. (Riccardo Viganò)

Il Vaticano: "L'insegnamento religioso deve essere una disciplina scolastica con la stessa sistematicità e rigore delle altre discipline". Dalla biologia della resurrezione alla fisica della camminata sul lago. (Stefano Giaimo)

La crisi economica tocca anche il Viagra. Alla Pfizer di Roma 90 licenziati. Palazzo Grazioli: "Abbiamo fatto tutto il possibile". (Stefano Giaimo)

È pronto il nuovo partito di Beppe Grillo:
solo iscrizione 10 euro
iscrizione + libro 20 euro
iscrizione + DVD 25 euro
(Luigi Latrottola)

Berlusconi: "Il 90% della stampa è in mano ai cattocomunisti". È caccia aperta al giornalista clandestino che nonostante tutto riesce a narrarci le gesta di Silvio. (Susanna Dalba)

Tarantini: "Berlusconi non sapeva che pagavo le ragazze. Pensava che le costringessi e basta". (Massimo Russo Tramontana)

Allarme alcool in Europa. I giovani bevono così tanto che tra qualche anno saremo pieni di ministri per la Semplificazione. (Davide Rossi)

Beatles, da oggi disponibili le rimasterizzazioni degli album. Nel cofanetto saranno presenti tutti i 16 dischi, un dvd che raccoglie tutti i documentari e una bambola vodoo di Yoko Ono. (Alessandro Cai)

È morto Mike Bongiorno. La tristezza di Pier Silvio Berlusconi: "Ho sbagliato a cacciarlo da Mediaset. Bastava aspettare qualche mese". (Francesco Turri)

Addio Mike, hai lasciato un vuoto incolmabile. Ma ora un messaggio dalla regia. (Lauro Giobbi)

Il Re del Quiz stroncato da un infarto. I familiari, dopo due anni, pensavano di potergli dire chi lo aveva sostituito a *La ruota della Fortuna*. (Alessandro Verdoliva)

Roma, Tor Pignattara: alla scuola Pisacane, classi di soli immigrati, il 97% degli alunni è composto da bambini stranieri. La sproporzione è tale che il restante 3% è stato soprannominato "Staff dell'Inter". (Vittorio Lattanzi)

Parallele

Influenza A, Oms: "Epidemia globale". Gran Bretagna: "Anche i sani sono a rischio". (corriere.it/Lia Alessandrini)

Piante di marijuana alte due metri. "Così mi curo il diabete." ("la Repubblica"/Giuseppe Reale)

Tarantini: "Vanessa Di Meglio è una mia carissima amica, la rifornivo di cocaina". (repubblica.it/Giuseppe Revel)

Mike Bongiorno anche ieri grandi ascolti per lui in tv. (corriere.it/Stefano Minguzzi)

Vaticano: "Lo studio delle diverse fedi creerebbe confusione". (repubblica.it/Riccardo Tomaselli)

Pilates

1. Radici cristiane, Tettamanzi gela la Lega: “Il Signore ci giudica non solo dalle radici, ma dai fiori e dai frutti che queste radici realizzano”.
2. Radici cristiane, Tettamanzi gela la Lega: “Siete un albero di merda”. (Riccardo Viganò)

1. Zenon Grocholewski: “Le famiglie dei credenti debbono avere la garanzia che la scuola pubblica – proprio perché aperta a tutti – non solo non ponga in pericolo la fede dei loro figli, ma anzi completi, con adeguato insegnamento religioso, la loro formazione integrale”.
2. Zenon Grocholewski: “Non possiamo permetterci di perdere altri clienti”. (Fabrizio Sensini)

1. Pier Silvio Berlusconi: “Oggi insieme a Mike se ne è andato un pezzo della storia della televisione, della storia del nostro paese e anche della mia vita personale”.
2. Pier Silvio Berlusconi: “Ecco cosa succede a chi lascia Mediaset per la concorrenza”. (Davide Rossi)

1. Berlusconi: “Come si può ben immaginare non ero a conoscenza dell’articolo del dottor Feltri sul presidente Fini apparso oggi sul ‘Giornale’, articolo di cui non posso condividere i contenuti”.
2. Berlusconi: “Sì, mi sono accorto che il mio pitbull gira libero e senza museruola, ma sono solo cazzi vostri!”. (Gilberto Nuvolari)

1. “Il Giornale”: “Idv, rimborsi elettorali: Di Pietro è indagato”.
2. “Il Giornale”: “Chi è che si chiedeva chi era il prossimo?”. (Giovanni Garbellini)

10 settembre

Berlusconi: “Nessuna prostituta; sono il miglior premier degli ultimi centocinquant’anni”. Oh no, adesso le stronzate le dice due alla volta! (Giovanni Del Bianco)

Alla Maddalena un inviato di “El País” chiede a Berlusconi chiarimenti sul giro di prostitute di Villa Certosa. Gelo in sala stampa. Nessuno sospettava che tra centinaia di giornalisti italiani si fosse infiltrato un giornalista vero. (Marco Ritter)

Festival del cinema, George Clooney accolto da una folla di ammiratori in visibilio. C'era così tanta gente che ha rilasciato un autografo alla Canalis. (Enzo Brunone)

Berlusconi ai giovani del Pdl: "Ho salvato il mondo dalla Terza guerra mondiale. Direi che un paio di troioni me li sono ben meritati. O no?". (Angelo Politi)

Parallele

Noemi Letizia al Lido con Milingo (repubblica.it/Fabrizio Massaro)

Ubriaco tira meduse in spiaggia. (*Tgcom*/Federico Loddo)

Mafia, latitante arrestato a casa sua a Palermo. (ansa.it/Andrea Calò)

È morto Mike, ecco le sue gaffes più divertenti (unita.it/Massimo Grande)

Donna trovata morta sotto un albergo, è giallo. (ilsole24ore.com/Stefano Bessone)

1. Il premier: "Le tv sono buone perché non cambiano le parole". (libero-news.it)
2. "...nel giorno in cui escono le motivazioni del processo Mills in cui Berlusconi fu assolto..." (*Studio Aperto* 19-05-2009/Alessandro Cai)

1. "Sapendo dell'interesse del premier per il genere femminile non ho fatto altro che accompagnare da lui ragazze che presentavo come mie amiche tacendogli che a volte le retribuivo." (Tarantini ai GIP, settembre 2009, repubblica.it)
2. PDA: Non abbiamo chiuso occhio stanotte.
GT: Eh immagino, come è andata?
PDA: Bene, niente busta però.
GT: Veramente?
PDA: Giuro. Come mai? Tu mi avevi detto che c'era una busta. Mi ha fatto un regalino, non so, una tartarughina...
(Dalle registrazioni della telefonata tra Tarantini e la D'Addario di ritorno dalla notte con Berlusconi, novembre 2008, espresso.repubblica.it) (Massimo Mirandola)

1. Emma Marcegaglia 9 settembre 2009 13:38: "I bilanci di fine anno saranno catastrofici, ci sarà un forte peggioramento". (it.reuters.com)

2. Emma Marcegaglia 06 settembre ore 12:39: "non vedo catastrofi, vedo alcuni probabili processi di ristrutturazione e riconversione che dovremo gestire". (adnkronos.com/Stefano Tolomelli)

Pilates

1. Berlusconi: "Come si può ben immaginare non ero a conoscenza dell'articolo del dottor Feltri sul presidente Fini apparso oggi sul 'Giornale'".
2. "La prima regola del Fight Club è non parlare mai del Fight Club." (Giulia Fontan)

1. Berlusconi: "Ieri è stato il momento di sorpasso da parte di Silvio Berlusconi come giorni da presidente del Consiglio rispetto al grande Alcide De Gasperi. Abbiamo un piccolo record di cui vantarci".
2. Berlusconi: "Ho superato De Gasperi: un grande record di cui vantarmi con le troie". (Andrea Michielotto)

11 settembre

Gasparri non è preoccupato dalla perdita di credibilità del governo. Be', neanche io sono preoccupato di perdere 100 milioni di euro... (Alessandro Signore)

Il Moige si scaglia contro lo sketch della Marcuzzi in cui simula un pompino con un wurstel. Sempre 'sta storia che i comici non devono far politica! (Franz Foti)

Sicilia: operata ragazza con 33 denti in più. Molto soddisfatti dell'esito il ginecologo e il fidanzato. (Giovanni Garbellini)

Berlusconi: "Ma quali prostitute! Erano comunissime ragazze che facevano sesso in cambio di soldi". (Augusto Rasori)

Parallele

Phoenix. Stanco di essere colto dall'Autovelox indossa al volante una maschera di scimmia. (repubblica.it/Manuel Pica)

Franceschini: "Duce meglio di premier". (ansa.it/Francesco Dibenedetto)

Pilates

1. Franceschini: "Se saranno censurate la satira o le inchieste, saremo chiamati a una battaglia di libertà".
2. Franceschini: "Torno oggi da una lunga vacanza su Marte. Allora, come vanno le cose qui?". (Stefano Marchesi)

1. Zapatero dopo lo show di Berlusconi: "Taccio per rispetto istituzionale".
2. Zapatero: "Questo qui è un coglione". (Nicola Congiu)

1. Noemi a Venezia: "Sono un'attrice".
2. Noemi a Venezia: "Batto il ferro finché è caldo". (Francesco Turri)

1. Alfano: "Probabilmente c'è un certo rancore della mafia nei confronti di un uomo come Silvio Berlusconi che l'ha combattuta non con parole ma con i fatti".
2. Alfano: "Che volete che vi dica, che lo stalliere di Berlusconi era un mafioso e che Dell'Utri faceva da cerniera fra la mafia e il gruppo Berlusconi?". (Emiliano Sabadello)

12 settembre

Berlusconi: "Le donne sono un dono di dio". Tarantini: "Esagerato!". (Davide Rossi)

Ultimo saluto a Mike Bongiorno, anche Berlusconi tra le personalità presenti all'esterno della bara. (Eddie Settembrini)

Franceschini non partecipa ai funerali di Mike Bongiorno per non creare confusione tra le salme. (Silvio Di Giorgio)

In migliaia a Milano per l'ultimo addio a Mike. Una fila talmente lunga che gli ultimi arriveranno in tempo per l'estremo saluto a Pippo Baudo. (Massimo Russo Tramontana)

Parallele

Ritrova il figlio dato in adozione e fa sesso con lui. (ilgazzettino.it/Alessandro Cai)

Alemanno al GayVillage di Roma: "La differenza fra destra e sinistra non è in una maggiore o minore attenzione alla battaglia contro l'omofobia perché la lotta contro la dignità umana deve essere comune". (repubblica.it/Nicola Congiu)

13 settembre

Napolitano: "Il Parlamento ha un ruolo insostituibile". È indispensabile per farla sembrare una democrazia. (Nicola Congiu)

Il dolore cronico? Ne soffre un italiano su cinque. Gli altri quattro non ne soffrono, ma lo votano. (Ferdinando Di Giovanni)

Parallele

Ruba gatto e gli fa inalare cannabis, condannato. (lastampa.it/Igor Rossi)

1. D'Alema: mai conosciuto Tarantini. "Dimostri il contrario." (12 settembre 2009, "Corriere della Sera")
2. D'Alema e Tarantini: Quella gita in barca a Ponza fu casuale (13 settembre 2009, "l'Unità"/Michele Incollu)

Berlusconi diserta la Fiera del Levante "per lo scandalo escort". (repubblica.it/Giuseppe Scaricamazza)

Baciate san Gennaro, batterà l'influenza A. (corriere.it/Andrea Miele)

'Ndrangheta, è finita dal chirurgo estetico la latitanza del superboss Carmelo Barbaro. (adnkronos.com/Alessandro Cai)

14 settembre

Porta a Porta. Domani ospite Berlusconi e la settimana prossima Franceschini. Nelle settimane successive saranno invitati due esponenti dell'opposizione. (Silvio Di Giorgio)

Mai stato con prostitute, mai con minorenni, mai corrotto giudici, mai conti offshore, mai evaso le tasse. Chi sono? (Luca Fracassi)

Fiorello per Mike: "Magari potrei cominciare i miei spettacoli dicendo 'Allegria!'". O magari potresti finirli morendo d'infarto. (Andrea Michielotto)

Impazza su Internet il video di un gatto che fa la doccia. Il segreto della sua popolarità? È il primo risultato dei motori di ricerca quando digiti "wet pussy". (Piero Esposito)

Il Papa ai farmacisti: "Non vendete farmaci contro la vita". Finalmente una voce forte per i diritti dei batteri. (Pietro Bellomo)

Il caso di incesto che scuote gli Usa. La donna aveva dato il figlio in adozione, lo ha ritrovato su Internet e ha avuto un rapporto sessuale con lui. E dopo lo ha ridato in adozione. (Riccardo Viganò)

Parallele

Errore in ginecologia, "inchiesta interna". ("il Resto del Carlino"/Stefano Miniato)

Genufobia, anche le rotule spaventano. (asca.it/Andrea Michielotto)

1. Prof sospeso per violenza sessuale. (ansa.it)
2. Gelmini: "Via insegnanti che vogliono fare politica". (ansa.it/Gianni Zoccheddu)

Pilates

1. Brunetta: "Lo Stato ha il dovere di finanziare la cultura, dalle biblioteche ai restauri, ma lo spettacolo è un'altra cosa. Ma perché finanziamo il cinema? Forse che finanziamo il piano bar o la discoteca? E anche i giornali devono andare sulle loro gambe".
2. Brunetta: "Non capisco perché pagare dei registi che fanno dei film in cui per due ore si vede solo una nuca". (Matteo Poles)

1. Il sindaco di Bari: "Ora pacificazione. Bari non è la città del sesso".
2. Il sindaco di Bari: "Perché non vi caricate le troie in macchina e non andate a trombare a Brindisi?". (Paolo Curti)

15 settembre

Bruno Vespa garantisce sulla libertà in Rai: "Berlusconi? Non si è mai autoinvitato". Ha le chiavi. (Ignazio Caruso)

Rutelli: "Non sto per lasciare i democratici". I democratici: "Perché?". (Pietro Gimelli)

Elezioni in Norvegia, conferma del centro-sinistra. Ottima l'idea di avere un leader e un programma. (Alberto Terragni)

Parallele

1. Una giungla incontaminata dentro il cratere di un vulcano della Nuova Guinea pullula di creature mai scoperte. (wired.it)
2. Pd: in Toscana i Laici Socialisti Riformisti con Manciulli e Bersani (adnkronos.com/Andrea Michielotto)

Turista olandese incide il nome sul marmo della Fontana di Trevi: "Non sapevo fosse vietato". (adnkronos.com/Nicola Congiu)

Malaysia: donna di centosette anni cerca il ventitreesimo marito. (ansa.it/Federico Loddo)

GB: guida senza braccia a 160 all'ora per sfuggire polizia. (ansa.it/Federico Loddo)

Cina: trova nel letto serpente con una zampa. (ansa.it/Federico Loddo)

Filmava di nascosto le clienti sotto la gonna/Il video (milano.repubblica.it/Luigi Antelmi)

Pilates

1. Zavoli: "Episodio grave". Garimberti: "Sono irritato". Floris: "Atto immotivato".
2. Zavoli, Garimberti, Floris: "Non contiamo un cazzo". (Cesare Ciasullo)

Carnac

1. Berlusconi: "La gioia e la soddisfazione più bella è la conquista. Se tu paghi mi domando che gioia potrebbe essere".
2. Maresciallo: "Perché ha rubato quella bambola gonfiabile?". (Marco Cianci)

16 settembre

È morto Luciano Emmer, inventore del *Carosello*. Dopo il suo funerale tutti a dormire. (Francesco Dibenedetto)

Panico a Puyallup (Washington): alcuni capi di bestiame fuggiti dalla fiera locale hanno fatto irruzione in un supermercato. La situazione è degenerata quando uno dei bovini ha riconosciuto lo stinco della madre in una vaschetta. (Andrea Spinelli)

Economia. Ottimismo moderato di Bernanke: "Dal 2010 potrete iniziare ad allentare i muscoli del buco del culo". (Luca Coiro)

Parallele

Poliziotto si finge il gemello e va a letto con la cognata. (corriere.it/Giovanni Garbellini)

Lino Banfi: "Divento scrittore, come voleva Fellini". (corriere.it/Andrea Miele)

Pilates

1. Berlusconi a *Porta a Porta*: "La popolarità del presidente del Consiglio non è mai stata così alta".
2. Berlusconi a *Porta a Porta*: "Due troie su tre sono con me".

Carnac

1. Prestigiacomo: "La Cina apprezza il nostro lavoro". (ansa.it)
2. Giornalista: "Onorevole, a che punto siamo con la libertà di stampa in Italia?". (Giuseppe Savino)

1. Miss Italia: "Cercherò di essere me stessa. Non so cosa aspettarmi, ho compiuto ieri diciotto anni"
2. Giornalista: "Come reagiresti se Berlusconi si presentasse al tuo compleanno?". (Loris Manicardi)

1. Miss Italia: "Non so fare niente, ma ho dato il massimo".
2. Giornalista: "Si sente adatta per la carriera di ministro?". (Giovanni Garbellini)

17 settembre

Strage di Kabul, in segno di lutto le escort di Berlusconi indossano le giarrettiere nere. (Sandro Fiuzzi)

Bomba a Kabul, sei morti fra i soldati italiani. La Russa scampa alla strage per miracolo: al momento dell'esplosione, stava facendo colazione in un bar in via del Corso. (Giuseppe Revel)

Berlusconi si lamenta a *Porta a Porta*: "Troppi farabutti in politica, giornali e tv. E non vi dico quanto mi costano!". (Guido Vavassori)

Il presidente della Provincia di Trento Lorenzo Dellai: "Noi abbiamo messo i soldi per le case e Berlusconi le inaugura".
Tarantini: "Con me ha fatto lo stesso: io pagavo, lui scopava". (Giovanni Cavallo)

Rocco Siffredi avrebbe occultato centinaia di migliaia di euro. Portati all'estero nel doppio fondo dello scroto. (Riccardo Camba)

Rocco Siffredi ha il cazzo talmente lungo che gira i film porno in Ungheria dall'Italia. (Riccardo Camba)

A Palermo ha piovuto talmente tanto che l'acqua scorreva persino dai rubinetti. (Gianni Zoccheddu)

Allarme Ocse: in Italia l'anno prossimo un milione in più di disoccupati. E senza neanche la speranza di essere rimpatriati. (Hermes Leonardi)

Cane alpinista scala l'Everest da solo. Messner piglia a calci in culo il gatto di casa. (Paolo Curti)

Palermo: intervento dei sommozzatori per soccorrere gli automobilisti bloccati dal maltempo. Tratti in salvo due uomini e tre chili di calamari. (Enzo Brunone)

Parallele

Moggi: "Gol laziale valido, Juve favorita dall'arbitro". (lastampa.it/Augusto Pizzuti)

Sesso: le donne mantengono un segreto solo per due giorni. (asca.it/Massimo Unali)

Una coppia si fa sposare da ventriloqua con un pupazzo. (ansa.it/Federico Loddo)

Si appartano dentro un cassonetto: rapinati. (tgcom-mediaset.it/Giuseppe Savino)

La vena non si trova: iniezione letale rinviata. ("Il Messaggero"/Mauro Di Nicola)

Provoca incidente e fugge, caccia alla suora pirata. (repubblica.it/Daniele Manno)

Ai ricchi non servono gli amici, i soldi curano solitudine e dolore. (repubblica.it/Daniele Manno)

"Farabutto", quell'epiteto retrò così poco offensivo. ("Il Giornale"/Alessandro Signore)

Pilates

1. Vespa: "Nel fare domande al premier nessuno ha il mio stesso coraggio".
2. Vespa: "Gli ho fatto domande e non mi ha denunciato. Indovinate perché?". (Giancarlo Gismondo)

18 settembre

La Russa: "Dobbiamo essere più vicini ai nostri soldati in Afghanistan". Che si fa, andiamo tutti là o tornano loro? (Andrea Bertora)

Afghanistan. Berlusconi: "Primi soldati a casa già nei prossimi giorni. Poi penseremo a come far tornare quelli vivi". (Davide Rossi)

Tom Cruise: "Fare sesso con me è come volare". E allora? Anche con me è come volare. Ma con Alitalia. (Giovanni Garbellini)

Parallele

Conegliano. Defeca nel confessionale e si pulisce con la stola del prete. (ilgazzettino.it/Davide Paolino)

Cava l'occhio all'amica con le mani e lo butta dall'ottavo piano. (notizie.virgilio.it/Daniele Manno)

Sessantenne recupera la vista con un dente nell'occhio. (liberonews.it/Fabrizio Mauriello)

Whitney, dopo gli anni neri torna il successo. (repubblica.it/Giovanni Garbellini)

Pilates

1. Napolitano: "Nulla da rivedere nella missione in Afghanistan".
2. Napolitano: "Però, sarebbe bello avere qualcosa di intelligente da dire in momenti come questi". (Andrea Artigiano)

19 settembre

Gianpaolo Tarantini arrestato per spaccio. Inutile il tentativo di offrire barboncine ai cani antidroga. (Stefano Pisani)

Primarie Pd, primi dati ufficiali sulle votazioni, tutti e tre i candidati sarebbero in svantaggio. (Davide Rossi)

Napolitano farà in tempo a rientrare dal Giappone per accogliere le salme dei militari a Ciampino. La Russa: "È stato sufficiente affidare le bare al servizio bagagli di Alitalia". (Massimo Unali)

Parallele

Avvistata cometa anomala, ma è urina astronauti. (notizie.virgilio.it/Sandro Magnani)

Lo squalo Zorro si accoppia ascoltando i brani di Barry White. ("la Repubblica"/Ferdinando Di Giovanni)

1. Brunetta: "Sinistra parassitaria vada a morire ammazzata".
2. Il boia tenta 18 volte, esecuzione rinviata. (repubblica.it/Massimo Mirandola)

Panni sporchi in pubblico. Diana disgustò la regina. (repubblica.it/Lauro Giobbi)

Pilates

1. Brunetta: "Parlo da laico mangiapreti, dobbiamo collaborare con la Chiesa nei settori in cui la Chiesa fa meglio dello Stato. Ma non collaboreremo a chi gioca al massacro, facendo ideologia politica con la tonaca".

2. Brunetta: "Se vi alziamo i contributi per le scuole private la smettete di rompere i coglioni, vero?". (Federico Caboni)

20 settembre

Brunetta: "Sinistra parassitaria, élite di merda, vada a morire ammazzata". I suoi insulti sono talmente mediocri che sembrano quelli scartati da Berlusconi. (Marco Ferrara)

Milano, l'on. Santanchè rimane colpita: "Non pensavo che stracciare i maroni agli islamici il giorno del Ramadan potesse in qualche modo indispettirli". (Dimitri Carrer)

Editoriale domenicale di Scalfari su "Repubblica", titolo "Come e perché restare a Kabul". È stato talmente convincente che dopo averlo letto ho fatto precisa domanda per essere arruolato nel suo battaglione. (Davide Prevarin)

Treviso. Un uomo ha cagato nel confessionale di una chiesa e ha usato la stola come carta igienica. Poi è tornato a confessare i fedeli. (Davide Rossi)

Parallele

Ex detenuto: "Voglio tornare in carcere, fuori c'è troppa violenza". (corriere.it/Antonio Pittelli)

Giappone, aspettano il bus, aggrediti dall'orso alla fermata. (repubblica.it/Antonio Pittelli)

Pilates

1. D'Alema: "In Afghanistan bisogna rivedere le modalità della missione".
2. D'Alema: "A chi posso chiedere perché siamo in Afghanistan senza fare la figura dell'idiota?". (Edoardo Fainello)

21 settembre

Squalificato a vita Briatore: dovrà stare lontano dalle aree operative delle gare e non potrà avere contatti con piloti e scuderie. Finalmente un po' di tempo per leggere. (Claudio Favara)

Un'ex modella rivela che Bertolaso partecipò ad alcune feste a Palazzo Grazioli. Si trovava lì per una verifica sullo stato di erosione del premier. (Gianni Zoccheddu)

Milano, treno deraglia e finisce in un cortile. L'incidente è avvenuto con mezz'ora di ritardo. (Davide Barile)

Nei tg si parla talmente tanto dei funerali dei paracadutisti che non sono riuscito a capire se l'inverno è alle porte. (Francesco De Lisi)

David Hasselhoff ricoverato in ospedale per ubriachezza. A chiamare i soccorsi, dopo aver cercato di contattarlo più volte inutilmente, la sua automobile. (Stefano Giaimo)

Ambientalisti: "Abolite l'elenco telefonico: costa 5 milioni di alberi l'anno". Migliaia le adesioni entusiastiche all'appello. Più freddi gli animalisti, tanto che per farli aderire hanno dovuto convincerli che le Pagine Gialle le colorano coi pulcini. (Vittorio Lattanzi)

Lecco: lite fatale tra cacciatori a causa di una lepre contesa. La tragedia ha talmente scosso l'opinione pubblica che oggi i membri dell'Associazione cacciatori lombardi rispetteranno un minuto di silenziatore. (Massimo Mirandola)

Parallele

1. Scoperti in Siria reperti di tremilacinquecento anni fa. (repubblica.it)
2. Cefalù, scoperta una maxi discarica abusiva. (palermo.repubblica.it/Libero Farbo)

Satira: premiati Greggio e Banfi. (ansa.it/Francesco Dibenedetto)

Sigarette su Ryanair "Ma senza fumo". (corriere.it/Manuel Pica)

Russia. Rigore per lo Spartak Mosca, ma lo calcia uno dei tifosi. (ilgazzettino.it/Stefano Bessone)

Badanti: la patata non può essere lasciata ai pensionati. ("il Resto del Carlino"/Nicola Andrucci)

Udine. Carabinieri intimano l'alt all'auto, donna scende e si denuda per protesta. (ilgazzettino.it/Alessandro Cai)

Per celebrare il Ramadan picchiano la Santanchè. (ilgiornale.it/Giuseppe Savino)

1. Chiambretti: "Il problema di Placido si porrebbe se Berlusconi gli censurasse il film. Altrimenti evviva tutti e due". (lastampa.it)
2. In sede di montaggio è stata tagliata circa mezz'ora di girato (poi pubblicata nella seconda edizione del dvd del film), tra cui [...] i discorsi di Silvio Berlusconi e i "cavalli" di Vittorio Mangano [...]. Nella versione integrale trasmessa in due parti su Canale 5 nella prima serata del 22 e 23 aprile 2008 mancano le scene in cui si fa riferimento a Berlusconi. (voce "Romanzo Criminale" (film), wikipedia.it/Giovanni Garbellini)

1. Brunetta: "Vada a morire ammazzata la sinistra che prepara colpo di Stato". (repubblica.it)
2. Bevi troppo durante il week-end? Il safety driver ti riporta a casa. (kataweb.it/Ignazio Caruso)

Pilates

1. Generale Stanley McChrystal: "In Afghanistan servono più forze altrimenti la missione fallirà".
2. Generale Stanley McChrystal: "Inviateci altri militari perché li abbiamo quasi finiti". (Davide Rossi)

1. Chiambretti: "Un professionista professa la propria attitudine lì dove il mercato te lo consente, senza i limiti degli stupidi snobismi. Berlusconi si occupa a 360 gradi di tutto lo scibile, impossibile non incrociare il suo mondo".
2. Chiambretti: "Chiamatemi Pierino D'Addario". (Andrea Michielotto)

1. Roberto Formigoni: “Pronto per quando Berlusconi si farà da parte, ma per ora il premier resta saldo in sella”.
2. Roberto Formigoni: “Al mio segnale, scatenate l’inferno”. (Riccardo Viganò)

22 settembre

Tarantini è così famoso che nel servizio che gli ha dedicato il *Tg1* non c’è stato bisogno di nominare nemmeno una volta Silvio Berlusconi. (Stefano Pisani)

Berlusconi: “D’ora in poi non risponderò più a domande di gossip”. Ok, allora possiamo passare a chiedere dei suoi rapporti con la mafia. (Alessandro Cai)

Bimbo scozzese di tre anni indagato dalla polizia per vandalismo. È un soggetto talmente pericoloso che se fosse texano rischierebbe il seggiolone elettrico. (Andrea Bertora)

Parallele

Per le strade di Roma un camion anti-Brunetta. (corriere.it/Federico Loddo)

Vuoi diventare un aiutante di Babbo Natale? Venezia inaugura la prima scuola in Italia. (ilrestodelcarlino.it/Vittorio Lattanzi)

1. Berlusconi: “Abbiamo fatto prima e meglio degli altri”.
2. Occupati, mai così giù dal ’94. (repubblica.it/Guido Marzucchi)

1. La crisi non ferma la plastica al seno. (ansa.it)
2. Incredibile maggiorata: frantuma le angurie a colpi di seno. (ilgazzettino.it/Andrea Michielotto)

1. Clima, Ban Ki-Moon: “Negoziati a lentezza glaciale”.
2. *Era glaciale* domina ancora incassi (ansa.it/Michele Causero).

Pilates

1. D’Alema: “Sono un democratico e sono anche socialista, ma non più comunista”.

2. D'Alema: "Se dico che sono comunista, mi cacciano dal circolo nautico". (Ferdinando Di Giovanni)

23 settembre

Aperta la prima scuola per aiutanti di Babbo Natale. I corsi si rivolgono a gente determinata, volenterosa e inesistente. (Angelo Taibi)

Parallele

Indonesia: nato bimbo di 8,7 chili. (ansa.it/Federico Loddo)

Iran: vietati manichini provocanti nei negozi. (ansa.it/Federico Loddo)

1. Tremonti: "Mai più condoni". (13 marzo 2008)
2. Scudo fiscale anche per il falso in bilancio. (repubblica.it/Alessandro Cai)

Camorrista minaccia le vittime col coccodrillo. (lastampa.it/Stefano Bessone)

Santoro dittatore del video. Sempre in tv e grida al bavaglio. (ilgiornale.it/Alessandro Cai)

Camorra, latitante preso dietro a termosifone. (repubblica.it/Alessandro Cai)

Pilates

1. Passera: "Il Pil a -6% è da guerra, all'Italia adesso serve uno choc". (corriere.it)
2. "Nobel per la pace al Cavaliere". C'è anche la canzone (corriere.it/Giuseppe Annunziata)

24 settembre

Bruxelles, rubato quadro di Magritte. Al suo posto una

copia con scritto: "Questo non è un quadro di Magritte". (Luca Cogoni)

Indonesia. È nato un bambino di circa otto chili, così grosso che alla fine del parto non era chiaro chi fosse uscito da chi. (Luca Beato)

Padre Lombardi: "Il Papa non sapeva delle posizioni di Williamson quando gli ha revocato la scomunica". E questo sarebbe quello che sa com'è l'aldilà? (Davide Barile)

Alfano: "Il mio modello ideale di magistrato è Livatino". Lo sospettavo, che il suo modello di magistrato fosse un cadavere. (Massimo Unali)

Parallele

Topi a scuola. Mamme in piazza. (libero-news.it/Piergiorgio Romano)

La Madonna scampata al sisma perde pezzi alla mostra per il sisma. (corriere.it/Stefano Bessone)

L'esperto della Bbc: "I panda costano: che si estinguano". (repubblica.it/Piermichele Kobauri)

1. Clima. Berlusconi: "Mai chiesto di rinegoziare quote CO2". (corriere.it)
2. Berlusconi: "Rivedere i tetti CO2". ("Il Sole 24 Ore"/Massimo Unali)

1. Roberto Giacobbo: "Non ci sarà la fine del mondo nel 2012". (attivissimo. blogspot.com)
2. Sarkozy: "Non penso a ricandidarmi nel 2012". (agi.ti)
3. Finanziaria, Berlusconi: "Vale fino al 2012". (ansa.it/Valerio Dorado)

1. Nobel a Berlusconi, ecco l'inno "La pace può".
2. Accoltella e affoga i suoi due bambini. Poi si toglie la vita saltando dal balcone. (corriere.it/Michele Marasciulo)

Pilates

1. Masi: “Non ho mai visto all’estero reti di servizio pubblico che facciano programmi apodditticamente contro”.
2. Masi: “Come faccio a farvi capire di stare a cuccia? Devo pisciarvi le poltrone?”. (Ernesto Montale)

25 settembre

In Calabria ha piovuto talmente tanto che la ’ndrangheta ha affondato le navi coi rifiuti tossici nel centro di Catanzaro. (Giovanni Cavallo)

Baarìa sotto accusa per maltrattamenti agli animali. La Lav: “Nessun animale venga più costretto a guardare il film”. (Eddie Settembrini)

Il Papa condanna il divorzio e le famiglie allargate. Rovinano talmente tanto i bambini che sono quasi inutilizzabili. (Eddie Settembrini)

Annozero ha fatto talmente tanti ascolti che, per batterlo, don Matteo ha dovuto abusare di un chierichetto. (Manuel Pica)

Una donna russa ha stabilito un record, sollevando quattordici chili con la propria vagina. I suoi muscoli vaginali sono così potenti che suo figlio era noto come “il neonato cannone”. (Andrea Michielotto)

Parallele

Incinta mentre era già incinta: raro caso di “superfetazione”. (ilgazzettino.it/Luca Ceolin)

New York: discorso-fiume di Gheddafi, l’interprete libico è svenuto. (repubblica.it/Fabrizio Re)

Calcio: Svezia, portiere filmato mentre accorcia porta. (ansa.it/Federico Loddo)

GB: detenuti bevono detergente e si ubriacano. (ansa.it/Federico Loddo)

Gatto: "Mangano si interessava di cani e non di cavalli". (rainews24.it/Giovanni Cavallo)

Protesta disabili: la polizia carica. (Repubblica Tv/Fabio Gori)

Castelli: "A Ponteranica corteo razzista contro la Lega". (bergamonews.it/Marcello Campardo)

1. Franceschini: "La Lega Nord per i valori sociali che trasmette, per l'egoismo territoriale che predica, per il contrasto a tutto ciò che è diverso è agli antipodi da noi". (repubblica.it)
2. Maroni: "Immigrazione: politica dei respingimenti conforme a tutte norme internazionali". ("Quotidiano del nord")
3. Fassino: Respingere i clandestini è legittimo. ("Il Giornale"/Alessandro Brescia)

1. Veleni in fondo al mare: "Una nave bomba tossica e il governo dorme". (unita.it)
2. Todt: "Seppellirò i veleni con un sorriso". (corriere.it/Margot Mecca)

1. Obama: "Clima, rischiamo la catastrofe" (corriere.it)
2. Andrea Della Valle lascia la presidenza della Fiorentina. "Clima cambiato." (unita.it/Alessandro Cai)

26 settembre

Polemiche su *Annozero*. Scajola: "La tv non può sostituire le aule dei tribunali". E se lo fa, abbia almeno il buon gusto di parlare degli schizzi di sangue e cervello di un bimbo di tre anni. (Nicola Congiu)

Berlusconi, breve incontro con il Papa in aeroporto. Giusto il tempo di farsi aiutare con i bagagli. (Enzo Brunone)

Scajola attacca *Annozero*: "Campagna mediatica basata sui pruriti, la vergogna, l'infamia e le porcherie". A me, per descrivere Berlusconi, sembra ci sia tutto. (Augusto Rasori)

Parallele

1. Ratzinger: "Come ha detto Havel, la dittatura è basata sulla menzogna e se la menzogna andasse separata, se nessuno mentisse più, verrebbe alla luce la verità e ci sarebbe la libertà. Perché libertà non è libertinismo né arbitrarietà".
2. Ratzinger: "Il processo a Galileo fu ragionevole e giusto". (Alessandro Cai)

Usa, cane bandito dalla città. Giudice lo espelle per cattiva condotta. (*Tgcom*/Federico Loddo)

Moda: da Scervino donne con le spalle. ("l'Unità"/Vittorio Lattanzi)

27 settembre

Il Pontefice: "Più etica nell'economia". Un'intervento talmente vigoroso e convincente che molti operatori spaventati hanno cominciato a trasferire i loro fondi in un istituto di credito non vigilato da una banca centrale, che non aderisce alle norme antiriciclaggio e che non ha mai concesso una rogatoria: lo Ior. (Claudio Mucci)

Pilates

1. Schifani: "Niente gossip e niente cattivo gusto: quello che mi preoccupa è che l'imbarbarimento della politica si stia spostando anche sul mezzo televisivo".
2. Schifani: "Ohhhhhhhh fermi tutti!! Ma davvero stiamo parlando delle puttane del premier in tivù?". (Gaetano Maria Spataro)

28 settembre

Ennesima gaffe di Mike Bongiorno. Scambia san Pietro per Corrado. (Alberto Terragni)

Boxe. Sconfitto Arreola, un pugile così in sovrappeso che combatte nella categoria dei "Ferrara leggeri". (Giovanni Garbellini)

Battuta di Berlusconi sull'abbronzatura di Michelle Obama. Ma il culmine della festa del Pdl si è raggiunto con la battuta sul pisello della Merkel. (Vittorio Principe)

A Genova la nave da crociera più grande del mondo. È talmente grande che in fondo alla sua piscina c'è il relitto del *Titanic*. (Giovanni Cavallo)

Parallele

1. Cardinale Bagnasco: "Matrimonio è sacramento non festa mondana". (adnkronos.com)
2. Zappadu al "Times", quel finto matrimonio a Villa Certosa. (adnkronos.com/Andrea Michielotto)

1. Berlusconi: "Saremo qui per sempre".
2. Ulcera: perché non va mai sottovalutata. ("Corriere della Sera"/Manuel Pica)

29 settembre

Il leader del Pd Franceschini cerca di rilanciare la propria immagine dicendo che lui sta in mezzo alle gente. Sì, è il vuoto tra una persona e l'altra. (Nicola Maria Salerno)

"Congresso Pd, sale la tensione." Non so se il mio cuore reggerà fino alle primarie. (Massimo Guenci)

Berlusconi: "Abbiamo introdotto un nuovo elemento nella politica italiana: la moralità. La moralità è quella di mantenere gli impegni elettorali. Abbiamo firmato un contratto con gli elettori che ci siamo impegnati a rispettare". Ha fatto bene a spiegarcela, anche se ci aspettavamo qualche accenno in più sulle troie. (Emiliano Sabadello)

Parallele

Nuova frontiera di Al Qaeda, bomba nascosta nel retto. (repubblica.it/Fabio F. Matarrese)

1. Berlusconi: "Exit strategy dall'Afghanistan". (lastampa.it)

2. Frattini: "Chi parla di exit strategy per l'Afghanistan mette a rischio un concetto ampio di interesse della coalizione e della comunità internazionale". (asca.it/Andrea Michielotto)

Pooh: "Il nostro sogno è schiattare sul palco". (corriere.it/Gabriele Sanna)

Priebke assessore: manifesti a Roma. (ansa.it/Alessandro Cai)

Abbattono Armani per colpire Berlusconi. (ilgiornale.it/Alessandro Cai)

Rutelli verso l'addio: "Il Pd? Troppo a sinistra". (ilgiornale.it/Alessandro Cai)

Ci vorrebbe una puntata di *Porta a Porta* per il compleanno del Cav. (ilfoglio.it/Alessandro Cai)

Berlusconi: "Abbiamo portato nuova moralità nella politica". (rainews24.it/Stefano Bessone)

Tremonti: "Lo scudo fiscale non sarà usato dai criminali". (repubblica.it/Gaetano Maria Spataro)

Ladri alla Woody Allen: sbagliano la dose, la cassaforte rimbalza e danneggia due auto. (ilgazzettino.it/Giovanni Garbellini)

Dalle pere a forma di Buddha ai mandarini a forma di Cavaliere. (ilmessaggero.it/Alessandro Cai)

Il cranio di Hitler è di una donna. (ansa.it/Paolo Zocconali)

30 settembre

Berlusconi: "Compio settantatré anni, ma me ne sento trentacinque". Ma ne hai settantatré. (Giovanni Cavallo)

Berlusconi annuncia: "Introdotta la moralità nella politica". Ilona Staller ha commentato: "Io invece ho portato in politica la verginità". (Daniele Zullo)

Vicenza: imbianchino adescava minori con riti esoterici. Arrestato per esercizio abusivo della professione sacerdotale. (Michele Incollu)

Il Pd imita talmente tanto Berlusconi che ieri era anche il compleanno di Bersani. (Giancarlo Gismondo)

Per il Pd si passa dalla gestione collegiale alla gestione condivisa: ciascun segretario potrà tenere con sé il partito per due fine settimana al mese e per due settimane consecutive durante l'estate. (Emiliano Faccardi)

In Italia la disoccupazione è talmente alta che morire sul lavoro è diventato un lusso. (Emiliano Faccardi)

Nuova frontiera di Al Qaeda: bomba nascosta nel retto. Stanno iniziando a prendere alla lettera le nostre imprecazioni. (Lorenzo Tarantino)

Parallele

1. Berlusconi: "Voto alla sinistra? Non ci sono tutti questi coglioni". (repubblica.it)
2. Gelmini: "Insultare premier è insultare italiani". (agi.it/Alessandro Cai)

1. Franceschini sullo scudo: "È un condono, ed è una vera e propria vergogna". (ansa.it)
2. Bersani: "Lo scudo fiscale non è altro che una colossale ripulitura di denaro organizzata dallo Stato a poco prezzo". (asca.it)
3. D'Alema sullo scudo fiscale: "Lo scudo fiscale, con la rimozione del falso in bilancio, va nella direzione esattamente opposta alla necessità di trasparenza e recupero di quella dimensione etica che si va affermando nella finanza e nell'economia". (asca.it)
4. ...ieri si votava la pregiudiziale di incostituzionalità dell'Italia dei valori contro scudo fiscale... Contro lo scudo 215, a favore 267... Quasi un deputato Pd su quattro era altrove (28% di assenze, 59 su 216)... Tra gli assenti illustri, che avrebbero potuto affondare in maniera inappellabile il decreto (e quindi lo scudo), Massimo D'Alema, Dario Franceschini, Pierluigi Bersani. (antefatto.it/Alessandro Cai)

Rapita e messa dentro il bagagliaio: chiama la polizia ma cade la linea. (corriere.it/Emiliano Sabadello)

1. Università di Toronto. Con un po' di severità i figli diventano leader. (ansa.it)
2. Usa. Quattordicenne chiuso in armadio per quattro anni. (ansa.it/Antonio Verdoliva)

1. Berlusconi: "I giudici sono un cancro". ("Corriere della Sera" 25 giugno 2008)
2. Berlusconi: "Fare i giudici è da disturbati mentali" ("la Repubblica",4 settembre 2003)
3. Berlusconi: "Perizie per i pm". Dell'Utri: "Mangano un eroe". ("la Repubblica", 8 aprile)
4. Brunetta: "Vada a morire ammazzata la sinistra che prepara colpo di Stato". ("la Repubblica", 19 settembre)
5. Magistrati nel mirino di Brunetta: "Rapporto Anm-Csm genera un mostro". (adnkronos.com, 28 settembre 2009)
6. L'Anm replica a Brunetta: "Troppi organici tagliati".(quotidiano. net, 29 settembre 2009)
7. Alfano: "Dall'Anm risposta esagerata". (ansa.it, 29 settembre 2009/Riccardo Viganò)

Dandini pagata per spiare nel wc del premier. (ilgiornale.it/Alberto Terragni)

Berlusconi: "Fini può avere la sua opinione". (corriere.it/Alberto Terragni)

1. Akragas. Salvatore Lumia (Pd): "Le dichiarazioni pubbliche di solidarietà a persone indagate e arrestate per reati di stampo mafioso sono gravissime. Così si fa passare un messaggio culturale ed educativo sbagliato e negativo". (repubblica.it)
2. Il Presidente della Camera, Pierferdinando Casini, ha telefonato oggi al senatore Marcello Dell'Utri a cui ha espresso i sensi più profondi di stima e amicizia. Lo ha reso noto un comunicato di Montecitorio. (ansa.it)
3. Totò Cuffaro: "Ringrazio Casini per la passione che ha messo nel difendermi. Non posso accettare lezioni di morale da nessuno". (ansa.it/Giuseppe Scaricamazza)

Pilates

1. Romani: "Che c'entra con il servizio pubblico la gag con due ragazze nei bagni a casa del premier?".

2. Romani: “Perché mostrare una stanza dove non è stato ucciso neanche un bambino?”. (Andrea Michielotto)

1. Berlusconi: “Tutti possono stare in tv quanto vogliono finché non si fa un uso criminoso della televisione”.
2. Berlusconi: “Tutti possono stare in tv quanto voglio”. (Stefano Padovan)

Ottobre 2009

1 ottobre

Berlusconi: "Santoro sta facendo un uso criminoso delle mie troie, pagate coi soldi di tutti". (Andrea Michielotto)

A Torino un parroco fa pagare 30 euro a bambino per frequentare il catechismo. "Lo faccio perché altrimenti rischiamo di chiudere. La mia parrocchia è talmente povera che il sangue di Cristo lo beviamo direttamente dal cartone." (Davide Rossi)

Parallele

1. Fazio: "Abbiamo incaricato l'Istituto farmaceutico militare di Firenze di incapsulare 30 milioni di dosi di farmaci antivirali". (adnkronos.com)
2. Febbre suina, l'allarme di Fazio: possibili 4 milioni di casi entro marzo. (adnkronos.com)
3. Febbre suina: Fazio, troppo allarme? Gli italiani sono fatti così. (adnkronos.com/Andrea Michielotto)

Fiume Santo: via libera alla centrale a carbone. I sindacati: è una vera boccata d'ossigeno per il territorio (la nuova sardegnagelocal.it/ Marco Camboni)

1. Berlusconi: "Sarà un grande Milan, siamo forti come l'Inter". (skysport)
2. Berlusconi: "L' Italia sarà come il Milan". (archivio/corriere.it)
3. Milan, adesso è crisi nera. (gazzetta.it/mirko sacco)

Solidarietà a Briatore anche dal mondo dei cavalli. (libero-news.it/ Anonimo)

Denuncia la scomparsa della moglie. La polizia la trova: faceva sesso in auto. (ilgazzettino.it/Alessandro Cai)

Nipotina di dieci anni mette la nonna in vendita su eBay: si lamenta troppo. (ilgazzettino.it/Alessandro Cai)

2 ottobre

D'Addario: "Berlusconi sapeva che ero una escort". Oh, ma questo farebbe di lui un bugiardo... (Andrea Spinelli)

Saviano: "Vorrei parlare con chi ha votato Berlusconi, il mio editore". (Emiliano Sabadello)

Berlusconi: "È una vergogna che un servizio pubblico dia spazio a una prostituta". Soprattutto quando a Palazzo Grazioli c'è talmente spazio che ce ne stanno una ventina. (Massimo Mirandola)

Parallele

Il premier ieri sera ha iniziato a guardare *Annozero* con alcuni suoi stretti collaboratori e un gruppo di giovanissime parlamentari. (ilmessaggero.it/Mirko Sacco)

1. Cicchitto: "A parte *Porta a Porta*, che è fondamentalmente neutrale (...) la Rai come azienda deve porsi due problemi di fondo (...) Il secondo è costituito dall'assenza in questa fascia assai importante di trasmissioni-dibattito di un autentico pluralismo, a parte la variante impazzita costituita da *Annozero* nella quale è consentito a un signore, Travaglio, di poter dire quello che vuole in prima serata senza contraddittorio'. ("la Repubblica")

2. Vespa: "Pronto?".
Sottile: "Bruno? Salvatore".
Vespa: "Ehi!".
Sottile: "Senti, come è strutturata la trasmissione (*Porta a Porta* con Gianfranco Fini ospite, ndr)?".
Vespa: "E niente, dipende da voi".
Sottile: "No, aspetta [...]".
Vespa: "Gliela strutturiamo, gliela confezioniamo addosso".
(Salvatore Sottile, portavoce di Fini, intercettato al telefono con

Bruno Vespa dalla Procura di Potenza il 4 maggio 2005) (repubblica.it/ Alessandro Cai)

1. Cicchitto: "La Rai ha un'emorragia di ascolti perché non sa più interpretare le idee degli italiani e perché molte delle sue trasmissioni sono faziose e orientate a sinistra". (adnkronos.com)
2. *Annozero*, boom di ascolti: 29% di share. Lo hanno visto 7 milioni di spettatori. (repubblica.it/Andrea Michielotto)

Saviano smonta "la Repubblica": "In Italia c'è libertà di stampa". .(libero-news.it/Emiliano Sabadello)

Ladro non resiste a Facebook mentre svaligia appartamento: arrestato. (ilgazzettino.it/Alessandro Cai)

3 ottobre

Scudo fiscale, Napolitano: "Non firmare non significa niente, se il Parlamento vota un'altra volta sono comunque obbligato a firmare". Cosa vuoi che ti dica Giorgio, firma. (Andrea Canavesi)

Anche la Binetti assente alle votazioni contro lo scudo fiscale. Il Pd: "Sanzioni disciplinari durissime per lei". Niente cilicio per due mesi. (Adriano Cantagallo)

Nasce il motore di ricerca per musulmani integralisti: è talmente efficace che se si cercano termini proibiti il browser lapida il sistema operativo. (Piero Esposito)

Catturato l'uomo che aveva filmato di nascosto una giornalista nuda in albergo. "Finalmente dormo sonni tranquilli," ha detto la donna. Lo so perché le spio le chiamate. (Ernesto Montale)

Cicogna in arrivo in casa Briatore-Gregoraci. Il bebè sta bene e tra qualche mese sarà radiato dalla pancia della mamma. (Peppe Clemente)

Parallele

Israele: al sabato gli ebrei osservanti rinuncino agli ascensori automatici. (corriere.it/Giovanni Cavallo)

1. Anteprima venerdì sera, al Castello Sforzesco di Milano, per *Barbarossa*, kolossal da 30 milioni di dollari coprodotto da Rai Fiction e Rai Cinema per la regia di Renzo Martinelli. In prima fila il leader della Lega, Umberto Bossi, il premier Silvio Berlusconi e molti esponenti del centrodestra tra cui Tremonti, Calderoli, Zaia e La Russa, insieme con il sindaco di Milano Letizia Moratti, il presidente della Regione Formigoni e l'assessore alle Culture, Identità e Autonomie Massimo Zanello. (milano.corriere.it)
2. Al cinema *Bastardi senza gloria*, di Quentin Tarantino. Nel film Hitler e i suoi dirigenti nazisti assistono alla prima di un film di propaganda tedesca in un cinema di Parigi. (rsi.ch/Massimo Mirandola)

Tinto Brass su Polanski: "Fare sesso a tredici anni, che male c'è? La Madonna ha partorito a quell'età". (ilgazzettino.it/Alessandro Cai)

Pilates

1. Bagnasco: "Anticlericalismo nei media".
2. Bagnasco: "Vediamo se il trucco funziona anche con me...". (Sara Diani)

4 ottobre

Berlusconi: "Avevamo previsto il disastro". Grazie per non averci sciupato la sorpresa! (Francesco Bertolucci)

Appena ho letto la notizia: "Messina, 18 sotto il fango e 35 dispersi", la prima cosa che ho pensato è stata: "Qui serve un ponte". (Vittorio Principe)

Il Papa: "Imploro da Dio sollievo per gli sfollati". Ehi Ratzinger, se Dio avesse voluto aiutarli non avrebbe abbattuto le loro case. (Andrea Spinelli)

Il presidente della Cei, card. Bagnasco: "Qualcuno vorrebbe la Chiesa muta". Dov'è che si firma? (Sergio Fissore)

Lodo Mondadori, Fininvest dovrà risarcire 750 milioni di euro alla Cir di De Benedetti per il danno causato dalla corruzione giudiziaria. La Fininvest: "Ingiusto, corromperemo in appello". (Diego Daniel)

Manifestazione per la libertà di stampa. C'era così tanta gente che la questura ha fatto prima contando quelli rimasti a casa. (Francesco Dibenedetto)

Baarìa è un film così noioso che alla scena del bovino macellato ho pensato: "Povera bestia, almeno si è visto solo il primo tempo". (Vittorio Lattanzi)

Parallele

1. Anteprima *Barbarossa*, il nobile cittadino che appare nel film prima della decisiva battaglia di Legnano è interpretato dallo stesso Bossi ("il mio compagno di viaggio" lo definisce il regista) in un cameo tenuto segreto fino all'inizio della proiezione. "Solo un gioco, mi piace mettere i miei amici nei film – minimizza il regista – ci sono anche il mio commercialista e il mio fiscalista." (repubblica.it)

2. Berlusconi: "Vabbe'... Senti, io... poi avevo bisogno di vederti..."

Saccà: "Sì".

Berlusconi: "Perché c'è Bossi che mi sta facendo una testa tanto..."

Saccà: "Sì... sì..."

Berlusconi: "Con questo cavolo di fiction... di *Barbarossa...*"

Saccà: "*Barbarossa* è a posto per quello che riguarda Rai fiction, cioè in qualunque momento".

Berlusconi: "Chi è il regista?"

Saccà: "Il regista è Martinelli, che è un bravo regista, però è uno stupido, un ingenuo, un cretino proprio...".

Berlusconi: "Uhm...".

Saccà: "Un cretino, mi ha messo in una condizione molto difficile, perché mi ha scritto un articolo sul 'Corriere della Sera'... E poi non contento, Grasso sul Magazine del 'Corriere della Sera' scrive 'il potente Saccà fa quello che gli dice Berlusconi e basta ecc.'... Che poi non è vero, lei non mi ha chiesto mai...". (repubblica.it, trascrizione di conversazioni telefoniche tra Silvio Berlusconi e Agostino Saccà/massimo mirandola)

Muore a Tokyo l'ex ministro Nakagawa. Si presentò ubriaco al G7 di Roma. (repubblica.it/Lucio Massarotto)

1. Napolitano firma lo Scudo fiscale. Napolitano: "Nella Costituzione c'è scritto che il presidente promulga le leggi e se io non firmo oggi, il Parlamento vota un'altra volta quella legge, e c'è scritto che io sono obbligato a firmare [...] no, non lo sapete. Se mi dite non firmare perché non significa niente". (servizio del *Tg3*)

2. Oscar Luigi Scalfaro ha bloccato il governo di Giuliano Amato. Il Quirinale ha invitato il governo (con una lettera ad Amato) a "riesaminare" l'intera questione e a presentare il testo alle Camere "in forma diversa da quella del decreto". Uno stop senza precedenti. E quindi niente decreto d'urgenza per quelle norme, contestatissime, che prevedevano la depenalizzazione dei reati in materia di finanziamento pubblico dei partiti. (archiviostorico.corriere.it/Giuseppe Cossu)

1. Berlusconi: "Lunga vita a Michele Santoro e Serena Dandini che non fanno altro che portare voti al centrodestra". (repubblica.it)

2. Daniele Luttazzi: "Secondo il Polo, dopo la puntata di *Satyricon* il gradimento di Berlusconi è aumentato di 4 punti. È per questo che vogliono chiudermi. Non vogliono stravincere". (*Satyricon*/Manuel Pica)

1. Confalonieri: "La verità è che, se Berlusconi non fosse entrato in politica, se non avesse fondato Forza Italia, noi oggi saremmo sotto un ponte o in galera con l'accusa di mafia. Col cavolo che portavamo a casa il proscioglimento nel Lodo Mondadori". ("la Repubblica")

2. Berlusconi: "Vogliono aggredire il mio patrimonio". ("il Giornale"/Francesco Dibenedetto)

1. Kafka rende più intelligenti. (ansa.it)

2. Nuovo cuore artificiale imita scarafaggio. (ansa.it/Francesco Dibenedetto)

5 ottobre

La notizia del disastro di Messina relegata nell'ultima pagina de "La Padania". Il direttore avrebbe voluto darle una collocazione più consona, ma la pagina degli spettacoli era piena. (Silvio Di Giorgio)

"C'è un disegno eversivo alla base della sentenza sul Lodo Mondadori." Il codice civile. (Marco Ferrara)

Lodo Mondadori. Franceschini: "Penso che fatto trenta il presidente del Consiglio possa fare trentuno, magari approvando una specie di super Lodo Alfano che blocchi anche i processi civili: per le alte cariche dello Stato vengono bloccate le sentenze di risarcimento danni per tutta la durata del loro mandato". Vabbe', se ora ci mettiamo anche a suggerirgliele! (Stefano Bachis)

D'Alema: "Non mi avevano spiegato che era un voto importante". Be' Massimo, se non te l'avevano spiegato, allora facciamo finta che non sia successo niente, dai. (Maurizio Cecconi)

Il Papa: "La scienza non è necessaria per raggiungere Dio". Ma è sufficiente per non crederci affatto. (Nicola Congiu)

Berlusconi: "C'è complotto contro di me da parte di alcuni settori deviati della prostituzione". (Gianni Zoccheddu)

Catturato boss della camorra nascosto nell'intercapedine tra due altri boss della camorra. (Marco Ferrara)

Berlusconi: "Avevamo previsto il disastro. Vi daremo le case come in Abruzzo". Che sono proprio le due cose che vorrei sentirmi dire se fossi uno sfollato. (Manuel Pica)

Parallele

1. Berlusconi: "Ho visto abusivismo in tutta Italia". (repubblica.it)
2. 25 luglio 1994 (Primo governo Berlusconi) Il condono edilizio è legge. Con la legge 724/1994, arriva il nuovo condono edilizio. In particolare, la sanabilità degli abusi venne riferita alle opere ultimate entro il 31 dicembre 1993, non eccedenti una volumetria di 750 metri cubi.
3. Il decreto legge 30 settembre 2003, n. 269 (cd. "Decretone", collegato alla manovra finanziaria del governo per l'anno 2004), convertito in legge 24 novembre 2003, n. 326 (2), al comma 1 dell'art. 32, stabilisce che "Al fine di pervenire alla regolarizzazione del settore è consentito, in conseguenza del condono al presente articolo, il rilascio del titolo abilitativo delle opere esistenti non conformi alla disciplina vigente". (Pino Valente)

Torino: lubrificanti scaduti e vibratori fuori norma nei sexy shop (torino.blog.cronacaqui.it/Stefano Bessone)

1. Israele, festa in una casa di riposo si trasforma in un'orgia. (blitzquotidiano.it)
2. Berlusconi: "Viene voglia di andare all'estero". (corriere.it/Andrea Michielotto)

Botte e insulti ad alta quota, i piloti lasciano i comandi. ("l'Unità"/Mauro Tetti)

Studio Aperto: ecco il video dello tsunami in Indonesia. Ma è la tempesta all'Heineken di Mestre. (ilmessaggero.it/Mauro Tetti)

Estetista sbronza semina il panico. ("Il mattino di Padova"/Giacomo Trevisan)

1. Capezzone: "Si apre una settimana nella quale qualcuno coltiva la speranza di una manovra a tenaglia contro Silvio Berlusconi: il 'primo tempo' si è consumato ieri con il verdetto di primo grado sul Lodo Mondadori, il 'secondo tempo' si compirebbe con il giudizio della Consulta sul Lodo Alfano. Per un verso un colpo violento contro Fininvest e Mediaset, e per altro verso un colpo altrettanto pericoloso contro il governo". (adnkronos.com)
2. Capezzone: "In nessun paese al mondo avremmo un premier così. Per essere chiaro, voglio prescindere dall'esito dei processi di ieri e di oggi, e perfino, se possibile, dalla rilevanza penale dei fatti che sono emersi. Ma è però incontrovertibile che Silvio Berlusconi, prescrizione o no, abbia pagato o fatto pagare magistrati. Così come da Palermo, quale che sia la qualificazione giuridica di questi fatti, emergono fatti e comportamenti oscuri di cui qualcuno, Berlusconi in testa, dovrà assumersi la responsabilità politica". (11 dicembre 2004 a proposito della sentenza di condanna nei confronti di Marcello Dell'Utri/Alessandro Cai)

Pilates

1. Il Pdl: "Gli attacchi che fuoriescano dai canoni dell'opposizione democratica, dura ma rispettosa delle istituzioni, ci portano ad assicurare che, in Parlamento così come nel Paese, forti di un consenso chiaramente e più volte espresso dagli italiani, il centrodestra proseguirà nella politica del fare e del governare, che nessun disegno eversivo potrà sconfiggere".
2. Il Pdl: "Siccome è stato eletto, Berlusconi è sopra la legge". (Pierpaolo Buzza)

1. Il Papa: "Dio si dà gratis".
2. Il Papa: "Dio si dà gratis. Perciò il nostro è tutto grasso che cola". (Michele Incollu)

1. Messina, padre e figlio sindaci si difendono: "Il palazzo sul fiume? Tutto in regola".

2. "Volevamo commissionarlo a Frank Lloyd Wright, ma era già morto." (Ferdinando Di Giovanni)

6 ottobre

Roma. Lo scanner a raggi X ha dimostrato che dietro molte tele di Van Gogh si trova la parete su cui sono appese. (Andrea Spinelli)

Tre manager Alstom sequestrati dagli operai. "Un episodio gravissimo," commenta la Federmanager. "Non siamo d'accordo," commenta la Federoperaichehannosequestratomanager. (Pierpaolo Buzza)

Pavia, realizzata una sindone falsa del tutto uguale a quella falsa. (Eddie Settembrini)

Stupro della Caffarella, undici e sei anni ai due violentatori. Il legale dei condannati: "Allibito. Serve un Lodo per proteggere tutte le 60.114.021 più alte cariche dello Stato". (Riccardo Viganò)

Nucleare, primo reattore nel 2020. Ma con un po' d'impegno potremo avere il primo disastro già nel 2023. (Fabrizio Bartoloni)

Prova il bungee jumping: l'elastico si spezza, lui è vivo. Voleva festeggiare i suoi buoni voti all'università e appena guarirà ha dichiarato che proverà lo skydiving. Ecco un altro di Statistica. (Ferdinando Di Giovanni)

Parallele

La Bibbia in versione Lego. (corriere.it/Fabio Gori)

Ghedini: "La legge è uguale per tutti, ma non sempre la sua applicazione". (repubblica.it/Raf Guarino)

Padovano ricusa il giudice: "Quello è italiano, ne voglio uno veneto come me". (adnkronos.com/Nicola Congiu)

1. La febbre suina è in Europa. L'Oms alza il livello di allerta. (corriere.it)
2. Influenza A. Obama arruola i Muppets. (americaoggi. info)
3. Febbre suina, il governo "arruola" Topo Gigio. (adnkronos.com/ Antonio Pittelli)

La mucca diventa un idrante, ecco l'arma degli allevatori. (repubblica.it/Massimo Mirandola)

7 ottobre

Blitz alla Diaz, prosciolti Mortola e De Gennaro. I due hanno festeggiato l'assoluzione stappando una molotov d'annata. (Massimo Unali)

Modena: ricoverato per ernia, viene operato alla gamba. "Credo che questa sia l'ennesima montatura della stampa per gettare discredito sulla sanità italiana. La verità è che il paziente a un primo esame eziologico mostrava chiaramente i segni di una grave infezione alla vena safena della gamba sinistra, e ho perciò ritenuto di doverla asportare d'urgenza," ha dichiarato un tizio che passava di là. (Riccardo Viganò)

Berlusconi: "La gente sta con me". È terribile, ti svegli una mattina e scopri che non fai più parte della gente. (Francesco Dibenedetto)

Topo Gigio testimonial del vaccino contro l'influenza. Bonaiuti: "Di tutti i topolini usati come cavia è l'unico che non ha contratto il virus". (Gaetano Buson)

Nobel a tre scienziati, hanno scoperto il segreto dell'immortalità. Andreotti seccato: "Mi hanno lasciato la casa tutta sottosopra". (Giulia Pacchioli)

Parallele

Una coppia di ubriachi attacca quelli che crede due trans. Ma si tratta di due lottatori di cage-fighting diretti a un addio al celibato in maschera. (repubblica.it/Nicola Congiu)

1. Ghedini: "La legge è uguale per tutti, non la sua applicazione". (repubblica.it)
2. Pecorella: "Con le modifiche apportate alla legge elettorale, il presidente del Consiglio non può più essere considerato uguale agli altri parlamentari, ossia non è più primus inter pares, ma deve essere considerato primus super pares". (ilgazzettino.it)
3. La Consulta: "Lodo Alfano illegittimo". (repubblica.it/Alessandro Cai)

1. Una segreteria del Pd allargata ai capigruppo e ai tre candidati è prevista alle 19 nella sede del partito per fare il punto della situazione dopo la sentenza della Consulta sul Lodo Alfano. La riunione servirà per avere una posizione unitaria del Pd in tutte le eventualità che si presenteranno.
2. 19:09 Marino (Pd): "Berlusconi si faccia giudicare". (repubblica.it/Anonimo)

Inscatola la figlia, arrestata. (*Tgcom*/Valerio Dorado)

Detenuta ammanettata durante parto. (*Tgcom*/Federico Loddo)

Walter Veltroni corona il suo sogno: proverà a battere Anzolin su rigore. (ilmessaggero.it/Davide Rossi)

1. Berlusconi capo del governo. (archiviostorico/corriere.it)
2. Senato, Renato Schifani eletto presidente. (archiviostorico/corriere.it)
3. Mara Carfagna ministro per le Pari opportunità. (ansa.it)
4. Topo Gigio in Consiglio dei ministri. (repubblica.it/mirko sacco)

8 ottobre

Lodo Alfano bocciato, insorgono le quattro più alte cariche dello Stato: il presidente del Consiglio, il proprietario di Fininvest, il proprietario della Mondadori e il proprietario di Mediaset. (Davide Rossi)

Bocciato il Lodo Alfano. Visto come hanno dato di matto Fini, Schifani e Napolitano? (Ernesto Montale)

Berlusconi: "Vedrete di che pasta sono fatto". Ma lo sappiamo già: è marrone e puzzolente. (Pietro Lasalvia)

La Consulta boccia l'immunità a Berlusconi. Alfano: "Inspiegabile". Sono d'accordo, anch'io lo considero un miracolo. (Massimo Unali)

Lodo Alfano. Bersani: "Berlusconi è un cittadino come gli altri". Sbagliato: lui è indagato, io no. (Salvatore Lobina)

"The Times": "Silvio Berlusconi immunity ruling a partial victory for Italy's democracy". Ci conoscono talmente bene che aspettano a parlare di vittoria completa. (Pasquale Vicidomini)

Bossi dichiara: "Se il Lodo Alfano verrà bocciato solleveremo le masse!". Lodo bocciato. Le masse sono sollevate. (Alessandro Oreglia)

Bocciato il Lodo Alfano. Berlusconi: "Se non ci fossi io, l'Italia sarebbe in mano a una sinistra che farebbe del nostro Paese quello che tutti sapete". Tutti, tranne la sinistra. (Marco Mattioli)

Parallele

1. Oggi la "giornata dei risvegli" dal coma. (telesanterno.com)
2. Il Lodo Alfano è incostituzionale. (lastampa.it/Umberto De Faccio)

1. Sandro Bondi: "Ogni giorno sono stupefatto dalla determinazione, dal coraggio e dalla forza morale che il presidente del Consiglio esprime di fronte a quello che di sconcertante accade da quasi vent'anni in questo sventurato Paese. Dobbiamo sapere tutti che senza di lui, senza la testimonianza quasi eroica e certamente commovente che offre al servizio della libertà, della democrazia e dello sviluppo dell'Italia, saremmo tutti privati della possibilità di guardare al futuro con un minimo di speranza". (repubblica.it)

2. Il pentito di mafia Nino Giuffrè: "Dopo l'arresto di Vito Ciancimino, Democrazia Cristiana e Partito Socialista si avviarono al tramonto e in Cosa Nostra nacque un nuovo discorso politico. Un nuovo soggetto politico andava appoggiato: era Forza Italia". (rainews24.it/Marco Ferrara)

Denunciate 6 persone che avevano urlato frasi offensive all'indirizzo di Silvio Berlusconi. Hanno urlato: "In galera, in galera, la legge è uguale per tutti". (corriere.it/Mirko Sacco)

Vicenza. Mostrava i genitali ai passanti, denunciato stimato professionista. (ilgazzettino.it/Alessandro Cai)

1. Franceschini: "Le dimissioni vanno ottenute contrastando il governo in Parlamento". (*Otto e Mezzo*)
2. Passa lo Scudo fiscale grazie alle 22 assenze nel Pd. ("la Repubblica"/Giuseppe Reale)

1. Olimpiadi a Roma nel 2020. Proposto direttore del comitato organizzatore Giovanni Malagò. (repubblica.it)
2. Mondiali di nuoto Roma 2009, undici nuovi sequestri. Indagato Malagò per abusi edilizi (repubblica.it/Roberto Nadalin)

1. Pier Ferdinando Casini: "I sensi più profondi di stima e amicizia". (Telefonata a Marcello Dell'Utri, condannato a nove anni per concorso esterno in associazione mafiosa "la Repubblica")
2. Pier Ferdinando Casini: "Posso sbagliare ma, nella mia responsabilità politica, ritengo che Salvatore Cuffaro sia una persona perbene e dunque lo candideremo alle elezioni". (*Ballarò*)
3. Pier Ferdinando Casini: "In questo paese c'è scarsa attitudine a rispettare le sentenze". ("la Repubblica"/Andrea Armandi)

Pilates

1. Berlusconi: "C'è un capo dello Stato di sinistra e c'è una Corte costituzionale con undici giudici di sinistra, la magistratura è di sinistra, le scuole, la cultura, le trasmissioni di approfondimento giornalistico sono di sinistra".
2. Berlusconi: "C'è una Corte costituzionale antifascista che cozza contro il mio essere fascista". (Fabrizio Tenna)

1. Pd: "Non chiederemo le dimissioni di Berlusconi".
2. Pd: "Faremo qualsiasi cosa pur di evitare le elezioni anticipate". (Davide Rossi)

1. Berlusconi: “Sono sdegnato. È una follia sostenere che io abbia chiesto aiuto ai servizi segreti di un Paese amico ma non alleato”.
2. Berlusconi: “Sono sdegnato. È una follia sostenere che io abbia chiesto aiuto ai servizi segreti di un Paese amico ma non alleato, noto per la vodka, le belle ragazze e per mettere a tacere giornalisti ed ex agenti che vogliono parlare”. (Andrea Hoffmann)

9 ottobre

Lodo Alfano bocciato, D’Alema: “Non trarre conseguenze politiche dalla sentenza”. D’Alema è come quell’amico rompicoglioni che, quando arrivate ad una festa, lui vuole già andare via. (Alessandro Cai)

Gli abruzzesi a Berlusconi: “La veda come una discreta possibilità di farsi una vacanza al fresco”. (Mirko Sacco)

Parallele

Berlusconi: “Rispettatemi”. (leggo.it/Paolo Zocconali)

1. Il Dalai Lama arriva a Washington ma Obama non lo riceve per non danneggiare i rapporti con Pechino (“Corriere della Sera”, 5 ottobre 2009)
Obama non chiude Guantanamo (“Corriere della Sera”, 12 gennaio 2009)
L’ultima retromarcia di Obama: Guantanamo non chiude (Corriere delle Alpi)
Obama sull’Iran: “Non escludo l’opzione di un intervento militare” (“la Repubblica”)
Le scadenze per ridurre le emissioni di CO2 spariscono in extremis dal documento finale del G20 (“la Repubblica”)
Afghanistan, bombe Nato, strage di civili (“la Repubblica”)
Obama: “Ho mandato 21.000 soldati in Afghanistan per garantire che le elezioni si svolgessero in modo sicuro” (intervista alla Cbs con Bob Schieffer, 21 settembre 2009)
2. Obama Nobel per la Pace (ansa.it/Giulio Caroletti)

Influenza A: Anziana morta in Veneto, non aveva H1N1 (ilgazzettino.it/Massimo Mirandola)

Berlusconi: "Ho speso 200 milioni di euro per i giudici... scusate, per gli avvocati". (corriere.it/Lucio Lamberti)

1. Berlusconi: "Devono rispettarmi perché ho avuto il mandato dal popolo". ("la Repubblica")
2. Nel sistema politico detto repubblica parlamentare il Parlamento è l'unica istituzione a detenere la rappresentanza della volontà popolare, in quanto tale elegge in modalità differenti sia il governo che il presidente. (wikipedia.it/Giuseppe Reale)

Gaza, animali zoo decimati da guerra: mancano le zebre, strisce dipinte sui muli. (ilgazzettino.it/Alessandro Cai)

10 ottobre

Parallele

Fatta saltare la mina nascosta nell'astice. (repubblica.it/Ernesto Montale)

1. Obama: "Colpiremo Al Qaeda ovunque cerchi di attecchire". (apcom.it)
2. Bombardato un cratere lunare. (repubblica.it, Mirko Sacco)

Cannavaro accusato di doping per colpa di un'ape. (corriere.it/Emiliano Sabadello)

11 ottobre

Parallele

Tenta di avvelenare il marito con un cracker all'insetticida. (ilgazzettino.it/Giovanni Garbellini)

D'Alema: "C'è ancora chi pensa che Berlusconi sta lì perché i magistrati non l'hanno preso o perché non s'è fatta la leggina sul conflitto di interessi...". (ilriformista.it/Marco Ferrara)

Usa: uomo uccide intruso ma era promessa sposa. (ansa.it/Matteo Poles)

Pilates

1. Cristina del Basso: "Cliccata un po' meno di Rita Levi Montalcini, ma tanto è morta".
2. Cristina del Basso: "Non mi piace Rita Levi Montalcini perché insiste troppo sul fatto che il comportamento umano superiore è determinato dalla neocorteccia. Sono contraria alle concettualizzazioni che pretendono di collocare spazialmente un fenomeno discreto e sottile come la coscienza o la soggettività astratta". (Matteo Poles)

12 ottobre

Emanuele Filiberto: "La droga mi ha salvato dalla mia famiglia". (Maura Guidi)

Parallele

Berlusconi, mai attaccato nessuno. (it. notizie. yahoo.com/Antonio Pittelli)

1. Libico con bomba artigianale si fa esplodere in caserma. (corriere.it)
2. Boom di poveri. (ansa.it/Eddie Settembrini)

13 ottobre

Inaugurata ai Musei vaticani la mostra su Galileo Galilei. Pezzo forte dell'esposizione, un modellino della terra piatta con il sole che le gira intorno. (Claudio Cossu)

Parallele

1. Treno deraglia e precipita in un cortile. Ritardi. (milano.corriere.it)
2. Milano, il treno finito nel cortile dopo tre settimane è ancora lì. (repubblica.it/Antonio Pittelli)

Flash Forward in Cambogia: in fabbrica svengono 500 operai (repubblica.it/Massimo Mirandola: "Ma per esalazioni tossiche. Come cazzo si fa a fare un titolo così demente?".)

1. "Fox News non è tv, è un partito." Obama, resa dei conti con Murdoch. (corriere.it)

2. Il Pd "è un partito che vede come leader carismatico l'editore di un giornale come 'Repubblica'" ha detto il premier Silvio Berlusconi. (notizievirgilio.it/Giovanni Garbellini)

1. Usa, l'amara vendetta di una ex: cucina e si mangia i pesciolini rossi del vecchio ragazzo. (blitzquotidiano.it)

2. Thailandia: transessuale tradito uccide il compagno tranciandole il pene con un morso. (blitzquotidiano.it/Andrea Michielotto)

1. A Barack Obama il Nobel per la pace. (corriere.it)

2. Via libera di Obama all'invio di 13.000 uomini in Afghanistan. (unita.it/Nicola Vialetto)

Therese è la Miss Senza Casa, in premio l'alloggio per un anno. (repubblica.it/Emiliano Sabadello)

Pilates

1. D'Alema su Franceschini: "Ha detto che ci vuole più opposizione. Chi gliel'ha impedito? Con chi ce l'ha? Non si fa così".

2. D'Alema: "Non sono adorabile quando faccio il finto tonto?". (Diego Leonardi)

14 ottobre

Abruzzo, neve e freddo nelle tendopoli. Panico nel mondo ebraico: "Non eravamo noi il popolo eletto?". (Marialuisa Mazzetti)

Coppia gay aggredita a Roma: "Ci urlavano slogan fascisti e ci tiravano bottiglie di acqua Fiuggi". (Emiliano Sabadello)

Obama invia tredicimila soldati a Kabul. I militari costituiranno il nuovissimo battaglione Peace Nobel Prize. (Augusto Rasori)

Condannato a sei mesi di reclusione Gianni Belleno, batterista dei New Trolls. Ok, neanche a me faceva impazzire, ma addirittura la galera! (Alessio Marinelli)

Morto l'allenatore dell'Italnuoto. Nelle piscine italiane verrà osservato un minuto d'apnea. (Adelmo Monachese)

Parallele

1. Bertolaso: entro settembre tutti fuori dalle tende. (asca.it)
2. L'Aquila, gelo e protesta nelle tendopoli. (repubblica.it/Andrea Michielotto)

1. Influenza A: il virus è furbo ma noi di più. (lastampa.it)
2. Marilyn Manson: "Ho l'influenza A". (blitzquotidiano.it/Andrea Michielotto)

Cadono fiori dall'auto dello sposo, frena per recuperarli: maxi tamponamento nel corteo nuziale. (blitzquotidiano.it/Andrea Michielotto)

1. Lippi: "Totti? Mi piacciono i tormentoni". ("la Repubblica")
2. Lippi: "Cassano? Mi avete stufato". ("La Gazzetta dello Sport"/ Davide Rossi)

Nata con metà cervello, vive una vita piena. (corriere.it/Emiliano Sabadello)
1. Usa. Giocatore di football si infuria e si fracassa la testa con il casco. (ilgazzettino.it)
2. Mal di testa, il fai da te la peggior cura: solo metà dei pazienti usa farmaci adatti. (ilgazzettino.it/Massimo Mirandola)

15 ottobre

Berlusconi, la fiducia nei suoi confronti ai minimi. Timore del premier: "Potrei essere sceso addirittura al 95%". (Diego Mathias Olivares)

Ritorna la Polaroid. Agitate lo schermo, fra pochi minuti apparirà la mia battuta. (Gaetano Buson)

Nata con metà cervello, vive una vita piena. E firma la riforma della scuola. (Claudio Passilongo)

Temperature sotto zero, seimila abruzzesi ancora in tenda. Berlusconi: “Fate conto di essere in campeggio. Su Plutone”. (Nicola Congiu)

Vaticano: “Per evitare la diffusione dell’Hiv, gli unici strumenti validi sono l’astinenza e la castità”. Oh no, ora tutti smetteranno di trombare! (Nicola Congiu)

Minzolini: “Credo che fare editoriali in tv sia un mio diritto. Sono incomprensibili le polemiche che hanno caratterizzato questi primi mesi della mia direzione del *Tg1*. Anche le polemiche sulle notizie date o non date è fuori luogo. Il *Tg1* ha dato tutte le notizie secondo i criteri del servizio pubblico, nessuna esclusa. Alzati e fai un... ehm, scusate”. (Betty Greco)

Parallele

1. Berlusconi pensa ai decreti: “Non mi faranno fare la fine di Craxi”. (corriere.it)
2. *Up*, la fuga del settantenne scorbutico in un’inarrestabile altalena di trovate. (corriere.it/Diego Mathias Olivares)

1. RU486: Vaticano, contrario ad aborto chimico. (ansa.it)
2. Sono oltre 70.000 ogni anno le donne che muoiono nel mondo a causa di aborti eseguiti in modo dannoso. Il maggior numero di vittime nei paesi dove le interruzioni di gravidanza devono essere fatte in modo clandestino. (blitzquotidiano.it/Andrea Michielotto)

1. Perplessità sui Lince rinforzati: si ribaltano più facilmente. (ilsole24ore.com)
2. Afghanistan: si ribalta Lince, muore un militare italiano. (ilsole24ore.com/Andrea Michielotto)

1. Eni, vidi, vici – COSÌ IL CANE A SEI ZAMPE FA SUO “UN BEL BOCCONE” DI PETROLIO IRACHENO – Visione globale, conoscenza del territorio, competenze tecniche. Descalzi (Eni) ci spiega qualche segreto del successo. (“Il Foglio”)
2. “In nome del petrolio – la verità scomoda”: è il titolo dell’inchiesta di Rainews24 sulla missione italiana in Iraq. Nel reportage è stato mostrato un dossier del governo, redatto sei mesi prima della guerra in Iraq, nel quale già si indicava Nassiriya come località strategica per l’Italia, rispetto ai nostri interessi petroliferi. Foto, filmati e testimonianze sull’attività del contingente italiano dimostrano come il motivo

principale della nostra presenza a Nassiriya sia la protezione di oleodotti e raffinerie, in una zona ricchissima di giacimenti. (rainews24.it/Marco Capra)

1. Crisi: Bankitalia, persi oltre 500.000 posti di lavoro. (rassegna.it)
2. Chi lavora in pensione si ammala di meno. (corriere.it/Stefano Bessone)

1. La fame nel mondo aumenta. Colpite un miliardo di persone. (corriere.it)
2. Britney Spears spende 3000 dollari in caramelle. (leggonline.it/Mirco Baldini)

Pilates

1. Minzolini in Vigilanza Rai: "Fare editoriali è un mio diritto".
2. Minzolini in Vigilanza Rai: "Fare il servo è un mio dovere". (Pino Valente)

Ruba cellulare in tribunale mentre attende la sentenza per furto. (corriere.it/Igor Rossi)

16 ottobre

Canale 5 pedina Raimondo Mesiano, il giudice che ha condannato Fininvest a versare 750 milioni di euro alla Cir. Documentati tutti i suoi comportamenti stravaganti: passeggiare per le strade di Milano, andare dal barbiere, farsi fare la barba. Ma il magistrato si difende: "Sono riprese parziali. Ho una vita normale come tutti: faccio festini nelle mie ville, vado a troie e organizzo orge con minorenni". (Roberto Bonzi)

Roma, auto in corsa falcia due pedoni e resta in bilico sul ponte di San Pietro. Hanno dovuto mettersi in cinque per buttarla di sotto. (Augusto Rasori)

Castelli: "Il 65% degli italiani è con Berlusconi. Saranno mica tutti scemi gli italiani?".

No, no, solo il 65%. (Fabio Bellacicco)

Congresso del Pd verso le primarie: si inizia a discutere su come decidere chi sarà il segretario nel Pd. Comodi, comodi: nel frattempo non sta succedendo un cazzo. (Antonio Aliano)

L'influenza suina è un problema talmente grave che la soluzione alla fine era Topo Gigio. (Gaetano Fiaccola)

Parallele

1. Tremonti sulla lotta all'evasione fiscale: "Lo scudo non è la fine, ma l'inizio di questa battaglia. Quello che conta sono le norme di luglio contro l'evasione internazionale con il rafforzamento sensibile delle sanzioni e la presunzione che i capitali nei paradisi fiscali siano frutto d'evasione salvo prova contraria". (corriere.it)
2. Bankitalia, forte calo entrate: con scudo rischio ripresa evasione (asca.it/Andrea Michielotto)

Berlusconi: "Io sono buono e giusto". (corriere.it/Chiara Viola)

Maestro perde la testa e lancia bimbo su armadio. (leggonline.it/Emiliano Sabadello)

1. Università di Brescia, facoltà di Giurisprudenza, appello del 12 luglio 1999. "Era venuta da me spiegandomi che, fuori corso di tre anni, voleva concludere in fretta gli studi, accennando di sfuggita a qualche suo impegno politico a Desenzano," racconta Antonio D'Andrea, ordinario di Diritto costituzionale: che dell'impacciatissima laureanda fu relatore. "Concordammo dunque una tesi non impegnativa: sull'iniziativa referendaria delle Regioni, tema allora d'attualità perché alcune amministrazioni di centrodestra, Lombardia in testa, si apprestavano a usare tale strumento per contrastare il governo Prodi." Si incontrano cinque o sei volte, l'ultima lui le chiede di rafforzare un po' l'apparato teorico e di completare il compitino almeno con un piccolo apparato di note e una bibliografia accettabile: ma capisce subito "che non è il caso di insistere. Certo non ci si innamora di uno studente come lei, media, diligente, non particolarmente motivata; ma in fondo il suo lavoro era passabile, c'era il minimo indispensabile. Il punto di caduta, inaspettato, fu la discussione della tesi". D'Andrea le rivolge una domanda di ordine generale: lei "rimane sconcertata, imbarazzata, è in difficoltà, mostra di non avere padronanza dell'argomento. In situazioni del genere non si infierisce: le chiedo qualcosa sull'argomento della tesi e in meno di dieci minuti, con un po' di disappunto, la licenziamo con 100/110". (espresso.repubblica.it)

2. Gelmini contro le lauree facili (blitzquotidiano.it/Marco Ferrara)

1. Binetti: "Quando si creano per legge categorie privilegiate, si finisce inevitabilmente per conferire loro una sorta di superiorità morale. E in questo modo si rischia di far passare l'idea che la famiglia fondata sul matrimonio di cui parla la Costituzione è un valore superato, rispetto a forme di unione più 'moderne' e al passo coi tempi". (avvenire.it)
2. Ragazza di quindici anni violentata segregata in casa per due anni dai suoi genitori e dal fratello maggiore. (blitzquotidiano.it/Marco Ferrara)

17 ottobre

Il passeggino sfugge e il bimbo finisce sotto il treno: salvo. Tutto bene nel nuovo crash-test della Chicco. (Peppe Clemente)

Nuovo scoop di Canale 5: rinvenuto un papello di richieste scritto del giudice Mesiano molti anni fa, probabilmente in cambio di favori. Iniziava così: "Caro Babbo Natale...". (Alessandro Oreglia)

Parallele

Torino: arrestato il maniaco ipnotizzatore. ("la Repubblica"/Giuseppe Reale)

Chioggia, grossista chiude nel frigo due sottufficiali durante un controllo. (Blitzquotidiano.it/Pino Valente)

18 ottobre

Proseguono le ricerche del pensionato scomparso mentre cercava funghi. I ricercatori ne hanno già trovati 6 chili. (Nicola Andrucci)

Patente ritirata ad Aida Yespica per guida in stato d'ebbrezza. La donna è talmente provocante che, al termine del controllo, l'etilometro si è acceso una sigaretta. (Ubaldo Gioia)

Il Vaticano: "Per evitare la diffusione dell'influenza A, l'unico strumento è smettere di respirare". (Manuel Dossetto)

Consegnato il "papello" della trattativa tra lo Stato e la mafia per il rinnovo del contratto nazionale degli stallieri. (Massimo Russo Tramontana)

Parallele

La chiama "Guantanamo", lei chiede il divorzio. In Arabia Saudita: la donna aveva scoperto che il marito l'aveva memorizzata sul cellulare con l'inusuale nomignolo. (ansa.it/Ferdinando Di Giovanni)

I delfini giocano a palla, ma che stress per le meduse. (repubblica.it/Antonio Aliano)

19 ottobre

Nasce l'albo professionale dei buttafuori. Può iscriversi chiunque riesca a entrarci. (Marco Ferrara)

Parallele

Sesso, creati moscerini super sexy. (ilgazzettino.it/Antonio Pittelli)

Uccidono cinquantanovenne e lo sezionano. "Volevamo vedere gli organi interni." (corriere.it/Vialetto Nicola)

Pilates

1. Berlusconi: "Mi imputano delle cose che solo un folle avrebbe potuto fare e lo dico da imprenditore".
2. Berlusconi: "Mi imputano delle cose che solo un Berlusconi avrebbe potuto fare e lo dico da Berlusconi". (Massimo Unali)

20 ottobre

Sempre più vicine le elezioni del segretario del Partito democratico. Cresce l'attenzione per le altre notizie. (Stefano Pisani)

Il Papa teme che l'Europa abbia dimenticato le sue radici cristiane. Peccato, tutte quelle guerre di religione sprecate. (Giovanni Runza)

Maroni dice "No" alla proposta di far studiare il Corano a scuola. Li capisco, i leghisti: un giorno potrebbero essere costretti a discriminare qualcosa che conoscono. (Marco Monguzzi)

Fa così freddo che la testa di Bondi è piccola piccola. (Nicola Congiu)

Parallele

Moglie infedele "tradita" dal cane. (repubblica.it/Luca Fracassi)

Sanguisuga morde rapinatore e la polizia conserva il sangue: arrestato dopo otto anni. (adnkronos.it/Manuel Pica)

1. Mancino: "Per la riforma della giustizia il parlamento da solo non ce la fa". (asca.it)
2. Mancino sentito dai pm di Palermo e Caltanissetta sulle presunte trattative tra Stato e mafia. (siciliainformazioni.com, 18 settembre 2009/Andrea Michielotto)

"Attenzione alle bufale in tv". (*Tg1*, 19 ottobre/Michele Della Mora)

1. Tremonti: "Penso che in strutture sociali come la nostra il posto fisso è la base su cui organizzare il tuo progetto di vita e la famiglia...". (tgcom.it-mediaset.it)
2. Tremonti: "La sinistra sta dalla parte della CGIL, noi dalla parte della legge Biagi. Non abbiamo nulla contro questo sindacato, ci limitiamo a dire che forse è meglio un po' più di legge Biagi...". (ansa.it\Giovanni Cavallo)

1. Mancino: "Non ci fu trattativa Stato-mafia". (corriere.it)

2. Grasso: "Trattativa Stato-mafia salvò la vita a molti politici". (corriere.it/Emiliano Sabadello)

1. Berlusconi fa le corna nella foto del vertice Ue. ("la Repubblica")
Berlusconi al tedesco Schulz: "Kapò". ("Corriere della Sera")
Berlusconi: "Ho fatto la corte al presidente della Finlandia pur di convincerla". ("Corriere della Sera")
Gaffe di Berlusconi che mima il mitra. ("La Stampa", 18 aprile 2008)
Berlusconi su Obama: "È giovane, bello e abbronzato". (repubblica.it)
Berlusconi sugli stupri: "Evitarli? Servirebbero tanti soldati quante belle donne". (corriere.it)
Berlusconi: "Non farò come quel dittatore che faceva fuori i suoi oppositori portandoli in aereo con un pallone, poi apriva lo sportello e diceva 'C'è una bella giornata fuori, andate a giocare'. Fa ridere ma è drammatico...". (repubblica.it)
Berlusconi a Sarkozy: "Io ti ho dato la tua donna". (unita.it)
Berlusconi: "Sono più pallido di Obama". (fainotizia.it)
La regina d'Inghilterra a Berlusconi: "What is it? Why does he have to shout?". (repubblica.it)
Berlusconi: "C'è tutto, non manca niente. Cibo, medicinali, coperte, assistenza. Bisogna vedere le cose con un po' di ottimismo e fare come se si trattasse di un fine settimana in campeggio". (lavocedelnordest.it)
Berlusconi: "Posso palpare la signora?". (trentinocorrierealpi.it)
I bookmaker puntano sulle gaffe di Berlusconi. (city.corriere.it)
2. Berlusconi alla Cnn: "Mai fatto gaffe. Sono tutte invenzioni dei giornali". (ilgazzettino.it/Emiliano Sabadello, Davide Rossi)

1. Berlusconi a Cnn: "Il carisma? Sono nel cuore degli italiani". (ansa.it)
2. Scoperta italiana spiega il motivo dell'infarto. (clicmedicina.it/Albert Huliselan Canepa)

1. Incidente notturno: 3 auto in sosta danneggiate. (corrierediragusa.it)
2. Moggi senza freni. (it.yahoo.com/Stefano Bessone)

Venezia. Mamme e bimbi salvano il ratto dalla furia del fruttivendolo. (ilgazzettino.it/Massimo Mirandola)

Pilates

1. Alfano: "Ehi, questo si scopa le minorenni promettendo carriere e voi parlate dei calzini di Mesiano?". (Ferdinando Di Giovanni)

2. Alfano: “Privacy del premier non è di serie B”. (repubblica.it)

21 ottobre

Sandra Lonardo Mastella allontanata dalla Campania nell’ambito dell’inchiesta sulle assunzioni all’Agenzia regionale per l’ambiente. Che sfiga: proprio ora che il marito non ha nessun governo da far cadere. (Andrea Pilotto)

Berlusconi da Putin per parlare di energia. Allo studio un puttanodotto per Villa Certosa. (Enzo Brunone)

Il Papa apre agli anglicani: “I pastori sposati potranno diventare preti. E per chi si converte entro dicembre, gratis per un anno le apparizioni della Madonna”. (Michele Incollu)

Morto Mizzy, inventò la sigla della famiglia Addams. Una folla commossa ha salutato il feretro con un ritmico schiocco di dita. (Angelo Acio Russo)

Parallele

Spara a un fagiano ma colpisce il cugino. (“La Nuova” di Venezia e Mestre/Emanuele Midolo)

1. Berlusconi: “Legge Biagi di modernità, va difesa”. (newsfood.com)
2. Berlusconi: “Il posto fisso è un valore”. (corriere.it/Alberto Teragni)

1. Lotta allo spreco, torna il baratto. (ansa.it)
2. Si faceva frustare da due ragazzine in cambio di ricariche per il telefonino, condannato. (romagnaoggi.it/Andrea Michielotto)

Carnac

1. Economisti: “Per i ricchi la crisi è già passata”.
2. Domanda: “Quale frase usereste per pigliarci per il culo?”. (Giuseppe Reale)

1. Sandra Lonardo: “Sono quasi svenuta, mi è crollato il mondo addosso”.
2. Antonella Boralevi: “Cosa ha provato quando si è accorta che aveva gli orecchini non intonati al girocollo?”. (Andrea Michielotto)

1. Berlusconi: “Il posto fisso è un valore”.
2. Giornalista: “Presidente, perché assunse Vittorio Mangano nonostante sapesse dei suoi rapporti con la mafia?”. (Giovanni Runza)

22 ottobre

Rai, niente aumento a Bruno Vespa. Riconosciuta però l’usucapione di Crepet. (Pino Martino)

Susanna Tamaro non scriverà più romanzi. Cosa regalerò a chi mi sta sul cazzo? (Adelmo Monachese)

Parallele

Palermo, muratore evade dai domiciliari pur di non litigare più con la consorte. (ansa.it/Gino Pugliese)

Mastella: “Stavo risorgendo e vogliono uccidermi”. (lastampa.it/Michele Incollu)

1. Le antenne fuori norma. L’Anpa: “Essendo Radio Vaticana uno stato estero le norme a cui fa riferimento sono quelle internazionali, le quali fissano dei limiti molto meno cautelativi di quelli italiani, inoltre i superamenti di limite dell’antenna di Radio Vaticana sono molto alti rispetto al decreto italiano” (report.rai.it)
Radio Maria inquina, sequestrata l’antenna (qn.quotidiano.net.il sole24ore.com)
Radio Vaticana, cardinale condannato. La replica: “Sentenza ingiustificata”. (repubblica.it)
2. Papa: “Cristiani siano uniti in difesa ambiente”. (adnkronos.com/Andrea Michielotto)

Pensionata vende le sue foto nude per pagare le bollette. (blitzquotidiano.it/Pino Valente)

Autori cinesi contro Google: “Viola il diritto d’autore”. (it.reuters.com/Ruben Caris)

1. Terapie high-tech contro la cecità. (corriere.it)
2. Cina: bloccati 162 siti porno. (ansa.it/Albert Huliselan Canepa)

Usa, killer di mafia ammette: sono gay. (tgcom.-mediaset.it Fabrizio Castelli)

1. Berlusconi alla Cnn: "Faccio il mio lavoro con sacrificio". (ilsole24ore.com)
2. Patrizia D'Addario a Giampaolo Tarantini, registrazione telefonica: "Non abbiamo chiuso occhio stanotte". ("l'espresso"/Fabio Gori)

Scozia: vanno all'Ikea, vedono Gesù. (tgcom-mediaset.it/Emiliano Sabadello)

23 ottobre

Influenza A: morto Topo Gigio. (Alessandro Lumbau)

Napolitano: "Mai dimenticare che siamo stati emigranti". Fa discutere l'invito del capo dello Stato a lasciare l'Italia. (Luca Beato)

Israele: Sharon verso il risveglio. Decisiva l'idea di fargli ascoltare l'ultimo bombardamento di Gaza. (Michele Incollu)

Il governatore del Lazio Marrazzo ricattato per un video hard con transessuale. "È una bufala. Mi vogliono colpire" dice il trans. (Diego Leonardi)

Franceschini annuncia: "Se vinco, miei vice un uomo di colore e una donna". Ottima strategia: cercare consensi rubando la trama a un porno. (Piero Esposito)

Blitz dei Nas nell'ospedale di Tempio Pausania, sequestrate 665 sacche di sangue scadute da dieci anni. Il conte Dracula: "Ecco dove cazzo avevo messo l'aceto!". (Vittorio Lattanzi)

Parallele

Usa, ubriaco si schianta con la poltrona a motore. (repubblica.it/Andrea Grimaldi)

La Rete smonta la bufera che non c'è. "Dopo le leggi, nevicata ad personam." (corriere.it/Nicola Vialetto)

Pilota dimentica di atterrare: pista mancata di 240 km (corriere.it/Giovanni Cavallo)

1. Tremonti: credo nel posto fisso. (video ilsole 24ore.it)
2. Tremonti è in bilico, voci di dimissioni. ("Il Giornale"/Anonimo)

1. Per l'accordo tra il giornalista e l'azienda si parla di un aumento superiore al 20%.

Ora il conduttore di *Porta a Porta* guadagna 1.200.000 euro per cento puntate. Gli extra sono conteggiati a parte. (repubblica.it)

2. Vespa: "Pronto".

Sottile: "Bruno!?! Salvatore".

Vespa: "Ehi!".

Sottile: "Senti com'è strutturata la trasmissione?".

Vespa: "Niente dipende da voi...".

Sottile: "No, aspetta".

Vespa: "Gliela strutturiamo, gliela confezioniamo addosso".

(...) "E come contraddittore?".

Sottile: "Ehm... non so tu chi c'hai Fassino?? Chi c'hai?".

Vespa: "No, non lo so, uno che proponevamo noi se lui non ha niente in contrario sarebbe Rutelli... Non gli va??". (wordpress.com/Giovanni Cavallo)

1. Mafia, Mancino dai pm: "Mai saputo di trattative". (corriere.it)
2. Mafia, il premier e Maroni: "Batteremo questo cancro". (ilgiornale.it)
3. Mafia-Stato. Brusca: "Totò Riina trattava con Mancino. Poi Cosa Nostra puntò su Berlusconi". (blitzquotidiano.it/Andrea Canavesi)

Pilates

1. Rainews24: "Berlusconi da Putin, per parlare di auto ed energia".
2. Putin: "Quanto consuma l'auto con cui Tarantini ti portava le puttane?". (Giovanni Cavallo)

1. Berlusconi: “Aboliremo l’Irap”.

2. Berlusconi: “Ora vi getto un po’ di fumo negli occhi con qualche dichiarazione sull’abolizione di tasse e quant’altro. Nel frattempo, quando sarete abbastanza storditi, destabilizzerò la giustizia con una legge sulle intercettazioni che non solo abolirà la pubblicazione, ma per molti reati le renderà praticamente impossibili. A quel punto passerò alla separazione delle carriere dei magistrati in modo che i pm siano controllati dallo stato così da poterli tenere a freno. Detto questo, dove cazzo è Patrizia?”. (Alessandro Cai)

Palla medica n. 3

Susanna Tamaro non scriverà più romanzi. Cosa regalerò a chi mi sta sul cazzo? (Adelmo Monachese)

Una scatola di Baci Perugina con le frasi d’amore scritte da Moccia. (Andrea Deiana)

Altri suggerimenti?

1) La tessera n. 2 del nuovo partito di Rutelli. (P. Bellomo)

2) La raccolta completa dei film dei Vanzina. (Piero Esposito)

3) I cd di Luttazzi. (Ah ah ah scherzo, non sono così cattivo. (Massimo Mirandola)

4) Un abbonamento annuale a “Il Giornale”. (Lauro Giobbi)

5) Un libro di 24Kg con copertina in marmo. (Ernesto Montale)

6) Se la Tamaro non scrive più libri è l’occasione per voler bene anche a chi ci sta sul cazzo. (Piero Lisi)

7) L’opera omnia di Sandro Bondi. (Emma Di Emidio)

8) Il romanzo della Tamaro che già gli ho regalato. (Betty Greco)

9) *Noi* di Veltroni. (Betty Greco)

10) I dvd con l’intera collezione di filmini autocelebrativi che Berlusconi faceva sciroppare alle escort prima di scegliere quelle per la notte. (Mauro Ottonello)

11) Un biglietto per andare a vedere *Barbarossa*. (Silvia Ferrante)

12) Windows 7. (Andrea Romagnoli)

13) La social card e la promessa di un posto fisso. (Francesco Biondi)

14) Ci devo pensare... Silvio ha già quasi tutto. (Cesare Lazzini)

15) Un posto da concorrente nel nuovo quiz di Mike Bongiorno. (Michele Incollu)

16) Un libro di Fabio Volo. Ma non so se esiste qualcuno che mi sta così tanto sul cazzo. A pensarci bene, potrei regalarlo solo a Fabio Volo. (Giuseppe Revel)

17) Una forma di Parmigiano Reggiano. Prodotto a Nanchino. (Tito Darca)

18) Cani di porcellana. (Franz Foti)

19) Non regalerò niente. E mi diranno: "Oh! Anche quest'anno mi hai regalato un libro della Tamaro...". (Mauro Tetti)

20) L'ultima enciclica di Benedetto XVI: *Caritas in veritate.* (Salvatore D'Orsi)

21) Il cd con la canzone "La pace può" inno del movimento "Silvio Berlusconi Nobel per la pace 2010". (Diego Boscolo)

22) Un buono per lo sbiancamento anale. (Mattia Caron)

23) Un cilicio. (Non vale se colei che ti sta sul cazzo è Paola Binetti.) (Mattia Caron)

24) Una bambolina di La Russa che ti grida: "Sei un pedofilo!". (Paolo Albini)

25) Una escort con registratore. (Paolo Albini)

26) Dieci tagli dallo stesso parrucchiere della Tamaro. (Roberto Mancini)

27) Un posto di lavoro come cameraman di Tele Padre Pio. (Stefano Trevisone)

28) Un contratto di lavoro con France Telecom. (Alessandro Cai)

29) Una gigantografia di Schifani. (Alessandro Cai)

30) Una Porsche Cayenne, chiavi in mano e niente domande. (Augusto Pizzuti)

31) Il plastico di Garlasco autografato da Bruno Vespa. (Giuliano Aloisi)

32) Un televisore sintonizzabile solo su Rete 4. (Alessio Marinelli)

33) C'è sempre il film della Comencini... (Stefano Fabrizi)

34) La *Jolly Rosso.* (Davide Gatto)

35) Il dvd completo con tutte le puntate di *Porta a Porta* su Anna Maria Franzoni. (Igor Rossi)

36) 1/4 del bovino di *Baarìa.* (Vittorio Lattanzi)

37) Un vulcano da appartamento. (Vittorio Lattanzi)

38) Un attestato di stima di Mario Segni. (Lucio Lamberti)

39) L'invito a Zurigo per ritirare un premio alla carriera. (Peppe Clemente)

40) Il posto rifiutato da Montanelli nel mausoleo di Berlusconi tra Fede, Previti e Dell'Utri. (Mirko Sacco)

41) Una rinoplastica alla Daniele Luttazzi. (Federico Righi)

42) Un biglietto per la prossima tournée di Venditti in Calabria. (Susanna Dalba)

43) Un abbonamento a uno dei teatri diretti da Costanzo. (Daniele Botti)

44) L'autista di Craxi. Anzi, no, un vecchio amico di famiglia. Anzi, no, il padre di una minorenne. Anzi, no... (Marco Sciamanna)

45) Il posto di segretario del Pd. (Stefano Bachis)

46) Un posto accanto a Fiorello nei prossimi spot Wind. (Peppe Clemente)

47) Un pellegrinaggio a Lourdes con Alessandra Borghese. (Antonio Corraine)

48) Una cena con Francesco Rutelli e Barbara Palombelli. (Massimo Manfrin, Aldo Trevisan)

49) Lo statuto del Pd. (Paolo Curti)

50) Un dvd con tutte le corse disperate di Silvio Muccino. (Adriano Rucci)

51) Una palla medica. (Piero Lisi)

52) Il campanello di *Porta a Porta*. (Francesco Dibenedetto)

53) Mia madre. (Pierpaolo Tagliola)

54) Tutti gli editoriali di Facci in mp3. (Dan Galvano)

55) Il piacere della conquista. (Marco Racca)

56) Uno qualsiasi degli ultimi film di Benigni. (Alessandro Ghidoni)

57) Un rappresentante della “Folletto”. (Adriano Rucci)

58) Un busto di Andreotti. (Emanuele Midolo)

59) Il medico di Michael Jackson. (Matthias Mueller)

60) La sfiga di avere un nome simile a quello di un idiota. (Filippo Faccin)

61) Un pupazzo a forma di Ghedini che schiacciando un bottone fa: “Ma va làa, ma va làa”. (Maurizio Cecconi)

62) Un libro di Čechov con la prefazione di Berlusconi. (Alessandro Verdoliva)

63) Il busto del Duce dalla scrivania di Vittorio Feltri. (Michele della Mora)

64) Un’intervista esclusiva con Signorini. (Thomas Fabbri)

65) Il portaocchiali di Bertinotti. (Piero Ludiciani)

66) Un biglietto con su scritto: “Attento, gira un video su di te”. (Anonimo)

67) L’indipendenza di Mentana. (Alessandro Verdoliva)

68) Tutte le puntate di *Max e Tux*. (Sebastiano Tesauro)

69) Un tizio che suona tanti auguri a te con le scoregge ascellari. (Patrizia Pietrovanni)

70) Un soggiorno a Pontida durante l’annuale raduno della Lega. (Stefano Bessone)

71) La sceneggiatura de *Il silenzio dei prosciutti*. (Salvatore Lobina)

72) Un contratto per una trasmissione satirica su La7 con divieto di sospensione. (Massimo Mirandola)

73) Ma se non scrive più romanzi, perché regalarle qualcosa? (Riccardo Viganò)

74) Un abbonamento a Trenitalia. (Francesco De Lisi)

75) L’ennesimo pistolotto proPd di Curzio Maltese. (Giovanni Pontano)

76) Il libro dei giochi autoerotici che usava David Carradine. (Giuseppe Cossu)

77) Marcello Veneziani. (Dan Galvano)

78) La parte da protagonista nel prossimo film di Pupi Avati. (Peppe Clemente)

79) La Papamobile. Con dentro Pinochet. (Federico Righi)

80) La scarlattina. Oh, cazzo, troppo tardi. (Gianni Zoccheddu)

81) Un libro di Bulgakov. Ah, a chi mi sta sul cazzo? Allora un romanzo di Susanna Tamaro. Come non ne scriverà più? Allora un romanzo di Dan Brown. Ah, a chi mi sta sul cazzo, non a chi odio? Allora un libro di Bulgakov, magari gli piace e smette di starmi sul cazzo. (Bastiano Pugioni)

82) Una raccomandazione di Craxi per evitare il servizio di leva. (Stefano Bessone)

83) Un abbonamento alla "Torre di Guardia" con consegna domenicale. (Massimo Unali)

84) Niente. Non mi sta abbastanza sul cazzo. (Aldo Trevisan)

85) Tutti i dvd dei film di Selen, ma senza scene di sesso. (Giancarlo Gismondo)

86) Una promessa di Berlusconi. (Tito Darca)

87) Il tizio dei Ricchi e Poveri. Non quello con i baffi, l'altro. (Nicola Congiu)

88) Diciassette anni di alimentazione con sondino nasogastrico. (Nicola Congiu)

89) Un simbolico gesto della mitraglietta. (Andrea Miele)

90) Il portatile di Alberto Stasi. (Salvatore Lobina)

91) Il libro di Berselli sul suo cane. (Daniele Rielli)

92) La salma di Topo Gigio. (Emanuele Colletta)

93) Il dono della fede. (Massimo Borghetto)

94) Il tragitto differente insieme a Rutelli. (Alessandro Cai)

95) Un filone di pane con un topo morto dentro. (Eddie Settembrini)

96) Un cd di Giovanni Allevi. (Stefano Delcarro)

97) Un elettro-psicometro di Scientology. (Antonio Aliano)

98) Una tomba fenicia, così non deve più raccontare balle alle ragazze. (Michele Incollu)

99) Un posto nel pantheon del Pd. (Davide Rossi)

100) Un libro qualsiasi di Margaret Mazzantini. (Peppe Clemente)

101) Tutte le puntate di *Lost*. Meno l'ultima. (Giulio Toffano)

24 ottobre

Veltroni: "Non si torni all'Unione. L'ultima volta abbiamo vinto". (Giovanni Cavallo)

Stanotte tornerà l'ora solare. Il Pd potrà dormire un'ora in più. (Davide Rossi)

Nelle biblioteche di Roma l'8% dei lettori è di origine straniera. Il restante 92% sono gli impiegati. (Emiliano Sabadello)

Parallele

1. La famiglia è la sua vera grande passione. Ha tre figlie: Giulia, Diletta e la più piccolina, Chiara. Con loro e con Roberta, la donna della sua vita, passa tutto il tempo libero. È cresciuto, come molti ragazzi della sua generazione, frequentando l'oratorio e la parrocchia di Santa Chiara. (biografia ufficiale di Marrazzo, sito della Regione Lazio)
2. "Glielo dicevo, attento a con chi esci." Il racconto di Natalì, trans brasiliana. (repubblica.it/Anonimo)

Tombe colorate e donne in bikini: bufera sul cimitero. (leggo.it/Massimo Mirandola)

Udine. Treno finisce contro un cinghiale da un quintale e rimane danneggiato. (ilgazzettino.it/Alessandro Cai)

1. Il pentito Spatuzza: "Berlusconi e Dell'Utri nostri referenti". (tio.ch)
2. Bossi ad Arcore: "Il governo è solido, siamo una famiglia". ("Il Giornale"/Aldo Saia)

Pilates

1. Marrazzo: "Il video? Se esiste è un falso".
2. Marrazzo: "Se non esiste, avranno registrato tutto col coperchio sull'obiettivo". (Francesco Dibenedetto)

Carnac

1. Marrazzo: "Informerò sulla vicenda quando sarò svincolato da segreto istruttorio".
2. Moglie di Marrazzo: "Chi era quel trans?". (Francesco Dibenedetto)

25 ottobre

Le troie di Mele, le escort di Berlusconi, i trans di Marrazzo: cos'è, in questo Paese non c'è più nessuno disposto a scoparsi un politico gratis? (Riccardo Castelli)

Fa talmente freddo che Berlusconi ha girato le troie sul lato invernale. (Alessandro Cai)

Garlasco: ci ha vissuto Ron. (Andrea Miele)

Primarie Pd, aperti i seggi. Per esprimere la preferenza gli elettori dovranno esibire un documento di identità, la tessera elettorale e una scusa valida. (Alessandro Verdoliva)

Regione Lazio. Spunta l'ipotesi Veltroni, fortemente sostenuta dalle popolazioni africane. (Davide Rossi)

Parallele

Usa, mette in bocca sedici scarafaggi, è il nuovo record del mondo. (ilgazzettino.it/Giovanni Garbellini)

Fecondazione: vuoi restare incinta? Rilassati! (lastampa.it/Piermichele Kobauri)

Vongole, arrivano le pallottole. ("Il Gazzettino"/Emanuele Midolo)

Grande Fratello: e a Natale arriva il prete per celebrare la messa. (libero-news/Francesco Dibenedetto)

Irlanda, scariche elettriche per chi urina sul negozio. (liberonews.it/Davide Paolino)

1. Marrazzo si autosospende: "Sono mie debolezze private".
2. *Grande Fratello 10*: nella casa un illibato e un trans. (repubblica.it/Davide Paolino)

26 ottobre

Tutti sapevano. Infatti, quella volta, Sircana stava solo chiedendo: "Sai per caso dov'è Marrazzo?". (Stefano Giaimo)

Lettonia, spunta un cratere. Gli esperti: "Non è un meteorite". Infatti è un cratere. (Antonio Pittelli)

Adiconsum: gli italiani sempre più sommersi dalle rate. Il resto della battuta il mese prossimo. (Giovanni Garbellini)

Morrissey collassa sul palco. Aveva dimenticato di spegnere l'amplifon. (Peppe Clemente)

Parallele

1. Terremoto: Tremonti, eventuali nuove risorse da lotta evasione. (libero-news.it, 23 aprile 2009)
2. 2009, la grande fuga dal fisco: reati di evasione in aumento del 28%. (blitzquotidiano.it, 26 ottobre 2009/Andrea Michielotto)

Stephen King fa a pezzi Dan Brown. (libero-news.it/Emiliano Sabadello)

1. La sonda ha bombardato la Luna. (corriere.it, 09 ottobre 2009)
2. Scoperto un buco sulla Luna. (corriere.it, 23 ottobre 2009-Giuliano Fasto)

1. Castelli: "La Lega non ha mai fatto manifestazioni violente". (*Annozero*, 15 ottobre 2009)
2. Leghista violento su minore. Condannato a un mese di reclusione convertito in multa il deputato della Lega Nord Borghezio Mario: era accusato di violenze su un marocchino che vendeva mercanzie. (corriere.it, 23 giugno 1993)

Verona – Processo per sei leghisti accusati di incitamento all'odio razziale. (meltingpot.org, 26 maggio 2004)

Ex sindaco leghista condannato per stupro di gruppo su ragazza rumena (sostenibile.it 4 febbraio 2009)

"Voglio la rivoluzione contro gli zingari" Gentilini a processo per istigazione all'odio. (corriere.it, 17 marzo 2009)

Flavio Tosi, sindaco, Enrico Corsi, assessore, Luca Coletto, vicepresidente alla Provincia, Matteo Bragantini, deputato, Barbara Tosi, consigliere comunale, Maurizio Filippi, leghista: colpevoli di razzismo. La condanna definitiva in Cassazione. (aleksfalcone.org, 13 luglio 2009)

Pestarono camerieri immigrati, arrestati quattro militanti leghisti. (repubblica.it, 22 ottobre 2009)

Lega: Gentilini condannato per istigazione al razzismo. (asca.it, 26 ottobre 2009/Andrea Michielotto)

Pilates

1. Franceschini: "Ha vinto il partito".
2. Franceschini: "Ho perso". (Davide Rossi)

27 ottobre

Grecia: affonda barca di migranti, otto morti. Già partite le ricerche per stabilire come mai non sia successo in acque italiane. (Peppe Clemente)

Le primarie sono state talmente inutili che a cercarle sul web si trovano solo porno ospedalieri. (Adelmo Monachese)

Rutelli esce dal Pd. È come defecare. (Francesco Cremonini)

Marrazzo: "È stato detto tutto, vorrei solo sparire". Un momento, non ho ancora capito: sei attivo o passivo? (Vittorio Lattanzi)

Parallele

1. Mills: "Berlusconi non c'entra nulla. Visto la natura del capo d'accusa o tutt'e due siamo colpevoli o innocenti". (25 ottobre 2009, ansa.it)
2. Mills, confermata sentenza, quattro anni e mezzo di reclusione. (27 ottobre 2009, repubblica.it/Michele Incollu)

1. Pd: Bersani segretario, 3 milioni a urne.
2. Ilary Blasi sviene in strada. (ansa.it/Davide Passaia)

1. Berlusconi: "Via Santoro, Biagi e Luttazzi". (corriere.it, 18 aprile 2002)

Regione, il diktat di Forza Italia. (repubblica.it)

Il diktat di Mister Berlusconi. Scrivo al tecnico, 2 punte sempre. (repubblica.it, 22 febbraio 2004)

Il diktat di Forza Italia "No alla lista Biasotti". (repubblica.it, 8 dicembre 2004)

Diktat da Forza Italia: alle politiche più donne nelle liste degli azzurri. (repubblica.it)

Forza Italia: diktat sui vigili per il porta a porta elettorale. (repubblica.it)

Approvato il diktat Berlusconi. (kataweb.it)

Giustizia, diktat di Berlusconi. (repubblica.it)

Expo, il diktat di Berlusconi: Lucio Stanca per ripartire. (repubblica.it, 18 febbraio)

Il diktat del Cavaliere: nessuno ad *Annozero.* (lastampa.it)

2. “Un diktat a casa mia, è inaccettabile” sfogo di Berlusconi contro il ministro Tremonti. (repubblica.it/Emiliano Sabadello)

28 ottobre

Biografia shock: Angelina Jolie fece sesso a sedici anni col compagno della madre. Finalmente svelato il mistero neurologico dell’uomo che da vent’anni non riesce a smettere di sorridere. (Stefano Pisani)

Roma, poliziotti in piazza contro i tagli. Erano in otto milioni, secondo la questura. (Andrea Troiani)

Boom di ascolti per la telefonata di Berlusconi a *Ballarò*, in particolare durante l’esilarante scambio di battute tra lui e Floris:

F: “Come sta con la scarlattina?”.
B: “Se viene a casa mia sono felice di attaccargliela”.
F: “Ci sono anche le troie?”. (Luca Cogoni)

Marrazzo era così facilmente ricattabile che bastava dirgli: “Lei viene molto meglio dal vivo che in video, sa?” che lui ti mollava subito 2000 euro. (Vittorio Lattanzi)

Confessione shock di Agassi, ex numero uno del tennis mondiale: ha assunto droghe, odia il tennis e in realtà è di Busto Arsizio. (Salvatore Lobina)

Parallele

1. Berlusconi a *Ballarò*: “L’anomalia d’Italia non è Silvio Berlusconi. L’anomalia italiana sono i pm comunisti e i giudici comunisti di Milano”.
2. Totò Riina a processo: “Sono i comunisti che portano avanti queste cose. Il signor Violante, il signor Caselli di Palermo”. (youtube.com/Paolo Benincasa)

1. Via Gradoli, parlano i travestiti. (“il Resto del Carlino”)
2. Rutelli: “Scelgo altre strade”. (“la Repubblica”/Giorgio Giacobbi)

Usa, ricostruisce in casa un 747 della PanAm. (lastampa.it/Stefano Bessone)

Pilates

1. Berlusconi: "L'anomalia non sono io".
2. Berlusconi: "L'anomalia sono io". (Davide Boretti)

Carnac

1. Berlusconi: "Silvio Berlusconi era davvero l'imprenditore più criminale della storia del mondo?". (*Ballarò*)
2. Giornalista: "Presidente, faccia un esempio di domanda retorica". (Piero Esposito)

29 ottobre

Cellule staminali, l'annuncio dei ricercatori: "Si potranno fare figli partendo dalla pelle". Wow! Così non avremo più bisogno di scopare! (Giuseppe Revel)

Sarà possibile ricavare sperma dalla pelle. Basterà recuperarla dalla faccia di un'attrice porno. (Riccardo Camba)

Virus A. In Italia primato di casi in Ue. La situazione è ormai così grave che nel nuovo spot Topo Gigio urla: "Moriremo tutti!". (Andrea Spinelli)

Se non ci fosse stato il Lodo Alfano Berlusconi sarebbe stato condannato per corruzione. Be', se non è culo questo! (Augusto Rasori)

Parallele

Prato, stop a kebab e sexy shop. (ansa.it/Barbara Melgiovanni)

1. Berlusconi: "Non cambierei Ronaldinho con nessun altro giocatore che conosco. In qualunque posizione giochi e in qualunque condizione si trovi, ripaga i tifosi del prezzo del biglietto con le sue giocate e le sue invenzioni". (it.eurosport.yahoo.com)

2. Milan, il problema è sempre Ronaldinho. (repubblica.it/Andrea Michielotto)

1. Veltroni: "Sinistra è una bellissima parola, sta dentro di noi, è un insieme di valori, di passioni". (intervento al 4° congresso dei Democratici di Sinistra)
2. Veltroni: "Pd a sinistra? Un suicidio". (*TgCom*/Maurizio Amateis)

Pretendeva dalla moglie tre rapporti sessuali al giorno, condannato. (corriere.it/Emiliano Sabadello)

30 ottobre

Si potranno fare figli a partire dalla pelle. Ma ancora non è chiaro come riempirli. (Ernesto Montale)

Berlusconi ha preso la scarlattina dalla nipotina. Non si sa di chi. (Emiliano Baragiola)

"Arrivano 464 milioni di e-mail al giorno." Ma il pene del mio ragazzo ha sempre la stessa lunghezza. (Barbara Melgiovanni)

Staminali, sperma disponibile in laboratorio. E da gennaio anche al bar. (Piero Lisi)

Parallele

Cane spende 62 dollari mentre i padroni dormono. (liberonews.it/Alessandro Cai)

Donna paralizzata da uno starnuto torna a camminare. (ansa.it/Andrea Michielotto)

Arriva il Papa, Brescia si blinda. ("Brescia oggi"/Francesco Beltramini)

Russia: uccide tre mariti. (ansa.it/Barbara Melgiovanni)

31 ottobre

Cern di Ginevra, il mega acceleratore di particelle Lhc riprenderà gli esperimenti: "Stiamo cercando di unire la carica del caffè più l'energia del cioccolato". (Peter D'Angelo)

Brunetta: "Da quando è iniziata la crisi la povertà in Italia è diminuita". È un po' come sostenere che, da quando è stata detta quella frase, le cazzate in Italia sono diminuite. (Davide Rossi)

"Dopo la diffusione delle immagini dell'omicidio di Mariano Bacioterracino a Napoli, gli inquirenti hanno scoperto il nome dell'assassino. Si tratterebbe di un pregiudicato napoletano che risulta irreperibile". (repubblica.it) Deve essere in una zona in cui non c'è campo. (Paolo Capelletti)

Parallele

1. Rutelli: "Ho deciso lascio il Pd subito". (notizie.virgilio.it)
2. Svelato il mistero del sorriso della Gioconda. (notizie.virgilio.it/Enzo Brunone)

1. Berlusconi: "Se ci fosse una condanna in processi come questi, saremmo di fronte a un tale sovvertimento della verità che a maggior ragione sentirei il dovere di resistere al mio posto per difendere la democrazia e lo stato di diritto". (corriere.it)
2. Almeno una battuta delle tre dev'essere un'esagerazione con la formula X è talmente (aggettivo) che (esagerazione). (danieleluttazzi.it/Federico Righi)

Treviso. "Queste banconote sono infette, portano il virus dell'influenza A." Ladra ruba la pensione a un'anziana. (ilgazzettino.it/Massimo Mirandola)

L'amante fugge nudo sul balcone ma viene "immortalato" dal vicino. (corriere.it/Manuel Pica)

Quando a trainare lo striscione pubblicitario è la mosca. (corriere.it/Manuel Pica)

Shanghai, scatta il divieto di pigiama. (repubblica.it/Nicola Congiu)

Pilates

1. Ue, D'Alema candidato agli Esteri: "Il sostegno del governo è un fatto molto positivo".
2. Ue, D'Alema candidato agli Esteri: "Il sostegno del governo è un fatto molto eloquente". (Nicola Congiu)

Novembre 2009

1 novembre

Barack Obama e sua moglie Michelle hanno ricevuto alla Casa Bianca circa duemila bambini per la festa di Halloween. Obama ha distribuito caramelle e biscotti ai bimbi mascherati da cadaveri, zombie e civili afgani. (Salvatore Lobina)

Grandiosa festa di Halloween alla Casa Bianca: Michelle Obama diventa una sexy Catwoman leopardata. Il marito Barack si è invece accontentato della solita maschera da pacifista. (Riccardo Viganò)

Angela Gheorghiu ha lasciato Roberto Alagna: è divorzio tra le star della lirica. Soddisfatti i vicini di casa: "Ad ogni loro litigio dovevamo ricomprarci la cristalleria". (Augusto Rasori)

Roman Abramovich ha speso 52.000 dollari per un pranzo. Come mancia ha lasciato Ancelotti. (Davide Rossi)

Omicidio di camorra in pieno giorno a Napoli. C'era talmente tanta indifferenza che la signora fuori dal bar, appena visto l'omicidio, è tornata dentro a giocare il 62 sulla ruota di Napoli. (Mattia F. Pappalardo)

Parte la fiction Rai *Pinocchio*. Grossi sforzi pubblicitari per far sapere agli spettatori che Benigni non c'entra. (Francesco Dibenedetto)

Parallele

1. Berlusconi: "Se mi condannano non mi dimetto". (repubblica.it)
2. Corona: "Se mi condannano scappo". (*Annozero*/Tito Darca)

Denunciarono i propri usurai: erano imprenditori, ora fanno i muratori. (ilgazzettino.it/Emiliano Sabadello)

La figlia di Cher: "Sono un uomo". (corriere.it/Federico Loddo)

1. L'amante nudo fugge sul balcone.
2. Casini: "Bene l'uscita di Rutelli dal Pd". (corriere.it/Ernesto Amico)

Pilates

1. Berlusconi: "Se mi condannano non mi dimetto".
2. Berlusconi: "Se mi dimetto vado in galera". (Alessandro Cai)

1. Berlusconi: "Ho ancora fiducia nell'esistenza di magistrati seri che pronunciano sentenze basate sui fatti".
2. Berlusconi: "Ho ancora fiducia nell'esistenza di magistrati corruttibili che pronunciano sentenze basate sui milioni intascati". (Davide Passaia)

1. Giancarlo Scheri, responsabile fiction Mediaset: "Una fiction su di un gerarca fascista. In questo momento in cui esiste ancora qualcuno che nega l'Olocausto, è un modo per contribuire a non dimenticare".
2. Giancarlo Scheri, responsabile fiction Mediaset: "È bello poter fare dello Shoah business di pessima qualità e farvi anche la moraletta del cazzo". (Matteo Poles)

2 novembre

Berlusconi: "Chi insulta me insulta i milioni di italiani che mi hanno votato". Grazie Silvio, avrei perso troppo tempo a farlo uno a uno. (Vittorio Giordano)

Influenza suina, a Napoli c'è così tanta paura che si spera nel miracolo del sangue di Topo Gigio. (Eddie Settembrini)

Stasera entrerà nella casa del *Grande Fratello* il trans Gabriele Belli. Sull'operazione ha dichiarato: "Oh, niente di difficile. Sono andata in ospedale e sono tornato a casa". (Albert Huliselan Canepa)

Rutelli lascia un vuoto enorme: il Pd. (Gianluca Fauci)

Parallele

Chirurgo plastico trasforma la moglie in una bomba supersexy. (ilgazzettino.it/Alessandro Cai)

Confalonieri: "La democrazia ha dei freni che a Silvio danno fastidio". (lastampa.it/Giancarlo Gismondo)

Pilates

1. Bersani: "Mi dispiace che Rutelli se ne sia andato, ma non sono preoccupato".
2. Bersani: "Rutelli c'ha fatto un favore. Ora speriamo nella Binetti". (Davide Iandoli)

3 novembre

Fini: "Talvolta il premier confonde la leadership con la monarchia". Talvolta Fini confonde Berlusconi con un premier. (Gaetano Distefano)

Influenza A: non aveva contratto il virus il bimbo morto a Roma. È talmente subdola che uccide anche senza contagio. (Piergiorgio Mulas)

"Via il crocefisso dalle scuole." La sentenza di Strasburgo accende le polemiche. Strano, un uomo seminudo, grondante sangue, con le mani e i piedi trapassati da chiodi non dovrebbe dar fastidio ai bimbi. (Federico Loddo)

Nasce il Ku Klux Klan italiano. La Lega teme di perdere il voto dei moderati. (Davide Barile)

Bolt adotta un piccolo ghepardo. È un po' come se il Pd adottasse un piccolo struzzo. (Andrea Spinelli)

Parallele

Bimbo perde un braccio nella lavatrice e va a dormire per non essere sgridato. (lastampa.it/Andrea Michielotto)

1. Berlusconi: "Mi difenderò nelle aule dei tribunali, esponendo al ridicolo gli accusatori, dimostrando a tutti gli italiani di che pasta sono fatti e di che pasta sono fatto io". (it.reuters.com)
2. Diritti tv, Berlusconi chiede rinvio legittimo impedimento. (it.reuters.com/Michele Incollu)

1. Tristi? Sì, ma anche più attenti al mondo. Secondo uno studio di una università australiana, le persone di cattivo umore ricordano meglio gli eventi e hanno maggiori capacità di giudizio. (repubblica.it)
2. Cacciari: "Politica addio, tutti i miei progetti sconfitti". (corriere.it/Ferdinando Di Giovanni)

Pilates

1. Fazio: "La mortalità per l'influenza A è un ventesimo rispetto a quella stagionale".
2. Fazio: "Ormai le dosi di vaccino le abbiamo comprate, vi posso anche dire la verità". (Andrea Michielotto)

4 novembre

Morto il grande antropologo Claude Levi-Strauss. Aveva dedicato la vita allo studio dei popoli primitivi. Uscirà postumo il saggio sui leghisti. (Francesco Carnovale)

Malaria: sperimentazione vaccino su 16.000 bambini africani. Il test è a una fase così avanzata che se i riscontri saranno positivi il vaccino sarà poi somministrato ai topi da laboratorio. (Alessandro Verdoliva)

Via i crocifissi dalle aule scolastiche? È un bel problema. E se ci fosse un'invasione di vampiri? (Fausto Lombardi)

È morto Claude Levi-Strauss, padre dell'antropologia moderna. Il corpo è stato subito cannibalizzato da antropologi rivali per impadronirsi della sua intelligenza. (Matteo Poles)

Bersani: "Il crocifisso? Una tradizione innocua". Un po' come la sinistra. (Massimo Unali)

Esce il nuovo libro di Bruno Vespa *Donne di cuori*. Sottotitolo: "Lui non sapeva fossero troie". (Piero Lisi)

Via il crocefisso dalle scuole. Si potrà inchiodare Gesù direttamente al muro. (Maurizio Cecconi)

Parallele

1. Berlusconi: "Uno Stato civile deve togliere la libertà a chi è stato condannato per aver commesso un reato". (repubblica.it)
2. Berlusconi: "Anche se condannato resterei al mio posto per la democrazia". (repubblica.it/Andrea Armandi)

Influenza, ecco la mascherina per le statue. (lastampa.it/Massimo Mirandola)

C'è posta per i delfini maniaci. (lastampa.it/Massimo Mirandola)

5 novembre

Finalmente pace tra Boldi e De Sica. Ora posso interrompere il mio sciopero della fame. (Francesco Peruzzo)

6 novembre

Oramai il cristianesimo è così in crisi che il crocifisso viene usato per marcare il territorio, come la pipì dei cani. (Stefano Moretti)

Parallele

Il mistero della maternità: "Siamo tutti figli di qualcuno". (repubblica.it/Nicola Congiu)

Milano. Inquilina non paga affitto. Padrona le rapisce il gatto, il coniglio e due canarini. (blitzquotidiano.it/Giovanni Cavallo)

Matrimonio con disastro: la torta nuziale era di polistirolo. (ilmessaggero.it/Alessandro Cai)

Mestre, tenta di rapinare una ottantanovenne ma scappa col sacchetto del pane. (ilmessaggero.it/Giovanni Cavallo)

7 novembre

Tensioni tra il Comune di Roma e la Chiesa cattolica per la recente ordinanza contro i lavavetri emanata dal sindaco Alemanno. I vescovi sono così contrari a questa decisione che per protesta andranno in giro con la Mercedes sporca. (Riccardo Viganò)

Australia, è allarme per un super-squalo lungo più di sette metri, così grande che quando attacca fa partire tre colonne sonore. (Vittorio Lattanzi)

Compra a pochi euro un barattolo su eBay e ci trova dentro un film di Chaplin. Troppo cari, invece, i barattoli di Piero Manzoni con dentro i film dei Vanzina. (Davide Barile)

Parallele

Uccisa e con le mani mozzate, l'autore forse uno squilibrato ("il Resto del Carlino"/Davide Passaia)

Fa arti marziali, ventunenne si conficca lama in fronte. (leggonline.it/Emiliano Sabadello)

Padova. Spara al gatto col fucile, colpisce un operaio nel cantiere. (ilgazzettino.it/Emiliano Sabadello)

8 novembre

"Nessuno viva per sé, ma per gli altri" ha detto Benedetto XVI prima di prendere posto nella mia papamobile. (Vittoria Armentano)

Parallele

Entra nudo in casa di un'anziana. "Me lo ha ordinato il diavolo". ("Il Resto del Carlino"/Daniele Angeli)

1. Tosi: "In ufficio ho messo il Papa e sopra il Papa il crocifisso, perché questi sono i simboli dei valori in cui profondamente credo". (ilgazzettino.it)
2. "Propaganda razzista contro i rom." A Verona condannato il sindaco Tosi. (repubblica.it/Alessandro Cai)

Rimorchia su Facebook, mette incinte 12 ragazze. (leggonline.it/Emiliano Sabadello)

Australia, canguri affamati assaltano paese di 250 abitanti. (repubblica.it/Riccardo Viganò)

Pilates

1. Benedetto XVI: "Il mondo ha bisogno di una Chiesa povera".
2. Benedetto XVI: "Il mondo avrebbe bisogno di una Chiesa povera, ma come facciamo a diventarlo se non ci fanno pagare l'Ici, aumentano i fondi alle scuole private, dall'otto per mille ci arriva più di un miliardo di euro...". (Giovanni Cavallo)

Carnac

1. Santanchè: "Maometto era pedofilo".
2. Giornalista: "Secondo lei c'è un punto d'incontro tra Islam e Chiesa cattolica?". (Andrea Miele)

9 novembre

Il Papa: "Aprite il cuore ai migranti". Porca puttana, Borghezio! In senso figurato!!! (Mattia Caron)

Esperimento fallito al CERN. “Supponiamo sia stata una briciola portata da un volatile.” Non immaginate quante specie di uccelli vivano in un acceleratore di particelle. (Gilberto Nuvolari)

Influenza suina, Berlusconi non si vaccinerà. Ma per precauzione chiederà alle sue amanti di saltare la scuola. (Eddie Settembrini)

Pilates

1. Della Vedova: “Quello di Giovanardi sulla morte di Stefano Cucchi è uno scivolone che contraddice la linea di rigore e prudenza scelta dal governo”.
2. Della Vedova: “Giovanardi è una testa di cazzo”. (Andrea Michielotto)

10 novembre

La Gelmini è incinta. Andrà a partorire a Reggio Calabria. (Federico Graziani, Marco Messina)

Oggi Bagnasco è intervenuto su: dialogo tra i partiti, scuola pubblica e privata, crocefisso, immigrati, crisi economica, Sudan, aborto e non gli è neanche piaciuto come ho verniciato le ringhiere. (Michele Incollu)

Morandi torna in tv con uno show interattivo: il pubblico può decidere cosa fargli cantare. Finalmente si realizza il mio sogno di sentirlo intonare qualcosa dei Napalm Death. (Claudio Mucci)

Parallele

Psicosi H1N1. Studenti non entrano in classe per paura. (tgcom-mediaset.it/Alessandro Cai)

Cade e ingoia la torcia elettrica. Cacciatore muore nel Salernitano. (ilmattino.it/Alessandro Cai)

1. La Gelmini rivela: “Sono incinta”. (“La Stampa”)
2. Ghedini: “Accuse inconsistenti”. (“la Repubblica”/Antonio D’Addio)

Pilates

1. Cosentino: “A questo punto, voglio leggere le carte. Voglio capire da cosa mi devo difendere”.
2. Cosentino: “Voglio vedere se hanno scoperto tutto”. (Andrea Michielotto)

1. Giovanardi: “Sulla morte di Stefano Cucchi ho scritto e ripetuto nei giorni scorsi una cosa che evidentemente ha dato fastidio e cioè come è possibile che una persona che entra in carcere sulle sue gambe ma fortemente debilitato non viene curato. Evidentemente in Parlamento c’è qualcuno che è sostenitore del fatto che se uno non vuole mangiare, non vuole bere e non vuole curarsi bisogna lasciarlo morire”.
2. Giovanardi: “È un altro caso Englaro”. (Andrea Michielotto)

11 novembre

Sgominata banda di skinheads in Val Venosta. Erano talmente nazisti che come antiparassitario per le mele davano lo Zyklon B. (Daniele Peretto)

Rutelli lancia il suo movimento: “Alleanza per l’Italia”. Ma è un giorno sfortunato per avere risonanza sui quotidiani. Proprio oggi l’oroscopo era interessantissimo. (Andrea Armandi)

Rutelli dà vita ad “Alleanza per l’Italia”. Da oggi il mondo politico sarà esattamente identico a ieri. (Davide Passaia)

Monsignor Bagnasco: “Il clima è avvelenato dall’odio”. Lo sapevo! Quelle sulla CO_2 erano tutte stronzate. (Samuele Galassi)

L’influenza A è così pericolosa che ieri, in una scuola, ha interrogato a sorpresa. (Luca Pipino)

Celentano: “Chi ama la musica non può fare a meno di *X*

Factor". In effetti Miles Davis davanti alla tv avrebbe finalmente imparato a usarla, 'sta cazzo di trombetta. (Pino Martino)

Parallele

Roma. Uccisa la donna trovata morta ieri (corriere.it/Lorenzo Palmieri)

12 novembre

Bersani: "Sul processo breve il Pd non ha intenzione di fare da spettatore passivo". Già pronti gli accendini per le coreografie. (Simone Cardoselli)

Berlusconi è talmente incazzato per il divorzio che adesso chiama Veronica tutte le sue troie. (Davide Passaia)

Caso Cucchi, la verità dei carabinieri:
carabiniere 1: "Non entrammo nella cella"
carabiniere 2: "Non entrammo nella cella"
carabiniere 3: "Non entrammo nella cella"
carabiniere 4: "Ehi, ma allora come cazzo siamo usciti dalla cella?". (Diego Daniel)

Rutelli vorrebbe lasciare anche la presidenza del Copasir: un gesto che avrebbe immediate e importanti ripercussioni nel mondo di Rutelli. (Giuseppe Revel)

Garlasco. L'accusa dice che le scarpe di Alberto Stasi potrebbero essere state sporcate non per affinità chimica ma per captazione meccanica dovuta all'azione. Me ne ricorderò la prossima volta che pesto una merda. (Gaetano Buson)

Parallele

Sua moglie lo rimprovera, si pianta un chiodo in testa. (leggonline.it/Fabrizio Castelli)

Processo breve, si allungano i tempi. (repubblica.it/Luca Schiavoni)

Pilates

1. Rutelli presenta il suo movimento: "Vuole rappresentare il nucleo promotore di un'ampia e coerente aggregazione democratica, liberale, popolare, riformatrice".
2. Rutelli presenta il suo movimento: "Accettiamo cani e porci". (Michele Incollu)

13 novembre

"Il Giornale": "Asteroide passa a soli 14.000 km da Berlusconi!". (Davide Rossi)

Roma. Inaugurato il Maxxi, Museo nazionale delle arti del XXI secolo. Finalmente qualcosa di cemento. (Emiliano Sabadello)

Parallele

Vede Gesù nella frittata e la vende su eBay. (leggo.it/Enrico Peano)

Cina, medico ipnotizzato dai videogame lascia morire neonato. (tgcom-mediaset.it/Antonio Pittelli)

Il pane al latte umano fa scoppiare la polemica. (repubblica.it/Manuel Pica)

Vicenza. Rifiuta il conto dell'idraulico: "Altro che lavoro, veniva per mia figlia". (ilgazzettino.it/Alessandro Cai)

1. Berlusconi: "In aula dirò cosa penso dei giudici". (corriere.it)
2. Legge salva-premier, è rivolta. Stop ai processi Mills e diritti tv. (repubblica.it/Salvatore Lobina)

Casalinga uccisa dal letto ribaltabile. (corriere.it/Aldo Saia)

Carnac

1. Veronica Lario: "Silvio un maiale? Non l'ho mai detto".
2. Giornalista: "Nonostante lo abbia definito un maiale, cosa le ha insegnato suo marito in tutti questi anni?". (Albert Huliselan Canepa)

14 novembre

"Nel 2012 ci sarà la fine del mondo." Ghedini non sa più cosa inventarsi per giustificare il processo breve. (Giovanni Cavallo)

Niente fondi alla ricerca: ancora troppo deboli le infiltrazioni mafiose. (Malos Mannaja)

Parallele

L'altro giorno Massimo D'Alema ha chiamato Fini, chiedendogli la cortesia di non sponsorizzarlo più in pubblico per non irritare il Cavaliere, che lo sta sostenendo nella corsa all'incarico di ministro degli Esteri europeo. ("Corriere della Sera"/Maurizio Cecconi)

Pilates

1. Fini amaro: "Il premier ha rotto i patti".
2. Fini amaro: "Il premier ha rotto i coglioni". (Giovanni Cavallo)

15 novembre

Arrestato il numero 2 di Cosa Nostra. Scommettiamo che questo i poliziotti non lo picchiano? (Maurizio Cecconi)

Veltroni: "Torno a partecipare alla vita del Pd". È come quando ti tornano le emorroidi. (Emiliano Sabadello)

Veltroni: "Torno a partecipare alla vita del Pd". Vita, la chiama. (Alberto Terragni)

Parallele

Treviso. Marito picchiato e rapito di notte dai due amanti della moglie. (ilgazzettino.it/Alessandro Cai)

1. Politiche 2008, netta vittoria del Pdl. (repubblica.it)
2. Pd: dimissioni confermate, Veltroni lascia. (asca.it)
3. Veltroni: "Non è il partito che sognavo". (qn.quotidianonet.it)
4. Una bella giornata per la democrazia. Tre milioni di votanti, cinquantamila volontari in diecimila seggi, decine di milioni di euro raccolti. (repubblica.it)
5. Veltroni: "Torno a partecipare alla vita del Pd. Io credo nel Pd, ci credo da sempre, anche quando tanti irridevano questa prospettiva. L'ho fondato". (corriere.it/Alessandro Cai)

1. Veltroni: "Torno a partecipare alla vita del Pd". ("Corriere della Sera")
2. Veltroni: "Dobbiamo rinnovare profondamente la classe politica". ("Corriere della Sera"/Andrea Troiani)

Pilates

1. Pecorella: "La legge sul processo breve così come è articolata, mostra aspetti di irragionevolezza e risponde a esigenze demagogiche e populiste".
2. Pecorella: "Ho appoggiato e ideato qualunque porcheria giuridica, ma questo è troppo anche per me". (Giovanni Cavallo)

1. Fini: "Nessun complotto. Chi lo pensa è al delirio".
2. Fini: "Berlusconi è pazzo". (Andrea Canavesi)

1. Veltroni su D'Alema: "Le nostre profonde differenze politiche sono note, ecc. si sono accresciute. Questo non mi impedisce di vedere che la nomina di D'Alema sarebbe un'opportunità per l'Europa, per il Paese e per il centrosinistra. Mi auguro vada in porto".
2. Veltroni: "E trovi affondata la barca". (Diego Leonardi)

Carnac

1. Veltroni: "Torno a partecipare alla vita del Pd".
2. Con quale mossa il Pd toglierà per l'ennesima volta Berlusconi dai guai? (Aldo Trevisan)

16 novembre

Il Papa: "Basta sprechi". Tipo un miliardo di euro all'anno per l'insegnamento della religione cattolica nelle scuole pubbliche. (Giuseppe Reale)

"Influenza A: il virus potrebbe mutare." Potrebbe uccidere qualcuno, finalmente. (Nicolò Bonora)

A Roma vertice della Fao, ma pesano le assenze di molti big occidentali. Non hanno un processo da cui scappare. (Francesco Dibenedetto)

"Basta ghedinate." Bocchino è così coraggioso da ironizzare sul cognome dei colleghi. (Andrea Michielotto)

Il Papa: "Le risorse per tutti ci sono". Ma sono bloccate a tasso fisso allo IOR. (Michele Marasciulo)

Il Papa: "La terra può nutrire tutti. Però attenti ai sassolini". (Massimo Unali)

Sandra Milo confessa la sua relazione segreta con Fellini. Scoperto il significato del film *Otto e mezzo*: era il voto del regista ai suoi pompini. (Barbara Melgiovanni)

Parallele

1. Montezemolo e le Ferrari: "Stufo di fare figuracce". (gazzetta.it)
2. Montezemolo nella ghiaia con la Ferrari, Alonso ride. (leggo.it/Albert Huliselan Canepa)

Brosio: "Nell'orgia ho recitato l'Ave Maria, da allora sono strumento della Madonna". (blitzquotidiano.it/Alessandro Cai)

1. Papa: "Non è possibile continuare ad accettare opulenza e spreco, quando il dramma della fame assume dimensioni sempre maggiori". (repubblica.it)
2. Cannibali riforniscono un chiosco di kebab. (lastampa.it/Andrea Michielotto)

Femministe ucraine si fanno sculacciare per protesta. (blitzquotidiano.it/Albert Huliselan Canepa)

Il Papa: "Basta sprechi e opulenza". (repubblica.it/Stefano Santini)

La Gioconda? Erano due. E l'altra era nuda. (corriere.it/Guido Parodi)

1. Gheddafi invita 100 hostess e fa lezione. ("Corriere della Sera")
2. Gheddafi show, chiama 200 ragazze... per convertirle a Islam. (Ansa)
3. Gheddafi recluta 500 hostess per il vertice Fao. (sky.it)
4. La Dolce Vita di Gheddafi con 600 ragazze. ("La Stampa"/Marcello Campardo)

Sesso davanti al supermarket. "In decine in fila a guardare." (leggonline.it/Albert Huliselan Canepa)

Pilates

1. Berlusconi sul processo breve: "Mi serve entro gennaio".
2. Berlusconi sul processo breve: "Massimooo!". (Emiliano Sabadello)

Carnac

1. Il Papa: "Basta sprechi".
2. Il Papa: "L'influenza A viene trasmessa anche da minori morti?" (Daniela Ranieri)

17 novembre

Bersani: "Noi, lezioni di antiberlusconismo, non le prendiamo da nessuno". Si vede. (Fabio Gori)

Usa, una ventinovenne ha due vagine. Per un totale di 64 denti. (Alessandro Cai)

Capezzone: "È sempre più chiaro che è in corso un'azione politica e giudiziaria volta a colpire il Premier". Mi immagino Capezzone come un bambino chiuso in casa che osserva dalla finestra i suoi coetanei giocare e correre liberi. (Francesco Dibenedetto)

Borghezio ha rivelato alla "Stampa" di credere agli Ufo: "Non è possibile che nell'universo non ci siano altre forme di vita da discriminare". (Davide Rossi)

Parallele

Colpo in gioielleria: la cassaforte pesa, resta in strada. (ansa.it/Francesco Dibenedetto)

1. Franceschini: "Un accordo con Bersani dopo il congresso? Solo una menzogna". Franceschini ha infatti smentito che ci possano essere accordi segreti che lo porterebbero a diventare capogruppo alla Camera in caso di vittoria di Bersani. (blitzquotidiano.it)
2. Pd: Bersani propone Franceschini capogruppo alla Camera. (adnkronos.com/Andrea Michielotto)

1. Pdl: alleanze cercasi. (informazionediparma.com)
2. Rutelli: "Se condannato, Berlusconi non deve dimettersi". (blitzquotidiano.it/Albert Huliselan Canepa)

1. Benedetto XVI: "Non è possibile continuare ad accettare opulenza e spreco, quando il dramma della fame assume dimensioni sempre maggiori!".
2. L'8 per mille destinato allo Stato finisce a parrocchie e monasteri. Al capitolo "Fame nel mondo", sono solo dieci le onlus e associazioni finanziate per 814.000 euro, pari al 2 per cento del totale. (repubblica.it/Giuseppe Scaricamazza)

Pilates

1. Maroni: "Dai Nat arrivano segnali seri. Ci sono dei contenuti che stiamo verificando, delle forti analogie con il sistema delle Br ma anche delle differenze importanti. Possibile raccordo con estremismo islamico".
2. Maroni: "Non abbiamo ancora capito un cazzo". (Andrea Canavesi)

18 novembre

Scoperte bruciature sul corpo di Cucchi. Giovanardi: "Le scale da cui è caduto erano in fiamme". (Fausto Lombardi)

Incassi record in Italia per *2012*. Anche al cinema gli italiani scelgono le catastrofi. (Giovanni Cavallo)

Arriva lo spray che ritarda di cinque volte l'eiaculazione. Sarà in omaggio nel prossimo numero di "Penthouse" da 520 pagine. (Michele Incollu)

La ketamina può provocare gravi disturbi di memoria. Ecco spiegati tutti quei cavalli che giravano per gli alberghi in stato confusionale. (Patrizia Pietrovanni)

L'Italia è al 63° della classifica globale di Transparency International sulla corruzione nel mondo. E saremmo stati molto più in basso se qualcuno non avesse corrotto i funzionari di Trasparency International. (Davide Rossi)

Vertice Fao di Roma. Gli sprechi: "Basta Papa". (Federico Righi)

Parallele

1. Usa, donna nata con due vagine. (interfans.org)
2. La donna senza vagina. (corriere.it/Antonio Pittelli)

1. Diouf, direttore generale della Fao: "Basta parole, chi ha fame non può aspettare". (agi.it)
2. Spagna, creato super-cioccolato che spegne la fame. (asca.it/Andrea Michielotto)

1. Berlusconi: "Se cambia la maggioranza elezioni anticipate". ("Il Sole 24ore")
2. Berlusconi: "Maggioranza solida. Mai pensato a elezioni anticipate". ("Corriere della sera"/Antonio D'Addio)

Studente austriaco scova ex SS ricercato. Sfuggito anche ai "segugi" del Centro Wiesenthal. Trovato sull'elenco telefonico. (corriere.it/Michele Incollu)

Influenza A, morto a Lucca paziente affetto anche da tumore. (adnkronos.com/Lorenzo Bocci)

1. Giovani senza fiducia in se stessi, nelle istituzioni, nella politica. ("City")

2. Giovani senza più amici. Meglio la politica. ("City"/Fabio Baldini)

19 novembre

Tg2 sera: "L'Italia ha dato la propria disponibilità per insegnare ai talebani trasparenza e correttezza nell'amministrazione pubblica". Anche il *Tg2* partecipa al prossimo *Almanacco* di Luttazzi. (Francesco Turri)

Unione Europea: "Prematuro riconoscere la Palestina, il processo di riconoscimento dovrebbe svilupparsi nella calma". Una condizione che capita spesso da quelle parti. (Michele Incollu)

Presentato lo spray che ritarda di cinque volte l'eiaculazione. È così efficace che ora quando facciamo l'amore la mia ragazza riesce a leggersi un'intera rivista. (Andrea Michielotto)

Donatella Papi, ex giornalista de "Il Giornale", ha chiesto al pluriomicida Angelo Izzo di sposarla. "Non mi spaventa il suo passato," ha dichiarato il mostro del Circeo. (Davide Rossi)

Sul "Giornale" Farina insulta Saviano: "È un guru diventato giannizzero". Lettori indignati: devono comprare un dizionario. (Andrea Spinelli)

All'asta due bastoni da passeggio di Freud. Se ne tieni uno in mano mentre caghi, godi. (Martina Stoppa)

Studente scova ex SS nell'elenco del telefono: era piccolo piccolo tra la pagina 39 e la pagina 40. (Salvatore Lobina)

Parallele

1. Uccidevano per vendere grasso umano. (corriere.it)

2. Kate Moss: non c'è niente di meglio che essere pelle e ossa (corriere.it/Stefano Saporito)

Pena di morte. In Virgina un condannato ha preferito la sedia elettrica all'iniezione letale. (ansa.it/Francesco Dibenedetto)

Victoria Beckham: "Dormo nuda e voglio fare sesso". ("Corriere dello Sport"/Antonio D'Addio)

1. Crisi, le ricette dei commercialisti. (corriere.it)
2. Commercialista evade 27 milioni, un impero di società fittizie. (corriere.it/Darmax)

1. Intervista a Franco Battiato, requiem per la politica, il cantautore siciliano e i "rincoglioniti" al governo. ("Il Fatto")
2. Battiato, la musica non dovrebbe occuparsi di politica. (lastampa.it/Massimo Mirandola)

1. Berlusconi chiama i finiani: "Non voglio la guerra".
2. Barbara Guerra: "Le mie cene a Palazzo Grazioli". (lastampa.it/Gianfranco Preverino).

Pilates

1. Maroni: "Per fare le riforme ci vuole una maggioranza compatta e noi abbiamo una vasta maggioranza e non abbiamo alibi, non possiamo dire che l'opposizione ci blocca".
2. Maroni: "Certo che se cadiamo in assenza di opposizione siamo davvero dei coglioni". (Claudio Favara)

1. Franceschini: "Ormai siamo di fronte a una maggioranza lacerata da continue divisioni quotidiane che non riesce nemmeno più a garantire le presenze in aula. Andare sotto quattro volte in una giornata disponendo di una maggioranza di oltre settanta deputati è segno di una crisi gravissima".
2. Franceschini: "Meno male che non sono più segretario". (Davide Rossi)

20 novembre

Ginevra, il super-acceleratore riparte stanotte. Prima verrà passato l'aspirabriciole. (Alessandro Cai)

Sposa il fidanzato morto da un anno. Desta stupore la trama del nuovo libro di Moccia: *Tre metri sotto terra.* (Roberto Nadalin)

Christian De Sica nel nuovo film di Avati. Dopo tanti ruoli leggeri finalmente un ruolo drammatico: "Vi farò piangere", ha dichiarato l'attore. Peccato: si sperava in una svolta. (Massimo Mirandola)

La transessuale brasiliana coinvolta nel caso che ha portato alle dimissioni dell'ex governatore del Lazio Marrazzo trovata carbonizzata nel suo appartamento. Da una prima verifica, non sono emersi problemi cardiaci o altre patologie pregresse. Si dovrà però attendere l'esame istologico per sapere con certezza se il virus H1N1 sia stato l'unica causa del decesso. (Andrea Curati)

Il carabiniere Placanica, che uccise Carlo Giuliani e fu assolto per legittima difesa, è stato accusato di abuso su minore. Ma lui si difende: "Aveva un estintore". (Maurizio Cecconi)

Parallele

1. No B-Day: Sinistra e Libertà aderisce a manifestazione 5 dicembre. (asca.it)
2. Sinistra e Libertà, Falomi: "Da oggi ufficialmente sciolta". (asca.it/Andrea Michielotto)

Cina, pesce sopravvive alla frittura. (blitzquotidiano.it/Alessandro Cai)

1. "L'Alcoa in Sardegna non chiude." L'annuncio è stato dato dal presidente della Regione, Ugo Cappellacci, al termine dell'incontro tenutosi nel pomeriggio al ministero dello Sviluppo Economico.
Da tutti è stato sottolineato che si tratta di un successo straordinario, frutto dell'azione personale del presidente del Consiglio, Silvio Berlusconi. (notizie.alguer.it)
2. L'Alcoa annuncia la chiusura. Coinvolti 2000 posti di lavoro (repubblica.it/Luca Cogoni)

1. *Victoria's Secret* infiamma New York. (corriere.it, a destra)

2. Marrazzo, il trans Brenda trovato morto carbonizzato. (corriere.it, a sinistra!/Emiliano Sabadello)

1. Processo breve, Alfano: “Estinti solo 1% procedimenti”. (apcom.net)
2. Tempi felici per i bugiardi. (lastampa.it/Andrea Michielotto)

Pilates

1. Anna Finocchiaro: “Stiamo lavorando insieme tra i gruppi per una mozione condivisa relativa alle riforme possibili da fare subito e che sarà dibattuta in aula al Senato mercoledì 2 dicembre. Politicamente credo che sia un fatto molto significativo. Perché le riforme non si fanno a colpi d’ariete e a botte di maggioranza”.
2. Anna Finocchiaro: “Stiamo lavorando insieme tra i gruppi per una mozione condivisa relativa alle riforme possibili da fare subito e che sarà dibattuta in aula al Senato mercoledì 2 dicembre. Politicamente credo che sia un fatto molto significativo. Dimostra che la nostra è un’opposizione costruttiva, aperta al dialogo con la maggioranza sulle cose importanti per il paese e non aprioristicamente antiberlusconiana come quella dell’IdV. Dopodiché la maggioranza, legittimata ad andare avanti nella sua presunta volontà riformatrice, potrà far saltare all’ultimo momento la mozione condivisa dando tutta la colpa a noi e fare quel cazzo che le pare a colpi d’ariete e a botte di maggioranza. Non ha senso, ma non riusciamo più a smettere”. (Marco Ferrara)

1. Napolitano: “Oggi ci sono delle grosse difficoltà... che fra l’altro sono anche difficoltà dal punto di vista della operosità, della densità dei lavori parlamentari e della bontà dei prodotti legislativi”. (it.reuters.com)
2. Napolitano: “In Parlamento non si fa un cazzo e lo si fa male”. (Tony Currenti)

1. D’Alema: “È stato un onore essere candidato”.
2. D’Alema: “Che figura di merda”. (Riccardo Favara Pedarsi)

21 novembre

Orrore in uno zoo in Repubblica Ceca: una coppia di leoni ha divorato una rara tigre bianca. Una scena così raccapricciante che l’anaconda ha vomitato il koala. (Nicola Congiu)

Parallele

Berlusconi: “Ho portato nuova moralità”. (repubblica.it/Cesare Ciasullo)

1. Fini: “Non escludo di tornare al visto per i romeni. Sono per la tolleranza zero al quadrato”. (*Porta a Porta*)
2. Fini: “Stranieri diversi? Chi lo dice è uno stronzo”. (repubblica.it/Massimo Mirandola)

1. Capello: “In Italia comandano gli ultras”. (iltempo.it)
2. Petrucci sgrida Capello: “Ultrà non comandano”. (gazzetta.it)
3. “No alla tessera del tifoso.” Ultras in corteo a Roma. (unita.it)
4. Tessera del tifoso: Maroni, ok rinvio. I tifosi di tutta Italia gioiscono. È stata vinta un’importante battaglia. (blitzquotidiano.it/Giovanni Cavallo)

Pilates

1. Prodi: “È incredibile, sono scioccato. Mi dispiace per Massimo, sarebbe stato un ottimo ministro degli Esteri”.
2. Prodi: “Ah che goduria! Champagne?!”. (Giovanni Cavallo)

1. Fini: “Stronzo chi discrimina stranieri”.
2. Fini: “Quegli stronzi della Lega hanno rotto il cazzo!”. (Francesco Sinopoli)

22 novembre

Il Cern riaccende il super-acceleratore. I cittadini di Ginevra: “Cos’è questo odore di bruschette?”. (Giovanni Cavallo)

Sono almeno 87 le persone rimaste uccise nel più grave incidente in miniera avvenuto in Cina negli ultimi dieci minuti. (Andrea Cecchini)

Dopo anni di studi, una ricercatrice scopre alcune parole sulla Sacra Sindone: “Lavare a 30 gradi”. (Mattia F. Pappalardo)

Berlusconi va in Qatar e si dichiara disposto a regalare una U. (Susanna Dalba)

Caso Marrazzo: trovata morta la trans Brenda. Sembra che gli scandali sessuali nel nostro Paese debbano per forza avere retroscena oscuri e contorti. Ci manca solo uno scandalo sessuale riguardante Placanica. (Giampietro Belotti)

Parallele

1. Bertone: "Impegno per gli emarginati".
2. Calderoli: "Stronzo chi illude immigrati". (ansa.it/Davide Passaia)

1. Immigrati: Borghezio, invito di Fini è diseducativo. (adnkronos.com)
2. Borghezio: "Facce di merda! Clandestini, marocchini e musulmani fuori dai coglioni!". (archiviostorico.corriere.it, articolo dell'inviato al raduno di Pontida/Marco Ferrara)

1. Berlusconi: "Mai chiesto ad Alfano di fare processo breve". (corriere.it)
2. Il Cavaliere chiede le garanzie di Alfano: "Subito il processo breve o te ne vai". (repubblica.it/Alberto Terragni)

23 novembre

Ciclismo: Da Ros squalificato per vent'anni. La sospensione inflitta a Da Ros è tra le più alte comminate dall'organo di giustizia del Coni. Era talmente dipendente da sostanze dopanti che, durante le tappe del Tour, si portava il pusher sulla canna della bici. (Paolo Curti)

Il Cern riaccende il super-acceleratore. L'ultima volta si era bloccato per una briciola di pane lasciata da un uccellino. Ora gli scienziati sono fiduciosi: "Tutto ok! Speriamo solo che non si surriscaldi con le scoregge dei ragni". (Vittorio Lattanzi)

Berlusconi: “Stare in Parlamento è pesante”. Ma è sempre meglio che stare in galera. (Michele Sommariva)

Parallele

1. Milano, apre portellone di aereo in decollo. (titolone dell'articolo, repubblica.it)
2. L'aereo era in fase di rullaggio.(primo paragrafo dello stesso articolo...)
3. “I passeggeri stavano sistemando i bagagli a mano nelle cappelliere e alcuni erano già seduti, pronti ad allacciare le cinture, quando improvvisamente un uomo si è avventato sulla maniglia di un'uscita di sicurezza, aprendola.” (secondo paragrafo dello stesso articolo/Luigi Ferraro)

Pilates

1. Ciampi: “Io non do consigli a nessuno, meno che mai a chi mi ha succeduto al Quirinale. Ma il capo dello Stato, tra i suoi poteri, ha quello della promulgazione. Se una legge non va non si firma. E non si deve usare come argomento che giustifica sempre e comunque la promulgazione che tanto, se il Parlamento riapprova la legge respinta la prima volta, il presidente è poi costretto a firmarla. Intanto non si promulghi la legge in prima lettura: la Costituzione prevede espressamente questa prerogativa presidenziale. La si usi: è un modo per lanciare un segnale forte, a chi vuole alterare le regole, al Parlamento e all'opinione pubblica”.
2. Ciampi: “Napolitano, svegliaaaaaaaaa!!!!!!!”. (Massimo Unali)

24 novembre

“Ho fatto delle ricerche e ho scoperto che Charles Manson è il mio padre biologico.” Difficile immaginare una frase peggiore da dire al primo appuntamento. (Mirko Speranza)

Creduto in coma per ventitré anni: “Capivo e cercavo di urlare”. Poi ha lasciato la conduzione di *Matrix*. (Peppe Clemente)

Parallele

1. Aids, rallenta la diffusione del virus. (la stampa.it)
2. Aids: contagio in crescita, è Milano la capitale. (sempre la stampa.it)
3. Aids: Onu, infezioni in declino. (ansa.it)
4. Adolescenti, in aumento i casi di Aids e di sifilide ("Il Giornale")
5. Aids: rapporto Unaids-Oms, infezioni ridotte del 17% in otto anni (adnkronos.com/Davide Rossi, Stefano Malandrino)

Nigeria: ribaltato camion con 100 cani da mangiare. (blitzquotidiano.it/Andrea Michielotto)

25 novembre

Battuta da Christie's una prima edizione del libro di Darwin. L'acquirente appartiene alla nostra specie. (Susanna Dalba)

Parallele

Bimbi sporchi più sani. (corriere.it/Alessandro Cai)

Cipro, arrestate 42 "nonne" per gioco d'azzardo: la più anziana ha novantacinque anni. (adnkronos.com/Alessandro Cai)

Volantino brigatista a "Il Giornale", l'autore è il giornalista minacciato. (leggo.it/Massimo Mirandola)

1. Reprimere rabbia in ufficio fa male. (ansa.it)
2. Usa: Sparatoria in ufficio a Orlando, un morto, diversi feriti (asca.it/Lorenzo Bianchi)

1. Schiavi per un panino: assunti in nero e pagati 30 euro per un pezzo di pane. È la vita degli operai della capitale. (DNews prima pagina)
2. Ministro contro la pausa pranzo: "Così si blocca tutta l'Italia". (DNews a fianco!/Antonio Atte)

Offrì pizza a Clinton, morto cuoco. (ansa.it/Lorenzo Bianchi)

Porta a Porta, puntata sui cani. Ma Vespa si dimentica i veterinari. (corriere.it/Lucio Massarotto)

Una donna su tre vittima di violenza. Oggi si celebra la giornata mondiale. (repubblica.it/Lucio Massarotto)

Vicenza. Marito costretto a cedere il letto all'amante della moglie. (ilgazzettino.it/Albert Huliselan Canepa)

Nonna deruba altarino nipote morto. (ansa.it/Francesco Dibenedetto)

Un uomo cieco con la passione delle armi da fuoco: è uno dei protagonisti della nuova serie di Channel 4. (corriere.it/Ferdinando Di Giovanni)

Pilates

1. Checco Zalone: "Faccio l'ignorante per sfottere i politici".
2. Checco Zalone: "Faccio l'ignorante perché ridere dello scemo tranquillizza la gente che così si illude di essere furba con risate consolatorie, mentre il mio conto in banca va alle stelle senza infastidire i potenti. Un caloroso grazie a Medusa!".(Ernesto Montale)

26 novembre

Tremonti fa pace con Brunetta con un abbraccio. A vuoto. (Fabio Bellacicco)

Parallele

Gli inglesi: "Cristo visse a Glastonbury". (tgcom-mediaset.it/Alessandro Cai)

Cecchini sugli elicotteri per abbattere seimila dromedari. (corriere.it/Edoardo Confuorto)

27 novembre

Marito e moglie imbucati a un party della Casa Bianca in onore del premier indiano. Erano così sciolti che vedendo gli Obama hanno esclamato: "Chi cazzo vi ha invitati?". (Ernesto Montale)

Parallele

1. Berlusconi: "È in atto una persecuzione giudiziaria che porta sull'orlo della guerra civile". (apcom. net)
2. Ufficio stampa Pdl: Berlusconi non ha parlato di guerra civile. (asca.it/Davide Passaia)

1. Bossi (poco prima della bocciatura del Lodo Alfano): "Se bocciano il Lodo trascineremo il popolo". (repubblica.it)
2. Bossi (poco dopo la bocciatura del Lodo Alfano): "Se si ferma federalismo facciamo la guerra". (repubblica.it)
3. Bossi: "Condivido l'appello di Napolitano. Bisogna stare un po' tranquilli". (corriere.it/Marco Ferrara)

Diciotto medici indagati: curavano i morti a Padova. (leggonline.it/ Andrea Di Salvatore)

Pilates

1. ilgiornale.it sul presunto video hard di Fiore e la Mussolini: "Vedi che ad innescare il ventilatore, gli schizzi giungono dappertutto e senza fine?...".
2. ilgiornale.it: "Avete voluto parlare delle troie di Berlusconi?! Sono mesi che riempiamo tutti di merda e non finisce qui". (Giovanni Cavallo)

1. Ghedini: "Troveremo delle date utili per portare avanti il processo".
2. Ghedini: "Continueremo a rimandare la data dell'udienza apportando motivi futili o inesistenti, fin quando non sarà approvato il ddl sul processo breve e il nuovo Lodo Alfano. A quel punto il processo morirà, e potremo attribuire la colpa alla lentezza e all'inoperosità dei giudici, facendo fede sulla scarsa memoria degli italiani e spostando al contempo l'attenzione su nuovi problemi, che in realtà non sono tali, attraverso l'uso strategico di tg e giornali che martelleranno lettori e telespettatori ogni giorno sparando numeri a casaccio e che genereranno in tal modo paure ingiustificate". (Alessandro Cai)

1. Papa Benedetto XVI: "Il migrante è una persona umana con diritti fondamentali inalienabili da rispettare sempre e da tutti".
2. Papa Benedetto XVI: "Chi discrimina gli immigrati è uno stronzo". (Andrea Michielotto)

1. Piero Longo, legale del premier: "Il Collegio presieduto da Nicoletta Gandus separò la posizione di Silvio Berlusconi da quella di Da-

vid Mills, quando entrò in vigore il Lodo Alfano, per non assolvere il premier".

2. Piero Longo, legale del premier: "Il Lodo Alfano è stato fatto contro Berlusconi". (Andrea Michielotto)

28 novembre

Il Papa: "Cristo era un migrante". La Lega ancora più decisa a mantenere i crocefissi sui muri. Come avvertimento. (Francesco Dibenedetto)

Cino Tortorella ricoverato in ospedale. L'H1N1 si è fatta talmente infida che adesso ricorre pure alle vendette trasversali. (Claudio Mucci)

Il premier: "Strozzerei chi ha scritto *La Piovra*". Soprattutto perché *La Piovra* è il suo nomignolo tra le escort. (Nicola Congiu)

Parallele

Separato vince al superenalotto. La moglie: ora dobbiamo dividere. (corriere.it/Antonio Atte)

"Il premier non è indagato." Berlusconi: voci infamanti. (corriere.it/Giuseppe Stefano Franchi)

Giallo di Palmanova, svolta nelle indagini. L'ottantacinquenne ammazzata dalla sorella di ottantasei. (ilgazzettino.it/Emiliano Sabadello)

Pilates

1. Maurizio Fugatti (Lega Nord): "Resto convinto della mia idea, la cassa integrazione va ridotta a sei mesi per i lavoratori immigrati".

2. Maurizio Fugatti (Lega Nord): "Avere un'idea che ti passa per la testa è un'esperienza indimenticabile." (Andrea Artigiano)

1. Berlusconi: "Mi occupo di mafia, ma soltanto con le barzellette".

2. Berlusconi: "Mi occupo di mafia perché voglio combatterla, vo-

glio sradicare dal territorio un cancro nazionale che è un danno per l'economia libera e una minaccia costante per interi territori, dove lo Stato non riesce più a farsi rispettare. C'è bisogno di un nuovo slancio collettivo da parte di tutti i cittadini, da parte di piccoli e grandi imprenditori, nonché dell'intera classe dirigente, me compreso, affinché si capisca che un'etica esiste anche nell'economia di una nazione. È una lotta dura contro una criminalità che oramai si è insediata ovunque, nord e sud, ma anche in politica, nella pubblica amministrazione, negli enti locali. Se ci sarà una collaborazione intima nella società, il lavoro dei magistrati che lottano ogni giorno contro un problema così grave, che hanno versato sangue nel corso degli anni e che per tali motivi rispetto in maniera profonda, allora tale sforzo non sarà vano". (Alessandro Cai)

Carnac

1. Alessandra Mussolini: "Non so se incazzarmi o ridere".
2. Roberto Fiore: "È un problema se ti chiamo Benito?". (Ernesto Montale)

29 novembre

Il Papa: "La Chiesa combatte l'Aids". Allo studio nuove micidiali preghiere. (Massimo Unali)

Parallele

1. Sfida sui kart, Schumacher batte Massa. ("la Repubblica")
2. Massa torna in pista sui kart e si aggiudica la gara. Battuto anche Schumacher. ("Corriere della Sera"/Luigi Cereoli)

1. Berlusconi: "Se c'è un partito che in questi anni più si è distinto nel contrastare la criminalità organizzata, questo partito è stato Forza Italia e oggi è Il popolo della Libertà".
2. Giuffrè: "I voti della mafia a Dell'Utri e Forza Italia". (repubblica.it/Alessandro Cai)

1. Italia del rugby finalmente vittoriosa: Samoa battuta 24-6. (ilsole24ore.com)
2. Samoa in cima alla classifica dei paesi con più persone grasse. (newser.com/Albert Huliselan Canepa)

Pilates

1. Bossi: "Non siamo preoccupati perché sappiamo che Berlusconi mantiene la parola e la sua leadership è indiscussa".

2. Bossi: "Siamo molto preoccupati perché sappiamo che Berlusconi non mantiene la parola data e la sua leadership traballa e ciò mette in pericolo il nostro accordo per cui noi appoggiamo la sua politica di distruzione del sistema politico, giudiziario ed economico italiano e lui appoggia la nostra politica razzista e xenofoba". (Tito Darca)

30 novembre

Marcello Dell'Utri si difende in tv: "La frequentazione con Mangano risale agli anni settanta, quando ancora non si sapeva che fosse un eroe". (Sandro Campani)

Bologna: l'ingresso al cinema si paga con i rifiuti. A parte *Cado dalle nubi*, che si autofinanzia. (Marco Mattioli)

Incendio al cinema Odeon di Milano. Ormai gli spettatori del film di Checco Zalone non si accontentano più di riavere i soldi indietro. (Roberto Nadalin)

La Svizzera rifiuta i minareti, nonostante la proposta conciliante da parte musulmana del muezzin a cucù. (Giovanni Garbellini)

La Lega: "La croce sul tricolore". Renzo Bossi vuol mettere la sua firma dappertutto. (Saverio Luzzi)

Parallele

1. Berlusconi a Lukashenko: "Grazie a lei e alla sua gente che so che la ama, e questo è dimostrato anche dai risultati elettorali, che sono sotto gli occhi di tutti". (repubblica.it)

2. I ministri degli Esteri dell'Ue hanno bandito l'ingresso nell'Unione Europea al presidente bielorusso Alexander Lukashenko e ad altri 30 tra ministri e funzionari. La restrizione della libertà di movimento sul territorio comunitario è la reazione dell'Ue alle contestatissime elezioni presidenziali del 19 marzo, secondo gli osservatori internazio-

nali (e secondo le denunce dell'opposizione) viziate da gravissimi brogli. (repubblica.it/Alessandro Cai)

1. Berlusconi: "Contro la mafia ho fatto più di chiunque altro". (repubblica.it)
2. Il Pdl accelera sul concorso esterno in associazione mafiosa, una legge ad hoc per neutralizzarlo. (repubblica.it/Manuel Pica)

1. Brunetta, farabutto chi assume in nero. (ansa.it)
2. Lavoro nero: più del 60% dei portaborse dei deputati lavora senza contratto. (affaritaliani.it/Albert Huliselan Canepa)

1. Il premier: "Se c'è un partito che in questi anni si è distinto nel contrastare la criminalità è stato Forza Italia. Contro di me attacchi ignobili". (corriere.it)
2. Dell'Utri: "Mangano un eroe? Sì, lo ripeto anche, perché è stato il suo comportamento eroico". (*In mezz'ora*/Massimo Mirandola)

Invade il campo per battere rigore ma le prende dal guardalinee (ilmessaggero.it/Giancarlo Gismondo)

1. Noi dormiamo, il cervello no. Durante il riposo si consolida quel che abbiamo imparato. È la tesi di una ricerca pubblicata da "Science", che può migliorare i metodi dell'apprendimento. (repubblica.it)
2. Berlusconi: "Dormo tre ore a notte". (corriere.it/Davide Maugeri)

Ecco perché la comicità di Fiorello diverte più della satira militante. (ilgiornale.it/Alessandro Cai)

1. Nucleare: Scajola, è futuro. Potessi mi metterei una centrale in casa. (asca.it)
2. India, scorie nucleari in acqua potabile: 55 finiti in ospedale. (blitzquotidiano.it/Andrea Michielotto)

Pilates

1. Berlusconi, convegno dell'Enac, si rivolge a una ragazza: "Se avessi cinquant'anni in meno ti farei la corte".
2. Berlusconi, convegno dell'Enac, si rivolge a una ragazza: "Se non ci fossero più di cinquanta testimoni ti palperei il culo". (Michele Incollu)

1. Minzolini: "Sul caso escort ho dato tutte le notizie che dovevo dare, ovviamente in modo sobrio come deve fare il servizio pubblico".
2. Minzolini: "Sul caso escort ho nascosto la verità, e pure in modo servile come non ha il coraggio di fare neanche il Tg5". (Michele Incollu)

Dicembre 2009

1 dicembre

Cresce in Italia la disoccupazione giovanile. Per tirarmi su sono andato a leggere le statistiche degli incidenti sul lavoro. (Vittorio Banfi)

Berlusconi dopo Putin, Gheddafi, emiri e sceicchi visita il dittatore Lukashenko. Mi ricorda quelli che escono con l'amico brutto per fare bella figura. (Roberto Nadalin)

Roma: presto una strada intitolata a Rosa Berlusconi. Un piccolo omaggio per la mamma più bestemmiata degli ultimi centocinquant'anni. (Fabio Bellacicco)

Cado dalle nubi, il film con Checco Zalone, in tutte le sale. Un film talmente brutto che i fratelli Vanzina si stanno chiedendo come mai non l'abbiano diretto loro. (Stefano Bachis)

Parallele

Tinge i capelli rossi del figlio per nascondere adulterio. (blitzquotidiano.it/Alessandro Cai)

1. Dell'Utri su Mangano: "In carcere, ammalato, fu invitato a parlare di Berlusconi e di me in maniera non positiva, non ha detto nulla, solo che eravamo due persone per bene, anche se gli era stato promesso di uscire". (corriere.it)
2. L'omertà è l'atteggiamento di ostinato silenzio atto a non de-

nunciare reati più o meno gravi di cui si viene direttamente o indirettamente a conoscenza. (wikipedia.it/Edoardo Confuorto)

1. Marchionne: Fiat e governo, piano condiviso. "Ma in Sicilia non produrremo più auto." (repubblica.it)
2. (tre righe sotto) Termini Imerese non chiuderà. Ma produrrà più auto. (repubblica.it/Stefano Malandrino)

Vespa a *Domenica Cinque*: "Mai pagata Natalie". (leggo.it/Stefano Malandrino)

Pilates

1. Berlusconi su Lukashenko: "La gente lo ama, i risultati delle elezioni sono sotto gli occhi di tutti".
2. Berlusconi su Lukashenko: "Alla gente ci pensa la televisione, i risultati delle elezioni provengono direttamente dai servizi segreti, i giornalisti e i magistrati non rompono i coglioni e la democrazia è ridotta a quello che è: una parola. Solo, non guasterebbe qualche troia in più". (Emiliano Sabadello)

Carnac

1. Il Papa: "Il mondo contemporaneo ha bisogno soprattutto di speranza".
2. Un fedele: "Che ne dice di vendere la baracca e dare tutto ai bisognosi?". (Michele Incollu)

1. Totti: "Azzurro? Decido ad aprile con Lippi".
2. Ilary Blasi: "Francesco, se facciamo il terzo figlio lo chiamiamo Azzurro?". (Andrea Michielotto)

1. Berlusconi: "Contro la mafia ho fatto più di chiunque altro, sono l'uomo politico più perseguitato dai magistrati della storia, mi sono battuto perché Biagi restasse in tv ma alla fine prevalse il suo desiderio di poter essere liquidato con un compenso molto alto, sono di gran lunga il miglior presidente del Consiglio che l'Italia abbia potuto avere nei suoi centocinquant'anni di storia e profumo di santità!".
2. Vespa: nessuna domanda. (Daniele Porcu)

2 dicembre

Pistoia, in carcere due maestre di un asilo privato. Secondo le accuse non davano da bere ai bambini, li picchiavano e li costringevano a mangiare il cibo vomitato. Ancora da accertare cosa succedeva in assenza dei genitori. (Antonio Pittelli)

Il cardinale Barragan: "Trans e gay non entreranno in paradiso". Peccato. Poteva essere un gran bell'incentivo per parecchi cattolici. (Rosaria Greco)

Il sito di Totti sabotato dagli hacker: per alcune ore è rimasto on line senza errori grammaticali. (Andrea Michielotto)

Aids, Benedetto XVI: "Sono vicino a tutti i malati". Essere vicino, ecco la soluzione. (Alberto Terragni)

Funziona la prima mano bionica creata da ricercatori e scienziati italiani. L'italo-brasiliano a cui è stata impiantata si dice molto soddisfatto se non fosse per quell'ingombrante maschera da saldatore da indossare durante le pippe. (Emanuele Colletta)

Brunetta vuole che i dipendenti pubblici sorridano ai cittadini. Finalmente potrò farmi ridere in faccia quando vado a ritirare la pensione minima, non aspettavo altro. (Giovanni Barone)

Berlusconi elogia il dittatore Lukashenko: un gesto talmente spropositato che il Pd si sta rivoltando nella tomba. (Piero Lisi)

Salerno. Denunciati due falsi dentisti. Gli inquirenti insospettiti dal fatto che i due rilasciassero sempre la fattura. (Davide Rossi)

Fuorionda di Fini: "Berlusconi confonde il consenso popolare con l'immunità". E all'improvviso scopri che tuo padre è Darth Vader. (Piero Esposito)

Fini è così lontano dal Pdl che avrebbe difficoltà ad essere accettato nel Pd. (Riccardo Camba)

Dopo le dichiarazioni di Fini, Berlusconi era così incazzato che per calmarlo gli hanno dovuto dare una troia imbottita di sedativi. (Luca Cogoni)

"Repubblica" lancia una nuova raccolta di firme a favore delle raccolte di firme su "Repubblica". (Peter D'Angelo)

Copenaghen, in vista del vertice sull'ambiente provocazione di Greenpeace. Finti manifesti dei leader come apparirebbero nel 2020: la Merkel con le rughe, Obama coi capelli bianchi, la foto ovale su marmo di Berlusconi... (Raffaele Castelli)

Fiore e la Mussolini ripresi in un video hard. Solo a immaginarlo è così raccapricciante che rivaluto Nanni Moretti e Isabella Ferrari in *Caos calmo*. (Daniele Botti)

Parallele

1. Bondi: "Il problema sono i magistrati (...) I magistrati in tutti i paesi del mondo, anche quelli meno democratici del nostro, sono persone che si caratterizzano per il loro equilibrio, per la loro serietà, imparzialità, indipendenza, culto sacrale della legge, della giustizia, chi di noi si potrebbe far giudicare da magistrati come Di Pietro, De Magistris?". (*Ballarò*, poco prima dell'intervento di Fini.)

2. Fini: "Non perdo la fiducia nella magistratura perché quando penso alla magistratura e alla mafia penso a Falcone e a sua moglie, a Paolo Borsellino che ho conosciuto, a Chinnici, ecc. Penso cioè, pur con tutti gli errori che possono commettere, alla magistratura che nella lotta alla mafia merita assoluto e totale rispetto. Se io perdessi la fiducia nella magistratura perderei fiducia nella democrazia. L'ho detto in pubblico, non ho nulla da chiarire al riguardo: la magistratura, pur con tutti i difetti, ha il diritto e il dovere di verificare con scrupolo e professionalità se le dichiarazioni di quel pentito corrispondono a verità". (*Ballarò*)

3. Bondi: "Volevo soltanto, se mi permette, dire che sottoscrivo le cose che ha detto il presidente Fini, d'altra parte ho detto poco fa... quando sono intervenuto... credo di avere detto più o meno le stesse parole". (*Ballarò*, subito dopo l'intervento di Fini.)

4. Bondi: "L'intervento di Fini a *Ballarò* ieri sera mi ha lasciato molto amareggiato". (repubblica.it/Alessandro Cai)

Marrazzo, Brenda e Gesù con la mascherina anti-influenza A nel presepe. (blitzquotidiano.it/Alessandro Cai)

1. H1N1, muore bimbo di due anni a Lecce. Fazio: "Vaccino anche per i bambini sani". (repubblica.it)
2. Bambino morto a Lecce non aveva influenza A. (repubblica.it/Alberto Terragni)

1. Cinque precari in sciopero della fame a Palermo. (orizzontedocenti. wordpress.com)
2. Mangiare meno? Fa vivere di più e meglio. (corriere.it/Andrea Michielotto)

Dorme in volo e soffoca la figlia mentre allatta. (repubblica.it/Antonio Pittelli)

Contro i delfini addestrati dagli Usa la Russia schiererà le sue foche. ("Il Giornale"/Cesare Lazzarini)

Arriva il profumo ricavato dai capelli di Jackson. (tgcom-mediaset.it/Antonio Pittelli)

Pilates

1. Papa: "L'amore è sapienza ma ci vuole tempo per imparare".
2. Papa: "Sull'amore sono il massimo esperto. Joseph Alois Ratzinger, ottantadue anni e mezzo, vergine". (Andrea Michielotto)

1. Bersani: "La destra è paralizzata e in stato confusionale".
2. Bersani: "La destra ci copia". (Alessandro Cai)

3 dicembre

Nasce l'AIGOC, Associazione italiana dei ginecologi e ostetrici cattolici. Seri professionisti uniti dalla speranza di vedere dal vivo, prima o poi, una vergine incinta. (Nicola Congiu)

ABI: "Rapine in netto calo". Nella statistica non sono considerati i mutui. (Manuele Monsù)

Parallele

1. Esplosione in hotel a Mogadiscio. (ansa.it)
Esplode palazzina nel Varesotto (corriere.it)
Esplode bus a Damasco. (ansa.it)
Esplode casa: anche cadavere uomo. (ansa.it)
2. Addobbi natalizi, è allarme sicurezza. L'Ue: uno su tre rischia di esplodere. (corriere.it/Daniela Ranieri)

Gorizia. Ladri nella caserma dei vigili rubano dalla cassaforte i soldi delle multe. (ilgazzettino.it/Antonio Pittelli)

1. No-B day, Veltroni si schiera. "Ha letto cosa dice Livia Turco al'l'Unità'?" Sfoglia il giornale, vuole essere sicuro di ricordare bene le parole della parlamentare dalemiana. "Ecco qua, pagina 11. 'Esserci vuol dire fare il gioco del premier'. Sì, insomma, come se la piazza fosse un regalo a Berlusconi. Non sono d'accordo. E certe esitazioni mi paiono davvero incomprensibili." (repubblica.it)
2. Veltroni (all'indomani del no-cav day): "Ieri è stato fatto il più bel regalo a Berlusconi". (repubblica.it/Marco Ferrara)

Malata di sexsomnia: da sonnambula pretende sesso dal fidanzato ogni notte. (ilgazzettino.it/Massimo Mirandola)

Pilates

1. Berlusconi alla quarta conferenza nazionale Italia-America Latina: "Vado a Panama".
2. Berlusconi: "Vado a troie ed evito il processo Mills". (Alessandro Cai)

4 dicembre

Alessia Gioffi, ex di *Non è la Rai*, ha affermato a *Pomeriggio 5* di sentire la voce di Dio. Alessia, togli l'auricolare: è solo Boncompagni. (Bianca Tassinari)

Parallele

1. Alfano: "La magistratura è autonoma e indipendente e soggetta solo alla legge, ma la legge la fa il parlamento". (rainews24.rai.it)
2. Spatuzza: "Graviano nel 1999 mi disse che non ci interessava dei

magistrati, che se ci trovavamo d'accordo con la politica erano loro a fare le leggi". (corriere.it/Marco Ferrara)

Picchia il marito, lo chiude in cantina e riceve amanti. (tgcom.mediaset.it/Vialetto Nicola).

1. Clima: "Berlusconi, sarò a Copenhagen".
2. Sesso gratis al summit sul clima. (lastampa.it/Alessandro Cai)

1. "È una grave intromissione in quella che è la legittima attività istituzionale e politica del presidente del Consiglio – ha spiegato Ghedini in aula – il quale, con il ministro delle Infrastrutture, si sta recando proprio ora a inaugurare una grande opera infrastrutturale in una regione martirizzata dalla criminalità e in cui la presenza dello Stato e della presidenza del Consiglio è di grande importanza." (ilmessaggero.it)
2. Annullata la visita di Berlusconi per l'inaugurazione di un tratto della A3. (calabrianotizie.it/Alessandro Cai)

Belluno. Confindustria al Fisco: "C'è la crisi, basta caccia agli evasori". (ilgazzettino.it/Emiliano Sabadello)

Gioca a basket e fa pure canestro. Scoperto l'Einstein dei pesci rossi. (adnkronos.com/Manuel Pica)

Cento piccioni si schiantano a Barletta, disposta autopsia virus. (blitzquotidiano.it/Emiliano Sabadello)

Pilates

1. Butti (Pdl): "Mi domando a questo punto se la presenza di Belpietro e di Ghedini non rischi di legittimare questo genere di trasmissioni. Forse è giunto il momento di evitare che autorevoli giornalisti ed esponenti di questa maggioranza di governo partecipino ad *Annozero*".
2. Butti (Pdl): "Ad *Annozero* facciamo sempre figure di merda". (Andrea Michielotto)

1. Napolitano: "I mezzi di comunicazione e noi stessi che lavoriamo nelle istituzioni siamo spesso troppo assorbiti dai comportamenti litigiosi o comunque poco cooperativi che caratterizzano la nostra società politica e non guardiamo con sufficiente attenzione alle espressioni della nostra società civile".
2. Napolitano: "Quando sono costretto ad esprimere un giudizio lo spalmo in modo tale che non si capisca un cazzo". (Andrea Canavesi)

1. Bonaiuti: "Mafia attacca Berlusconi perché il governo la combatte".

2. Bonaiuti: “Mafia attacca Berlusconi perché il governo non ha mantenuto le promesse sulla riduzione del 41 bis e non è riuscita a far passare l’emendamento truffa sulla rivendita dei beni confiscati ai boss”. (Aldo Benassi)

1. No-B day, Follini: “Perché tutte queste adesioni dal Pd?”.
2. No-B day, Follini: “Perché nel Pd c’è così tanta gente contraria a Berlusconi?”. (Andrea Michielotto)

1. Marcello Lippi sul girone dell’Italia ai mondiali: “Bisogna essere realisti, verificare valore e caratteristiche delle nostre avversarie e prepararci ad affrontarle. Sono collettivi che hanno dimostrato grande valore bisogna affrontarli con il massimo dell’attenzione. Essere abbastanza soddisfatti non significa considerare il girone facile”.
2. Marcello Lippi: “Che culo!”. (Giovanni Cavallo)

1. Bersani: “Vedo nella manifestazione di sabato la possibilità che prendano voce nuovi protagonisti della democrazia capaci di dare il loro libero e autonomo contributo alla difesa dei valori fondamentali della Costituzione, di fatto sviliti e deformati dalla destra guidata da Berlusconi”.
2. Bersani: “Vedo nella manifestazione di sabato il rischio che prendano voce nuovi protagonisti della democrazia che voteranno Idv alle prossime elezioni”. (Marco Ferrara)

1. Berlusconi: “Con Fini nessuna competizione”.
2. Berlusconi: “Ho un potere economico che Fini nemmeno si sogna, controllo o influenzo quasi tutta l’informazione e dispongo di fedeli e compatte schiere di parlamentari pronte a servirmi oltremisura. Perché dovrei ingaggiare un’aperta competizione con Fini rischiando di perdere? Giocherò sporco come ho sempre fatto”. (Marco Ferrara)

5 dicembre

Berlusconi contro *Annozero*: “Sono andati addirittura in Inghilterra a cercare Mills, hanno realizzato addirittura un film in una trasmissione”. Come, come? Si spendono così i soldi degli italiani? È un abuso! Io credevo che il canone servisse per far lavorare le sue zoccole. (Massimo Unali)

Pavia. Rapina in banca, bottino da 100.000 euro. Io ho l’alibi, purtroppo. (Davide Maugeri)

Parallele

Il No-B day? È contro Bersani. (ilgiornale.it/Davide Marzorati)

1. Tanzi: "Mai avuto un caveau né quadri preziosi". (repubblica.it)
2. Scoperto il caveau di Tanzi. Sequestrati dipinti da 100 mln. (repubblica.it/Roberto Nadalin)

1. Thailandia: transessuale tradito uccide il compagno tranciandogli il pene con un morso. (blitzquotidiano.it)
2. Usa: donna tradita incolla il pene all'amante. (blitzquotidiano.it)
3. Oxford: ubriaco si taglia il pene da solo. (blitzquotidiano.it/Silvio Perfetti)

Irlanda. Fedeli si bruciano gli occhi per vedere la Madonna. (blitzquotidiano.it/Silvio Perfetti)

1. Il senatore Usa Cantwell: "Ho seri dubbi sul sistema giudiziario italiano". (adnkronos.com)
2. Bobby Woods, un uomo di quarantaquattro anni gravemente ritardato mentale, è stato messo a morte in Texas. (corriere.it/Tito Darca)

Carnac

1. Dell'Utri: "Questo pentito vuole solo buttare giù il governo!".
2. On. Dell'Utri, cosa pensa di Fini? (Domenico Monaco)

6 dicembre

Parallele

1. Luttazzi torna in tv e sono solo insulti. (Aldo Grasso, "Corriere della Sera")
2. Ho visto il divertente film di Checco Zalone. (Aldo Grasso, "Corriere della Sera"/Aldo Trevisan)

7 dicembre

Kakà: "Al Real non ci divertiamo". Alla Fiat invece è un orgasmo continuo! (Giuseppe Caivano)

Scala, alla prima un minuto di silenzio per i cassintegrati. Il sindaco Letizia Moratti: "Sicuramente gesti come questo hanno un significato". Certo: sarcasmo. (Federico Ferrara)

Parallele

Belluno. Voleva sciare sotto la luna piena, parroco sessantacinquenne travolto da una valanga. (ilgazzettino.it/Marco Ferrara)

In chiesa tre battesimi e il funerale alla stessa ora. Sottotitolo: Festa e lacrime a Montorio, ma il pasticcio del parroco fa infuriare i genitori dei bambini. ("il Centro"/Mauro Di Nicola)

8 dicembre

Valeria Marini: "Coltivo il sogno della regia, prima o poi ci riuscirò". Sì, ma non dimenticare che prima di tutto sei una stilista, Valeria. (Nazareno Lutzu)

Anche Van Gogh e Picasso nel tesoro di Tanzi scoperto dalla GdF. Le opere sono talmente belle e preziose che prima di fare irruzione i finanzieri hanno pagato il biglietto. (Marco Monguzzi)

Parallele

1. Berlusconi: "I fatti di questi giorni provano la nostra lotta alla mafia". (repubblica.it)
2. "Processo breve esteso ai reati per mafia". (repubblica.it/Pier Giuseppe Giunta)

Assurda tragedia in Cina: scivola dalle scale, otto morti. (corriere.it/Massimo Mirandola)

9 dicembre

Parallele

Malesia. Vanno con prostitute, si svegliano senza un rene. (blitzquotidiano.it/Alessandro Cai)

Addestratore masturbava i cani: assolto. (blitzquotidiano.it/Alessandro Cai)

Usa. Litiga col compagno e lo picchia con la bistecca. (leggo.it/Stefano Malandrino)

L'uomo più fortunato del mondo: due balzi ed evita due treni in pochi secondi. (ilgazzettino.it/Emiliano Sabadello)

Padova. "Mamma la lavatrice è guasta": ci aveva nascosto 12 chili di eroina. (ilgazzettino.it/Emiliano Sabadello)

Pilates

1. Alfano: "La mafia è già in ginocchio, ora vogliamo stenderla a terra".
2. Alfano: "L'enorme giro d'affari creati dal ponte sullo Stretto, lo Scudo fiscale per ripulire capitali illeciti, il ddl sulle intercettazioni che bloccherà le indagini per reati come estorsione, usura, infiltrazione in appalti pubblici, le aste dove ricomprare tramite dei prestanome i beni confiscati, forse anche l'estensione del processo breve ai reati di mafia: vi stiamo già pregando in ginocchio, cosa dobbiamo fare di più? Stenderci a terra?". (Marco Ferrara)

1. Binetti: "Resto nel partito ma guardando a Rutelli".
2. Binetti: "Resto nel Pd rompendo i coglioni". (Andrea Michielotto)

10 dicembre

Berlusconi: "La gente si chiede dove troverebbe un altro come me". In galera, presumibilmente. (Alessandro Cai)

Arrestate a Pistoia le maestre che maltrattavano i bambini all'asilo "Cip e Ciop", anche noto come asilo "Diaz". (Alessandro Casu)

Polemiche sul Nobel per la Pace che verrà consegnato domani a Barack Obama. Il portavoce della Casa Bianca commenta: "Il presidente è consapevole di non essere della stessa categoria di Madre Teresa". Si rende conto di non essere una suora morta... è già qualcosa. (Davide Passaia)

Parallele

Prova a fare il palloncino, ucciso dalla chewing gum. (leggo.it/Alberto Terragni)

1. Treviso. Dipendente-squillo in prefettura. (ilgazzettino.it)
2. Treviso. Ex operai aprono un sexy shop dopo essere stati licenziati dalla fabbrica. (ilgazzettino.it/Emiliano Sabadello)

11 dicembre

Ennesimo incendio di un campo rom. Inutile l'intervento dei passanti: "Era come se la benzina peggiorasse la situazione". (Luca Raffini)

Hitler aveva paura dei dentisti. Una volta, per disdire un'otturazione, invase la Polonia. (Andrea Miele)

Vladimir Luxuria ha comunicato che presto si farà tagliare il pene. Classico della sinistra. (Marco Manieri)

Parallele

Il terrore di Hitler? Era il suo dentista. (corriere.it/Giancarlo Gismondo)

1. All'Ateneo di Bari i topolini della Nasa. (repubblica.it)
2. Bari, topi nelle auto della Provincia. (corrieredelmezzogiorno.corriere.it/Fabio F. Matarrese)

Pilates

1. Alfano: "Mi pare assolutamente ineccepibile: Berlusconi è andato nell'assemblea del Ppe e ai colleghi del suo partito europeo ha raccontato ciò che gli sta succedendo in Italia".
2. Alfano: "Mi pare assolutamente ineccepibile: Berlusconi è andato nell'assemblea del Ppe e ai colleghi del suo partito europeo ha raccontato il casino istituzionale che sta facendo esplodere in Italia per evitare i processi". (Marco Ferrara)

12 dicembre

Il boss Graviano in aula: "Mai conosciuto Dell'Utri". Persino i mafiosi si vergognano di conoscere certa gente. (Sergio Piscini)

Da un recente libro si è scoperto che Hitler aveva il terrore del dentista. Ah, che sollievo, credevo di essere il solo. (Mattia F. Pappalardo)

13 dicembre

Il maestro presepiale napoletano, Marco Ferrigno, ha realizzato un presepe commemorativo per i terremotati dell'Aquila. Le riproduzioni sono così fedeli all'originale che l'artista non è riuscito a completare neanche mezzo progetto. (Federico Montironi)

Parallele

Treviso, autista in malattia guida gli autobus dei rivali. (leggo.it/Alberto Terragni)

Roma. Scopre la moglie con il giovane amante: marito in prognosi riservata dopo la lite. (ilgazzettino.it/Massimo Mirandola)

14 dicembre

Aggressione a Berlusconi. Bonaiuti: "Il premier è stanco e sofferente". I medici: "Si nutre con fatica". Beppino Englaro: "Potrebbe ancora avere dei figli". (Fausto Lombardi)

Berlusconi: "Io miracolato, solo qualche centimetro più su e avrei dovuto farmi dare un occhio da Emilio Fede". (Fabio Bellacicco)

L'aggressore di Berlusconi, Massimo Tartaglia, aveva in tasca anche un crocifisso e uno spray al peperoncino. Come se non avessimo già abbastanza problemi, noi seguaci del Cristo Speziato. (Mauro Truglio)

Venti giorni di prognosi. Berlusconi: "Peccato. Proprio ora che ero pronto a presentarmi in tribunale". (Massimo Vitturi)

Ricomparsa la bestia di Kandahar, un misterioso aereo senza pilota. Secondo i giornali il drone potrebbe essere impiegato dalle truppe statunitensi per missioni di sorveglianza di Cina, Iran, Pakistan. Un programma top secret, viste le implicazioni diplomatiche. Così top secret che mi raccomando, non dirlo a nessuno. (Federico Righi)

Parallele

A ruba il souvenir usato dall'aggressore. (repubblica.it/Marco Sciamanna)

Bonaiuti: "Purtroppo quel Duomo in faccia, che gli ha tolto le forze per qualche secondo, gli ridarà vigore per la campagna elettorale". (repubblica.it/Andrea Deiana) (Purtroppo?)

1. Da dieci anni in cura psichiatrica Tartaglia ha agito da solo. (repubblica.it)
2. Berlusconi aggredito: "Non mi fermeranno". (corriere.it/ Mauro Oliveri)

Scoppia la rissa in piazza della Pace, grave un diciottenne accoltellato al petto. (corriere.it/Federico Turri)

Pilates

1. La Russa: "È un episodio che mi inquieta perché così il clima si surriscalda e chi predica odio deve stare attento perché dalle parole ai fatti, abbiamo già visto in passato, la distanza non è poi così lunga".
2. La Russa: "La situazione si fa eccitante". (Marco Ferrara)

1. Maroni: "Berlusconi è fisicamente provato ma sereno".
2. Maroni: "Berlusconi è fisicamente provato ma soddisfatto dell'u-

so mediatico che ha saputo fare dell'avvenimento grazie alla sua eccezionale prontezza di riflessi". (Marco Ferrara)

15 dicembre

Parallele

Padova. Madre di tre figli fugge da casa per incontrare il suo idolo: Renato Zero. (gazzettino.it/Stefano Malandrino)

Inghilterra, muore sul go-kart strangolata dalla sciarpa. (liberonews.it/Antonio Pittelli)

Danimarca: colpito da infarto in diretta tv il fisico che contesta l'effetto serra. (corriere.it/Aldo Benassi)

1. Berlusconi: "La magistratura è una metastasi". ("la Repubblica")
2. Berlusconi: "Voto alla sinistra? Non ci sono tutti questi coglioni". ("la Repubblica")
3. Berlusconi: "Farabutti in tv, stampa e politica". ("la Repubblica")
4. Il premier: "Strozzerei chi ha scritto *La Piovra*". ("la Repubblica"/Davide Rossi)
5. Berlusconi resta in ospedale: "Voglio bene a tutti, perché mi odiano?". (agi.it/Davide Rossi)

Pilates

1. Cicchitto: "Campagna d'odio fomentata da 'Repubblica', *Annozero* e Travaglio".
2. Cicchitto: "L'aggressione dello psicolabile Tartaglia a Berlusconi è stata una gran botta di culo, possiamo prendercela con chi cazzo vogliamo. Se tutto va bene, potremo finalmente completare il disegno piduista della distruzione totale della democrazia in questo paese, fomentando il rischio di una guerra civile". (Aldo Benassi)

16 dicembre

Berlusconi: "L'amore vince sempre". Certe volte però anche un giudice corrotto aiuta. (Michele Incollu)

I medici: "Il presidente migliora, respira un po' a fatica

ma è lucido. Anzi, in questi giorni ci sta piacevolmente intrattenendo con i suoi ricordi di quando era medico". (Nicola Vialetto)

Mafia, maxisequestro a Palermo, nel mirino i supermercati dei Lo Piccolo. I primi sospetti dopo la scoperta di un salumiere che chiedeva a una cliente "Ho fatto tre etti. Che faccio, lascio?" tenendole la testa sull'affettatrice. (Andrea Artigiano)

Parallele

1. Iran, Khamenei minaccia: "L'opposizione sarà eliminata". ("Il Tempo")
2. Treviso, i giovani del Pdl: "Abolire Idv e Rifondazione". ("La Tribuna di Treviso"/Piergiuliano "Piero" Pusceddu)

Fermato uno psicolabile all'entrata dell'ospedale: voleva vedere il premier. (ilgiornale.it/luca cottinelli)

Malata di sesso dopo un incidente d'auto. (lastampa.it/Augusto Pizzuti)

Tagliano testa e genitali ad un ragazzo per rivenderli ad uno stregone. (blitzquotidiano.it/Alessandro Cai)

La moglie lo va a trovare e lui la impicca, tragedia in un carcere di Buenos Aires. (adnkronos.com/Alessandro Cai)

Premier, oggi dimissioni. (libero-news.it/Michele Sommariva)

Pilates

1. I medici trattengono Berlusconi: "Uscirà domani".
2. Il medico di Berlusconi: "Silvio ritiene che dopo il grande flusso di emotività popolare che gli ha permesso di recuperare molti punti percentuali, il dibattito politico stia tornando a sottolineare che una madonnina in faccia non giustifica lo sfascio delle istituzioni. Vedere Berlusconi in salute con un piccolo cerotto in viso porterebbe a disspipare l'emotività popolare raccolta grazie all'evento, quindi abbiamo concordato di tenerlo dentro ancora un po' per mantenere viva la compassione nei suoi confronti, nella speranza che i sondaggi ci mandino segnali ancora più confortanti. Comunque se riusciamo a tirar su altri 2 punti percentuali penso che domani potremmo dimetterlo". (Marco Poletto)

1. Romani sui tagli alla pubblicità: "Possibili diverse quote di affollamento laddove ci sono altri ricavi, come canone e abbonamento".

2. Romani sui tagli alla pubblicità: "Possibili diverse quote di affollamento laddove il maggiore azionista non è Presidente del mio partito". (Michele Incollu)

1. Cicchitto: "È da un partito come l'Idv, con il suo leader Di Pietro, che in questi giorni si sta evocando la violenza, come se volesse trasformare lo scontro politico in atto in guerra civile fredda, che coinvolge anche settori più giustizialisti del suo partito, caro onorevole Bersani".

2. Cicchitto: "Ehi, mi è venuta in mente una cosa. Se Rosy Bindi sposa Sandro Bondi...". (Matteo Poles)

17 dicembre

Don Verzè: "Berlusconi ha già perdonato l'aggressore". Deve aver visto i sondaggi. (Federico Graziani)

Parallele

1. Berlusconi: "Sì al dialogo con l'opposizione se prendono distanze da fomentatori".

2. Epimenide di Creta: "Tutti i cretesi sono bugiardi". (Marco Ferrara)

1. Pdl: patto democratico con Pd-Udc. ("Il Sole 24 Ore")

2. Fra qualche anno Casa delle libertà e Partito democratico si fonderanno per formare il nuovo Partito di centro. Il nuovo partito non avrà alcun programma. (Daniele Luttazzi/Marco Ritter)

Per Natale figli finti per genitori mancati. (blitzquotidiano.it/Marco Ferrara)

Mostra i seni alle auto: diciottenne investita e multata. (leggo.it/Stefano Malandrino)

Pilates

1. Berlusconi: "Se cambiano i toni, dolore non inutile".

2. Berlusconi: "Se cambiano i toni, ha funzionato". (Alessandro Cai)

1. D'Alema: "Ci sono delle similitudini tra il populismo di Berlusconi e quello di Di Pietro: sono speculari e si alimentano a vicenda".

2. D'Alema: "Ci sono delle similitudini tra il populismo di Berlusconi e quello di Di Pietro: io preferisco quello di Berlusconi". (Andrea Michielotto)

1. Cicchitto: "Non abbiamo fatto altro che ricordare quello che tutti gli italiani hanno avuto sotto gli occhi quotidianamente: una campagna di odio e di disprezzo contro Berlusconi".

2. Cicchitto: "Non abbiamo fatto altro che proseguire la campagna di odio e di disprezzo di Berlusconi contro chiunque si oppone legittimamente al suo tentativo ripetuto di evitare i processi". (Marco Ferrara)

1. Nota dell'Ufficio di Presidenza del Pdl: "C'è la necessità che la democrazia in Italia possa avvalersi di un patto democratico tra le maggiori forze politiche che segni chiaramente i confini della normale dialettica politica, pur a volte anche aspra, e apra una stagione nuova in cui una legittimazione reciproca tra le forze politiche conduca ad un abbandono di ogni scorciatoia giudiziaria, premessa indispensabile per una stagione di riforme costituzionali da lungo tempo attese, dalla giustizia alla forma di governo".

2. Nota dell'Ufficio di Presidenza del Pdl: "Ora che abbiamo risolto lo stretto immediato approvando la Finanziaria col voto di fiducia, c'è la necessità di non perdere altro tempo prezioso e tornare subito al dunque, cioè ai problemi di Berlusconi con la giustizia. Bisogna approfittare dell'unanimismo pietistico che siamo riusciti a creare intorno alla figura del premier e mettere all'angolo il Pd per l'ennesima e forse ultima, definitiva volta. Il Pd ha detto di volere la mozione condivisa sulle riforme utili per il paese sapendo benissimo che noi queste riforme non abbiamo nessuna intenzione di farle. Il Pd ha avallato l'operazione mediatica con la quale abbiamo trasformato Berlusconi da vittima di uno squilibrato solitario a martire di un'immaginaria campagna d'odio sapendo benissimo che questa è una spudorata manipolazione dei fatti. Ehi, ha addirittura isolato Rosy Bindi che trovava tutto ciò assurdo e tentava di fare discorsi secondo ragione, dandoci così la possibilità di identificare immediatamente nel Pd un fronte assimilabile al presunto estremismo dell'Idv! A questo punto dobbiamo solo sciogliere il gioco e tirare le fila ponendo la nostra condizione, quella di sempre: salvare Berlusconi dai processi. Il Pd la rifiuterà e così noi potremo accusarlo automaticamente di rinfocolare l'odio, di destabilizzare il paese e di volere praticamente la morte di Berlusconi, innestando una conseguente escalation della crisi istituzionale dagli esiti imprevedibili. Può sembrarvi spaventoso e in effetti è proprio quello che vogliamo che sembri, perché, nonostante tutto, non è quello che più ci conviene. In questo caso infatti si potrebbe creare un ampio fronte politico messo su apposta per impedirci di sfasciare lo stato di diritto. Noi in realtà puntiamo a una seconda possibilità, quella che la logica razionale escluderebbe, ma non la paradossale, masochistica, logica veltroniana che ormai costituisce la cifra peculiare del Pd: spaventati dal-

la prima possibilità e incapaci di accettare il loro fallimento politico, quelli del Pd cincischieranno per un po', facendo finta di non capire e dicendosi disposti a discutere nel merito le nostre generiche proposte, poi, lambiccandosi con mille distinguo e lacerandosi con mille polemiche interne, cominceranno a collaborare, e infine ci faranno fare quello che vogliamo. Noi gli daremo l'illusione di rinunciare a qualcosa per favorire il compromesso e di apprezzare il loro senso di responsabilità per aver voluto riportare la tranquillità nel paese evitando l'escalation della crisi istituzionale. E loro se ne vanteranno addirittura. E noi, a questo punto, li lasceremo fare, non avremo più bisogno di ribaltare tutto e prendercene il merito, perché ormai non avremo più nessun partito d'opposizione di cui preoccuparci". (Marco Ferrara)

18 dicembre

Al vertice di Copenhagen raggiunto uno storico accordo per ridurre di 2 gradi centigradi la temperatura globale. Ma basta un piccolo gesto per cambiare le cose. Io ad esempio lascio un paio d'ore al giorno il frigorifero aperto. (Paolo Ingraito)

Parallele

"Perché il Pd teme Cristo?" (lastampa.it/Michele Incollu)

1. Rifiuti: fine emergenza in Campania. (ansa.it)
2. Emergenza rifiuti finita: ecco come il governo ha ripulito la Campania. (ilgiornale.it/Michele Incollu)

1. D'Alema: "Ci sono delle similitudini tra il populismo di Berlusconi e quello di Di Pietro: sono speculari e si alimentano a vicenda".
2. D'Alema: "Ci sono delle similitudini tra il populismo di Berlusconi e quello di Di Pietro: entrambi stanno togliendo voti al Pd". (Luca Zanotti)

Lancia il telecomando alla moglie e la uccide. (leggonline.it/Albert Huliselan Canepa)

Cassazione: fare la linguaccia è reato. (ansa.it/Francesco Dibenedetto)

Conficca 40 aghi nel corpo del figlio di due anni per vendicarsi della moglie. (ilgazzettino.it/Antonio Pittelli)

Madre shock su Twitter: "Mio figlio sta annegando!". (leggo.it/Marco Bressanini)

19 dicembre

Parallele

Pordenone. Marito tradito chiede 25.000 euro all'amante della moglie. (ilgazzettino.it/Emiliano Sabadello)

20 dicembre

Riconosciute le virtù eroiche di Wojtyla. Manca solo un miracolo per la beatificazione. La scelta sarà tra la guarigione di una suora e il mancato arresto di Marcinkus. (Michele Incollu)

Inghilterra: ubriaco ruba un autobus e fugge per un'ora. Gli amici gli avevano detto: "Sei troppo sbronzo per andare in macchina, prendi l'autobus". (Stefano Saporito)

Il Papa: "Il Natale non è una favola per bambini. Maria ha chiavato, ok?". (Annarosa Trotta)

Svolta verde del Vaticano, costruirà la più grande centrale solare d'Europa. Sarà un gigantesco prato senza pannelli. Perché se non si vedono, non vuol dire che non esistano. (Andrea Miele)

Parallele

Il dog trainer: "Il miglior cane per un bimbo? Il pitbull". (corriere.it/Alessandro Cai)

1. Berlusconi: "Quest'opera l'abbiamo iniziata noi, l'alta velocità è una modernizzazione del Paese". (la stampa.it)
2. Moretti: "Avevamo un grande sogno che oggi si è realizzato, dotare il nostro Paese di un sistema moderno ad alta velocità ed alta capacità per servire i cittadini nel migliore dei modi". (la stampa.it)
3. Frecciarossa nel mirino della Procura di Torino. I disagi lamentati nei giorni scorsi dai passeggeri del nuovo treno ad alta velocità hanno spinto il pm Raffaele Guariniello ad aprire un fascicolo conoscitivo. (la stampa.it/Tito Darca)

1. Berlusconi: “Se si dice che sono un tiranno, è chiaro che in qualche mente labile possa sorgere il convincimento che essere tirannicidi vuol dire essere degli eroi nazionali”. (unita.it)

2. Berlusconi sul governo Prodi: “Ci vorrebbe un regicidio”. (“la Repubblica”/Davide Barile)

Pilates

1. Pieraccioni: “Il mio non è un film di Natale”.

2. Pieraccioni: “Il mio non è un film”. (Davide Passaia)

VACANZE NATALIZIE

Gennaio 2010

7 gennaio

Berlusconi è riapparso senza bende in pubblico. "E il sepolcro è vuoto!" dice la Maddalena. (Andrea Sesta)

Papa: "La scienza da sola non basta a comprendere la realtà". Ma è sufficiente per smascherare chi, da sempre, sfrutta le paure e le sofferenze della gente per rinforzare la casta clericale ponendola su di un piano privilegiato di esenzioni da obblighi dovuti allo Stato in cui vivono e di cui sfruttano i servizi, avendo così una decisiva influenza non solo sul comportamento individuale della gente, ma addirittura sulle decisioni politiche ed economiche di un paese, facendosi scudo della schiera di fedeli il cui modo di pensare e la cui libertà di comportamento viene plasmata sin dall'infanzia dapprima con l'educazione nelle scuole, poi con quella nelle ore di catechesi, fino ad arrivare alla diffusione mediatica tramite giornali di proprietà e intere trasmissioni in tv. Amen. (Alessandro Cai)

Morto l'uomo sopravvissuto a due atomiche. Senza costringerci a lanciarne una terza. (Fabrizio Bartoloni)

Berlusconi: "Nel 2010 riformerò la giustizia, la scuola e il fisco". Non pensavo avesse problemi pure a scuola. (Roberto Nadalin)

Definiti i criteri per i siti nucleari: zona asismica, grandi spazi aperti e un comune da rovinare per sempre. (Davide Marzorati)

Il Papa: "Presunzione e sicurezza non fanno incontrare Dio". Basta solo un po' di immaginazione. (Davide Rossi)

Maltempo in Toscana, il lago caro a Puccini ora fa paura. La Protezione civile: "Nessun dorma". (Augusto Rasori)

Feltri su Fini: "Poveretto, soffre perché comanda Silvio. Non è come me che sono direttore e prendo le decisioni...". (Raf Guarino)

Scoperta in Pakistan una scuola per giovani kamikaze. Dopo l'esame di fine anno, a guardare i tabelloni dei risultati c'erano solo gli alunni bocciati. (Andrea Michielotto)

Il prossimo film di Stallone è così violento che mentre recitava si è fratturato il collo. Ed era la scena di sesso. (Ernesto Montale)

Flavio Tosi: "Balotelli è un ragazzino immaturo e presuntuoso. Non vorrei che i tifosi finissero per fischiarlo per il suo atteggiamento, dimenticandosi di fischiarlo perché è negro". (Davide Rossi)

Parallele

Si tuffa ma il lago era ghiacciato. (repubblica.it/Emiliano Sabadello)

'Ndrangheta: cominciato vertice con Maroni e Alfano. (corriere.it/Peppe Clemente)

FRECCIAROSSA

1. Roberto Formigoni, sul treno di prova sulla linea Alta Velocità Milano-Roma, ha commentato: "Questo è un grande passo avanti per il sistema dei trasporti italiani". Ma i clienti di Trenitalia dovranno aspettare fino al prossimo 14 dicembre prima di poter apprezzare i vantaggi del collegamento superveloce tra Milano e Roma. (panorama.it, 24 marzo 2009)

2. Mauro Moretti annuncia che dal 13 dicembre prossimo sarà possibile percorrere sul Frecciarossa la Roma-Milano in due ore e 59 minuti. (ansa.it, 28 Ottobre 2009)

3. Alta velocità, debutta la Torino-Salerno, premier: "Noi i fatti, gli altri le menzogne". Berlusconi: "Tra poche settimane al via il ponte sullo Stretto di Messina". ("il Messaggero", 5 dicembre 2009)

4. Treno Frecciarossa, debutto con imprevisto per un guasto. ("Il Resto del Carlino", 14 dicembre 2009)

5. La Frecciarossa è diventata grigia. Sull'alta velocità Milano-Roma debutta un vecchio treno. Si corre a 300 all'ora, ma tra scossoni e scricchiolii. ("La Stampa", 15 dicembre 2009)

6. Frecciarossa al rallentatore. Stanno peggio i pendolari. ("l'Unità", 16 dicembre 2009)

7. Frecciarossa, altro che 37 minuti per Firenze ritardi di oltre un'ora. ("la Repubblica", 18 Dicembre 2009)

8. Ferrovie: disagi sui Frecciarossa, pm Guariniello indaga. (ansa.it, 20 dicembre 2009)

9. Il Frecciarossa fermo in galleria per un'ora per il freddo. ("Il Messaggero", 21 dicembre 2009)

10. Dentro il caos Frecciarossa. Ecco l'incubo Milano-Roma. Nelle ore del maltempo il viaggio in treno è un'odissea. I passeggeri di tre treni salgono sullo stesso convoglio. Saltano le centraline elettriche. E il ristorante è sotto assedio. ("Il Sole 24 Ore", 23 Dicembre 2009)

11. Frecciarossa, partenza lenta in ritardo il 70% dei convogli. (repubblica.it, 7 Gennaio 2010/Fabrizio Congiu)

Il marito dell'anno fugge con una diciannovenne tre mesi dopo le nozze. (corriere.it/Antonio Pittelli)

La Gioconda? Ha il colesterolo alto. (corriere.it/Davide Marzorati)

Ambulanza parte con portellone aperto: malato sbalza fuori e muore. (adnkronos.com/Nicola Congiu)

Vicenza. Gli danno la carta di credito per le bollette, lui va alla lap dance (ilgazzettino.it/Albert Huliselan Canepa)

Trento: non paga il francobollo, non le inviano il pap test positivo. (blitzquotidiano.it/Albert Huliselan Canepa)

Denti di cannabis per portare droga in carcere. (ilgiornale.it/Albert Huliselan Canepa)

Papa: "Uomo troppo sicuro di sé". (tgcom-mediaset.it/Albert Huliselan Canepa)

Usa, il panino non le piace, aggredisce la cassiera. (repubblica.it/Augusto Pizzuti)

Pilates

1. Casini: "Berlusconi non va lasciato solo, va accompagnato".
2. Casini: "A Berlusconi serve una badante". (Andrea Michielotto)

1. Berlusconi: "Il 2010 sarà l'Anno delle Riforme".
2. Berlusconi: "Il 2009 è stato l'Anno delle Troie". (Andrea Michielotto)

1. Bersani: "Cerchiamo alleanze per non cedere regioni alla destra".
2. Bersani: "Oramai non contiamo più un cazzo". (Luca Coiro)

8 gennaio

Le donne incinte possono passare dal body scanner? Lo scoprirete nella prossima enciclica. (Andrea Sesta)

Inquirente: "Perché hai lanciato un modellino del Duomo di Milano?".

Tartaglia: "Perché quello vero non sono riuscito a sollevarlo". (Riccardo Castelli)

Spari e scontri a Rosarno, in provincia di Reggio Calabria. Maroni: "In tutti questi anni c'è stata troppa tolleranza verso gli schiavi". (Francesco Turri)

Il ministero della Salute è pronto a realizzare un'analisi approfondita sugli effetti delle radiazioni dei body scanner. Già pronti nove milioni di vaccini. (Pietro Borrelli)

Body scanner scopre tumore a terrorista talebano e gli salva la vita. (Francesco Dibenedetto)

In Olanda si infittiscono i controlli per i voli verso gli Usa: scanner che analizzano tutto il corpo. Non si sa se funzionano bene, ma Pamela Anderson è ferma da tre giorni in aeroporto. (Mattia F. Pappalardo)

Fa talmente freddo che Berlusconi si è fatto tirare addosso una caldarrosta. (Giancarlo Gismondo)

Un anatomopatologo ha analizzato il volto della Gioconda e ha scoperto che aveva il colesterolo alto. Con la stessa tecnica ha rivelato che l'uomo ritratto nell'*Urlo* di Munch aveva appena preso un calcio nelle palle. (Andrea Michielotto)

Baby campione e dopato: "Così mi davano di tutto". Era così pieno di farmaci che sembrava l'armadietto della Juve. (Alessandro Cai)

Parallele

Dall'Inghilterra arriva l'alcol analcolico (romagnaoggi.it/Fabrizio Corazza)

1. Nuova strategia contro l'obesità: far bruciare più energia ai muscoli (corriere.it)
2. Miami, playmate trovata bruciata in una discarica. (corriere.it, NOTIZIA ACCANTO!/Ernesto Montale)

Mosley: "Se Briatore non sarà punito crollerà la credibilità della Formula 1" (ilgazzettino.it/Andrea Deiana)

Afghanistan, marines sparano ai talebani con l'iPhone (tg com-mediaset.it/Silvio Perfetti)

1. Della Vedova: "In tempi di crisi i destini degli imprenditori e dei lavoratori si cementificano". (*Omnibus*, con unione delle mani inclusa)
2. Cassa integrazione, è boom nel 2009 aumento del 311%. (repubblica.it)

Fiorentino in crisi cassa integrazione. (repubblica.it)
Venezia. 600 operai bloccano la Romea: "Soldi per i giocatori ma non per noi". (ilgazzettino.it/8 gennaio 2010)
Chiusa Fashion Town e scattano i licenziamenti. (repubblica.it)
La Fiat diserta il vertice. Gli operai: uno schiaffo. (repubblica.it)
Precari Ispra, anche Capodanno sul tetto. (corriere.it)
Pomigliano, la Fiat licenzia 38 precari. (repubblica.it)
Occupazione, Natale di crisi "Senza lavoro in 300.000". (corriere.it)
Siltal in liquidazione, 210 dipendenti a casa. (corriere.it)
Gesac, i licenziamenti nel silenzio generale. (repubblica.it)
Lavoratori contro i licenziamenti. Occupata la sede dell'Agile. (repubblica.it)
"In alcuni casi le aziende devono ristrutturare e i licenziamenti so-

no inevitabili." Anna Maria Artoni, presidente di Confindustria Emilia-Romagna (repubblica.it/Emiliano Sabadello)

9 gennaio

Provvedimenti razzisti a livello governativo, manipolazione mediatica dei fatti di Rosarno: l'Italia è diventata un Paese così razzista e intollerante che sembra di essere tornati indietro a prima di Natale. (Richi Selva)

Gelmini: "La percentuale massima di alunni con cittadinanza non italiana per ogni classe non potrà superare il 30 per cento". Previsti anche posti riservati sugli scuolabus. (Alessandro Bielli)

Addio a Beniamino Placido, giornalista e intellettuale. Ezio Mauro: "Indicava una strada". Se gliela chiedevi. (Emiliano Sabadello)

Il Papa: "Non fidatevi dei maghi". In effetti mi è sempre puzzata la storia di quel tizio che moltiplicava i pani e i pesci e trasformava l'acqua in vino. (Andrea Di Nello)

Arrestato l'uomo che ha eluso tutti i controlli di sicurezza dell'aeroporto di Newark, scatenando il panico per ore, pur di poter baciare la sua ragazza. Be', se non gliela dà adesso... (Fabio Bellacicco)

Nuova violenza a Rosarno: spari, ferito un immigrato. E tutto ciò nonostante il monito di Napolitano. (Alessandro Cai)

A Rosarno, Reggio Calabria, è ormai caccia all'immigrato da parte degli abitanti. Borghezio sorpreso: "Non sono poi così male, questi terroni". (Maurizio Cecconi)

Il grattacielo Burj di Dubai è così alto che per far partire l'ascensore è necessario l'ok da Houston. (Francesco Dibenedetto)

Parallele

Casellante prende a sprangate un'auto. (frnotizie.it/Franco Dibba)

Sondrio, rubata dal presepe la statuetta di Mike Bongiorno. ("la Repubblica"/Fabrizio Congiu)

Gemelli nascono da padre morto. (leggo.it/Emiliano Sabadello)

Ma questa volta... HANNO RAGIONE I NEGRI. ("Il Giornale"/Cesare Lazzini)

Pilates

1. Di Pietro: "Berlusconi porti in Parlamento l'equità fiscale e noi voteremo a favore".
2. Di Pietro: "Berlusconi porti in Parlamento un cane blu che canta *Stardust*, suonando il piano, e noi voteremo la sua riforma". (Giovanni Cavallo)

1. Ratzinger: "La scienza da sola non basta a comprendere la realtà".
2. Ratzinger: "Dio gioca a dadi". (Antonio Pittelli)

1. Bonaiuti: "Non faremo tagli una tantum".
2. Bonaiuti: "Questa invenzione dei tagli delle tasse è una cazzata. Non possiamo permettercelo, visto che stiamo con le pezze al culo. Stiamo insistendo tanto perché è l'unico modo per Berlusconi di fare leva sul popolino in modo che vengano approvate le ennesime leggi ad personam cosicché la nostra azione di governo, che in realtà consiste nel fare quel che cazzo ci pare con lo stato di diritto, possa continuare senza nessun tipo di ostacolo". (Aldo Benassi)

10 gennaio

Las Vegas. Presentata una bambola gonfiabile estremamente realistica: si muove, parla, interagisce, e tua madre la odia. (Nicola Congiu)

Rosarno: i clandestini prelevati e portati in altre città. In pratica stanno usando lo stesso piano dell'emergenza rifiuti. (Alberto Terragni)

Sembra che il Viagra possa essere sostituito dagli ultrasuoni. Primi test anche in Italia. Spiegato il motivo dell'assurda irrequietezza dei cani ad Arcore. (Stefano Saporito)

E dell'assurda irrequietezza di Bondi. (Francesco Chiesa)

Dopo aver cacciato i clandestini a Rosarno non c'è più nessun disgraziato che raccolga la frutta a un salario da fame. In un modo o nell'altro 'sti negri riescono comunque a creare problemi. (Pietro Borrelli)

Creata "sexy robot" con cinque personalità diverse. Oh, perfetto: mi serviva proprio una bambola gonfiabile schizofrenica. (Davide Barile)

Brescia: trovato virus A in gatti morti. Topo Gigio e il suo dannato conflitto di interessi. (Mauro Truglio)

Un senatore democratico è finito nella bufera per aver detto che "Obama non ha l'accento da negro". Il senatore si è poi scusato col presidente: "Ascoltando meglio mi sono accorto che l'accento da negro ce l'ha". (Davide Rossi)

"Victoria Beckham è affetta da shopping compulsivo," ha affermato il terzo psicologo che ha comprato in questa settimana. (Giovanni Cavallo)

Parallele

Sparò a Wojtyla, ora è pronto a una vita da star. (lastampa.it/Alessandro Cai)

1. Woods: ferito gravemente in incidente col suv. (ansa.it)
Woods: ferito in casa dalla moglie, non dal suv. (ansa.it)
Woods: crisi coniugale. (ansa.it)
Woods: cancella tutti i tornei del 2009. (ansa.it)
Woods: si pente, ho tradito famiglia. (ansa.it)
Woods: la suocera in ospedale. (ansa.it)
Woods: scompare dagli spot Usa. (ansa.it)
Woods: nuovi guai, anche doping?. (ansa.it)

Woods: moglie lo lascia. (ansa.it)
Woods: spuntano foto hard. (ansa.it)
Woods: ora è anche bisex. (il messaggero.it)
2. La parola del 2009 è... "TWEET". (ansa.it/Annarosa Trotta)

1. Con buon senso e attenzione nell'arco di tre-quattro anni ridurremo la pressione fiscale dal 47% al 35%. (Silvio Berlusconi, *Porta a Porta*, 9 aprile 2001)
2. L'Irpef sarà portata al 33% per i redditi sopra i 200 milioni. (Silvio Berlusconi, "Corriere della Sera", 22 aprile 2001)
3. Meno tasse dal 2003. (Silvio Berlusconi, "Il Messaggero", 5 maggio 2002)
4. Tasse più leggere nel 2004. (Silvio Berlusconi, Forum executive del Tesoro, 25 luglio 2002)
5. Confermo, meno tasse entro il 2005. (Silvio Berlusconi, "La Stampa", 3 aprile 2004)
6. ...per garantire entro la legislatura la riduzione delle aliquote del 33% e 23% come promesso nel contratto con gli italiani. (Silvio Berlusconi, cronaca Ansa 10 maggio 2004)
7. Conto di ridurre l'aliquota massima delle imposte al dal 45 al 33%. (Silvio Berlusconi, 30 marzo 2004)
8. Le aliquote saranno tre: 23, 33 e 39%. (Silvio Berlusconi, 11 settembre 2004)
9. La quarta aliquota fiscale sarà cancellata il prossimo anno, ridurremo le tasse del 40%. (Silvio Berlusconi, "la Repubblica", 16 marzo 2005)
10. Sogno una vera riforma tributaria, con due sole aliquote: 22 e 33%. (Silvio Berlusconi, 9 gennaio 2010/Peppe Clemente)

Pilates

Fa così freddo che le iguane cadono congelate a terra. (corriere.it/Roberto Colucci)

1. Maroni, immigrati: "Applicheremo le leggi".
2. Maroni, immigrati: "Applicheremo le leggi razziali". (Pier Giuseppe Giunta)

1. Bersani: "Emma è una fuoriclasse".
2. Bersani: "Siamo alla frutta". (Marco Bressanini)

11 gennaio

Massimo Moratti sorpreso a fare l'elemosina a un mendicante. Ma neanche il mendicante sa cosa farsene, di Quaresma. (Alberto Terragni)

Oliver Stone: “Hitler? Un facile capro espiatorio”. Cos’è, un modo per convincerci che non è poi così male intitolare una via a Craxi? (Stefano Malandrino)

A Las Vegas consegnati gli AVN Awards, gli Oscar del Porno. La statuetta per la migliore scena anale è stata tirata fuori da Sasha Gray. (Daniela Ranieri)

McDonald’s vuole ridurre l’emissione di metano generata dalle flatulenze bovine. Infatti “per produrre un solo hamburger vengono generati 3,1 kg di anidride carbonica”. Per produrlo. E per digerirlo? (Denis Dorato)

Piove così tanto che gli animali si stanno allineando in fila per due. (Enzo Brunone)

“Presidenziali Croazia. Dopo la sconfitta della destra al primo turno, Josipovic (centrosinistra) vince il ballottaggio con Bandic (indipendente ed ex centrosinistra).” Ecco cosa succede, nei Paesi che non hanno D’Alema. (Giovanni Cavallo)

Marchionne su Termini Imerese: “Il problema è strutturale, l’unico modo per risolverlo sarebbe spostare la Sicilia e metterla vicino a Piemonte o Lombardia”. O alla Polonia. (Giovanni Barone)

Spende diecimila sterline per diventare Jessica Rabbit: “L’ho fatto per mio marito. Ne aveva spese ventimila per diventare un coniglio”. (Augusto Rasori)

Secondo scienziati inglesi non esiste il punto G. Già tramontato dunque uno dei miei propositi per l’anno nuovo. (Vittorio Giordano)

Parallele

1. Berlusconi: “Mai fatto leggi ad personam”. (lastampa.it)
2. a) Legge n. 367/2001. Rogatorie internazionali. Limita l’utilizzabi-

lità delle prove acquisite attraverso una rogatoria. La nuova disciplina ha lo scopo di coprire i movimenti illeciti sui conti svizzeri effettuati da Cesare Previti e Renato Squillante, al centro del processo "Sme-Ariosto 1" (corruzione in atti giudiziari).

b) Legge n. 383/2001 (cosiddetta "Tremonti bis"). Abolizione dell'imposta su successioni e donazioni per grandi patrimoni. (Il governo dell'Ulivo l'aveva abolita per patrimoni fino a 350 milioni di lire.)

c) Legge n. 61/2001 (Riforma del diritto societario). Depenalizzazione del falso in bilancio. La nuova disciplina del falso in bilancio consente a Berlusconi di essere assolto perché "il fatto non è più previsto dalla legge come reato" nei processi "All Iberian 2" e "Sme-Ariosto 2".

d) Legge n. 248/2002 (cosiddetta "legge Cirami sul legittimo sospetto"). Introduce il "legittimo sospetto" sull'imparzialità del giudice, quale causa di ricusazione e trasferimento del processo. (...) La norma è sistematicamente invocata dagli avvocati di Berlusconi e Previti nei processi che li vedono imputati.

e) Decreto legge n. 282/2002 (cosiddetto "decreto salva-calcio"). Introduce una norma che consente alle società sportive (tra cui il Milan) di diluire le svalutazioni dei giocatori sui bilanci in un arco di dieci anni, con importanti benefici economici in termini fiscali.

f) Legge n. 289/2002 (Legge finanziaria 2003). Condono fiscale. A beneficiare del condono "tombale" anche le imprese del gruppo Mediaset.

g) Legge n. 140/2003 (cosiddetto "Lodo Schifani"). È il primo tentativo per rendere immune Silvio Berlusconi. Introduce il divieto di sottomissione a processi delle cinque più alte cariche dello Stato (presidenti della Repubblica, della Corte Costituzionale, del Senato, della Camera, del Consiglio). La legge è dichiarata incostituzionale dalla sentenza della Consulta n. 13 del 2004.

h) Decreto-legge n. 352/2003 (cosiddetto "Decreto-salva Rete 4"). Introduce una norma ad hoc per consentire a Rete 4 di continuare a trasmettere in analogico.

i) Legge n. 350/2003 (Finanziaria 2004). Legge 311/2004 (Finanziaria 2005). Nelle norme sul digitale terrestre, è introdotto un incentivo statale all'acquisto di decoder. A beneficiare in forma prevalente dell'incentivo è la società Solari.com, il principale distributore in Italia dei decoder digitali Amstrad del tipo "Mhp". La società controllata al 51% da Paolo e Alessia Berlusconi.

l) Legge n. 112/2004 (cosiddetta "Legge Gasparri"). Riordino del sistema radiotelevisivo e delle comunicazioni. Introduce il Sistema integrato delle comunicazioni. Scriverà il capo dello Stato, Carlo Azeglio Ciampi: "Il sistema integrato delle comunicazioni (Sic) – assunto dalla legge in esame come base di riferimento per il calcolo dei ricavi dei singoli operatori di comunicazione – potrebbe consentire, a causa della sua dimensione, a chi ne detenga il 20% di disporre di strumenti di comunicazione in misura tale da dar luogo alla formazione di posizioni dominanti".

m) Legge n. 308/2004. Estensione del condono edilizio alle aree protette. Nella scia del condono edilizio introdotto dal decreto legge n. 269/2003, la nuova disciplina ammette le zone protette tra le aree condonabili. E quindi anche alle aree di Villa Certosa di proprietà della famiglia Berlusconi.

n) Legge n. 251/2005 (cosiddetta "ex Cirielli"). Introduce una riduzione dei termini di prescrizione. La norma consente l'estinzione per prescrizione dei reati di corruzione in atti giudiziari e falso in bilancio nei processi "Lodo Mondadori", "Lentini", "Diritti tv Mediaset".

o) Decreto legislativo n. 252 del 2005 (Testo unico della previdenza complementare). Nella scia della riforma della previdenza complementare, si inseriscono norme che favoriscono fiscalmente la previdenza integrativa individuale, a beneficio anche delle società assicurative di proprietà della famiglia Berlusconi.

p) Legge n. 46/2006 (cosiddetta "legge Pecorella"). Introduce l'inappellabilità da parte del pubblico ministero per le sole sentenze di proscioglimento. La Corte Costituzionale la dichiara parzialmente incostituzionale con la sentenza n. 26 del 2007.

q) Legge n. 124/2008 (cosiddetto "Lodo Alfano"). Ripropone i contenuti del "Lodo Schifani". Sospende il processo penale per le alte cariche dello Stato. La nuova disciplina è emanata poco prima delle ultime udienze del processo per corruzione dell'avvocato inglese Davis Mills (testimone corrotto), in cui Berlusconi (corruttore) è coimputato. Mills sarà condannato in primo grado e in appello a quattro anni e sei mesi di carcere.

r) Decreto legge n. 185/2008. Aumentata dal 10 al 20% l'IVA sulla pay tv "Sky Italia", il principale competitore privato del gruppo Mediaset.

s) Aumento dal 10 al 20% della quota di azioni proprie che ogni società può acquistare e detenere in portafoglio. La disposizione è stata immediatamente utilizzata dalla Fininvest per aumentare il controllo su Mediaset.

t) Disegno di legge sul "processo breve". Per l'imputato incensurato, il processo non può durare più di sei anni (due anni per grado e due anni per il giudizio di legittimità). Una norma transitoria applica le nuove norme anche ai processi di primo grado in corso. Berlusconi ne beneficerebbe nei processi per corruzione in atti giudiziari dell'avvocato David Mills e per reati societari nella compravendita di diritti tv Mediaset. (repubblica.it/Alessandro Cai)

Usa, teenagers si strangolano per gioco. (*Tgcom*/Alessandro Cai)

Legge scozzese anti-pedofili: in bagno con mamma fino a quindici anni. (blitzquotidiano.it/Albert Hulislean Canepa)

Pilates

1. "L'Osservatore Romano": "Tanta stupefacente tecnologia da incantare, ma poche emozioni vere, emozioni umane per intendersi".
2. "L'Osservatore Romano": "Sasha Grey e Tori Black non meritavano un simile trionfo agli AVN Awards di quest'anno". (Pieralberto Maianti)

1. Il Papa: "La crisi non è finita".
2. Il Papa: "La vostra crisi non è finita". (Andrea Miele)

12 gennaio

Gli abitanti di Rosarno: "Non siamo razzisti, è che preferiamo la mafia ai negri". (Giancarlo Gismondo)

Fa così freddo che nel Pd sono tutti d'accordo che fa freddo. (Andrea Michielotto)

È morto Francesco Mattioli, storico dirigente Fiat. In segno di lutto la Casa Torinese chiuderà lo stabilimento di Termini Imerese. Per sempre. (lastampa.it/Nicola Andrucci)

Parallele

1. Preti pedofili, la svolta del Vaticano: "Sì a giustizia ordinaria". (repubblica.it)
2. Alfano annuncia un piano carceri da 80.000 posti. (corriere.it/Stefano Saporito)

Inondazione allo zoo, ippopotamo nuota oltre le sbarre e se ne va. (corriere.it/Sandra Milanko)

Tv inglese cerca malato terminale da mummificare in diretta. ("la Repubblica"/Silvio Perfetti)

Usa: con tre profilattici si è una prostituta. (tgcom-mediaset.it/Alessandro Cai)

Fa a pezzi una donna come nel romanzo preferito. (leggo.it/Emiliano Sabadello)

Arresti rogo auto sorella pentito. (televideo.rai.it/Sara Diani)

1. Art. 1 Costituzione secondo Brunetta: "L'Italia è una repubblica fondata sulla finanza".
2. "Date denaro e ben presto avrete catene. La parola finanza è una parola da schiavo, e nel vero Stato è sconosciuta." J. J. Rousseau, *Il Contratto Sociale*, Libro Terzo, XV (Marco Scalon)

Pilates

1. Sergio Marchionne: "Siamo disposti al confronto, ma nessuno può ignorare la realtà".
2. Sergio Marchionne: "Cari sindacalisti, quando lo spiegherete, agli operai, che il lavoro come l'hanno inteso finora è destinato a scomparire?". (Giovanni Rizza)

1. Vendola: "Boccia è un bravissimo ragazzo, che non gode di una conoscenza larga, di un radicamento forte sul territorio. Rischia di essere un innesto dall'alto".
2. Vendola: "Boccia è una marionetta di D'Alema, della Puglia non sa un cazzo". (Andrea Michielotto)

1. Bersani: "Se il governo va avanti così a rischio dialogo sulle riforme".
2. Bersani: "Se il governo va avanti così è un casino calare le braghe senza farsene accorgere". (Pietro Lusso)

13 gennaio

Daniela Santanchè: "Se uno è delinquente, è delinquente e basta, di qualsiasi colore sia la sua pelle. Se va contro lo Stato e commette reati, va punito senza se e senza ma". Berlusconi escluso. (Vanessa Lauretti)

Fa così freddo che a scuola i ragazzi usano i capezzoli del crocifisso come appendiabiti. (Nicola Congiu)

"La Stampa": "Teste da ingegneri e cuori da umanisti. È questo il futuro". Corpi da politici e teste di cazzo. È questo il presente. (Tiziano Palozza)

Fa così freddo che nelle mie fantasie erotiche Belen è vestita. (Davide Paolino)

Fa così freddo che ho iniziato a cagare Gran Soleil. (Fabio Morasca)

Alfano: "Pronto un piano per creare 80.000 nuovi posti nelle carceri". Berlusconi: "Fate pure 79.999". (Michele Baglioni)

Parallele

Terremoto, in moto la macchina dei soccorsi. (ansa.it/Leopoldo Rausse)

Zidane diventa un francobollo. ("Corriere della Sera"/Andrea Bancone)

La stessa notizia
1) Tassista fa 400 km per restituire 14.500 $ a una italiana ("la Repubblica")
2) Tassista fa 80 km per restituire 13.000 $ a una italiana ("La Stampa")
3) Usa, tassista NY fa 400 km per ridare 13.000 $ a un'italiana (agi.it)
4) Usa, tassista restituisce 21.000 $ a turista italiana (tiscali.it/Nicola Andrucci)

Suicidio fallito con il gas di scarico: coppia di Verona si uccide con la pistola. (ilgazzettino.it/Marco Bressanini)

Pilates

1. Schifani: "Mi sento completamente in pace con la mia coscienza, se ci fosse una regola fissa rimanderei il provvedimento in commissione".
2. Schifani: "Mi sento completamente in pace con la mia coscienza, se ci fosse". (Andrea Michielotto)

1. Berlusconi: "Sulla legge per il cosiddetto processo breve ci sono state calunnie e menzogne. Questa legge si dovrebbe chiamare legge sul processo lungo".
2. Berlusconi: "Sulla legge per il cosiddetto processo breve ci sono state calunnie e menzogne. Questa legge si dovrebbe chiamare legge sul processo Mills cancellato". (Andrea Michielotto)

1. Berlusconi: “Tasse? Ora è impossibile ridurle”.
2. Berlusconi: “Tasse? Ora ho altri cazzi per la testa”. (Denis Dorato)

1. Berlusconi: “Non è possibile abbassare le tasse e per ora non si parla neanche di quoziente familiare”.
2. Berlusconi: “Raccontarvi cazzate mi diverte da impazzire: ci cascate sempre come degli imbecilli”. (repubblica.it/Cesare Ciasullo)

1. Berlusconi: “Altre aggressioni? Non è cambiato nulla, continuo a salutare i cittadini italiani senza alcun timore”.
2. Berlusconi: “Altre aggressioni? Perché? Non era buona la prima?”. (Giancarlo Gismondo)

14 gennaio

Berlusconi: “Tasse? Impossibile ridurle ora”. Invece prima era un continuo. (Alberto Terragni)

Alla presentazione di Pitti Uomo fa scalpore una particolare giacca la cui fodera interna ritrae numerose immagini pornografiche. L’ideatore: “Mi sono ispirato agli armadietti delle caserme militari”. (Gianni Zoccheddu)

Finalmente un nuovo editoriale di Minzolini. E io che credevo di non riuscire più a recuperare la mia naturale regolarità. (Mirko Sacco)

Parallele

Usa, un boy scout di otto anni tra i sospetti terroristi. (corriere.it/Alessandro Fabris)

Chivasso: paziente spara contro psichiatra dopo visita. (blitzquotidiano.it/Alessandro Cai)

Maiali sepolti vivi per un esperimento. (corriere.it/Alessandro Cai)

1. Bonino, dal Pd primo via libera. (“la Repubblica”)
2. Lieve malore per Emma Bonino. (“Corriere della Sera”/Davide Rossi)

Sequestro: riscatto pagato in bistecche. ("la Repubblica"/Fabrizio Corazza)

A quattro anni chiama il 113 per consegnare i suoi "ciucci": "Ora sono grande". (ilgazzettino.it/Massimo Mirandola)

Pilates

1. Polverini: "Una strada a Craxi? Spero che in questo paese si superino tutte le divisioni e che ci sia un momento di grande riconciliazione nazionale prendendo gli aspetti positivi della nostra storia".
2. Polverini: "Superiamo queste vecchie divisioni tra guardie e ladri". (Andrea Michielotto)

1. Capezzone: "L'aggressione contro Minzolini è ormai un'abitudine, una specie di fallo sistematico da parte dell'Idv e della sinistra. Ma sbagliano i loro conti, perché Minzolini è un uomo libero e non si farà intimidire da quattro chiassate. I militi e i miliziani dipietristi farebbero meglio a ricordare che ora il *Tg1* è al servizio degli utenti, non dell'Idv".
2. Capezzone: "L'aver fatto notare che Minzolini fornisce un'informazione parziale al servizio del governo è ormai un'abitudine, una specie di ritornello sistematico da parte dell'Idv e della sinistra. Ma sbagliano i loro conti, perché Minzolini è un uomo al servizio del potere e non si farà intimidire da quattro richieste democratiche. I militi e gli squadristi filoberlusconiani possono stare tranquilli e i dipietristi farebbero meglio a ricordare che ora il *Tg1* è al servizio del governo, non dei cittadini". (Tito Darca)

1. Frattini: "Non abbiamo notizie né positive né negative di diversi connazionali".
2. Frattini: "Non sappiamo un cazzo". (Andrea Michielotto)

15 gennaio

Cina: "Censura su internet? Necessaria per eliminare la pornografia". Piazza Tian'anmen? Un capolavoro del porno. (Alberto Terragni)

Processo Mills. Fissata per il 27 febbraio la data del prossimo impegno irrevocabile di Berlusconi. (Davide Rossi)

Manuela Arcuri: "Gli uomini mi sfruttano". Mica eri obbligata, a pulirmi le scrofe. (Salvatore Lobina)

"Nel settimanale divulgato dalla chiesa di Palma di Montechiaro (Ag), 'L'Amico del Popolo', è allegato un opuscolo pubblicitario che vuole convincere i lettori che le centrali nucleari sono buone, belle, economiche e soprattutto non fanno male alla salute. Per rendere ancora più convincente l'informazione pubblicitaria, vengono citati alcuni vescovi e arcivescovi favorevoli al nucleare, oltre allo stesso Papa." (leggo.it). Gente per cui la fissione dell'Uranio non ha segreti. (Giovanni Cavallo)

Fa talmente freddo che i vibratori funzionano senza batterie. (Giorgio Spiga)

Parallele

Madrid, tengono morti in casa: "Resusciteranno". (leggo.it/Aldo Benassi)

I pulcini sanno contare. (ansa.it/Fabrizio Corazza)

Usa, fanno sesso estremo al volante e si schiantano contro un palo. (blitzquotidiano.it/Silvio Perfetti)

Francia, autisti carro funebre guidavano ubriachi. (blitzquotidiano.it/Albert Huliselan Canepa)

Pesa 250 kg: 9 carabinieri per arrestarlo ad Aosta. (leggo.it/Stefano Malandrino)

Pilates

1. Alleanza per l'Italia: "Siamo un movimento aperto senza ansia di prestazioni politiche alle regionali".
2. Alleanza per l'Italia: "Raccattiamo cani e porci ma alle regionali faremo cagare". (Andrea Michielotto)

16 gennaio

Debutta nelle sale italiane *Avatar*, nuovo kolossal di James Cameron. Un film talmente ricco di trucchi ed effetti speciali che al termine avevo 10 euro in meno. (Enzo Brunone)

Parallele

Usa, ladro tenta la fuga ma rimbalza sulla finestra. (repubblica.it/Alessandro Cai)

17 gennaio

Novità a Chicago: ragazze nude leggono libri al pubblico. Ma io sono più tipo da ragazze nude che mi completano il cruciverba. (Ernesto Montale)

Papa: "Cristo è più forte della tirannide, della forza della sua ideologia e dei suoi meccanismi di oppressione". Infatti è morto di vecchiaia. (Luca Raffini)

Secondo un recente documentario, Craxi avrebbe usato le tangenti per finanziare movimenti di liberazione. Fu un contributo talmente forte da mettere in serio pericolo il regime svizzero. (Diego Leonardi)

Pilates

1. Sacconi: "Credo che finalmente si siano create le condizioni per una rilettura intellettualmente onesta della fine della prima Repubblica".
2. Sacconi: "Credo che finalmente sia passato abbastanza tempo perché l'opinione pubblica si sia scordata di Tangentopoli". (Francesco Gangeri)

18 gennaio

Nuove Br, due arresti: c'è il figlio di Morlacchi. È davvero uno scandalo: se non sei figlio di qualcuno non entri manco nelle Br. (Giancarlo Gismondo)

L'esercito turco ha valutato Alì Agca non abile a svolgere il servizio militare. Presumo per via della mira. (Eddie Settembrini)

Maroni: “L’Italia non è un paese razzista”. E smettila di lamentarti! (Riccardo Viganò)

La Binetti minaccia nuovamente di uscire dal Pd. Al partito si sono rotti talmente le palle che le hanno tirato appresso una manciata di embrioni. (Mattia F. Pappalardo)

Parallele

Morto investito Casper, gatto che prendeva il bus. (leggo.it/Nicola Congiu)

Processo Mediaset. Berlusconi scrive alla corte: “Nuovi impegni, non posso essere al processo”. (corriere.it/Gaetano Maria Spataro)

1. Frattini: “Craxi venticinque anni fa immaginò riforme di oggi”. (repubblica.it)
2. Oggi è il giorno più triste dell’anno. (corriere.it/Alberto Terragni)

Forlì. Prende fuoco nido d’uccelli, distrutto il tetto di un’abitazione. (romagnaoggi.it/Nicola Andrucci)

Dopo quarantotto anni di matrimonio muoiono lo stesso giorno all’insaputa l’uno dell’altra. (ilgazzettino.it/Giovanni Garbellini)

Pilates

1. Berlusconi scrive alla corte: “Sopraggiunti nuovi impegni, non posso essere presente al processo”.
2. Berlusconi: “Posso palesemente prendere per il culo i magistrati, non presentandomi ai processi in cui sono imputato e adducendo ogni volta scuse vaghe e banali, e al contempo preparare a mio piacimento leggi che blocchino quegli stessi processi, il tutto senza essere accusato di intralcio alla giustizia come accade altrove. Che paese fantastico”. (Alessandro Cai)

19 gennaio

Fa così freddo che i preti pedofili abusano solo di bambini con la febbre. (Peppe Clemente)

Napolitano: "La figura di Craxi non può venir sacrificata al solo discorso sulle responsabilità sanzionate per via giudiziaria". E ricordatevi anche che Mussolini ha bonificato Comacchio. (Gaetano Buson)

Ali Agca torna libero. Il Vaticano: "Venga sulla tomba di Giovanni Paolo II". Vabbe', ora che non si muove sono capaci tutti. (Maurizio Cecconi)

Parallele

È reato la conversione religiosa a suon di botte. (lastampa.it/Salvatore Lobina)

Belgio. Miracolo: trachea nuova cresce sul braccio. (leggo.it/Marco Bressanini)

Pilates

1. Berlusconi: "La casa a Venezia non l'ho più comprata, era troppo bella, ma era di rappresentanza. Io invece volevo una casa solo per qualche weekend. Questa forse era troppo".
2. Berlusconi: "Certo, era bella, spaziosa, ordinata e piena di ogni lusso. Ma a me serviva solo per portarci le troie". (Alessandro Cai)

1. Napolitano alla moglie di Craxi: "Ricordo la figura di suo marito per l'impronta non cancellabile che ha lasciato, in un complesso intreccio di luci e ombre".
2. Napolitano alla moglie di Craxi: "Ricordo la figura di suo marito per l'impronta non cancellabile che ha lasciato nel complesso intreccio delle cazzate che sto dicendo". (Marco Paparella)

1. Ghedini a "Il Giornale": "A Milano è sempre così. Non è una novità che rigettino le nostre istanze. Speriamo ascoltino almeno i nostri testimoni. Il codice impone delle regole e noi a quelle ci atteniamo nelle nostre istanze, ma sembra che nei processi a carico del presidente Berlusconi succeda tutt'altro".
2. Ghedini: "A Milano o altrove è sempre così. Non è una novità che ci inventiamo di tutto pur di rinviare le udienze. Faremo altrettanto con quelle dei nostri testimoni. Il codice impone delle regole e noi le ignoriamo bellamente, ma con la capacità che abbiamo di manipolare l'informazione ormai siamo riusciti a fare in modo che nei processi a carico del presidente Berlusconi questo sembri normale". (Marco Ferrara)

20 gennaio

Nuova scossa di terremoto ad Haiti. Distrutte migliaia di tonnellate di macerie. (Claudio Favara)

A Pretoria i bambini palleggiano con Maradona. Ci avevo provato anche io, ma pesava talmente tanto che non riuscivo a farne più di tre. (Luca Serra)

Parallele

Fece scudo al Papa: muore nel giorno di Agca libero. (leggo.it/Nicola Congiu)

Pilates

1. Berlusconi ai bambini dell'Aquila: "Vi do un consiglio da presidente del Consiglio: fate tutto il resto e solo per ultimo scegliete di fare i politici".
2. Berlusconi ai bambini dell'Aquila: "Fate i politici solo quando vi stanno per arrestare". (Andrea Michielotto)

1. Berlusconi sul caos ad Haiti: "La situazione è drammatica, ci dovrebbe essere un'autorità che coordina tutto, ma finora questo non è accaduto".
2. Berlusconi sul caos ad Haiti: "La situazione è drammatica, ci dovrebbe essere un'autorità in grado di speculare sulla tragedia, ma finora non me lo ha chiesto nessuno". (Gianni Zoccheddu)

21 gennaio

D'Alema a Vendola: "La politica non è fatta solo di passi avanti, ma anche di passi indietro". No Massimo, quello è il cha cha cha. (Michele Incollu)

Berlusconi: "Andare in tribunale? I miei avvocati me lo sconsigliano". Oh, invece se dipendesse da te... (Vittorio Lattanzi)

Ho visto *Avatar*. Riassunto: per farsi perdonare da una donna, basta tornare da lei con un uccello più grosso. (Manrico Corazzi)

L'Aquila, Berlusconi ride e scherza con gli alunni di una scuola elementare. "Quante dita ci sono in una mano?" ha chiesto il premier palpando il culo alla maestra. (Riccardo Viganò)

Cina, polemiche al botteghino: il governo è talmente determinato a garantire il successo del film nazionale-patriottico sulla vita di Confucio che non solo ha bloccato la distribuzione di *Avatar*, ma obbligherà anche tutte le altre sale a proiettare *Baarìa*. (Riccardo Viganò)

Parallele

1. Lodo Alfano, Berlusconi: "Processi farsa, andrò a sbugiardarli tutti". (asca.it)
2. Berlusconi: "Non so se andrò in Tribunale, troverei plotone esecuzione". (ilsole24ore.com/Davide Passaia)

Lady Mastella a Napolitano: "Io come Craxi". ("Corriere della Sera"/Andrea Alfano)

1. Tiger Woods in clinica: "Sesso vietato". (corriere.it)
2. Cuore: meno sesso, più rischi per gli uomini. (corriere.it, subito sotto/Stefano Malandrino)

Pilates

1. Berlusconi: "I tempi introdotti da questa legge, pur con il vantaggio di essere tempi certi, sono ancora eccessivi".
2. Berlusconi: "I tempi introdotti da questa legge lasciano aperta la remota possibilità che io venga processato, e quindi sono ancora eccessivi". (Andrea Miele)

22 gennaio

Un muro anti-immigrati, di una ventina di mattoni, davanti all'ex scalo ferroviario di Porta Romana in piazzale Lodi. Lo ha eretto venerdì mattina Stefano Maullu, assessore regionale alla Protezione civile, Prevenzione e Polizia locale e responsabile delle politiche elettorali del Pdl per la Lombardia. Maullu parla di un gesto "simbolico". Simboleggia quanto è stronzo. (Giovanni Cavallo)

Londra. Venduti a un'asta benefica per Haiti alcuni oggetti appartenuti a cantanti inglesi. Tra i pezzi battuti: la giacca di Chris Martin, la chitarra di Alex Turner e il fegato di Amy Whinehouse. (Davide Rossi)

Un ricercatore dell'Università di San Diego ha modificato geneticamente un esercito di batteri riuscendo a farli muovere all'unisono. Ora non resta che fare un tentativo col Pd. (Andrea Michielotto)

23 gennaio

Cristina Del Basso: "Il seno mi ha fatto perdere il lavoro". Può capitare, quando è il tuo datore di lavoro. (Andrea Di Salvatore)

Polemica sul numero 280 di "Dylan Dog" in cui si affronta il tema dell'eutanasia. Aspettate a vedere che casino sul prossimo numero di "Tex" sulle rogatorie internazionali! (Giorgio Montanari)

Inchiesta Mediatrade, Piersilvio Berlusconi indagato. "Di questi fondi neri non so nulla. Lo giuro sulla testa di mio padre." (Simone Pasqualetto)

Parallele

Usa: falso poliziotto arrestato da falsa prostituta. (corriere.it/Michele Incollu)

Belluno. Prete preleva soldi dal conto di un disabile per regalarli all'amante. (ilgazzettino.it/Emiliano Sabadello)

Si ipnotizza per sbaglio e resta bloccato per 5 ore. (tiscali.it/Claudio Penazzo)

Pilates

1. Ghedini: "La Procura di Milano ancora una volta continua nella pervicace volontà di sottoporre a processo Silvio Berlusconi. È l'ennesimo procedimento, che non potrà che risolversi in una declaratoria di insussistenza dei fatti".
2. Ghedini: "La procura di Milano ancora una volta continua nella pervicace volontà di sottoporre a processo Silvio Berlusconi. È l'ennesimo procedimento che non potrà che risolversi in una ennesima legge ad personam". (Gianni Zoccheddu)

1. Alfano: "La riforma della giustizia non potrà essere indolore".
2. Alfano: "Preparatevi a prenderlo nel culo". (Manuel Dossetto)

1. Cuffaro (condannato a sette anni): "So di essere innocente ma rispetto la sentenza".
2. Cuffaro: "So di essere colpevole ma non sono Berlusconi". (Manuele Monsù)

24 gennaio

Bologna, Delbono cinque ore dai pm: "Sbagliai a portare Cinzia in Regione". In effetti bastava un motel. (Pietro Borrelli)

Foto-ricatti, le immagini compromettenti di un incontro fra Lapo Elkann e un trans a Parigi sarebbero state pagate 300.000 euro per salvare la propria reputazione. Mi chiedo dove il trans abbia trovato tutti quei soldi. (Daniele Riello)

Lapo Elkann ricattato per 300.000 euro. Alcune foto lo ritrarrebbero nell'atto di lavorare. (Augusto Resori/Enzo Brunone)

Parallele

Madre costringe figlio a martellare il proprio criceto. (lastampa.it/Alessandro Cai)

Giorno Memoria: sul treno Milan-Auschwitz, riscaldamento ko. (corriere.it/Marco Bressanini)

Pilates

1. Pier Silvio Berlusconi: "Sono tranquillo, so come lavoriamo a Mediaset".
2. Pier Silvio Berlusconi: "Sono tranquillo, mio padre è presidente del consiglio, la maggioranza è ridotta ad una sua protesi, l'opposizione è come se non ci fosse, quanto crediate ci impieghi a far approvare una legge che blocchi il processo anche a me?". (Alessandro Cai)

1. Brunetta: "L'accanimento giudiziario nei confronti di Berlusconi è sotto gli occhi di tutti".
2. Brunetta: "L'accanimento a delinquere di Berlusconi è sotto gli occhi di tutti". (Tito Darca)

1. Tremonti: "No ad un taglio delle tasse ora, sarebbe macelleria sociale".
2. Tremonti: "Ho fatto 15 miliardi di euro in meno, che faccio, lascio?". (Riccardo Viganò)

Carnac

1. Gelmini: "Sì, lo voglio!".
2. Patelli: "La lineetta era blu o rosa?". (Vittorio Lattanzi)

25 gennaio

Il Presidente Rai Garimberti: "Berlusconi non mi telefona mai". Si vede che è soddisfatto. (Michele Incollu)

La vittoria schiacciante di Vendola alle primarie in Puglia mette in seria difficoltà la strategia dalemiana di consegnare ogni regione al centrodestra. (Filippo Ciccarelli)

Primarie in Puglia. La netta vittoria di Vendola dimostra che per battere il Pd non servono tre televisioni. (Luca Coiro)

Ghedini: "Berlusconi non potrà prendere parte all'udienza del 1 febbraio del processo sui diritti tv di Mediaset perché quel giorno sarà impegnato a non prendere parte all'udienza del 1 febbraio del processo sui diritti tv di Mediaset". (Davide Rossi)

Nuovi tagli, è rivolta nella scuola. Ci sono talmente pochi soldi che i ragazzi devono portarsi il crocifisso da casa. (Massimo Unali)

A causa del freddo il pene mi è diventato talmente corto che sembra quello di Rocco Siffredi. (Dario Delfino)

Parallele

Al via il processo per lo stupratore dei garage. (lastampa.it/Michele Incollu)

La moglie rivuole l'orologio del marito morto, ma quando riapre la bara lo trova vivo. (adnkronos.com/Riccardo Viganò)

Bevono l'acqua santa e finiscono in ospedale: 117 ricoverati in Siberia. ("Corriere della Sera"/Davide Rossi)

1. Chiuse le indagini sui diritti tv. Nei guai Berlusconi e Pier Silvio. (lastampa.it)
2. Rapinatore recluta un giovane allievo, arrestati dopo il primo colpo. (lastampa.it/Luca Nobile)

1. Di Pietro: "Vendola malato di berlusconite", (blitzquotidiano.it)
2. Di Pietro: "Nessun veto su Vendola". ("l'Espresso")
3. Il Pd ricandida Vendola, no del Idv. ("l'Unità")
4. Di Pietro: "Vendola ha fallito si faccia da parte". ("Paese nuovo")
5. Di Pietro: "La vittoria di Nichi è la vittoria dei cittadini contro la partitocrazia". ("Corriere del Mezzogiorno")
6. Di Pietro: "Auguri Vendola" (Blog di Di Pietro/Fabrizio Monopoli)

1. Ripara il cellulare con la colla ma gli resta attaccato all'orecchio. (ilgazzettino.it)
2. Trentamila incollati al cellulare per vedere il derby Inter-Milan. (repubblica.it/Albert Huliselan Canepa)

Pilates

1. Galliani: “Berlusconi guarderà il derby da casa invece che da San Siro”.
2. Galliani: “Berlusconi guarderà il derby da casa invece che da San Vittore”. (Andrea Miele)

1. D’Alema: “Avverto anche io la mia parte di responsabilità”.
2. D’Alema: “Tutto quello che tocco diventa merda”. (Paolo Tombolato)

1. Bersani: “La linea non cambia”.
2. Bersani: “La linea non c’è”. (Alessandro Cai)

1. Bersani: “La nostra missione è di essere un partito utile al suo Paese. Che sia capace di costruire l’alternativa. Dobbiamo mandarlo a casa noi, Berlusconi, mettendoci il tempo che ci vuole. E dobbiamo farlo con serenità, perché da nervosi non si vince”.
2. Bersani: “Perderemo nuovamente”. (Rolando Giancola)

1. Cicchitto: “La netta vittoria di Vendola dimostra che nella sinistra emergono forze imprevedibili che, se non vengono tempestivamente contrastate a viso aperto sul piano prima culturale e poi politico, possono mettere in scacco la maggioranza uscita dal congresso del Pd ed esprimere anche una contestazione di fondo al sistema dei partiti in quanto tale”.
2. Cicchitto: “Avete capito perché noi non facciamo le primarie?”. (Andrea Gianotti)

1. Daniele Capezzone: “Ci stiamo abituando a dosi crescenti di veleno, finendo per considerare normale quello che normale non è in nessun paese dell’Occidente avanzato: e cioè il deflagrare di una bomba giudiziaria all’apertura di ogni campagna elettorale”.
2. Daniele Capezzone: “Vi abbiamo abituato a dosi massicce di disinformazione, inducendovi a considerare normale quello che normale non è in nessùn paese dell’occidente avanzato: e cioè un premier pieno di guai giudiziari che invece di dimettersi e farsi processare usa il potere di cui dispone per porsi al di sopra della legge”. (Marco Ferrara)

1. Cardinal Bagnasco: “La Chiesa non è un dato sociologico, ma un mistero”.
2. Cardinal Bagnasco: “La disponibilità di moltissima gente a conferire alla nostra organizzazione il potere di influenzare la sua esistenza solo perché vestiamo in modo appariscente, ci comportiamo in maniera teatrale e diciamo di essere in contatto con un mitico essere sovrannaturale che ha creato il mondo ma nessuno ha mai visto è un dato sociologico talmente evidente che è un vero e proprio mistero che ci caschiate ancora”. (Marco Ferrara)

26 gennaio

Treviso: "Meglio pornostar che maestra". Ma tesoro, se tu ti intendessi davvero di porno sapresti che le due cose non sono così inconciliabili. (Boris Marcone)

Derby di Milano. Materazzi a fine gara festeggia con la maschera di Berlusconi. Fede: "Ah, era una maschera? Meno male, pensavo di dover diventare interista". (Alessandro Bielli)

Parallele

Annuncio in vetrina: "Non si vende il libro di Bruno Vespa". (ilgazzettino.it/Emiliano Sabadello)

1. Delbono: "Non mi dimetto nemmeno se mi rinviano a giudizio. Un'idea che non mi ha mai sfiorato il cervello, non esiste". (bologna.repubblica.it)
2. Delbono: "Mi dimetto, ho deciso da solo". (corriere.it/Filippo Ciccarelli)

Auto contro bus a Roma: autista drogato, automobilista ubriaco. (ansa.it/Davide Della Volpe)

Pilates

1. D'Alema: "Nulla vieta a un presidente del Copasir di poter continuare a svolgere il proprio ruolo di esponente politico dell'opposizione".
2. D'Alema: "Continuerò a demolire il Pd". (Andrea Michielotto)

1. Longo: "Premier non renderà alcun interrogatorio. È il nostro metodo".
2. Longo: "E pensare che una volta dovevo analizzare attentamente ogni singolo articolo di legge per studiare una strategia difensiva. Da quando sono avvocato di Berlusconi tutto questo non è più necessario, basta usare il suo metodo". (Francesco Dibenedetto)

1. Follini: "Le primarie fanno deragliare il treno Pd e si configurano non tanto come una cura ma come la malattia stessa".
2. Follini: "Vogliamo candidare chi cazzo ci pare". (Andrea Michielotto)

27 gennaio

Haiti: Bertolaso estratto vivo dalle sue cazzate. (Andrea Miele)

Nel libro *Perché è santo*, si parla di un Giovanni Paolo II che, come pratica ascetica, usava la flagellazione. Una volta, arrivò persino ad abbracciare un dittatore cileno. (Luca Coiro)

La religiosità rallenterebbe la demenza senile. O forse il parlare da soli gesticolando e immaginando esseri soprannaturali sembra avere più senso se lo si chiama "preghiera". (Rosaria Greco)

Maroni: "Entro il 2010 saranno operativi i nuovi Cie dislocati in ogni regione d'Italia". Buon Giorno della Memoria anche a te, Roberto. (Tito Darca)

Parallele

Spagna: suicida uccide passante e sopravvive. (ansa.it/Stefano Rubini)

GB, raccolta differenziata per vibratori usati. (tgcom-mediaset.it/Alessandro Cai)

28 gennaio

Il dramma di Pietro Crisafulli: "Mio fratello è in stato vegetativo da anni, e tutte le istituzioni ci hanno abbandonato. Lo porterò a morire in pace in Belgio".

Berlusconi: "Potrebbe ancora avere figli. Con Eluana". (Nicola Congiu)

Adriano Celentano: "Una legge ad personam è l'unica strada per uscire dalla paralisi della giustizia". Celentano ha perso un'ottima occasione per fare una delle sue pause. (Giovanni Cavallo)

Bill Gates accusa l'Italia di fare troppo poco per i paesi poveri: "In Italia si spende più per la calvizie che per la lotta contro la malaria". Be', sai, Berlusconi la malaria ancora non l'ha avuta. (Niccolò Dionisi)

A Empoli il primo carcere solo per trans. Un sogno erotico di Lapo che diventa realtà. (Luca Zanotti)

Musica. Il nuovo album di Grignani uscirà domani su cauzione. (Davide Rossi)

Parallele

Ali Agca farà il ballerino in tv. (corriere.it/Fabio Gori)

Milano: uccide fidanzata e incolpa divano letto. Arrestato. ("la Repubblica"/Luigi Calcagnile)

Pilates

1. Fini: "Vorrei Pdl basato sul confronto".
2. Fini: "Sono conscio di fare la figura dell'imbecille, perché anche i sassi sanno che nel Pdl il confronto è un'utopia, tuttavia sto cercando di prendere le distanze gradualmente dal partito del premier per fare il salto al centro non appena si presenterà l'occasione opportuna". (Massimo Famularo)

1. Bersani: "Si sta discutendo, dovremo metterci mano. Ma nessuno vuole limitare le primarie, bisogna perfezionarle".
2. Bersani: "Limiteremo le primarie". (Andrea Michielotto)

1. Celentano: "Una legge ad personam è l'unica strada per uscire dalla paralisi della giustizia".
2. Celentano: "La giustizia è lenta, l'impunità è rock". (Davide Rossi)

1. Prodi: "Sa cosa mi dispiace, soprattutto? È vedere che ormai sembra sempre più debole la ragione dello stare insieme".
2. Prodi: "Sa cosa mi compiace, soprattutto? È vedere che ormai sembra sempre più chiaro quanto mi rimpiangono". (Marco Ferrara)

1. Gabriele Muccino: "Se fare film buoni e che la gente va a vedere vuol dire essere furbo, allora io sono furbo".

2. Gabriele Muccino: "Se fare film che hanno successo perché assecondano luoghi comuni generazionali, ammiccano alle mode del momento, compiacciono la falsa coscienza di un pubblico pigro e conformista proponendo temi emblematici in maniera così convenzionale e stereotipata da risultare coerente al modo di trattarli di Vespa nella puntata di *Porta a Porta* che sarà allestita per la promozione del film non significa essere furbi, allora io sono Pier Paolo Pasolini". (Marco Ferrara)

29 gennaio

Rese pubbliche le motivazioni dell'esclusione di *Baarìa* dalla selezione per gli Oscar. Per i giudici, *Baarìa* "è un film che mentre lo guardi ti viene voglia di tornare indietro nel tempo e di strozzare almeno uno dei fratelli Lumière". (Emiliano Sabadello)

Foggia, danno fuoco alla scuola per evitare il compito in classe. L'incendio è stato fortuitamente estinto da un ragazzino che nello stesso momento stava allagando l'edificio per evitare un'interrogazione. (Matteo Donninelli)

I vescovi a Berlusconi: "Immigrati delinquono come italiani". L'unica differenza è che non diventano tutti presidenti del Consiglio. (Aldo Benassi)

L' iPad è talmente sottile che se ne mettessi mille uno sopra l'altro otterrei un'enorme pila di iPad. (Salvatore Lobina)

Fa così freddo che a Venezia c'è il problema del ghiaccio alto. (Andrea Michielotto)

Parallele

1. Berlusconi: "Spero finisca la brutta abitudine di fare fiction sulla mafia, che hanno danneggiato l'immagine del Paese". (ansa.it)
2. Alle cosche 112 miliardi di dollari l'anno, Italia al primo posto nel G5 delle mafie. (repubblica.it/Michele Incollu)

L'inchiesta sulla casa nella Roma di Alemanno rivela come nel mercato degli affitti domini il nero. ("il Venerdì di Repubblica"/Peppe Di Nunzio)

1. (R. Saviano) "Le comunità africane di Rosarno e di Castel Volturno, non bisogna dimenticarlo, sono le uniche due comunità che si sono ribellate alle mafie. A settembre del 2008 per mano dei casalesi venivano uccisi sei africani".

2. Berlusconi: "Meno immigrati significa meno criminalità". ("La Stampa"/Luca Zanotti)

Pilates

1. "Caro collega, da martedì prossimo 2 febbraio a partire dalle ore 10 voteremo la legge sul legittimo impedimento. Non serve ricordarti l'importanza che questo appuntamento ha per il Pdl, il Presidente Berlusconi e il governo. Ti preghiamo pertanto di garantire la presenza per tutta la prossima settimana senza eccezione alcuna." Firmato Fabrizio Cicchitto e Italo Bocchino.

2. "Caro collega, da martedì prossimo 2 febbraio a partire dalle ore 10 voteremo l'ennesima legge ad personam in favore del premier. Non serve ricordarti l'importanza che questo appuntamento ha per tutti i farabutti che siedono in Parlamento compreso il premier e qualche suo ministro. Ti obblighiamo pertanto a garantire la presenza per tutta la prossima settimana se non vuoi essere dileggiato e diffamato dai media di Berlusconi, nonché premier di cui sopra." Firmato Fabrizio Cicchitto e Italo Bocchino. (Tito Darca)

1. Alfano: "I giudici sono soggetti soltanto alla legge ma la legge, è opportuno ricordarlo, la fa il Parlamento, libero, democratico, sovrano, espressione del popolo italiano".

2. Alfano: "La legge la fa Ghedini". (Pietro Borrelli)

1. Iacona: "Il silenzio del *Tg1* di Minzolini sul caso Bari ha fatto perdere autorevolezza ai giornalisti".

2. Iacona: "Il silenzio del *Tg1* di Minzolini sul caso Bari ha fatto perdere autorevolezza a Minzolini, ma non lo dico perché noi giornalisti siamo tutti un po' paraculi". ("il Venerdì di Repubblica"/Peppe Di Nunzio)

1. Tremonti: "Un sistema con aliquote così elevate è un alibi per non pagare le tasse. Se tu paghi la metà, io continuo a chiederti il doppio, così tu paghi almeno la metà". ("la Repubblica")

2. Tremonti: "Gli evasori stiano pure tranquilli, non abbiamo la minima intenzione di intervenire sul regime di tolleranza di cui hanno beneficiato fino ad oggi; tuttavia, per lanciare un segnale alle categorie di contribuenti più penalizzate dalla palese ingiustizia del sistema attuale, ho pensato bene di tirare fuori una delle mie rocambolesche trovate demagogiche in modo da dare un colpo al cerchio e uno alla botte: d'altronde la degenerazione generale del senso civico, mi consente di parla-

re tranquillamente in difesa di quelli che infrangono la legge, danneggiano la collettività e si fanno beffe dell'istituzione che io dovrei rappresentare". (Massimo Famularo)

1. Frattini: "L'Italia, grazie a Berlusconi, non è più il paese che dall'estero si poteva criticare perché aveva un governo diverso ogni anno o ogni 18 mesi. Ora con Berlusconi c'è stabilità".

2. Frattini: "L'Italia è diventato il parco a tema di Berlusconi: può salire sulla giostra in cui modifica le leggi, c'è il castello degli specchi in cui può plagiare la mente degli italiani grazie alle sue tre tv e col tiro a segno fa tacere gli oppositori. Io con lui mi diverto un mondo, voi no?". (Andrea Miele)

1. Alfano: "È il Parlamento a fare le leggi".

2. Alfano: "È il Parlamento a fare le leggi che Berlusconi gli ordina di fare". (Alessandro Cai)

1. Alfano: "Grazie al premier per il sostegno alle riforme."

2. Alfano: "Il mio principale compito da ministro della Giustizia è quello di presentare in parlamento e in Consiglio dei ministri tutte le leggi che il premier si fa scrivere dal suo avvocato Ghedini per scampare a ogni processo a cui deve prendere parte. Non esiste nessuna reale riforma della giustizia, per riforma intendiamo semplicemente buttare al cesso lo stato di diritto in questo paese, alla faccia degli onesti cittadini, sperando che Napolitano continui a cascarci firmando le varie porcherie che faremo approvare." (Aldo Benassi)

1. Berlusconi: "Meno clandestini, meno criminalità".

2. Berlusconi: "Perché insistere, perché indagare, perché raccogliere prove, perché intercettare, perché scoprire reati, perché processare, perché perseverare nel voler applicare la legge, credendo che sia uguale per tutti, con l'assurda volontà di giustizia e con l'idea di combattere la criminalità. Lo volete capire che così non può funzionare? Non perdete tempo con chi ha il potere di legittimare ciò che fino a ieri era reato. Accusate le vittime: non gli schiavisti, ma gli schiavi; questi sono i veri criminali da condannare per avere meno criminalità, perché se aspettate che io smetta...". (Mauro Oliveri)

30 gennaio

Parallele

1. Berlusconi: "Mai fatto leggi ad personam". (repubblica.it)

2. Taormina: "Silvio mi chiedeva leggi ad personam". (fai.informazione.it/Stefano Rubini)

1. Londra: ancora nessuna prova dell'esistenza del punto G. (ansa.it)
2. Bersani: "Abbiamo passato gli ultimi due anni a metterci le dita negli occhi". ("la Repubblica"/Turi Maria Spinozzi e Riccardo Borghi)

Anno giudiziario: Berlusconi arriva in Cassazione e racconta barzelletta. (asca.it/Marco Ferrara)

Bolzano. Sonnifero nel cibo della suocera, la nuora confessa: "Era invadente". (ilgazzettino.it/Marco Bressanini)

1. Berlusconi: "Contro la mafia ho fatto più di altri". (ansa.it)
2. Italia prima nel G5 delle mafie. Le nostre cosche battono tutti. (blitzquotidiano.it/Marco Bressanini)

1. Gaffe di Haiti: Berlusconi elogia Usa e richiama Bertolaso.
2. Berlusconi: "Bertolaso merita un posto da ministro". (it.reuters.com/Daniele Leonarduzzi)

31 gennaio

Turchia. Donna partorisce due gemelli, uno del marito e l'altro dell'amante. Se ne sono accorti perché uno dei neonati cominciava a poppare solo quando l'altro stava dormendo. (Matteo Donninelli)

Febbraio 2010

8 febbraio

Parallele

1. Caltagirone: uccide il marito, litigavano sul futuro dei figli. (5 gennaio 2009, ilsole24ore.com)
Rho, marito uccide la moglie davanti ai figli e poi si suicida sparandosi. (30 luglio 2009, milano.blogosfere.it)
Varese: uccide la moglie e i figli. Poi si ammazza col gas di scarico (8 agosto 2009, unionesarda.it)
Salsomaggiore: uccide moglie e figlia e si spara. (21 agosto 2009, ilgiornale.it)
Uccide moglie e figlio e cerca il suicidio. (31 agosto 2009, corriere.it)
Massacra la famiglia a coltellate. (26 ottobre 2009, corriere.it)
Uccide moglie e figlio e poi si spara. (17 dicembre 2009, ansa.it)
2. Papa: "Divorzi fanno male a bambini". (8 febbraio 2010, asca.it /Albert Huliselan Canepa)

Germania, processo ai due impresari di pompe funebri che uccisero il concorrente e lo cremarono. (blitzquotidiano.it/Albert Huliselan Canepa)

Ottantasettenne chiama la polizia per denunciare la badante che voleva violentarlo. (ilmessaggero.it/Silvio Perfetti)

L'anestetico non funziona, orso insegue una guardia venatoria. (ilgazzettino.it/Giovanni Garbellini)

1. Berlusconi: "Aggrediremo patrimonio mafia". (ansa.it)
2. Mafia, Ciancimino: "Mio padre negli anni settanta investì soldi a Milano 2". (adnkronos.com/Aldo Saia)

Omicidio a Como ma il cadavere non si trova. (ansa.it/Nicola Cordioli)

1. "Mills fu corrotto dalla Fininvest." Al legale inglese quattro anni e sei mesi. (repubblica.it, 17 febbraio 2009)

2. Berlusconi: "Ci sono due processi farsa, risibili, assurdi, che illustrerò agli italiani, anche andando in tv. Mi difenderò più spesso nelle aule dei tribunali facendo esporre al ridicolo gli accusatori, mostrando a tutti gli italiani di che pasta sono fatti loro e di che pasta sono fatto io". (repubblica.it, 8 ottobre 2009)

3. Mills condannato in Appello. "Fu corrotto da Berlusconi." (repubblica.it, 27 ottobre 2009)

4. Pronto un decreto blocca-processi. Berlusconi "E se condannano Mills vado in tv". (repubblica.it, 12 gennaio 2010)

5. Arriva il via libera al legittimo impedimento, che passa al Senato. (...) Il provvedimento stabilisce che il premier può ottenere il rinvio dell'udienza dei processi in cui è imputato, perché "legittimamente impedito" dalle sue attività di governo a comparire in tribunale. (corriere.it, 3 febbraio 2010/Stefano Rubini)

Pilates

1. Alfano: "Berlusconi vorrebbe andare sempre ai processi, ma deve governare".

2. Alfano: "Berlusconi non vorrebbe mai governare, ma ha i processi". (Raf Guarino)

9 febbraio

Al Qaeda minaccia gli Usa, Frattini risponde: "Non ci impressionano". Dov'è la notizia? Be', Frattini non era in vacanza. (Roberto Nadalin)

Parallele

1. Alfano: "Conosco la storia di Forza Italia per poter dire che mai e poi mai abbiamo avuto la sensazione che questa grande storia di partecipazione democratica che ha emozionato milioni di persone possa avere avuto collegamenti con la mafia". (repubblica.it)

2. Ignazio Gagliardo, pentito di mafia: "In carcere abbiamo visto Angelino Alfano parlare in televisione e dire che la mafia fa schifo. Durante l'ora d'aria, Ciccio Mormina, Pasquale Fanara, Limblici, Vella Francesco dissero che era un pezzo di merda. A questo punto Giovanni Alongi, rappresentante della famiglia di Aragona, disse: 'Il padre di Angelino mi ha chiesto voti per Angelino'. Anche il padre di Alfano era un politico". (repubblica.it/Marco Ferrara)

1. Tarcisio Bertone: "Serve un impegno efficace per la difesa dell'infanzia". (repubblica.it)

2. Tarcisio Bertone: "A mio parere, non ha fondamento la pretesa che un vescovo, ad esempio, sia obbligato a rivolgersi alla magistratura civile per denunciare il sacerdote che gli ha confidato di aver commesso il delitto di pedofilia". ("30 Giorni nella chiesa e nel mondo"/Marco Ferrara)

10 febbraio

Una ricerca inglese ha rivelato che la noia può uccidere. Gli scienziati erano talmente soddisfatti della scoperta che non hanno neanche finito di vedere *Ballarò*. (Davide Rossi)

Secondo un sondaggio, il film perfetto per San Valentino è *Pretty Woman*. Perché in fondo è quello che vogliono gli uomini: una professionista che alla fine te la dà gratis. (Alessandro Bielli)

Parallele

1. Berlusconi: "In Rai lavora solo chi si prostituisce o è di sinistra". (ilsole24ore.com)

2. E ora Noemi debutta in Rai. Show in tv, ma dopo le elezioni. (repubblica.it/Giancarlo Gismondo)

Pilates

1. Zaia: "Sì al nucleare, ma niente centrali in Veneto, perché vanta già un cospicuo pacchetto energia. Sono le regioni del Centrosud, invece, che devono approvvigionarsi fuori dei loro confini regionali".

2. Zaia: "Le centrali nucleari costruiamole in Terronia". (Andrea Michielotto)

11 febbraio

Bersani: "Il Pd ha una funzione utile al paese e gli italiani lo capiranno". Un aiutino? (Michele Incollu)

Secondo una ricerca Hitler aveva l'alito cattivo. Una notizia talmente inaspettata che una nota marca di dentifricio ha dovuto annullare la sua prossima campagna pubblicitaria. (Michele Incollu)

Il ministro Bondi scioccato dalle rivelazioni sulle feste a base di sesso organizzate per Bertolaso: "Ma qua sono l'unico che non scopa?". (Luciano Andri)

Heather Parisi: "Festeggio i cinquant'anni con due gemelli". Piacerebbe anche a me, se Brad Pitt avesse un gemello. (Sarah Chiti)

12 febbraio

Fitta nevicata su piazza San Pietro. Talmente abbondante che il Papa affacciandosi alla finestra aveva una carota al posto del naso. (Silvio Perfetti)

Mediolanum, cinquanta promotori indagati. Fatture false per 10 milioni di euro. L'accusa è di evasione fiscale costruita intorno a te. (Augusto Rasori)

Clinton ricoverato per infarto. Queste stagiste diventano sempre più brave. (Francesco Dibenedetto)

Parallele

Dopo quarant'anni, ritrova la figlia al reality. E la violenta. (corriere.it/Ciro Greco)

1. Berlusconi: "Mi posso permettere? (...) Devi toccarti con una certa frequenza". (espresso.it)
2. Berlusconi: "Bertolaso non si tocca". (repubblica.it/Andrea Deiana)

Gli asportarono testicolo sano, risarcimento anche alla moglie. (blitzquotidiano.it/Marco Bressanini)

Pilates

1. Bertolaso: "Sono stato tradito".
2. Bertolaso: "Sono stato beccato". (Luca Cogoni)

13 febbraio

"La storia ha mostrato quanto possa essere pericoloso e deleterio uno Stato che pretende di essere esso stesso fonte e principio dell'etica," ha detto il capo dello Stato Vaticano. (Francesco Ventolone)

Ostensione della Sindone, raggiunto un milione di prenotazioni dopo la notizia che i visitatori potranno farsi fotografare con la faccia che sbuca dal volto di Gesù. (Michele Incollu)

Incontro Obama-Dalai Lama. Monito di Pechino contro la rima. (Eugenio Provato)

Vancouver, cerimonia di apertura delle olimpiadi invernali dedicata a Nodar Kumaritashvil, il ragazzo georgiano morto nelle prove. Uno spettacolo di meste coreografie olografiche e cupi colori sgargianti, conclusosi con dei tristissimi fuochi d'artificio. (Matteo Poles)

Ho appena visto *Scusa ma ti voglio sposare*. Stupendo. Non mi ero mai accorto che lanciando i pop corn in aria si colorassero. (Matteo Donninelli)

Nell'ultimo film di Moccia Raoul Bova recita talmente male che si è guadagnato una candidatura all'Oscar come miglior protagonista non attore. (Michele Baglioni)

De Sica gela De Laurentiis: "Non è detto che farò il prossimo cinepanettone". Peccato, l'avrebbe diretto Lars Von Trier. (Enzo Brunone)

Parallele

Bora a Trieste, frane in Calabria. (ansa.it/Niccolò Campi)

Pilates

1. Letta: "Bertolaso è straordinario e non ha tradito la nostra fiducia".
2. Letta: "Bertolaso è nella merda fino al collo e noi dobbiamo assolutamente salvargli il culo". (Aldo Benassi)

1. Fiorello agli operai di Termini Imerese: "Non posso fermare gli spot per la Fiat ma farò di tutto per aiutarvi".
2. Fiorello agli operai di Termini Imerese: "Gli spot per la Fiat mi rendono ricco, voi invece come ve la passate?". (Marco Monguzzi)

1. Buzzanca: "Il Ponte non sottrarrà fondi alle zone alluvionate".
2. Buzzanca: "Alla mafia non interessano le zone alluvionate". (Giancarlo Gismondo)

1. Papa: "È giusto chiedere a Dio anche le cose piccole ma non cose nocive o che aiutano la nostra superbia".
2. Papa: "Smettetela di pregare per il Viagra". (Alessandro Bielli)

14 febbraio

La Caritas di Roma dona al Papa il crocifisso di Onna restaurato. Il Papa: "Oh, grazie, un crocifisso! Ho sempre sognato di averne uno!". (Nicola Congiu)

Benedetto XVI in visita a un ostello della Caritas nei pressi della stazione Termini: "Lo Stato riscopra la carità". Nel bar di fronte invece si parlava di figa. (Andrea Canavesi)

Settimana nera per i trasporti: fermi treni, bus e metro. Aiuto! Figuriamoci la settimana prossima con gli scioperi. (Albert Huliselan Canepa)

Berlusconi spiega agli albanesi come funziona la democrazia. "Io dare centrali nucleari, tu dare belle ragazze." (Patrizia Pietrovanni)

Brasile, inizia domani il Carnevale di Rio. Bravi, facile festeggiare quando non si ha il Pd. (Federico Righi)

Arrestato boss latitante della 'ndrangheta, nella sua casa-bunker trovati abiti firmati, cibi pregiati e bottiglie di champagne. Era talmente abituato alla bella vita che, per convincerlo ad aprire, ai carabinieri è bastato spalmarsi di caviale. (Enzo Brunone)

Pilates

1. Binetti: "Lascio. Nel Pd non c'è spazio per i cattolici".
2. Binetti: "Lascio. Nel Pd non c'è spazio per gli integralisti medievali". (Francesco Polverini)

15 febbraio

Padova, grande folla per l'ostensione della salma di Sant'Antonio. Aggirandosi fra la folla in attesa fuori dalla basilica, la giornalista del *Tg1* intervista un bambino:
"E tu, cosa vuoi chiedere a sant'Antonio?".
"Un telegiornale vero." (Marco Panunzio)

A *La prova del cuoco* consigli su come cucinare i gatti. "Puntata insolita ma ricca di spunti interessanti," ha commentato il mio cane. (Eddie Settembrini)

Parallele

1. Gasparri: "Sulle tangenti bisogna tenere alto il livello di attenzione e impegno sulla questione morale". (agi.it)
2. "Il Pdl: una via a Craxi". (corriere.it/Gilberto Nuvolari)

1. Avanza la frana a San Fratello. La massa di terreno sta scendendo a valle. (repubblica.it)
2. Bertolaso: "Basta fango!". (repubblica.it, stessa homepage!/Giuseppe Scaricamazza)

1. Nelle case delle ex detenute, vite in cerca di riabilitazione. (repubblica.it)

2. Shakira è in gabbia, i suoi fan in delirio. (repubblica.it, sotto la precedente!/Andrea Michielotto)

La morte separa "Ric e Gian". (ilgazzettino.it/Emiliano Sabadello)

Prato: rubano da auto in sosta, inseguiti da una squadra di hockey. (blitzquotidiano.it/Albert Huliselan Canepa)

Rapallo. Provoca incidente stradale mettendo sonnifero nel caffè, condannata. (blitzquotidiano.it/Alessandro Cai)

Pilates

1. Bertolaso: "Basta con questo fango".
2. Bertolaso: "C'è nessuno disposto a tirarmi un souvenir in faccia?". (Patrick De Angelis)

1. Bertolaso: "Mi dimetto solo se me lo chiede Berlusconi".
2. Bertolaso: "Voglio proprio vedere se il puttaniere capo mi chiede di dimettermi". (Andrea Michielotto)

1. Bersani sulla Binetti: "Dispiaciuto più delle altre volte ma non condivido le sue motivazioni".
2. Bersani sulla Binetti: "Vada a rompere i coglioni da qualche altra parte". (Andrea Michielotto)

Carnac

1. Bertolaso: "Basta con questo fango".
2. Massaggiatrice: "Dottore, che ne pensa del nostro trattamento benessere?". (Giovanni Garbellini)

16 febbraio

Pedofilia, Papa: "Crimine odioso, agire con determinazione". E dopo regalare sempre un peluche. (Pietro Borrelli)

Torna in asta il francobollo più costoso del mondo. Il suo valore è aumentato ancora da quando l'esame del dna ha rivelato che è stato leccato da un albino. (Michele Incollu)

Ratzinger: "La pedofilia offende Dio". E anche i bambini non la prendono tanto bene. (Gianmarco Borgo)

Maierato. Lo stato di allerta nella zona interessata dalla frana è talmente alto che sono stati montati quattro centri benessere da campo. (Vittore Conte)

Francesca Martini, sottosegretario alla Salute con delega alla veterinaria, sul caso Bigazzi: "I gatti sono animali d'affezione tutelati dalla legge 281 del 1991 che recita: Lo Stato promuove e disciplina la tutela degli animali di affezione". Niente a che vedere con quei bastardi dei maiali, insomma. (Vittore Conte)

Usa, un gruppo di fisici ha ricreato in laboratorio il brodo primordiale. Ha una temperatura di 4 miliardi di miliardi di gradi, come quello di mia nonna. (Nicola Congiu)

Il Papa come i Beatles, anche Ratzinger in gara per i Brit Awards (adnkronos.com). Ratzinger: "Sono più famoso di Gesù Cristo". (Davide Passaia)

Parallele

Contadino condannato per campo minato. (lastampa.it/Augusto Pizzuti)

Al volante da 18 ore, ingoia i dischi del tachigrafo. (repubblica.it/Silvio Perfetti)

1. Un raggio di carbonio e protoni contro il cancro. (romagnaoggi.it)
2. Lombardia, sedicenne operata di appendicite rischia stato vegetativo. (diarodelweb.it/Piermichele Kobauri)

Pilates

1. Berlusconi: "Non si può pensare di sconfiggere l'evasione fiscale introducendo la regola dell'individualità del passaggio del denaro. Perché in questo modo si instaura uno stato di polizia tributaria".
2. Berlusconi: "Non si può pensare di sconfiggere l'evasione fiscale introducendo la regola dell'individualità del passaggio del denaro. Perché in questo modo si instaura uno stato che contrasta le organizzazioni mafiose". (asca.it/Andrea Mori)

1. Tremonti: "Un buco di 9 miliardi? Falso. C'è solo un fatto di contabilizzazione".

2. Tremonti: "A inizio maggio finiranno le coperture finanziarie per la CIG e per gli altri ammortizzatori sociali, le banche non ci faranno più credito, gli investitori stranieri ci abbandoneranno, le aste dei bot italiani andranno deserte ma voi non preoccupatevi: continuerò a falsificare i conti, in modo da non essere legalmente perseguibile, e allo stesso tempo spolperò lo Stato delle sue ultime ricchezze residue permettendo all'attuale compagine di governo di arrivare indenne a fine mandato e passare al governo successivo uno Stato completamente in bancarotta". (Saverio Fanton)

1. Frattini: "La soluzione va individuata a livello comunitario e l'Italia ha suggerito all'Unione europea di effettuare un passo su entrambe le capitali per cercare di trovare di comune accordo una soluzione tecnica al problema, concessione di visti a cittadini libici che consentano loro l'ingresso nei Paesi dell'area Schengen escludendo però la Svizzera. In questo modo verrebbe meno il motivo della reazione libica sugli altri Paesi che aderiscono a Schengen".

2. Frattini: "Banche contro petrolio vince petrolio". (Marco Braghin)

1. Nota del Quirinale: "Il presidente non si esprime su atti relativi allo stato d'emergenza o grandi eventi".

2. Nota del Quirinale: "Il presidente ora sta riposando". (Alessandro Cai)

17 febbraio

Sanremo: anche quest'anno si trova in Liguria. (Ernesto Montale)

La canzone di Emanuele Filiberto e Pupo è così brutta che il gatto di Bigazzi si è cucinato da solo. (Massimo Vitturi)

Il Sanremo della Clerici è talmente noioso che il gatto mi è rimasto tutto sullo stomaco. (Massimo Russo Tramontana)

Sanremo quest'anno è così noioso che dopo dieci minuti ho invitato a casa mia i Testimoni di Geova. (Andrea Michielotto)

"Convertirsi significa andare controcorrente." Lo ha ricordato Papa Benedetto XVI durante l'udienza generale di oggi per l'inizio della Quaresima, davanti a una platea entusiasta di salmoni. (Andrea Michielotto)

Rutelli difende Bertolaso: "In Italia chi fa viene guardato storto. Io in trent'anni ho cambiato quattro partiti e nessuno che mi abbia detto grazie". (Pietro Borrelli)

Brit Awards: Lady Gaga domina completamente la scena. Era talmente eccentrica e appariscente, che nessuno si è accorto del Papa. (Fabio Bellacicco)

Papa: "La pedofilia è un peccato contro Dio". La pedofilia è un crimine orrendo. Sicuro che basti minacciare l'ira di un personaggio di fantasia? (Davide Rossi)

Parallele

Si butta dalla finestra e centra due carabinieri. ("Il Piccolo"/Michele Sommariva)

1. Sanremo, Sonhora: "Quando abbiamo registrato ad Abbey Road i tecnici erano stupiti e ci continuavano a dire che non sembrava neanche musica italiana...". (corrieredelveneto.corriere.it)
2. Abbey Road, chiude lo studio di registrazione dei Beatles. (corriere.it/Antonio D'Addio)

Pilates

1. Rutelli sulla Protezione civile: "In Italia chi fa viene guardato storto". (*Rainews24*)
2. Rutelli: "Cazzo vuoi vedere che adesso salta fuori anche il mio nome?". (Luca Zanotti)

18 febbraio

Il Papa: "La vera libertà sta nell'obbedienza". Lo direi anch'io se fossi quello che dà gli ordini. (Michele Incollu)

Bertolaso: "Mi sento un alluvionato". E io così me li immagino, gli alluvionati: in un centro benessere circondati da troie. (Valentino De Luca)

Una ricerca della University of Western Australia ha dimostrato che il successo in amore è legato al livello del gene di istocompatibilità Mhc: deve essere particolarmente elevato nei milionari. (Sarah Chiti)

Un tedesco, che viaggiava a 210 km/h in autostrada, è stato inseguito dalla polizia e fermato dopo 200 km. Non sapevo che la papamobile andasse così forte! (Christian Fumagalli)

Ancona, i Nas sequestrano 38.000 giocattoli pericolosi. Anch'io ho avuto problemi con un peluche di quella marca, ma poi l'ho fatto castrare. (Vittorio Lattanzi)

Gli italiani leggono talmente poco che rischiano di apprezzare Bondi solo come ministro della Cultura. (Marco Ferrara)

Parallele

Berlusconi: "Chi commette reati non può restare in alcun movimento politico". (corriere.it/Emanuele Colletta)

Uganda: film porno gay proiettato in chiesa (blitzquotidiano.it/Massimiliano Butturi)

Pilates

1. Berlusconi: "Statisticamente è provato che in qualsiasi gruppo imprenditoriale o politico c'è una percentuale, piccola ma c'è, di persone che approfittano del proprio ruolo".
2. Berlusconi: "Devo assolutamente approfittare del mio ruolo politico per sottrarmi ai processi scaturiti dai reati compiuti con i miei gruppi imprenditoriali. Diversi imprenditori e politici hanno magagne con la giustizia. Beneficeranno anche loro delle mie leggi ad personam". (Andrea Di Salvatore)

19 febbraio

Svelata la presenza di cocainomani in Parlamento. Un onorevole era così fatto che è andato volontariamente a fare il test. (Marco Braghin)

Dopo lo scandalo della Protezione civile Berlusconi esclude una nuova Tangentopoli: "Sono solo birbantelli che vanno a troiette con i soldini dello staterello". (Silvio Perfetti)

Colombia, data per morta si sveglia nella bara dopo sei ore. Era talmente agitata che ci sono voluti cinque uomini robusti per chiudere la bara. (Michele Incollu)

Sanremo. Ripescato il trio composto da Emanuele Filiberto, Pupo e Luca Canonici. Il pubblico si divide tra applausi e fischi. Gli applausi erano per i fischi. (Silvio Perfetti)

Parallele

1. Il coordinatore del Pdl, Sandro Bondi, assicura che nelle liste del suo partito alle regionali ci saranno solo candidati di "provata moralità e competenza". "Stiamo lavorando con l'onorevole La Russa e l'onorevole Verdini." (apcom. net)
2. Corruzione, Verdini indagato. (lastampa.it/Emiliano Valeri-Emiliano Sabadello)

1. Premier: "Chi commette reati fuori da ogni partito". (ansa.it)
2. Cervello: ecco la proteina che elimina i ricordi. (ansa.it/Annarosa Trotta)

Usa, incendia la propria casa, ruba aereo e si schianta contro la sede del fisco. (ilgazzettino.it/Massimo Mirandola)

Imola, maîtresse minaccia prostitute con un boa constrictor. ("la Repubblica"/Silvio Perfetti)

20 febbraio

Nicole Minetti, igienista dentale ed ex ballerina di *Colorado Cafè*, candidata con il Pdl alle elezioni regionali in Lombardia per aver pulito i denti a Berlusconi. E pensate se gli faceva un pompino. (Francesco Turri)

Oggi fa così freddo che Bigazzi ha cucinato un gatto delle nevi. (Riccardo Camba)

Parallele

Padova. Fedeli in fila con il biglietto per vedere i preti esorcisti. (ilgazzettino.it/Marco Bressanini)

Il caso della multa lunga 3 metri. (corriere.it/Marco Bressanini)

1. Poetto, la sabbia sta scomparendo. (ufficiostampacagliari.it)
2. Lusso: creato lo yacht con la spiaggia a bordo. (blitzquotidiano.it/Albert Huliselan Canepa)

Elton John: "Gesù? Era un gay super intelligente". (repubblica.it/Emanuele Colletta)

Pilates

1. Berlusconi: "È statisticamente provato che su cento persone, qualcuno fa il proprio interesse in maniera non legittima".
2. Berlusconi: "È statisticamente provato che su cento persone, io faccio il mio interesse in maniera non legittima". (Alessandro Cai)

1. Corte dei Conti: "Corruzione +229%".
2. Corte dei Conti: "L'avete votato? E tenètevelo, coglioni". (Pier Giuseppe Giunta)

21 febbraio

Festival di Sanremo: vince di nuovo Marco Carta, ma con un altro nome. (Daniele Falchi)

Bersani: “Non penso benissimo di Emanuele Filiberto”. Ho capito, ma non è che possiamo fare re Pupo. (Daniela Ranieri)

E stasera, ad *Amici*, il vincitore di Sanremo 2011. (Francesco d’Antonio)

Il Papa: “Sicurezza negli aeroporti ma rispettando la dignità delle persone”. Attenzione a dare ascolto alla Chiesa su tutto: andrà a finire che non si potrà più abortire in un metal detector. (Eugenio Provato)

“Potere e beni materiali sono le tentazioni del diavolo,” ha detto l’ininfluente Joseph Ratzinger dall’interno della sua capanna. (Antonio Atte)

Benedetto XVI ha nominato membro della pontificia Accademia delle Scienze il prof. Gerhard Ertl, premio Nobel per la Chimica nel 2007 per i suoi studi sui processi chimici sulle superfici solide. Però, fanno sul serio quando si tratta di lucidare gli ori. (Marco Ferrara)

Pilates

1. Berlusconi: “Nessuna Tangentopoli, sono solo casi isolati da condannare”.
2. Berlusconi: “Nessuna Tangentopoli, sono solo casi isolati da salvare con postille nascoste in leggi più ampie”. (Alessandro Cai)

1. Papa: “Potere e beni materiali sono tentazioni del diavolo”.
2. Papa: “Potere e beni materiali sono tentazioni del diavolo, ve li consiglio”. (Alessandro Cai)

1. Bossi a Berlusconi: “Non candidare chi viene trovato con le mani nel sacco”. (corriere.it)
2. Bossi a Berlusconi: “Non candidare fessi”. (Ferdinando Di Giovanni)

Carnac

1. Benedetto XVI: "Gesù piange davanti a Gerusalemme, vedendo la distruzione della città a causa della disobbedienza; piange vedendo tutte le distruzioni della storia nel mondo; piange vedendo come gli uomini distruggono se stessi e le loro città nella violenza, nella disobbedienza".
2. Fedele: "Come può la religione spiegare l'innalzamento del livello del mare?". (Michele Incollu)

22 febbraio

Fiat. Ecco come sarà la nuova Panda: + dettagli accattivanti, – 30.000 operai. (Eleonora Farris)

India. Violenze e scontri a causa di un ritratto di Gesù con una sigaretta in una mano e una birra nell'altra, giudicato blasfemo. Per fortuna non hanno ancora visto quello di Maometto che si mangia una mucca. (Alessandro Bielli)

In Italia l'allarme frane è talmente esteso che potrebbero non essere sufficienti i centri massaggio. (Gianni Zoccheddu)

Bigazzi: "I gatti? Mi spiace, ho fatto un pasticcio". E com'è venuto, buono? (Nicola Congiu)

Parallele

Gli elefanti corrono e camminano contemporaneamente. (liberonews.it/Alessandro Cai)

1. Addio romanticismo c'è troppa tecnologia. (repubblica.it)
2. Si conoscono grazie all'iPod: matrimonio all'Apple Store. (repubblica.it/la notizie seguente. Giuseppe Scaricamazza)

1. "Suina, attenti ai colpi di coda" (lastampa.it)
2. Como. Resta semi paralizzata dopo il vaccino contro l'influenza. (blitzquotidiano.it/Massimo Mirandola)

Fiera del lusso a Verona: c'è anche la bara col telefono per chiedere aiuto. (ilgazzettino.it/Silvio Perfetti)

Gesù blasfemo, violenti scontri in India. (tgcom-mediaset.it/Silvio Perfetti)

23 febbraio

Izzo, il mostro del Circeo, si sposerà il 10 marzo. La sposa arriverà dentro il bagagliaio. (Maura Guidi)

Un fiume di petrolio finisce nel Lambro, diluendolo. (Ernesto Montale)

Pilates

1. Londra. Due missili che domenica hanno ucciso almeno dodici civili afghani in un villaggio del distretto di Nad Ali, in provincia di Helmand, non è andato fuori bersaglio e non ha avuto problemi tecnici: lo ha precisato il generale britannico Nick Carter, comandante delle forze Nato nel Sud dell'Afghanistan. (swissinfo.ch)
2. Comandante Carter: "Pensavate fossimo dei cazzoni, eh!?". (Daniele Leonarduzzi)

24 febbraio

Condannati i vertici di Google per il video sul disabile. Il commento a caldo: "È un attacco ai principi fondamentali di libertà sui quali è stato costruito Internet". Come picchiare un disabile e vantarsene. (Luigi Caizzi)

Nel Po è finito talmente tanto gasolio che puoi fare il pieno strizzando una trota. (Michele Incollu)

Parallele

Il ladro incastrato nel camino salvato dai soccorritori. (repubblica.it/Massimo Mirandola)

Texas, trova testa di serpente nei fagiolini surgelati. (blitzquotidiano.it/Alessandro Cai)

1. Posto sicuro alla Minetti, l'igienista dentale voluta dal premier.
2. Berlusconi compra il letto di Napoleone e lo fa allargare. (corriere.it/Turi Maria Spinozzi)

Pilates

1. Berlusconi: "Noi siamo un governo che valorizza le cose positive, loro propagandano anche all'estero le cose negative del nostro Paese".
2. Berlusconi: "Noi siamo un governo che nasconde le cose negative, purtroppo all'estero non abbiamo il controllo della stampa". (Fabrizio Congiu)

25 febbraio

Frattura al femore per Rita Levi Montalcini. La ricercatrice ha superato bene l'operazione e già domani potrà alzarsi. Per il momento, dovrà rinunciare ai rollerblade. (Adelmo Monachese)

Parallele

Boxe, spettatore sale sul ring e finisce ko. (corriere.it/Francesco Daucelli)

1. Google condannato per un video choc. (corriere.it)
2. Parco acquatico, orca uccide addestratrice. Foto. (corriere.it/Ernesto Montale)

Pilates

1. La Cei: "Preoccupa lo stato della democrazia".
2. La Cei: "Ok, appoggiando Berlusconi forse abbiamo preso un abbaglio". (Alessandro Cai)

1. Cicchitto: "La lotta alla criminalità organizzata va condotta in modo serio, continuativo e organico, ma senza fare concessioni al giustizialismo".
2. Cicchitto: "La lotta alla criminalità organizzata va condotta senza indagare i nostri". (Andrea Michielotto)

26 febbraio

Disastro sul fiume Lambro, per alcuni si tratta di una ritorsione mafiosa, altri seguono la pista della speculazione edilizia. L'unica cosa certa è che quei pesci devono aver combinato qualcosa di terribile. (Matteo Donninelli)

Tragedia a Orlando, nel parco di divertimento Seaworld un'orca assassina ha ucciso un'addestratrice. Il direttore: "L'addestratrice era una delle massime esperte nel suo settore". A quanto pare anche l'orca. (Nicola Congiu)

Parallele

Brasile: medici si picchiano in sala parto, muore neonato. (blitzquotidiano.it/Albert Huliselan Canepa)

Usa: sopravvive a sparatoria grazie a seno rifatto. (blitzquotidiano.it/ Alessandro Cai)

Pilates

1. Gelmini: "Riteniamo che il nucleare debba entrare a pieno titolo anche nelle conoscenze dei ragazzi".
2. Gelmini: "Riteniamo che il nucleare possa essere una fonte di guadagno enorme per il solito gruppo di imprenditori italiani, visto che sulle cosiddette energie alternative come il sole non è possibile lucrarci su molto, derivando esse da fonti disponibili a tutti. Ora occorre solo agire sulle ancora deboli menti dei giovani, raccontando quanto siano sicure le centrali, come queste siano l'unica soluzione alla richiesta sempre maggiore di energia, come risolvano il problema delle emissioni CO_2, omettendo loro i rischi derivanti dallo smaltimento delle scorie, nonché mentendo sul fatto che l'abbattimento dei gas serra è minimo, se si considerano estrazione, frantumazione, macinazione, fabbricazione del combustibile, arricchimento e gestione delle scorie, e nascondendo la possibilità di utilizzare centrali al torio che oltre a essere più economiche, hanno un rischio di incidenti bassissimo se non nullo, un'efficienza nettamente maggiore di quelle a uranio, ma, ahimè, tra le cui scorie non c'è il plutonio e quindi non possono essere utilizzate per costruire bombe. Acqua in bocca, però, eh?". (Alessandro Cai)

27 febbraio

Olimpiadi di Vancouver. Bacio saffico tra due svedesi vincitrici nel curling, sport che adesso ha un senso. (Daniele Botti)

Parallele

Dopo l'assoluzione dell'avvocato Mills polemiche le opposizioni. (*Tg1*/Michele Pezza)

Pilates

1. Di Girolamo: "Non sono il male assoluto".
2. Di Girolamo: "Il male assoluto è l'unica cosa peggiore di me". (Eugenio Provato)

28 febbraio

Esclusa lista del Pdl a Roma. La Polverini si appella a Napolitano: "Violato il nostro diritto a fottercene delle regole". (Mario Masala)

Papa all'Angelus con un cerotto sullo zigomo destro. "Tutto bene," riferiscono dal Fight club. (Alessandro Cai)

Ghedini: "Questo processo va avanti solo perché c'e Silvio Berlusconi".
Giudici: "Lo sappiamo. È l'imputato". (Massimiliano Rusgnak)

Parallele

Padova. Tre morti firmano la lista Pdl per le regionali. (ilgazzettino.it/Marco Ferrara)

Tenta di rubare forma di parmigiano, ladro cardiopatico in ospedale. (leggo.it/Marco Ferrara)

1. Sul web appello dell'italiano rapito Cicala: "Berlusconi ci aiuti". (lastampa.it)
2. Berlusconi canta alla cena a Villa Sassi a Torino. (lastampa.it/Massimo Mirandola)

Pilates

1. Guido Tonelli, responsabile esperimento dell'acceleratore del Cern: "Non è accaduto nulla di speciale, sono stati fatti interventi di ordinaria amministrazione. Il guasto è stato riparato e tutto sta andando bene".
2. Guido Tonelli: "Briciole, briciole, ci sono briciole ovunque". (Alessandro Cai)

Marzo 2010

1 marzo

Regionali. Dopo l'esclusione della lista di Renata Polverini, Bossi è ironico: "Ma come si fa a sbagliare la presentazione delle liste elettorali?". "Così," ha replicato Formigoni. (Nicola Congiu)

In arrivo i primi televisori 3D. Potremo guardare il *Tg1* con la sensazione di stare proprio dentro le cazzate. (Eddie Settembrini)

Monsignor Mariano Crociata: "I vescovi italiani sono preoccupati per lo stato della democrazia in Italia". Molto meglio una sana monarchia assoluta su base teocratica. (Stefano Tolomelli)

Parallele

Napoli. Entra nel cimitero e ruba la bara della sorella morta. (blitzquotidiano.it/Stefano Rubini)

2 marzo

Venezuela. Dopo venticinque anni una chiesa riemerge dalle acque. "Dovevate vederli! C'erano dei pesci lunghi così!" ha detto il crocifisso. (Alessandro Bielli)

Genova: letame davanti la sede della Lega Nord. C'è voluto un po' per capire che era una protesta. (Mattia F. Pappalardo)

Nel Lazio il Pdl non ha presentato le firme in tempo quindi sarà escluso. In Lombardia, nei fogli firme di Formigoni sono presenti delle irregolarità, quindi anche lui sarà escluso. Preoccupati i vertici del Pd: questa volta perdere risulterà più difficile del previsto. (Marco Braghin)

Rai: cancellate le trasmissioni con riferimenti politici prima delle regionali. I Teletubbies resistono perché siamo in pochi a capirli davvero. (Ernesto Montale)

Parallele

Russia, due uomini muoiono "bolliti" nella vasca della sauna. (blitzquotidiano.it/Albert Huliselan Canepa)

Pilates

1. Berlusconi: "Il lavoro, la dedizione e l'impegno costante ti aiuteranno a condurre in porto ogni iniziativa con pieno successo".
2. Berlusconi: "I fondi neri, le amicizie ambigue, un impero mediatico costruito illecitamente, una schiera di leccapiedi e un'opposizione sterile ti permetteranno di diventare presidente del Consiglio e di fare quel cazzo che ti pare". (Davide Rossi)

1. Schifani: "La sostanza prevalga sulla forma".
2. Schifani: "L'abuso prevalga sulle regole". (Alessandro Cai)

1. Cicchitto: "Ci sembra evidente che è in atto un attacco mirato alla presentazione delle liste del Pdl in modo da modificare anche per quella via i rapporti politici. Questo è il senso politico autentico di ciò che sta avvenendo a Roma e a Milano. Il resto o è folclore o sono manovre diversive".
2. Cicchitto: "Siamo proprio dei coglioni". (Andrea Michielotto)

1. Riccardo Scamarcio: "La scena in cui bacio un uomo non è stata difficile. Paradossalmente è stata più difficile quella dove parlo".
2. Riccardo Scamarcio: "Pensavo di dover fare solo le solite scene erotiche, non si era parlato di recitare". (Marco Braghin)

1. Vespa: "Vogliamo essere onesti? La decisione della Rai, come quella della Vigilanza, hanno un nome e un cognome: Michele Santoro, passato sulla par condicio con il garbo di Attila".
2. Vespa: "Se fossero tutti come me non ci sarebbero problemi". (Andrea Michielotto)

3 marzo

Per la Cassazione, non pagare la prostituta è stupro. Ed è anche molto stupido, se fai il presidente del Consiglio. (Giovanni Runza)

Pilates

1. Bersani: "Neanche in Iran riescono a fermare l'informazione".
2. Bersani: "Persino in Iran c'è un'opposizione più efficace della nostra". (Davide Rossi)

1. Di Girolamo: "Non ho portato la 'ndrangheta e la mafia in Senato".
2. Di Girolamo: "Quando sono arrivato c'erano già". (Massimo Foresti)

4 marzo

Svizzera. In commercio preservativi di dimensioni ridotte pensati per ragazzini di dodici-quattordici anni. O per trentenni che vogliono fare bella figura. (Alessandro Bielli)

Secondo un sondaggio ISPO, il 50% degli italiani ha almeno un motivo per essere imbarazzato dall'Italia. L'altro 50% guarda solo il *Tg1*. (Giovanni Cavallo)

Veltroni: "Vedo un paese incupito". Sono le facce che gli fanno quando lo riconoscono per strada. (Marco Ferrara)

Tentato suicidio, si butta di sotto abbracciato alla bambola gonfiabile. Lui si salva, l'amica scoppia. Niente da fare per il bambolotto che portava in grembo. (Marco Bressanini)

Parallele

1. Regionali, lista Formigoni è fuori. La Corte d'Appello respinge il ricorso. (*Tgcom*)
2. Milano: asportato tumore "gigantesco". (corriere.it/Paolo Delfino)

1. Alcol, a undici anni il primo bicchiere. (avvenire.it)
2. Bambino dirige il traffico all'aeroporto Jfk. (ansa.it/Riccardo Borghi)

Pilates

1. Bernabé: "Telecom è seria e solida".
2. Bernabé: "Questi chiedono al macellaio com'è la carne". (Patrick De Angelis)

1. Bersani: "Noi preoccupati, mai pensato di vincere a tavolino".
2. Bersani (correndo via con le mani nei capelli): AAAAAAAAHHH!!! (Michele Pezza)

1. Regionali. Berlusconi: "C'è amarezza ma anche la certezza di poter trovare una soluzione per garantire la democrazia e il diritto di voto a milioni di elettori".
2. Berlusconi: "Ghedini pensaci tu". (Stefano Rubini)

1. Fabrizio Cicchitto: "Si tratta di un fatto gravissimo, di una autentica lesione ai principi elementari della democrazia".
2. Fabrizio Cicchitto: "Si tratta di un fatto normalissimo, dovuto alla nostra arroganza e sciatteria nei confronti delle regole anche più elementari, ma dato che ormai è andata così ci faremo sopra la campagna elettorale". (Marco Ferrara)

5 marzo

Stati Uniti. Una donna chiede una quarta ma il chirurgo sbaglia e la donna si risveglia con quattro seni. Ora esige cinque milioni di risarcimento. Proteste del chirurgo: "E dove li troviamo cinque milioni di seni?". (Albert Huliselan Canepa)

Pilates

1. Bonolis: "Non importa se fai televisione in Rai o Mediaset, importa il programma".
2. Bonolis: "Rai e Mediaset sono uguali, basta fare programmi che non rompano il cazzo a Berlusconi". (Stefano Trevisone)

6 marzo

D'Alema: "Napolitano non poteva non firmare". E D'Alema non poteva non dire una cazzata. (Alessandro Cai)

Parallele

Salvare gli elefanti per aiutare i tonni. (lastampa.it/Alessandro Cai)

1. Regionali, Pd: Bersani chiama il centrosinistra alla mobilitazione. (corriere.it)
2. Avvelenati i cani di Marina Berlusconi. (corriere.it/Federico Righi)

Pilates

1. Maroni: "Il decreto non modifica la legge".
2. Maroni: "La ignora". (Albert Huliselan Canepa)

7 marzo

Prestigiacomo: "Per la rimozione delle macerie dell'Aquila è stata individuata una soluzione che si sta attuando". Cittadini dell'Aquila con le carriole: "Ehi, questa è la protesta!". (Marco Ferrara)

Dopo John Lennon, sarà Paul McCartney il prossimo testimonial della Citroën. Già pronto lo slogan: "Se nel '66 ci fosse stata un'auto così, oggi quest'uomo sarebbe ancora vivo". (Patrizia Pietrovanni)

Parallele

1. Scientology, le denunce degli ex adepti: "Ci facevano lavorare sette giorni su sette per una miseria, eravamo picchiati e umiliati". (repubblica.it)

2. Treviso. Manager licenzia dipendenti e assume adepti della sua setta religiosa. (ilgazzettino.it/Marco Ferrara)

Legalità a senso unico: truffano e fanno le vittime. ("Il Giornale"/Stefano Rubini)

Pilates

1. Anna Finocchiaro: "Stavolta sono stati superati i limiti, non potranno non esserci conseguenze, non possono pensare di prendere in giro noi e gli italiani".

2. Anna Finocchiaro: "Glielo lasceremo fare di nuovo, e poi di nuovo ancora, e ancora...". (Marco Ferrara)

8 marzo

È una giornata talmente soleggiata che anche il Pd è sceso in piazza contro il governo. (Gaetano Buson)

"L'Osservatore Romano": "La dolorosa questione della pedofilia non riguarda solo gli istituti cattolici". Ah be', allora fate pure. (Tito Darca)

9 marzo

Francia, la Madonna che piange olio. Desta scalpore l'ultima frontiera delle oliere da tavola. (Nicola Vialetto)

Georg Ratzinger: "Se i bambini non cantavano bene li prendevo a schiaffi". Alcuni erano talmente stonati che dovevano addirittura violentarli. (Agostino Cinelli)

Oggi al Cern un team di sole donne alla guida del super-acceleratore. E quelle ammaccature già c'erano. (Simone Casali)

Una Madonna che piange lacrime di olio sta richiamando fedeli in Francia. "È troppo presto per parlare di miracolo", ha commentato il crocifisso che ho in corridoio. (Michele Pezza)

Megan Fox: "Ho fatto sesso con soli due uomini". Davvero? Chissà chi è l'altro fortunato. (Albert Huliselan Canepa)

Parallele

Bondi: "Smettetela di mettere in scena l'ennesimo massacro delle istituzioni, della democrazia, della Costituzione". (ilmessaggero.it/Alessandro Cai)

Tenta il suicidio, esecuzione rinviata. (corriere.it/Vittorio Lattanzi)

Vende all'asta i fantasmi catturati in casa. (lastampa.it/Stefano Malandrino)

Pilates

1. Padre Lombardi: "Questi fatti vanno inseriti in un contesto e in una problematica più ampia che riguarda gli abusi sui bambini nella società".
2. Padre Lombardi: "La colpa è della società". (Gianni Zoccheddu)

1. Ciampi: "L'esclusione della lista del Pdl nel Lazio è la prova che il dl è incostituzionale".
2. Ciampi: "L'esclusione della lista del Pdl nel Lazio è la prova che ero un Presidente migliore di Napolitano". (Davide Rossi)

1. Capezzone: "C'è chi vuole le elezioni falsate.".
2. Capezzone: "Vogliamo le elezioni falsate". (Albert Huliselan Canepa)

10 marzo

Tronchetti: "La security agiva da sola". Sì, e Megan Fox ha avuto solo due uomini in tutta la sua vita. (Ale Portelli)

Una donna su due simula l'orgasmo. Ma l'altra spesso se ne accorge. (Davide Rossi)

Megan Fox: "Ho fatto sesso solo con due uomini". Zoccola. (Mattia F. Pappalardo)

Fa così freddo che Georg Ratzinger schiaffeggia i bambini solo per riscaldarsi un po'. (Peppe Clemente)

Megan Fox: "Ho fatto sesso solo con due uomini". Tranquilla, la giornata è ancora lunga. (Davide Rossi)

Pilates

1. Istituto Nazionale di Fisica Nucleare sul nuovo arresto dell'acceleratore: "Fase di arresto da tempo pianificata, dobbiamo preparare la macchina per la massima energia possibile".
2. Istituto Nazionale di Fisica Nucleare: "Avremmo dovuto costruire l'acceleratore lontano da quel dannato panificio!". (Alessandro Cai)

1. Capezzone: "Di Pietro vuole un altro Tartaglia?".
2. Capezzone: "Ci servirebbe proprio un altro Tartaglia!". (Andrea Michielotto)

Carnac

1. Berlusconi: "Sopruso violento".
2. Giornalista: "Se dovesse sintetizzare la sua carriera in due parole, quali userebbe?". (Davide Rossi)

11 marzo

Berlusconi: "L'esclusione della nostra lista è frutto di un disegno ben pensato". Pensavo fosse solo coglionaggine. (Massimo Unali)

Sono partiti da piazza del Parlamento due pullman con i deputati del Pd, uno diretto verso il Sud, l'altro verso il Nord. Scopo del tour è quello di incontrare i cittadini per metterli al corrente dell'esistenza di due pullman con i deputati del Pd, uno diretto verso il Sud, l'altro verso il Nord. (Marco Ferrara)

Emilio Fede: "Vorrei con me Santoro e Travaglio". Purtroppo sono giornalisti. (Nicola Congiu)

Rocco Siffredi: "Ci fu una invasione di zanzare, fui letteralmente assalito. Presi tra le 50 e le 60 punture sul pene e le riprese non potevano fermarsi". Sarà stato atroce grattarsi con le vagine. (Andrea Di Salvatore)

Il contestatore di Berlusconi a La Russa: "Lei è un picchiatore fascista". Ci sono volute due guardie del corpo per sorreggere il ministro della Difesa, talmente era commosso. (Augusto Rasori)

Il vescovo di Ratisbona si è pronunciato sulla pedofilia: "Celibato non è la causa". Infatti. I preti pedofili sono la causa. (Davide Passaia)

Oppure sono i bambini a essere troppo sexy. (Stefano Rubini)

Anna Falchi: "Vorrei produrre un film di Sorrentino". E che ci possiamo fare, Anna? Anch'io vorrei scopare con Gwyneth Paltrow... (Gianni Zoccheddu)

Usa, la moglie di un famoso chef ha prodotto del formaggio con il proprio latte. L'idea è piaciuta così tanto ai clienti che la donna sta già lavorando al suo prossimo piatto, una sfiziosissima variante del sanguinaccio. (Matteo Poles)

Francia, la Madonna che piange olio. Gli esperti si dividono sulla natura del fenomeno, ma sono tutti d'accordo nel dire che con meno di 300 euro non si ripara. (Paolo Tombolato)

Megan Fox: "A letto solo con due uomini". Ah: a letto. (Stefano Rubini)

Parallele

Udine. Moglie invalida chiede all'amante di uccidere il marito sordomuto. (ilgazzettino.it/Albert Huliselan Canepa)

Molesta la cognata su Facebook ma viene tradito dagli errori ortografici. (adnkronos.com/Marco Ferrara)

Usa, nasce il formaggio col latte materno. (tgcom-mediaset.it/Marco Bressanini)

Via Tortora? Porta in carcere. (lastampa.it/Stefano Malandrino)

1. Quasi una donna su due simula l'orgasmo. (corriere.it)
2. Patrizia D'Addario: "Sai da quanto tempo non faccio sesso come ho fatto con te stanotte? Da molti mesi..." (trascrizione audio D'Addario-Berlusconi, espresso.repubblica.it/Albert Huliselan Canepa)

Pilates

1. Casini: "Pensavamo che questa vicenda potesse concludersi in un modo migliore e cioè chiedendo scusa agli italiani degli errori fatti. Invece Berlusconi sembra come quel genitore che se la prende con il professore quando il proprio figlio è stato bocciato e non ha studiato".
2. Casini: "Pensavamo che questa vicenda potesse concludersi in un modo migliore e cioè chiedendo scusa agli italiani degli errori fatti. Invece Berlusconi sembra Bossi con i professori di Renzo". (Giovanni Cavallo)

1. Berlusconi: "Grazie ai suoi mezzi di stampa la sinistra si è inventata tutto. Noi dobbiamo parlare con i nostri elettori. E tutti voi dovete avere la cronistoria che ho spiegato mercoledì".
2. Berlusconi: "Grazie ai nostri mezzi di stampa stiamo instillando dubbi sull'evidenza dei fatti emersi. Noi dobbiamo mentire ai nostri elettori. E tutti voi dovete avere le balle che ho inventato mercoledì". (Marco Redaelli)

1. Mons. Gianfranco Girotti, reggente della Penitenzieria vaticana: "La Chiesa può assolvere chi si è macchiato del peccato di pedofilia se è pentito sinceramente, mentre l'aborto è considerato dalla legge ecclesiastica un peccato riservato, speciale".
2. Mons. Gianfranco Girotti, reggente della Penitenzieria vaticana: "I preti mica abortiscono". (Andrea Michielotto)

1. Berlusconi: "Cavalcare l'ottimismo per uscire dalla crisi".

2. Berlusconi: "Mentire all'impazzata per fingere una risalita che non c'è". (Pietro Borrelli)

12 marzo

Inchiesta di Trani. Berlusconi indagato per qualcosa che presto non sarà più reato. (Davide Rossi)

Si è sposato Angelo Izzo. Ehi Ratzi, mancate solo voi!! (Roberto Mancini)

Francia, scoperto il mistero della Madonna che piange olio. La fabbrica la Toyota. (Roberto Mancini)

Il Vaticano valuta nuove norme contro la pedofilia. Al via i preti bambino. (Fabio Pugliese)

Regionali. Dopo il caos liste, il centrodestra è talmente in calo che dovrà intervenire D'Alema. (Massimo Russo Tramontana)

Papa: "Per i sacerdoti anche l'abito è importante". Sacerdote: "Facile parlare così quando porti un vestito bianco dove certe macchie non si notano neppure". (Massimo Unali)

Il Papa: "Il celibato dei sacerdoti è sacro". Quindi scopate pure a destra e a manca, ma chiarite fin dall'inizio che voi siete contro il matrimonio. (Lauro Giobbi)

Parallele

Storni precipitano, giallo in Gran Bretagna. (leggo.it/Marco Bressanini)

Pamela Prati: "Nella mia cagnolina vedevo mamma". (leggo.it/Giovanni Cavallo)

Perito ucciso davanti alle figlie. (repubblica.it/Riccardo Viganò)

1. Niccolò Ghedini e Piero Longo rispondono alla domanda se il presidente del Consiglio Silvio Berlusconi risulti o meno indagato a Trani per le presunte pressioni sull'Agcom per bloccare le trasmissioni di *Annozero*. "Premesso che se lo avesse fatto davvero – commenta Longo – sarebbe stato encomiabile visto che *Annozero* è di una noia insopportabile, ma quale sarebbe poi il reato contestato?"(ansa.it)

2. Longo non ha mai nascosto le sue simpatie per l'estrema destra e ha difeso alcuni imputati nel processo celebrato nel 1975 per la riorganizzazione del disciolto Partito fascista. Nel 1986 fu incaricato della difesa di Marco Furlan, uno dei due componenti della banda che con il nome di Ludwig venne riconosciuta responsabile di una serie di omicidi. Al processo venne affiancato dall'allora neolaureato Niccolò Ghedini. (it.wikipedia.org/Emanuele Colletta)

Pilates

1. Minzolini: "Berlusconi? Mi avrà telefonato due o tre volte, non di più. Credo di essere la persona più cristallina del mondo, quello che penso lo dico in tv".

2. Minzolini: "Berlusconi? Credo di essere il servo più leccaculo che lui abbia. E sono talmente bravo che non serve che mi telefoni tutti i santi giorni". (Ubaldo Gioia)

1. Berlusconi: "Ho tanta energia che batterei anche Carnera a braccio di ferro".

2. Berlusconi: "Ho tanta energia che batterei un morto a braccio di ferro". (Maura Guidi)

1. Berlusconi: "Mi sento così forte che batterei Carnera".

2. Berlusconi: "Grazie al Pd, mi sono abituato ad avversari cadaverici". (Matteo Adami)

13 marzo

Tremonti: "La crisi continua a girarci intorno". Un po' come il Sole con la Terra. (Massimiliano Pauletto)

A Roma trovato un cadavere senza testa. Adesso sappiamo cosa regalerà Angelo Izzo alla sua nuova sposina. (Carlo Guglielmini)

Pisa. Barbone ucciso dal freddo. Inutili i tentativi di alcuni naziskin di dargli fuoco. (Davide Rossi)

Parallele

Accuse al fratello del Papa, tirava le sedie ai coristi. (ansa.it/Stefano Rubini)

14 marzo

Minzolini: "Mi vogliono muto, sordo e dimezzato." Calma, non esageriamo, ci basterebbe vertebrato. (Fabio Bellacicco)

Il Papa: "L'ateismo spesso nasconde la ricerca di Dio". Parole sante! Io, per esempio, lo cerco ogni volta che sbatto contro il comodino. (Albert Huliselan Canepa)

Antartide: un fotografo del "National Geographic" è riuscito a immortalare un pinguino dal petto completamente nero. L'animale era così stizzito che dopo i primi scatti ha urlato: "Ehi! Non hai mai visto un 69, guardone del cazzo??". (Vittorio Lattanzi)

Un concorrente del *Grande Fratello* ha dichiarato che vorrebbe cambiare sesso. Grazie, anche a me piacerebbe cambiarlo: con quello di Rocco Siffredi. (Albert Huliselan Canepa)

Parallele

Australia, novantottenne trovato morto in salotto: accusata dell'omicidio la moglie di novantadue anni. (adnkronos.com/Marco Bressanini)

1. Bonaiuti: "Parlare di rischi per la libertà di stampa è una sorta di buffonata. Qualcuno per caso è intervenuto in toni censori contro Santoro, che ha fatto una trasmissione tutta costruita attraverso il buco della serratura o il gossip?" (corriere.it)

2. Il premier a Innocenzi su *Annozero*: "Concertare per chiudere la trasmissione". (corriere.it/Giancarlo Gismondo)

Pilates

1. Trani, Berlusconi: "Non si capisce nemmeno il tipo di reato".
2. Trani, Berlusconi: "Ditemi almeno che cazzo di articolo devo abrogare". (Alex Lovisa)

15 marzo

Berlusconi indagato per millantato credito. Era solo Paolo. (Marco Ferrara)

"Cane ingoia diamante da 20.000 dollari." Ho prenotato la cornice per il giornale di domani. (Ernesto Montale)

Innocenzi: "Berlusconi mi manda a fare in culo ogni tre ore". Sei fortunato, io ti ci manderei molto più spesso. (Daniele Gianolla)

Berlusconi: "C'è un disegno molto ben pensato contro di noi". Sì, è la Legge. (Sarah Chiti)

Cerimonia per i novant'anni di don Verzè, Berlusconi: "Don Verzè mi confessa e mi dà l'assoluzione senza che io dica niente, perché mi conosce". E perché a novant'anni sa che non farebbe in tempo. (Nicola Congiu)

Fassino: "Chiederò a suore e preti di votare Pd alle regionali". Se accettassero, per loro sarebbe il secondo voto a un'entità invisibile. (Nicola Congiu)

Parallele

1. All'Olimpico. Polverini tifa in curva con gli ultrà. ("Messaggero Veneto")
2. Il Bari si diverte. Lazio, è incubo B. ("La Gazzetta dello Sport"/Michele Comelli)

1. Berlusconi: "Vado avanti per il bene del paese". (ilsole24ore.com)
2. Reddito di Berlusconi cresciuto nel 2009 di quasi 10 milioni. (rainews24.rai.it/Albert Huliselan Canepa)

1. Il Cavaliere sempre più ricco, il suo reddito cresciuto di 9 milioni. (corriere.it)
2. Governi Berlusconi, dieci anni di declino: Italia ultima tra crescita e pil pro capite. ("la Repubblica"/Peppe Clemente)

Il "figlio" di Michael Jackson: "Sono io il padre dei suoi figli". (blitzquotidiano.it/Marco Ferrara)

Pilates

1. Ghedini: "Irrilevanza penale dei fatti".
2. Ghedini: "Berlusconi è solo l'utilizzatore finale di Minzolini". (Luca Zanotti)

1. Berlusconi: "Basta con i giornalisti nemici, non li voglio più vedere in tv".
2. Berlusconi: "Basta con i giornalisti, non li voglio più vedere in tv". (Daniele Gianolla)

1. Alfano: "L'inchiesta di Trani presenta tre gravissime patologie: un problema gravissimo di competenza territoriale, un secondo problema di abuso delle intercettazioni, e un terzo che riguarda la rivelazione del segreto d'ufficio".
2. Alfano: "L'inchiesta di Trani presenta una gravissima patologia: coinvolge il mio padrone". (Massimo Unali)

1. Berlusconi: "Don Verzè mi assolve senza che io dica niente".
2. Berlusconi: "Don Verzè è il mio ideale di magistrato". (Nicola Congiu)

16 marzo

Berlusconi: "Ma vi rendete conto che in questo paese si ascoltano le telefonate del presidente del Consiglio senza che nessuno si scandalizzi?". Ma ormai ti conosciamo, Silvio. (Massimo Unali)

Diffuse le dichiarazioni di deputati e senatori. Tremonti il più “povero”: 39.000 euro. L’anno prima superava i 4 milioni. Cazzo, non è capace nemmeno coi soldi suoi?! (Augusto Rasori)

Piacenza: monossido di carbonio in chiesa, svengono numerosi bambini. Eh, ma questo è giocare sporco! (Andrea Miele)

Napoli. Arrestati quattro carabinieri che collaboravano con i clan camorristici per 500 euro al mese. La crisi è ancora così grave che sui giornali trovate la notizia tra le opportunità di lavoro. (Richi Selva)

Secondo una ricerca, il 20% degli italiani soffre di eiaculazione precoce. Il 9% si fa visitare da un andrologo; il restante 11% dice: “Sì, ho un amico al quale è capitato. Solo una volta però”. (Vito Nanna)

Parallele

1. Il figlio del sindaco di Roma, Manfredi, è stato aggredito ieri sera.
2. ’Ndrangheta, arrestato Manfredi tra i 100 latitanti più pericolosi. (un articolo a fianco dell’altro, unita.it/Gian Piero Mongiu)

Minzolini: “Sono un giornalista indipendente”. (“il Fatto Quotidiano”/Davide Rossi))

1. Dall’hard alle canzoni: il primo singolo di Selen. (“Il Giornale”)
2. La Torre di Pisa si sta raddrizzando. (“Corriere della Sera”/Massimo Famularo)

Polverini fischiata da laziali e romanisti: porti sfortuna. (“la Repubblica”/Massimo Unali)

Cieco in guerra torna a vedere grazie alla lingua. (lastampa.it/Silvio Perfetti)

1. “La procura – scrive ‘il Fatto Quotidiano’ – ascolta in diretta le pressioni e le lamentele del premier per *Annozero*. Rivolte al membro dell’Agcom Giancarlo Innocenzi.” Con inviti molto espliciti a chiudere il programma. In un’altra di queste telefonate il presidente del Consiglio si lamenta della presenza del direttore di “Repubblica” Ezio Mau-

ro e di Eugenio Scalfari in un'altra trasmissione da lui odiata, *Parla con me*, condotta da Serena Dandini. (repubblica.it)

2. Berlusconi: "È un errore criticare Michele Santoro, bisogna invece dargli tutto lo spazio possibile, anche perché la verita è più forte di lui... lunga vita alla Dandini e a Santoro che non fanno altro che portare voti al centrodestra". (ilgiornale.it/Giovanni Cavallo)

Pilates

1. Brachino: "Farò immediato ricorso contro un provvedimento che giudico profondamente ingiusto. Non posso non pensare che si tratti di una condanna simbolica e tutta politica da parte dell'organismo che dovrebbe tutelare, al netto di ogni calcolo di convenienza ed opportunità, la libertà della categoria".

2. Brachino: "Il presidente dell'Ordine indossa calzini turchese". (Davide Rossi)

1. "Il Giornale": "Silvio accusato di tutto: manca solo l'abigeato".

2. "Il Giornale": "Rubare bestiame: che male c'è?". (Gianni Zoccheddu)

17 marzo

"Episodio pedofilia in Brasile: non coinvolti vescovi." Ah, be', se la mettiamo così... (Daniela Ranieri)

Legrottaglie: "Se non siete felici, se vi manca qualcosa, se cercate pace e serenità cercate di conoscere Gesù". La fa facile. Per me è stata già un'impresa avere l'autografo di Buffon. (Michele Incollu)

Parallele

1. Napolitano: "È auspicabile che in un periodo di particolari tensioni politiche qual è quello della campagna per le elezioni regionali, si evitino drammatizzazioni e contrapposizioni, come sempre fuorvianti, sul piano istituzionale".

2. Napolitano: "Sembro uno che parla sotto minacce". (Andrea Canavesi)

1. Minzolini: "Le balle di Spatuzza danneggiano l'Italia". (ilsole24ore.com)
2. Stragi di mafia, un arresto e nuovi indagati. "La testimonianza di Spatuzza è stata decisiva". (lastampa.it/Massimo Unali)

1. Masi: "Non ho mai ricevuto alcuna pressione da Berlusconi". (il messaggero.it)
2. E Masi si giustificò: "Abbiamo cacciato Ruffini". ("la Repubblica"/Massimo Unali)

18 marzo

Caso Cucchi: la caduta dalle scale è stata talmente lunga che è morto disidratato. (Gilberto Nuvolari)

Berlusconi: "I giudici mi impediscono di parlare dei miei successi". Ancora a vantarti di esserti scopato la D'Addario?! (Augusto Rasori)

Pornostar annuncia: sesso con 999 uomini per beneficenza. Non vorrei essere nei panni del novecentonovantanovesimo. (Piero Esposito)

Recupero record per la Montalcini, operata per la frattura al femore. "Questa è una buona notizia" ha commentato Marcello Lippi. (Michele Baglioni)

Parallele

Ammazza il marito e recluta un sosia. (lastampa.it/Salvatore Lobina)

Ottantenne mette incinta la badante. (libero-news.it/Riccardo Borghi)

Pilates

1. Sergio Zavoli: "L'opinione pubblica giudica un po' stucchevole questo rimpallo sul regolamento per la par condicio".

2. Sergio Zavoli: "Facciamo ridere i polli". (Michele Incollu)

1. Il *Tg1* "assolve" Mills. Minzolini: "Nel linguaggio televisivo si può arrivare anche a questo tipo di semplificazione".
2. Il *Tg1* "assolve" Mills. Minzolini: "Nella Rai di oggi si può arrivare anche a questo tipo di menzogne". (Giovanni Cavallo)

19 marzo

Fastweb ha inaugurato una nuova connessione talmente rapida che nei video di Youporn gli attori devono ancora uscire di casa. (Peter D'Angelo)

Gran Bretagna, appare Gesù sul fondo della padella. Per fare la frittata non è stato necessario ungerla. (Mattia F. Pappalardo)

La Russa: "L'impegno militare dell'Italia in Afghanistan si concluderà entro il 2013". Di che anno? (Davide Rossi)

Inchiesta sanità, arrestato Frisullo. Si sarebbe fatto corrompere da Tarantini, che gli procurava numerose escort. Eccone un altro col piacere della conquista. (Massimo Unali)

Santanchè: "I terroristi sarebbero contenti se nelle regionali vincesse la sinistra". Certo, la strategia del terrore di Bin Laden si basa sulla vittoria del Pd nelle Marche. (Piero Esposito)

Celentano rinuncia a comparire nello show-protesta di Santoro per evitare ripercussioni sul suo imminente nuovo programma Rai: la coerenza è lenta, la paraculaggine è rock. (Piero Esposito)

Festa del papà. Pier Silivio ha regalato a Berlusconi 10 giuramenti sulla sua testa da usare entro la fine dell'anno. (Davide Rossi)

Parallele

Usa: Madoff picchiato in prigione, doveva soldi a un detenuto. (corriere.it/Daniela Ranieri)

Pilates

1. Epitaffio di Berlusconi: "Fu un uomo buono, giusto, dolce e forte".
2. Epitaffio di Berlusconi: "Vi ho fottuto tutti, coglioni". (Alessandro Cai)

20 marzo

Verdini: "Non posso credere che l'Abruzzo non riempia cento pullman per venire a ringraziare il governo". E che ti devo dire? Saranno rimasti in crociera. (Michele Pezza)

Berlusconi: "Qui a Roma siamo un milione". E avrebbero potuto essere molti di più, se avesse voluto inventarne altri. (Nicola Vialetto)

Berlusconi a Roma. Gli organizzatori: "Siamo un milione". Un milione solo gli organizzatori?! (Giovanni Cavallo)

Google lascia la Cina. Se su Google scrivi Cina, adesso compare la scritta: "Forse cercavi Tibet libero". (Francesco d'Antonio)

Emanuele Filiberto si scusa per leggi razziali. Ok, ma ora per la canzone di Sanremo dobbiamo aspettare altri cinquant'anni? (Daniela Ranieri)

Parallele

1. Polemica sugli sms del Cavaliere: "Ti aspetto sabato al Circo Massimo". (repubblica.it)
2. "Torna da me." A Roma sms dalle squillo per fidelizzare i "clienti". (ilgazzettino.it/Marco Ferrara)

Sciroppo per la tosse e per la prostata. (lastampa.it/Giancarlo Gismondo)

21 marzo

Il Papa: "Intransigenti con il peccato, anche il nostro, ma indulgenti con le persone". Quando ti conviene, peccato e reato non coincidono, eh? (Alessandro Cai)

Parallele

Compie atti osceni davanti a donna incinta: fermato. (leggo.it/Marco Bressanini)

Pilates

1. Il Papa ai preti pedofili: "Avete tradito la fiducia riposta in voi da giovani innocenti e dai loro genitori. Dovete rispondere di ciò davanti a Dio onnipotente, come pure davanti a tribunali debitamente costituiti. Avete perso la stima della gente dell'Irlanda e rovesciato vergogna e disonore sui vostri confratelli. Quelli di voi che siete sacerdoti avete violato la santità del sacramento dell'Ordine Sacro, in cui Cristo si rende presente in noi e nelle nostre azioni. Insieme al danno immenso causato alle vittime, un grande danno è stato perpetrato alla Chiesa e alla pubblica percezione del sacerdozio e della vita religiosa". (unita.it)

2. Il Papa: "Se continuate così, 'sto cappello a punta non mi servirà più a un cazzo!". (Ferdinando Di Giovanni)

22 marzo

Parallele

Scomparso il sub che nuota con gli squali. (corriere.it/Marco Bressanini)

Irrompe in una casa e s'infila nel letto dove dorme il proprietario: "Ho freddo". (tiscali.it/Davide Passaia)

Pilates

1. Berlusconi: "Colpa dei media la disaffezione alla politica".
2. Vaticano: "Colpa dei bambini la disaffezione alle parrocchie". (Vincenzo Barnabè)

1. Bagnasco: "Il tema dell'aborto non può non influenzare il voto".
2. Bagnasco: "La Chiesa non può fare a meno di influenzare il voto". (Franz Foti)

23 marzo

Dopo duecento anni torna in attività il vulcano Eyjafjallajoekull ed è panico in Islanda: di nuovo quel nome. (Richi Selva)

I vescovi: "Il voto sia contro l'aborto". Non capisco tutto questo interesse a far nascere più bambini possibile. (Piero Lisi)

"Abbiamo un grave problema nella nostra democrazia," ha dichiarato il grave problema nella nostra democrazia. (Davide Rossi)

Parallele

Italiani sbadati. Tra cellulari e iPod in treno si trovano anche le dentiere. (*Tgcom*/Nicola Andrucci)

"Le coppie ci fanno sesso." Foresta abbattuta. (leggo.it/Silvio Perfetti)

Frisullo: "Le donne? Non pensavo fossero escort". (corriere.it/Stefano Tolomelli)

Treviso. Tenta di picchiare il marito dopo che i carabinieri le dicono che è irregolare. (ilgazzettino.it/Giovanni Garbellini)

Pilates

1. Bagnasco: "Alle regionali votate contro l'aborto".
2. Bagnasco: "Alle regionali votate per il puttaniere che non ci fa pagare l'Ici". (Andrea Michielotto)

1. Berlusconi: "Obbligato dai pm alla campagna elettorale".
2. Berlusconi: "Sono entrato in politica altrimenti mi arrestavano". (Marco Bressanini)

24 marzo

Il Papa ha esortato i giovani a scoprire la grandezza e la bellezza del matrimonio. Lo farei, ma i miei vicini continuano a chiudere le tende. (Michele Incollu)

Piazza San Pietro cambierà colore, sarà come l'aveva voluta Gian Lorenzo Bernini. A parte la carta da parati coi coniglietti azzurri. (Daniela Ranieri)

Parallele

Sindacato internazionale dei calciatori: "Vogliamo libertà di bestemmia". ("la Repubblica"/Giuseppe Reale)

Con la colla chiudono il becco alle galline. (viterbooggi.org/Elena Loto)

Usa, costretto a chiudere il Museo della banana. (*Tgcom*/Nicola Andrucci)

Gb, i medici lanciano l'allarme: "Con Facebook quadruplicati i casi di sifilide". (adnkronos.com/Marco Bressanini)

Belgio: donna si butta dal dodicesimo piano e uccide un passante. (leggo.it/Stefano Rubini)

1. Manganelli: "Web può nascondere insidie". (ansa.it)
2. Su rai.tv nasce il nuovo spazio web di Radio vaticana. (raivaticano.blog.rai.it/Claudio Penazzo)

25 marzo

Parallele

Sequestra ladro: tre giorni di sesso. (tgcom-mediaset.it/Pietro Senatore)

Nasconde la cocaina nel deretano, il fiuto di un cane antidroga lo incastra. (romagnaoggi.it/Nicola Andrucci)

26 marzo

"Con il relax i ricordi si fissano meglio." (ansa.it.) E cosa starebbe ricordando il Pd? (Ferdinando Di Giovanni)

Parallele

1. *Raiperunanotte*: grandi ospiti al festival dell'anti-censura. (newnotizie.it)
2. *Raiperunanotte*: *Rainews24* censura Daniele Luttazzi (oneBlog.it/Luca Zanotti)

1. Silvio Berlusconi: "Ritengo che molti telespettatori, guardando questa manifestazione, abbiano tratto delle conclusioni nella direzione opposta a quelli che erano gli intendimenti dei protagonisti di questo lugubre 'Carro di Tespi' che viene portato in giro in diverse città". (adnkronos.com)
2. Tespi (secondo Orazio) si spostava da una città all'altra dell'Attica con un carro sul quale innalzava un palco; due attori con i visi dipinti cantavano dei cori di argomento storico. Dopo qualche tempo vi aggiunse un terzo attore, il quale separatamente dai cori recitava dei versi. Questa innovazione non piacque a Solone, il quale tentò di convincere il popolo a non assistere a tali rappresentazioni. (wikipedia.it/Nicola Congiu)

1. Il Vaticano: "Il Papa non sapeva".
2. Il Vaticano: "Il Papa non sapeva che sarebbe diventato Papa". (Andrea Canavesi)

1. Maroni: in 18 mesi sequestrati e confiscati beni alla mafia per 10 miliardi di euro. (androkronos.com)
2. Sgominato il traffico di figurine false. (libero.it/Daniele Gianolla)

I fan di *Avatar* vogliono una vera grammatica. (tgcom-mediaset.it/Marco Bressanini)

Pilates

1. Processo Mills, per Berlusconi solo 12 testi. Ghedini: "Non ci viene permessa la difesa".
2. Processo Mills, per Berlusconi solo 12 testi. Ghedini: "Non ci viene permessa la prescrizione". (Andrea Michielotto)

27 marzo

Berlusconi: "Cercano di farmi fuori in tutti i modi". Una cosa micidiale, come quando fu costretto a subire tutte quelle troie. (Radu Gabriel Tanasescu)

Disoccupazione in aumento: stiamo uscendo così bene dalla crisi che la gente non ha più bisogno di lavorare. (Fabrizio Fusconi)

Francia, la Madonna che piange olio. Centinaia di persone accorrono per vedere centinaia di persone che scivolano e cadono per terra. (Paolo Tombolato)

Caso Boffo. L'Ordine dei giornalisti sospende Feltri: per i prossimi sei mesi non dovrà avere niente a che fare con l'attività di giornalismo. Quindi potrà continuare a dirigere "Il Giornale". (Matteo Donninelli)

Parallele

Strozzava massaie, arrestata nonna usuraia. (repubblica.it/Manuel Pica)

1. "Ratzinger ha agito contro abusi più di ogni altro." ("L'Osservatore Romano")
2. Berlusconi: "Contro la mafia ho fatto più di chiunque altro". ("la Repubblica"/Massimo Famularo)

La California in bancarotta, la salva la tassa sulla marijuana. (repubblica.it/Sara Diani)

1. Luttazzi: "E quando quel fazioso di Berlusconi vi dirà che voi siete mossi dall'odio, voi replicate con le parole del grande oratore latino Quintiliano che ricordava 'Odiare i mascalzoni è cosa nobile'. Perché è cosa nobile? Ce lo ricorda Aristofane ne *I Cavalieri*, diceva 'Ingiuriare i mascalzoni con la satira è cosa nobile. A ben vedere, significa onorare gli onesti'. (*Raiperunanotte*)
2. "Filmati di Mussolini. Intercettazioni. E Luttazzi elogia l'odio." ("Corriere della Sera"/Tito d'Arca)

Pilates

1. Feltri: "Io non ho la stessa protezione dei preti pedofili."
2. Feltri: "Vorrei la stessa protezione dei preti pedofili". (Davide Rossi)

28 marzo

Parallele

Ruba da lapidi al cimitero foto di donne: denunciato. (leggo.it/Marco Bressanini)

Pilates

1. Papa: "Da Gesù il coraggio per non farsi intimidire dal chiacchiericcio".
2. Papa: "Usando Gesù posso degradare gli abusi su bambini indifesi a chiacchiericcio". (Alessandro Cai)

1. Papa: "Non lasciarsi intimidire dal chiacchiericcio delle opinioni dominanti".
2. Papa: "Non lasciarsi intimidire dai fatti". (Andrea Canavesi)

29 marzo

Nuovi sviluppi dell'inchiesta su Lombardo in Sicilia. Arrestato il boss Aiello. L'accusa è di concorso esterno in giunta regionale. (Maurizio Di Lucchio)

Parallele

Usa, muore soffocato da tette rifatte di una spogliarellista. (blitzquotidiano.it/Davide Passaia)

Pilates

1. Giuseppe Molinari, arcivescovo metropolita dell'Aquila: "Ci prepariamo tutti insieme ad onorare nel debito modo la memoria delle vittime del sisma, ma auspico che anche la Pasqua di Resurrezione conservi tutta la sua importanza. E in quella festa sia data a tutti la possibilità e la gioia di vivere questo significativo momento nel riposo dal lavoro e nella pace degli affetti familiari".

2. Giuseppe Molinari, arcivescovo metropolita dell'Aquila: "The show must go on". (Andrea Michielotto)

30 marzo

Regionali, grossa delusione per il Pd: nonostante abbiano perso quattro regioni, non riescono a scendere sotto il 20%. (Victor Serri)

Bersani: "Il risultato elettorale? Non è una vittoria ma neanche una sconfitta". Soluzione a pagina 46. (Gabriele Sanna)

Bersani: "Al Nord abbiamo perso a causa di Grillo". Neanche a perdere sono bravi da soli. (Fabio Bellacicco)

La presidente svizzera Doris Leuthard ha sollecitato la creazione di un registro dei preti pedofili. Profondo imbarazzo nello spiegare ai sacerdoti che non si tratta di un albo. (Francesco Dibenedetto)

Ruini: "Lo scandalo vorrebbe sradicare la fiducia nella Chiesa". Lo dicevo che era meglio dare la colpa ai bambini. (Paolo Vittone)

Riforma scolastica. Scompare dai libri di testo qualsiasi

accenno alla Resistenza. Verrà sostituita dalla dicitura "partito dell'odio". (Matteo Adami)

Maradona ricoverato in ospedale dopo essere stato aggredito a morsi dal suo cane, stanco di non riuscire mai a toccare la palla. (Libero Farbo)

Parallele

Non versa gli alimenti: denunciato. Ma scopre che il figlio è del fratello. (corrieredelveneto.corriere.it/Emiliano Sabadello)

Violenta la figlia nel sonno, assolto. "È malato." (corriere.it/Alessandro Cai)

"La vittoria di Torino è clamorosa," sorride Cicchitto. "Politicamente parlando, uno stupro." (corriere.it/Giovanni Cavallo)

1. Burlando: "Contrastare la Lega con lavoro capillare, come facevano i partigiani contro i tedeschi". (adnkronos.com)
2. Scuola. Nei programmi scolastici scompare la Resistenza. (unita.it/Matteo Adami)

Pilates

1. Berlusconi: "L'amore ha vinto sull'odio".
2. Berlusconi: "Se la sono bevuta". (Alessandro Cai)

1. Belen Rodriguez: "Corona mi chiede tutte le sere di fare un figlio".
2. Fabrizio Corona: "Belen, oggi posso scoparti senza preservativo?". (Albert Huliselan Canepa)

1. Napolitano: "Ora riforme condivise per superare distacco da istituzioni".
2. Napolitano: "Non vedo l'ora che finisca il mio mandato". (Andrea Canavesi)

1. Ministero dell'Istruzione: "Nei nuovi programmi di storia che si studieranno dal prossimo anno nei licei non si parlerà di Resistenza. La nuova articolazione è stata dettata dalla necessità di evitare che non si arrivasse neanche a spiegare la Seconda guerra mondiale".

2. Ministero dell'Istruzione: "Proseguiamo nell'opera di distruzione della cultura storica degli italiani, evitando che essi possano anche solo vagamente ricordare che i loro nonni siano morti per la Repubblica, la democrazia e la libertà, al fine ultimo di appropriarci di queste parole a nostro esclusivo uso e consumo, di rendere il voto un diritto obsoleto e superfluo, di reindirizzare i desideri della massa verso il consumismo più vacuo e di riscrivere la Costituzione in modo più moderno e spigliato, a partire dall'abolizione della separazione dei poteri". (Alessia Mariacher)

31 marzo

Emma Bonino: "Non tutto il Pd ha lavorato per me". Ecco perché ha sfiorato la vittoria. (Matteo Adami/Andrea Sesta)

In seguito agli attentati di Kizlyar in Daghestan, il governo di Mosca vaglia l'opportunità di ristabilire la pena di morte. Un forte deterrente, per dei kamikaze. (Davide Colombo)

Cern, acceleratore LHC. Al via ieri il nuovo esperimento a 7 TeV, ma non senza difficoltà: prima il malfunzionamento di uno dei magneti, poi un calo di tensione della rete elettrica causato da un temporale, poi la macchina si è mangiata il gettone... (Paolo Tombolato)

Giovane si lancia dall'86° piano dall'Empire State Building. Ora sta bene, ma non credo sopravviverà all'impatto. (Alessandro Cai)

Parallele

Miliardario sposa squillo, lei torna in strada. (*Tgcom*/Nicola Andrucci)

Vince 42 milioni di dollari alla slot machine ma è un errore. (ilgazzettino.it/Marco Bressanini)

Pilates

1. Bersani: "Non intendo accettare una descrizione dei fatti che assomiglia a una sconfitta nostra e del centrosinistra".
2. Bersani: "Non intendo accettare la realtà". (Michele Incollu)

1. Legge lavoro a Camere. Napolitano non firma: "Estrema eterogeneità della legge e in particolare dalla complessità e problematicità di alcune disposizioni che disciplinano temi, attinenti alla tutela del lavoro, di indubbia delicatezza sul piano sociale".
2. Legge lavoro a Camere. Napolitano: "Cos'è 'sta merda?!?". (Stefano Rubini)

Aprile 2010

1 aprile

Mara Carfagna: da soubrette a più votata d'Italia. Carriera straordinaria, mi sfugge però la fase intermedia. (Andrea Canavesi)

Esperimento acceleratore Cern a 7 TeV riuscito anche grazie ad alcuni accorgimenti come, ad esempio, quello di sbattere fuori la tovaglia. (Giancarlo Mancin)

Parallele

Prete ubriaco picchia fedele a funerale. (tiscali.it/Salvatore Lobina)

1. Walter Veltroni: "Il partito deve essere più aggressivo e popolare". ("la Repubblica")
2. Walter Veltroni: "Non mi sentirete mai pronunciare una parola di attacco contro Berlusconi." (Stefano Barbieri)

Falso commerciante anti-pizzo. Ordinava gli attentati a suo carico. (corriere.it/Rosario Miritello)

Pilates

1. Giovanni Lindo Ferretti (ex leader di CCCP, CSI e PGR): "Alle regionali ho votato per la Lega. Non è la prima volta che le do un voto, però fino a pochi giorni fa ero quasi convinto di darlo al Pdl. L'ultimo discorso del presidente Berlusconi sulla faccenda araba non mi è piaciuto, anzi lo ringrazio perché così mi ha chiarito le idee facendomi risolvere quello che era un mio problema e cioè a chi dare il voto. E sul-

la pedofilia nella Chiesa è in atto una campagna pubblicitaria che non disturba il credente".

2. Giovanni Lindo Ferretti: "Capezzone mi fa una sega". (Davide Rossi)

1. Mercedes Bresso: "Non c'erano segnali, i sondaggi non lo dicevano. È stato fuoco amico".

2. Mercedes Bresso: "Come potevo immaginare che se insulti uno per cinque anni, aizzandogli la celere ogni volta che puoi, poi quello stronzo traditore non ti vota nemmeno...". (Pier Ferrero)

1. D'Alema: "Il tramonto di Berlusconi è in atto, ma noi non lo intercettiamo. Il bipolarismo non funziona, ma sulla legge elettorale non abbiamo una proposta".

2. D'Alema: "Siamo talmente inutili che tanto vale lasciare Berlusconi al potere". (Giovanni Barone)

2 aprile

Il Papa: "Gesù Cristo insultato non rispondeva con insulti; maltrattato non minacciava vendetta, ma si affidava a Colui che giudica con giustizia. Egli portò i nostri peccati nel suo corpo sul legno della croce perché, non vivendo più per il peccato, vivessimo per la giustizia". Capito bambini? (Paolo Tombolato)

Parallele

Eroe dei movimenti per la vita, uccise ginecologo. ("Corriere della Sera"/Luigi Raffone)

1. Benedetto XVI: "Ci troviamo, per così dire, in una cordata con Gesù Cristo, insieme con lui nella salita verso le altezze di Dio. Egli ci tira e ci sostiene. Fa parte della sequela di Cristo che ci lasciamo integrare in tale cordata – ha rilanciato il Papa – che accettiamo di non potercela fare da soli. Fa parte di essa questo atto di umiltà, l'entrare nel 'no' della Chiesa; l'aggrapparsi alla cordata, la responsabilità della comunione il non strappare la corda con la caparbietà e la saccenteria". (repubblica.it)

2. Corda si incastra nel pene in un gioco erotico. (leggo.it/Andrea Deiana)

Pilates

1. Bagnasco: "Non lasciamoci confondere dalla confusione che circola e che viene alimentata".
2. Bagnasco: "Non credete ai bambini". (Stefano Rubini)

1. "No condom, siamo farmacisti cattolici." Una farmacia di Roma non vende preservativi. ("Il Tempo")
2. "No sigarette, siamo non fumatori." Una tabaccheria di Roma non vende sigarette. (Fabrizio Checcaglini)

1. Bersani: "Siamo ancora in piedi, ora acceleriamo".
2. Bersani: "Sto ancora in piedi, no? Coraggio, me ne sbatto delle vostre pallottole! Avanti, continuate a sparare, avanti! Continuate a spararmi! Me ne sbatto delle vostre pallottole!". (Gianni Zoccheddu)

3 aprile

Grazie a una ricerca condotta fra Usa, Svizzera e Cina, i giubbotti antiproiettile del futuro saranno leggeri come T-shirt. Le fibre di cotone di comunissime magliette sono state trasformate in carburo di boro, il terzo materiale più duro dopo il diamante. Il che renderebbe inutili i giubbotti, se si venisse colpiti da diamanti. (Davide Passaia)

Parallele

1. Clooney preferisce il poker online a Elisabetta Canalis, è crisi. (corriere.it)
2. Cadavere di donna ripescato nel lago di Como vicino alla villa di George Clooney. (blitzquotidiano.it/Massimo Mirandola)

Pilates

1. Bersani: "Siamo disponibili al dialogo".
2. Bersani: "Qualcuno ha voglia di parlare un po' con me?". (Davide Rossi)

6 aprile

Il cardinal Sodano: "Tutta la Chiesa è accanto al Papa; il resto sono solo chiacchiericcio e distintivo, chiacchiericcio e distintivo, chiacchiericcio e distintivo!". (Lauro Giobbi)

Ma perché è così difficile per il Pontefice chiedere scusa? Chi abbiamo come Papa, al momento, Fonzie? (Fausto Lombardi)

Parallele

Struzzo in vendita per pagare una multa. (ansa.it/Marco Bressanini)

Uccide la fidanzata dopo poche ore di convivenza. (repubblica.it/Selene Cilluffo)

Pilates

1. Gianni Letta: "Bisogna ritrovare lo spirito unitario di armonia, di condivisione che caratterizzò i primi giorni dopo il terremoto".
2. Gianni Letta: "Questi ingrati si meriterebbero un altro terremoto". (Davide Rossi)

1. Papa: "Come Gesù è stato annunciatore dell'amore di Dio Padre, anche noi lo dobbiamo essere della carità di Cristo: siamo messaggeri della sua risurrezione, della sua vittoria sul male e sulla morte, portatori del suo amore divino. Certo, rimaniamo per natura uomini e donne, ma riceviamo la missione di 'angeli', messaggeri di Cristo: viene data a tutti nel Battesimo e nella Cresima. In modo speciale, attraverso il Sacramento dell'Ordine, la ricevono i sacerdoti, ministri di Cristo; mi piace sottolinearlo in quest'Anno Sacerdotale".
2. Papa: "Concentratevi sulle cazzate che dico e non su quelle che faccio". (Davide Rossi)

7 aprile

Legittimo impedimento. Napolitano ha firmato la legge che sospenderà per 18 mesi gli impegni fasulli di Berlusconi. (Davide Rossi)

Sodano: "Attacchi al Papa come quelli a Pio XII". Giusti. (Andrea Alfano)

Parallele

Russia, uccidono l'amica e la cucinano. (tgcom-mediaset.it/Marco Bressanini)

Pilates

1. Bersani sulle riforme: "Subito il Senato federale".
2. Bersani sulle riforme: "Mi fate giocare con voi? Ho un sacco di biglie". (Gianni Zoccheddu)

8 aprile

Napolitano: "Non sprechiamo l'occasione di fare le riforme". Già, quando ci ricapita, un lestofante a capo del governo? (Eddie Settembrini)

Puntata di *Porta a Porta* dedicata agli esorcismi. Tra gli ospiti padre Gabriele Amorth, esorcista. Una trasmissione così aberrante che, per non guardarla, ho girato la testa di 180°. (Enzo Brunone)

Caso Cucchi, parla il supertestimone: "Non furono i carabinieri a picchiarlo". Si aggrava la posizione delle scale. (Vittorio Lattanzi)

Ieri Alberto Stasi era a *Matrix*. Ma secondo i suoi legali era a casa a lavorare alla tesi. (Davide Rossi)

Parallele

Napoli, rissa al funerale: amavano lo stesso uomo. (leggo.it/Marco Bressanini)

1. Berlusconi: "Non ho mai detto che faremo la riforma del fisco entro l'anno". (blitzquotidiano.it)
2. Fisco, Berlusconi: "Nel 2010 la riforma con 2 sole aliquote Irpef". (adnkronos.com/Albert Huliselan Canepa)

9 aprile

Il portavoce del Vaticano: "La Chiesa deve anzitutto continuare a cercare la verità e la pace per gli offesi. Una delle cose che colpisce di più è che vengono oggi alla luce tante ferite interiori che risalgono anche a molti anni addietro – a volte di diversi decenni – ma evidentemente ancora aperte. C'è qualcosa che va ancora capito veramente". Per esempio, perché avete fatto scappare i gerarchi nazisti in Sud America. (Emiliano Sabadello)

Mediatrade, i Pm di Milano hanno chiesto il rinvio a giudizio per Berlusconi. Bonaiuti: "Guarda caso solo a 36 mesi dalle elezioni". (Massimo Unali)

La Ru486 sta sollevando così tanti interrogativi di bioetica che non vedo l'ora di sapere cosa ne pensa Povia. (Francesco Dibenedetto)

Al Qaeda minaccia: "Colpiremo la nazionale italiana durante i prossimi mondiali". Già partito l'addestramento di veline kamikaze. (Nicola Congiu)

Ascoltare musica col pancione fa bene a mamma e bebè. Fa discutere il nuovo iPod Apple per vagine. (Diego Dall'Avanzi)

Sciopero dei dipendenti all'Ikea di Corsico (Mi): "Ci cronometrano in bagno. È normale che ci mettiamo un po', se ogni volta dobbiamo montarci il cesso". (Giovanni Cavallo)

Parallele

Il Monopoly si adegua ai tempi: ora si può rubare. (tgcom-mediaset.it/Marco Bressanini)

1. Berlusconi: "Copiamo dalla Francia". (corriere.it)
2. La legge implacabile di Sarkozy: licenziati i giornalisti sgraditi. (corriere.it/Marco Redaelli)

10 aprile

Incidente aereo: decimata la classe dirigente polacca. Si terranno elezioni anticipate. Non faccio neanche la battuta, stiamo pensando tutti la stessa cosa. (Mara Mazzoli)

Iniziata l'ostensione della Sacra Sindone, attesi oltre un milione e mezzo di visitatori: un numero così elevato che pensate se era vera. (Andrea Michielotto)

Bagnasco: "Contro papa Benedetto XVI c'è certamente una campagna orchestrata dai nemici della Chiesa". La potente lobby dei bambini. (Tito Darca)

Pilates

1. Nucleare, Berlusconi: "Riuscirò con la televisione a vincere le paure degli italiani".
2. Nucleare, Berlusconi: "Farò l'ennesima campagna di disinformazione". (Stefano Rubini)

1. Berlusconi ai giornalisti: "Sul nucleare serve un periodo di maturazione dell'opinione pubblica italiana".
2. Berlusconi ai giornalisti: "Potete dare il via all'operazione 'Amore per l'atomo'". (Michele Incollu)

1. Berlusconi: "Stiamo uscendo dalla crisi bene, il nostro sistema bancario è molto solido e non ha avuto bisogno dell'aiuto da parte del governo. Anche le cifre per il deficit e per il debito sono state rispettate. Abbiamo davanti a noi un panorama rassicurante".
2. Berlusconi: "La crisi è ancora lunga, basta vedere quanti disoccupati ci sono e quante aziende chiudono, i nostri banchieri continua-

no ad arricchirsi facendo il cazzo che vogliono, anche perché il governo è assente. Per quanto riguarda il deficit siamo di gran lunga i peggiori d'Europa. Abbiamo davanti il recente passato dell'Argentina". (Giovanni Cavallo)

1. Sarkozy: "Rendo omaggio alla decisione storica del governo italiano e del presidente Berlusconi di fare la scelta del nucleare, una decisione che avvicina Francia e Italia".

2. Sarkozy: "Solo questi coglioni possono darci un sacco di soldi per una tecnologia di trent'anni fa, che sarà operativa fra trent'anni". (Giovanni Cavallo)

11 aprile

La Sindone visibile anche in 3D. È talmente realistica che sembra proprio di trovarsi nel Medioevo. (Alessandro Cai)

Torino. In due milioni per vedere Gesù che tiene le mani sui coglioni. (Simone D'Angelo)

Berlusconi: "L'esecutivo non ha nessun potere nel nostro sistema costituzionale perché i padri costituenti, temendo un nuovo regime, hanno dato tutti i poteri alle Camere". Chiamali scemi. (Massimo Unali)

Parallele

Usa, predicatore fa a pezzi la moglie che lo sorprende a violentare una figlia. (ilmessaggero.it/Alessandro Cai)

Pilates

1. Berlusconi: "L'esecutivo in Italia non ha poteri, sono tutti nelle mani del Parlamento".

2. Berlusconi: "Non ho ancora abbastanza potere per distruggere ciò che resta delle istituzioni democratiche di questo paese, come il Parlamento, riuscire a scampare ai processi che giustamente mi perseguitano, e dominarvi completamente senza che nemmeno ve ne accorgiate, ma ci sto lavorando". (Matteo Allochis)

12 aprile

Italia-Francia, via al piano sul nucleare. Berlusconi: "Convincerò tutti con le tv". Quelle che non servivano a vincere le elezioni? (Augusto Rasori)

Udine: letame sui muri di una chiesa. Be', nessuno grida al miracolo? (Albert Huliselan Canepa)

Parallele

Gandhi tormentato dal sesso. (ansa.it/Marco Bressanini)

Poliziotto si spara a una gamba mentre tiene lezione sulla sicurezza delle armi. (blitzquotidiano.it/Albert Huliselan Canepa)

Pilates

1. Riforme. D'Alema: "Il Pd è pronto a lanciare la sfida ma la sensazione è che ci sia molta confusione nella maggioranza".
2. D'Alema: "Per favore siate più chiari nel dirci quello che dobbiamo fare". (Paolo Tombolato)

13 aprile

Cardinal Bertone: "Molti psichiatri hanno dimostrato che non c'è relazione tra celibato e pedofilia e invece molti altri hanno dimostrato che c'è una relazione tra omosessualità e pedofilia". Strano modo di fare outing. (Alex Lovisa)

Treviso, la direttrice di una scuola media: "La divisa è un ottimo deterrente al bullismo". Infatti! Quando mai si sono visti episodi di bullismo nelle caserme!? (Sandro Summa)

Discovery, seconda passeggiata spaziale. Questi astronauti non hanno voglia di fare un cazzo. (Francesco d'Antonio)

Parallele

Tredicenne si sveglia dal coma e parla tedesco. (leggo.it/Silvio Perfetti)

Il Vaticano "riabilita" i Beatles. Ringo Starr: "Non me ne importa niente". (il messaggero.it/sara pilloni)

1. Dialogo ebraico-cristiano. Ratzinger: "Impariamo l'uno dall'altro". (vatican.va)
2. Pedofilia. Usa, rabbino condannato. (ansa.it/Beniamino Fortis)

1. "Il matrimonio è una droga", si sposa per ventitré volte. (lastampa.it)
2. Napoli, rinuncia ai domiciliari. "Meglio in carcere che con mia moglie." (ilmattino.it/Alessandro Cai)

14 aprile

Linate, lepre nel motore dell'aereo. Forse Alitalia dovrebbe scegliere meglio i tagli alle spese. (Augusto Rasori)

Bersani: "Il Pd è una pluralità di anime che a volte faticano a trovare una sintesi". Inetti può andare bene? (Massimo Unali)

Parallele

Seni che scoppiano: paura tra le dive tv. (corriere.it/Valerio Galieni)

15 aprile

Il Vaticano: "Pedofilia non solo nella Chiesa". Insaziabili. (Eugenio Iodice)

Il monito del Pontefice: "Se si nega Dio rimane come suprema istanza solo il consenso della maggioranza". Se si accetta Dio, invece, la maggioranza è il Papa. (Nicola Congiu)

È morto Raimondo Vianello. Tra i suoi sketch in coppia con Ugo Tognazzi è celebre quello sul presidente della Repubblica Giovanni Gronchi: determinò l'interruzione prematura della fortunata trasmissione televisiva *Un due tre*. Tanto tempo fa, quando in Rai c'era ancora la censura. (Marco Ferrara)

Eruzione nel ghiacciaio di Eyjafjallajokul. In tilt gli aeroporti e i correttori ortografici. (Marco Elio Tabacchi)

Maroni smentisce le indiscrezioni apparse sulla stampa: "Io pedinato dai servizi segreti? Non mi risulta". Ovvio, sennò che cazzo di pedinamento è? (Alex Lovisa)

Parallele

1. Minzolini: "Penso di essere equilibrato, lo penso sul serio, lo vedo dagli ascolti". (corriere.it)
2. Il *Tg1* di Minzolini sprofonda negli ascolti. Alle 20 perso un milione di telespettatori. (repubblica.it/Alessandro Cai)

Ostacoli sul viaggio del Papa, sarà rimossa la statua fallica? (Blitzquotidiano.it/Emanuele Colletta)

1. Padre Federico Lombardi: "Bertone si riferiva ai dati statistici che legano pedofilia e omosessualità in chiesa. Fuori dalla nostra competenza affermazioni mediche". (ansa.it)
2. Papa: "L'aids non si vince con preservativi". ("la Repubblica"/Francesco Dibenedetto)

Sorpresa, c'è un rospo nel vasetto di pomodori. (lastampa.it/Stefano Malandrino)

17 aprile

Arrivata in Italia la nube proveniente da quel vulcano là. (Andrea Canavesi)

Antonella Clerici: "A letto solo con una goccia di profumo". Knorr. (Marco Bressanini)

Sindone – oggi la notte bianca, canta Amedeo Minghi. Una prova così straziante che il Golgota sembrerà uno scherzo. (Enzo Brunone)

Parallele

Valentino cade in motocross. Il Giappone non è a rischio. (lastampa.it/Stefano Malandrino)

Pilates

1. Roberto Saviano: "Non so se Mondadori è ancora adatta a me".
2. Roberto Saviano: "Sono nato oggi". (Andrea Canavesi)

1. Processo Mills, i giudici di Milano: "La nuova legge sul legittimo impedimento introduce una normativa derogatoria al principio di uguale sottoposizione alla legge e alla giurisdizione di tutti i cittadini".
2. Processo Mills, i giudici di Milano: "Nella Costituzione continua a esserci l'articolo 3". (Marco Ferrara)

18 aprile

Sardegna. Incastrato in auto, salvo dopo due giorni. Era finito fuori strada, in un dirupo. Stava impazzendo, poi i soccorritori hanno spento Radio Maria. (Ferdinando Di Giovanni)

Eruzione in Islanda, disperse sui cieli europei 200.000 tonnellate di cenere. È come se avessero cremato e sparso al vento Giuliano Ferrara. (Andrea Deiana)

Eruzione in Islanda. Il ministero della Salute rassicura: "Dalle ceneri nessun rischio per la salute. Non abbiamo mica milioni di vaccini da acquistare". (Marco Panunzio)

Famiglia americana spende 200.000 dollari per farsi mappare il dna: "Finalmente sapremo qual è il gene che fa spendere 200.000 dollari per mappare il dna". (Diego Daniel)

Tinto Brass in ospedale per un malore. La donna di servizio: "Mi sono preoccupata quando, entrata nella stanza, non mi ha toccato il culo". (Claudio Contrada)

Parallele

Preti pedofili: vittime soddisfatte dopo incontro col Papa. (repubblica.it/Stefano Bessone)

1. Mafia: Pg chiede la condanna di Marcello Dell'Utri a undici anni. (blitzquotidiano.it)
2. Berlusconi: "Pensiamo a decreto legge su detenzione domiciliare". (blitzquotidiano.it/Andrea Michielotto)

1. "Anche tu hai scritto per Mondadori." "E ho smesso, come Bocca. *Satyricon* doveva uscire ad aprile 2001, sull'onda della trasmissione. L'hanno fatto uscire a fine giugno, ammazzandolo. Inoltre, senza avvertirmi, tolsero una frase dalla quarta di copertina. Una frase di Dell'Utri: 'Luttazzi è un cretino'. A Mondadori, come in Mediaset, ti tollerano finché sei inoffensivo. Ora poi che capo Mondadori è Marina Berlusconi..." (intervista a Daniele Luttazzi, "il manifesto")
2. "Mondadori fa capo alla mia famiglia da vent'anni. In questi venti anni abbiamo sempre assicurato, com'è giusto e doveroso, secondo il nostro modo di intendere il ruolo dell'editore, il più assoluto rispetto delle opinioni di tutti gli autori e della loro libertà d'espressione. (...) Il gruppo Mondadori ha garantito a Saviano e a tutti gli altri suoi autori la massima libertà di espressione. Lo ha sempre fatto e continuerà a farlo. Perché, da editori liberali quali siamo, consideriamo la libertà il valore supremo." (Marina Berlusconi, Presidente Mondadori S.p.A., repubblica.it/Massimo Mirandola)
3. Einaudi, casa editrice di proprietà del primo ministro, rifiuta di pubblicare *El Cuaderno*. [...] In una nota ufficiale Einaudi, che forma parte dell'impero editoriale Mondadori, ha spiegato che non pubblicherà il libro poiché, tra le altre cose, definisce Berlusconi un delinquente. "Che si tratti di lui (Berlusconi) o di qualunque altro esponente politico di qualsivoglia partito o fazione, Einaudi rispetta la libertà di critica, ma rifiuta di fare sua un'accusa che sarebbe condannata in qualsiasi processo". [...] Einaudi ha rifiutato di pubblicare altri testi critici negli ultimi tempi, come per esempio le poesie politiche postume di Giovanni Raboni o *Il corpo del capo*, di Marco Belpoliti. ("El País")

Raimondo è tornato in coppia con Ugo Tognazzi. (rainews24.it/Michele Incollu)

Bolzano, a quattordici anni tenta di violentare donna di ventidue anni. (blitzquotidiano.it/Albert Huliselan Canepa)

Arcivescovo di Malta: "La Chiesa riconosce i peccati dei suoi membri". (blitzquotidiano.it/Albert Huliselan Canepa)

Rubata la bicicletta a Vallanzasca. (ansa.it/Silvio Perfetti)

Esequie di Kaczynski. Caos voli, assenti i leader della Terra. (repubblica.it/Riccardo Viganò)

1. È ufficiale, il matrimonio fa bene alla salute. (ilsole24ore.com)
2. Padre di dieci figli uccide la moglie con un colpo alla testa. Poi si toglie la vita. (corriere.it/Gianni Monaco)

Pilates

1. Il Papa appena sceso dall'aereo: "Mi auguro che Malta sia un baluardo per la difesa dei valori cristiani in un'Europa sempre più secolarizzata".
2. Il Papa appena sceso dall'aereo: "Salve allocchi". (Davide Rossi)

19 aprile

"Conto alla rovescia per lo Scudo fiscale. Scade il 30 aprile l'ultimo termine per coloro che vogliono regolarizzare capitali illegalmente detenuti all'estero." Affrettatevi, o dovrete aspettare la sanatoria dell'anno prossimo. (Giovanni Cavallo)

Malta, il Papa si addormenta durante la Messa. Capita, quando ci si ingozza col corpo di Cristo. (Eddie Settembrini)

Allarme del Cern, entro le ventiquattr'ore polveri in tutta la penisola. "Proprio ora che avevamo spazzato via tutte le briciole." (Ida Testa)

Parallele

Festeggia sotto la curva sbagliata: malmenato. (repubblica.it/Riccardo Borghi)

Usa, chiuso bordello. "Sesso con cavalli e cani." (leggo.it/Marco Bressanini)

Truccavano i ticket delle merendine Ferrero per intascare premi: alla sbarra in 39 (blitzquotidiano.it/Silvio Perfetti)

1. Papa: "Dovremmo ricordare l'episodio del Vangelo, quando i discepoli, tutti esperti pescatori, hanno faticano tutta la notte, ma non hanno preso neppure un solo pesce. Lasciati a se stessi, i loro sforzi erano infruttuosi; quando Gesù è rimasto accanto a loro, hanno catturato una grande quantità di pesci". (il giornale.it)
2. Tiberiade, lago del miracolo, rimasto senza pesci. (newnotizie.it/Albert Huliselan Canepa)

20 aprile

Durante il funerale di Raimondo Vianello Berlusconi ha ricevuto l'eucarestia, nonostante ai divorziati sia vietato. Berlusconi è così narcisista che probabilmente l'ha fatto solo perché Gesù possa contemplare in raccoglimento il suo intestino. (Matteo Poles)

Renzo Bossi: "Mi hanno bocciato alla maturità nel 2008 perché il mio esame era viziato: la mia prova di matematica era diversa da quella degli altri". Sì, anche se la domanda era la stessa. (Alex Lovisa)

Parallele

Antonella Clerici: "Io sexy come Dita von Teese". (leggo.it/Stefano Malandrino)

1. Veneto. Primo record di Zaia: forma la sua giunta in quarantott'ore. (11 aprile, ilgiornale.it)
2. Zaia, è già rimpasto. (20 aprile, ilfattoquotidiano.it/Paolo Tombolato)

21 aprile

Si difende il sacerdote che ha dato l'ostia a Berlusconi: "Io me lo sono trovato davanti nella fila, cosa potevo fare, negargliela?". La stessa scusa della D'Addario. (Enzo Brunone)

Parallele

1. La regista Comencini: "L'errore delle donne è di non chiedere di più". (corriere.it)
2. Milano, denunciata per molestie a un sacerdote. (repubblica.it/Stefano Malandrino)

Pilates

1. Mons. Fisichella: "La Chiesa non ha mai cambiato idea: i divorziati che si sono risposati una seconda volta civilmente non possono accostarsi alla comunione. Con la separazione dalla seconda moglie, Berlusconi è quindi tornato a una situazione, diciamo così, ex ante. È il secondo matrimonio civile, da un punto di vista canonico, a creare problemi perché è solo al fedele separato e risposato che è vietato comunicarsi, perché sussiste uno stato di permanenza nel peccato".
2. Mons. Fisichella: "Questo non ci fa pagare l'Ici, dategli il corpo di Cristo". (Andrea Michielotto)

22 aprile

Berlusconi: "Nel partito c'è piena democrazia". Un po' come in Italia. (Francesco Ventolone)

La seconda Corte d'Appello di Milano ha condannato a quattordici anni di carcere Vanna Marchi e a dodici la figlia, Stefania Nobile. I legali della difesa: "Non ha funzionato il sale portafortuna che ci hanno venduto le nostre clienti". (Giovanni Cavallo)

Parallele

Adro, 700 euro dal Congo per la mensa scolastica. (blitzquotidiano.it/Anonimo)

Pilates

1. Berlusconi a Fini: "Se vuoi far politica lascia la Camera".
2. Berlusconi: "Perche vuoi fare politica se non hai bisogno di evitare la galera?". (Alessandro Cai)

1. Ghedini sulle motivazioni della sentenza Mills: "Emerge da questa decisione che se vi sarà un tribunale super partes che consentirà un'adeguata difesa, tramite l'audizione dei testi richiesti e l'acquisizione della documentazione bancaria, sarà agevole dimostrare l'insussistenza del fatto e comunque la totale estraneità del presidente Berlusconi".
2. Ghedini sulle motivazioni della sentenza Mills: "Se non m'invento qualche altra leggina sono cazzi". (Andrea Michielotto)

23 aprile

Bersani: "Il Pd non è un alleato di Fini". Già, ci manca solo che l'opposizione si allei con il Pd. (Albert Huliselan Canepa)

Monsignor Fisichella: "È solo al fedele separato e risposato che è vietato comunicarsi poiché sussiste uno stato di permanenza nel peccato. Berlusconi, essendosi separato dalla seconda moglie con la quale era sposato civilmente, è tornato a una situazione ex ante".

Dio: "Eeeh???!!!". (Augusto Rasori)

Zampaglione si cimenta nell'horror. La sfida sarà creare qualcosa di più terrificante dei Tiromancino. (Michele Baglioni)

Parallele

A Firenze i carabinieri chiudono una casa di appuntamenti per prostitute 'improvvisate'. (ansa.it/Marco Ferrara)

1. Nasce la fondazione del Pd "Democratica. Scuola di politica", presidente Veltroni. (asca.it)
2. Ceppi del virus del vaiolo sono ancora mantenuti presso due laboratori. (wikipedia.org/Marco Ferrara)

1. Berlusconi: "Mai imposto la mia opinione nel Pdl". (lastampa.it)
2. Berlusconi: "Mai pagato per le donne". (lastampa.it/Marco Ferrara)

Guida auto di Barbie sbronzo: via patente. (*Tgcom*/Nicola Andrucci)

Treviso, lascia la moglie: ha speso tutto in gigolò. ("Leggo"/Nicola Andrucci)

Centauro esce di strada ed entra in coma. ("Il Resto del Carlino"/Stefano Brunetti)

Pilates

1. "Il Pdl partito democratico", Berlusconi promette di fare le riforme istituzionali "solo con il consenso di tutti". (la stampa.it)
2. Approvato un documento anti-dissenso. Il Cavaliere: "Ora abbiamo lo strumento per cacciare chi è in disaccordo". (repubblica.it/Mara Mazzoli)

1. Berlusconi: "Chi ha il 6% del partito non può fare il presidente della Camera".
2. Berlusconi: "Chi mi contraddice non può lavorare". (Davide Rossi)

1. Berlusconi a proposito dello strappo di Fini: "Le correnti negano la natura del partito".
2. Berlusconi a Confalonieri: "Ho speso un patrimonio per metter su l'ambaradan e non è che arriva il primo agente con uno straccio di portafoglio clienti a dirmi dove e come vendere le mie spazzole elettriche". (Flavio Ronco)

1. Polverini: "Non c'è necessità di scelta tra Fini e Berlusconi".
2. Polverini: "A regà, sò appena arrivata. Fateme prende almeno 'n aperitivo". (Manlio Borracci)

1. Bersani: "Io dico che dopo quanto accaduto c'è da aspettarsi ancora più paralisi nell'azione di governo e non so se possiamo andare avanti così tre anni".
2. Bersani: "Riusciremo a perdere pure se si fanno la guerra tra di loro". (Victor Serri)

1. Il Pd: "Ora costruiamo l'alternativa".
2. Il Pd: "A tre anni dalla nascita non abbiamo ancora fatto un cazzo". (Alessandro Cai)

24 aprile

Emendamento della Lega: "Se gli stranieri vogliono aprire negozi devono superare un test d'italiano". Resta solo da chiarire se pulirsi il culo col tricolore dovrà avvenire prima o dopo il test. (Vito Catanzaro)

Roma. Durante dei controlli sulle strade, multate trentun prostitute e tre clienti, che hanno protestato: "Ehi! Non tutti abbiamo un intero palazzo al centro di Roma dove riceverle". (Tito Darca)

Parallele

Casa in fiamme, il cane chiama la polizia. (larepubblica.it/Sergio Gentile)

Spingeva on line depressi a suicidarsi. (ansa.it/Davide Passaia)

1. Parte maxi studio sugli effetti dei telefonini. Su 250.000 europei. Sarà condotto in Gran Bretagna. Durerà venti-trent'anni. (ansa.it)
2. Milano: è al cellulare e non sente il treno. Donna investita. (blitzquotidiano.it/Massimo Mirandola)

Pilates

1. Giulia Bongiorno: "Non ce ne andiamo".
2. Giulia Bongiorno: "Restiamo! Restiamo! Restiamo!". (Andrea Michielotto)

1. Benedetto XVI: "Con internet aumentano i pericoli di omologazione e di controllo, di relativismo intellettuale e morale, già ben riconoscibili nella flessione dello spirito critico, nella verità ridotta al gioco delle opinioni, nelle molteplici forme di degrado e di umiliazione dell'intimità della persona".

2. Benedetto XVI: "Non parlo solo io, in questo cazzo di internet". (Giovanni Cavallo)

25 aprile

Berlusconi: "Non ho rimpianti, non ho rimorsi, non ho mai fatto male a qualcuno e quando vado a letto la sera e mi guardo allo specchio penso che se l'angelo della morte arriva mi prende con la coscienza pulita". Adesso le fa travestire da angelo della morte? (Enzo Brunone)

Parallele

Berlusconi su Fini: "Mai litigato con nessuno". (ilgiornale.it/Alessandro Cai)

Forattini, io esiliato e anche la satira. (ansa.it/Nicola Congiu)

Imperia: bruciato vivo l'uomo trovato cadavere. (corriere.it/Michele Incollu)

Pilates

1. Berlusconi: "Costruiamo insieme uno Stato moderno e scriviamo una nuova pagina della storia democratica. Il nostro obbiettivo è rinnovare la seconda parte della Costituzione del 1948, dopo sessantacinque anni la nostra missione è ora di andare oltre quel compromesso dei padri costituenti e costruire l'Italia del futuro".

2. Berlusconi: "Fini permettendo, costruirò uno stato dove potrò continuare a fare quel cazzo che mi pare, prenderò possesso del Quirinale in modo di essere immune alla legge per il resto dei miei giorni, scrivendo una nuova pagina della storia piduista. Il mio obbiettivo è quello di mettere il bavaglio all'informazione, mettere fine alle intercettazioni per salvare il culo a me e a tutti quelli della mia cricca, snaturare l'ordine democratico di questo paese dove io deciderò tutto e il Parlamento sarà mio schiavo, continuare ad avere profitti milionari gra-

zie alle mie tv e alle mie aziende, ospitare troie nelle mie residenze pubbliche e private senza rendere conto a nessuno. Dopo sessantacinque anni, la mia missione è mandare all'aria quanto fatto dai padri costituenti per dare democrazia e libertà a questo paese dopo vent'anni di dittatura fascista. Grazie a un'opposizione inesistente, il gioco è ancora più facile". (Aldo Benassi)

26 aprile

Berlusconi: "Per divorziare basta uno solo". Che va a troie. (Massimiliano Rusgnak)

Polonia, il fratello gemello del premier morto si candida alle presidenziali: "Per me è un dovere portare a termine la sua missione. E poi risparmio sui manifesti elettorali". (Eddie Settembrini)

Parallele

1. Berlusconi: "In Francia le centrali hanno raggiunto l'assoluta sicurezza e nessun incidente è mai capitato". (it.reuters.com)
2. Francia, incidente nella centrale. Acqua contaminata nei fiumi. Fuoriuscita di liquido, allarme nella zona di Avignone. (corriere.it/Tito Darca)

Scalò il K2, cade da campanile e muore. (tvxnews.com/Salvatore Lobina)

Strage nel Mantovano: è nel bresciano. (ansa.it/Giovanni Cavallo)

Salute: ridere fa bene come andare in palestra. (corriere.it/Albert Huliselan Canepa)

Pilates

1. Fini: "Irresponsabile parlare di elezioni".
2. Fini: "Non ho ancora i numeri". (Alessandro Cai)

1. Berlusconi sul nucleare: "Bisogna che cambi l'opinione pubblica italiana, dobbiamo fare una vasta opera di convincimento, guardando alla situazione francese".

2. Berlusconi: "Userò le mie televisoni e i miei giornali per fare il lavaggio del cervello ai cittadini, spacciando per rivoluzionaria una tecnologia ormai morta, e sottoponendoli a programmi squisitamente pubblicitari che descriveranno il nucleare come indispensabile, sicuro e conveniente senza mai citare che in paesi come la Spagna si va verso intere cittadine alimentate col solo solare termico, progetto tra l'altro nato in Italia dal premio Nobel Rubbia, che è stato però prontamente licenziato commisariando l'ENEA di cui era presidente. E fortunatamente direi, dato che le sue idee circa la scarsa convenienza del nucleare in termini di tempi e costi, il suo appoggio nei confronti dello sfruttamento del sole visto come fonte non soggetta a monopolio e non tassabile, certo non sarebbero state opportune durante questa campagna di disinformazione. Se poi, dopo questo incessante martellamento mediatico, i cittadini continueranno a non volere nel proprio territorio le centrali, be', c'è sempre l'esercito". (Alessandro Cai)

27 aprile

Berlusconi sul nucleare: "Dobbiamo fare una vasta opera di convincimento guardando alla situazione francese: in Francia le comunità locali scendono in campo per avere una centrale in casa loro perché hanno ormai raggiunto una consapevolezza della non pericolosità degli impianti". Chissà in quale parte di Arcore la costruiranno. (Federico Ferrara)

Berlusconi: "Se stanotte a casa mia arriverà l'Angelo della Morte, mi troverà con la coscienza pulita". È ancora incellophanata. (Paola Antonioli)

Roma, un ragazzo schiaffeggiato e insultato sull'autobus perché gay. Gli altri passeggeri sono rimasti indifferenti: "Volevamo intervenire, ma erano già in quattro". (Michele Incollu)

Parallele

1. Salvaguardare la famiglia basata sul matrimonio tra uomo e donna è di enorme importanza per il presente e il futuro dell'umanità. ("Avvenire")

2. Famiglia: un omicidio ogni due giorni! ("la Repubblica"/Marco Salvini)

Ustionati dal divano, risarciti duemila clienti. (leggo.it/Marco Bressanini)

Pilates

1. Sabrina Ferilli: "Berlusconi? Non lo voterò mai, ma se è bravo bisogna dirlo".
2. Sabrina Ferilli: "Il mio uomo, Flavio Cattaneo, potrebbe diventare il nuovo presidente di Finmeccanica". (Maura Guidi)

28 aprile

"Pd, dieci parole per cambiare. Dite voi quali dovrebbero essere." Mah, dieci a caso dal Kit-fanculo. (Daniela Ranieri)

Lodo Alfano. È pronto il ddl costituzionale che garantirà l'immunità al presidente della Repubblica, ai ministri e all'unico che ne ha bisogno. (Davide Rossi)

Jovanotti in cattedra ad Harvard per un giorno: nessun cantante italiano ha mai avuto tale onore. Chissà chi sarà il primo. (Massimo Mirandola)

Montezemolo: "Non si voti ogni anno". Montezemolo è come quel tizio che entra nei bar solo per pisciare. (Andrea Canavesi)

Gli scimpanzè elaborano il lutto proprio come gli umani. E come si incazzano quando scoprono che era un esperimento! (Ernesto Montale)

Sesso: 10 giovani su 100 lo imparano in tv. Ma non sempre vengono assunti. (Ferdinando Di Giovanni)

Parallele

Berlusconi: "Solidarietà a Fini per attacchi de 'Il Giornale'" (corriere.it/Marco Ferrara)

Pilates

1. Berlusconi: "Esprimo la più convinta solidarietà a Gianfranco Fini per gli attacchi personali che quest'oggi 'Il Giornale' gli ha mosso".
2. Berlusconi: "Ohhh, come mi dispiace". (Alessandro Cai)

1. Berlusconi: "Esprimo la più convinta solidarietà a Fini per gli attacchi personali che quest'oggi il 'Giornale' gli ha mosso. La critica politica, anche più severa, non può trascendere in aggressioni ai familiari e su vicende che nulla hanno a che fare con la politica. Tali metodi, che assai spesso ho dovuto subire personalmente, non vorrei mai vederli applicati, specie su giornali schierati con la nostra parte politica".
2. Berlusconi: "Fini ha lasciato un fazzoletto a casa mia e l'ho fatto annusare a Feltri". (Andrea Michielotto)

1. Stefania Craxi: "Nessuno ha il coraggio e l'onestà di ricordare piazzale Loreto".
2. Stefania Craxi: "Se riabilitano Mussolini, è fatta anche per mio padre". (Giancarlo Gismondo)

Carnac

1. Casini: "Più io sto fermo, più si muovono tutti...".
2. Azzurra Caltagirone: "Caro, a pranzo non hai un po' esagerato con il prosecchino?". (Andrea Michielotto)

29 aprile

900.000 euro in nero per la casa del ministro Scajola. Una vicenda così torbida che la prima cosa che ho pensato è stata: "Questo è l'uomo giusto per il nucleare!". (Vittorio Lattanzi)

Bocchino: "Berlusconi è ossessionato da me". Non credo si riferisse a te. (Alex Lovisa)

Parallele

Camera ardente col morto sulla moto. (repubblica.it/Stefano Malandrino)

Riforme: il Pd apre all'opposizione. (ansa.it/Paolo Tombolato)

Soluzioni al riscaldamento globale? Gli escrementi di balena. (it.reuters.com/Giancarlo Gismondo)

Mick Jagger avverte la figlia: "Basta feste, devi studiare". (repubblica.it/Guido Parodi)

Pdl: Capezzone, Berlusconi ha ragione. (asca.it/Massimo Unali)

Pilates

1. Scajola: "Non mi lascio intimidire".
2. Scajola: "Ero ministro dell'Interno quando sono avvenuti i fatti di Genova, e dei poliziotti hanno ammazzato di botte alcuni poveretti che non avevano fatto niente. Nemmeno io ho fatto niente, anzi, quei poliziotti sono stati pure promossi. Quand'ero al Viminale ho anche dato l'ordine di istituire una tratta aerea da Roma verso casa mia. Tratta fallimentare per numero di passeggeri e che infatti è stata soppressa non appena mi sono dimesso e quel volo non mi serviva più. E sapete perché mi sono dimesso? Perché avevo dato del rompicoglioni a un mio consulente che era stato appena ammazzato sotto casa e a cui avevo negato la scorta. Eppure, nonostante tutto, sono sempre ritornato. Adesso, assieme al nostro premier, che tra l'altro, con le sue dichiarazioni e con il suo fulgido esempio mi sostiene in questa vicenda, sto cercando di promuovere il nucleare in Italia, ma solo perché è un affare miliardario, e me ne frego se è una tecnologia obsoleta e pericolosa. E secondo voi mi spavento per qualche assegno? Ma fatemi il santissimo piacere". (repubblica.it/Matteo Adami)

30 aprile

Berlusconi: "Devo dire che, nella nostra azione di governo, sono proprio i cittadini a essere al centro dei nostri pensieri". Esatto, Silvio: grazie dell'impegno per quel mio problemino con quell'avvocato inglese. (Tito Darca)

Chiuse le indagini sulla morte di Stefano Cucchi: un po' di zucchero, sciolto in un bicchiere d'acqua, avrebbe potuto salvarlo. Devo ricordarmelo, dovessi mai cadere dalle scale. (Marco Ferrara)

Scienza. Scoperto lo spray che quando spruzza rende gli uomini più dolci e disponibili. Grazie, lo conosco anch'io: è il cazzo. (Albert Huliselan Canepa)

Parallele

1. Ddl lavoro, via libera alla Camera. Il testo, rinviato dal presidente Napolitano, passa adesso all'esame del Senato. (corriere.it)
2. Classifica "Time": Napolitano nella top 100 dei meno influenti al mondo. (blitzquotidiano.it/Massimo Mirandola)

Evade domiciliari per fuggire da moglie. (leggo.it/Alex Lovisa)

Napoli, arrestati 11 agenti di polizia. (ansa.it/Riccardo Borghi)

Polonia: pezzo Tupolev diventa reliquia. Frammento aereo su cui morì Kaczynski trafugato da una suora. (ansa/Francesco Dibenedetto)

Poco spazio nel cimitero di Trento, Lega: via salme islamiche. (ansa.it/Massimo Unali)

Ponte: presentato il progetto alternativo, e c'è chi dice: "Facciamoli entrambi!". (tempostretto.it/Giancarlo Gismondo)

1 Milan, Leonardo: "Berlusconi? Con lui nessun problema". (tuttomercatoweb.com, 27 marzo 2010/Gianni Monaco)
2 Leonardo: "Io e Berlusconi incompatibili". (repubblica.it, 30 aprile 2010/Gianni Monaco)

Pilates

1. Berlusconi a Scajola: "Devi difenderti in maniera più dura, con il coltello tra i denti. Devi mostrarti agguerrito, senza paura. Solo così ne potrai uscire".
2. Berlusconi: "Nega tutto e punta il dito contro i giudici politicizzati". (Sergio Gentile)

Maggio 2010

3 maggio

Scajola: "Fango su di me". Peccato, speravo fosse merda. (Nicola Andrucci)

Il Papa ai giovani: "Vivere, non vivacchiare". È come se un rapper ti consigliasse di studiare musica. (Ferdinando Di Giovanni)

Amanda Knox: "Sono innocente. Sono profondamente triste e addolorata". Non nelle mie fantasie. (Davide Rossi)

Parallele

1. Scajola: "È un processo mediatico, stanno buttando addosso solo fango a me e alla mia famiglia". (leggo.it)
2. Bertolaso: "È un processo mediatico, stanno buttando addosso solo fango a me e alla mia famiglia". (dire.it)

Cina, uomo morto trovato con un anguilla nel sedere. Era uno scherzo degli amici. (blitzquotidiano.it/Giovanni Cavallo)

1. Benedetto XVI ai giovani: "Il Signore potrà chiamarvi al matrimonio, al sacerdozio, alla vita consacrata, a un dono particolare di voi stessi: rispondetegli con generosità". (repubblica.it)
2. Due mogli, tre figli, gli abusi: la doppia vita di padre Maciel. (corriere.it/Marco Ferrara)

L'Inter batte la Lazio, il tifoso laziale esulta. (repubblica.it/Silvio Perfetti)

Caso Cucchi, Ordine dei medici di Roma smentisce la Procura: acqua e zucchero non lo avrebbero salvato. (adnkronos.com/Massimo Unali)

Investito da un treno a Vicenza: salvato ma un piede viene ritrovato a Treviso. (ilgazzettino.it/Stefano Rubini)

1. Primo Maggio, Berlusconi: "Impegno verso lavoratori e giovani". (corriere.it)
2. Lavoro: disoccupati 8,8% e record dei giovani. (repubblica.it/Stefano Rubini)

Padova, non ha casa operaio dorme in tomba. (leggo.it/Marco Bressanini)

Afragola (Na), ordinanza del sindaco: "È vietato alle prostitute vestirsi da meretrici". ("Corriere del Mezzogiorno"/Ida Testa)

Cina, uomo si sposa con la sagoma di se stesso. (leggo.it/Massimo Mirandola)

Non ha il wc in casa, buca il muro per andare nel bagno del vicino assente. (ilmessaggero.it/Massimo Unali)

Pilates

1. Berlusconi: "Il Popolo della Libertà è una grande forza politica rappresentativa anche degli interessi e delle speranze della maggioranza dei lavoratori italiani".
2. Berlusconi: "Il Popolo della Libertà è una grande forza politica rappresentativa... oh, al diavolo! Dopo che un operaio metalmeccanico ghanese ha chiamato suo figlio 'Silvioberlusconi' non ho veramente più nessun bisogno di dire un cazzo". (Marco Ferrara)

1. Papandreu: "Faremo grandi sacrifici".
2. Papandreu: "Farete grandi sacrifici". (Davide Rossi)

1. Calderoli: "Il miglior modo per festeggiare l'Unità d'Italia è l'attuazione del federalismo". (repubblica.it)
2. Calderoli: "Il miglior modo per [inserire qui parole a caso] è l'attuazione del federalismo". (Ferdinando Di Giovanni)

1. Lo scrittore greco Markaris: "Fino al 1981 questo è stato un paese povero, con una dignitosissima cultura della povertà. Poi sono arrivati i soldi dell'Europa. E non siamo riusciti a elaborare una cultura del-

la ricchezza. Hanno trionfato clientelismo e corruzione. Sono stati distribuiti milioni senza controllo, solo per tenere buona la gente e comprarsi il consenso. Il budget delle Olimpiadi si è gonfiato da 2,8 a 14 miliardi. Pochi mesi fa hanno regalato 28 miliardi alle banche. Hanno sbagliato sia a destra che a sinistra. Quindi non è una crisi di povertà, ma di cattiva amministrazione della ricchezza. [...] La gente si sente persa, spaventata e insicura. Non sa ancora cosa le pioverà addosso. [...] Le prossime due generazioni di studenti usciti dall'università sono perse. Ma se non si agisce subito, se ne perderanno altre. Non basta riportare sotto controllo il rapporto deficit/Pil, bisogna ricostruire l'amministrazione pubblica, punendo i colpevoli, buttando fuori i corrotti e rendendola trasparente. [Altrimenti] il paese si cercherà un salvatore fuori dal vecchio sistema. E non è detto che sceglierà una brava persona".

2. Lo scrittore greco Markaris: "Stiamo per diventare l'Italia del dopo-Tangentopoli". (Giovanni Garbellini)

1. Leonardo, allenatore del Milan: "Non so cosa ha detto Berlusconi ma, a prescindere da questo, non posso negare che il nostro rapporto è difficile".

2. Leonardo, allenatore del Milan: "Che fai? Mi cacci?". (Andrea Michielotto)

4 maggio

Berlusconi: "Oggi si è dimesso un ministro molto capace". Non lo sapevo, al telegiornale hanno parlato solo di Scajola. (Davide Rossi)

Corona, busta con proiettili: "Non ho paura finché arrivano così piano". (Carlo Guglielmini)

Parallele

1. Scajola: "La casa? Non sapevo che qualcuno me l'avesse pagata". (blitzquotidiano.it)

2. Berlusconi: "La D'Addario? Non sapevo che Tarantini l'avesse pagata". (ilsole24ore.it/Agostino Cinelli)

1. Mons. Ricchiuti: "La pericolosità di certe posizioni espresse dalla Lega, per esempio nei confronti degli extracomunitari, ha poco di umano e nulla di cristiano". (lastampa.it)

2. Mons. Fisichella: "Quanto ai problemi etici, mi pare che la Le-

ga manifesti una piena condivisione con il pensiero della Chiesa". (rassegna. governo.it) (Agostino Cinelli)

Multata un'auto trainata dal carro attrezzi per invasione della corsia gialla. (ilmessaggero.it/Massimo Mirandola)

Cassazione: Andreotti condannato per diffamazione. (ansa.it/Silvio Perfetti)

Pilates

1. Scajola: "La mia casa forse pagata da altri".
2. Scajola: "Sono solo l'utilizzatore finale". (Riccardo Camba)

1. Dimissioni Scajola, Berlusconi: "Ha senso dello Stato".
2. Dimissioni Scajola, Berlusconi: "Non ho senso dello Stato". (Paolo Capelletti)

1. Draquila, Bertolaso: "A Cannes l'Italia non farà bella figura".
2. Draquila, Bertolaso: "A Cannes farò una bella figura di merda". (Andrea Di Salvatore)

1. I vescovi: "Un paese unito è un tesoro per tutti".
2. I vescovi: "È quasi ora della dichiarazione dei redditi". (Giovanni Garbellini)

5 maggio

Londra: uno studio stabilisce che bisognerebbe dormire sei-otto ore al giorno. Farlo regolarmente previene malattie della circolazione, e in più, mentre dormi, qualcuno potrebbe comprarti un appartamento. (Mattia F. Pappalardo)

Parallele

1. Berlusconi: "C'è troppa libertà di stampa". (repubblica.it)
2. Se fosse già in vigore la legge proposta dal ministro Alfano sulle intercettazioni, gli italiani nulla saprebbero ancora della casa di Scajola. (corriere.it/Stefano Arena)

1. Berlusconi: "Nel nostro Paese c'è fin troppa libertà di stampa" (repubblica.it)

2. Libertà stampa, Ong: Italia 72ª con Congo, penultima in Europa. (it.reuters.com/Roberta Peron)

Veneto hard: querelata pornostar portafortuna. (leggo.it/Marco Bressanini)

Il gioco erotico di un sessantenne: estratto un limone all'ospedale. (romagnaoggi/Nicola Andrucci)

6 maggio

Scajola non si era accorto di pagare un appartamento metà del suo valore. Ora acquistano un senso anche i suoi discorsi sul costo di una centrale nucleare. (Michele Incollu)

"Treviso reagisce alla crisi a colpi di porno" (blitzquotidiano.it). Che poi è il modo in cui io reagisco a ogni cosa. (Giovanni Cavallo)

Torino. Arriva oggi il milionesimo pellegrino in visita alla Sindone. Riceverà in omaggio un lenzuolo col suo volto. (Marco Bressanini)

Carceri, muore il detenuto numero 100 in diciotto mesi, Osservatorio: "Il piano carceri dov'è finito?". Alfano: "Perché, questo non vi piace?". (Alessandro Cai)

Parallele

1. Scajola, presto il successore. (leggo.it)
2. 15 chili di letame davanti alla sede di Forza Italia. (leggo.it/Emiliano Sabadello)

1. Berlusconi: "Si è dimesso un ministro molto capace". (repubblica.it)
2. Berlusconi: "Si è dimesso un ministro capace di crearsi per tre volte un collegamento aereo di comodo da Roma a casa sua, capace di ordinare spari sui civili in una manifestazione di portata mondiale, capace di lasciare ammazzare senza scorta un collaboratore dello Stato e di insultarlo pubblicamente da morto, capace di proporre come futuro

energetico il medioevo delle centrali nucleari, capace di farsi pagare una casa in centro a Roma da palazzinari corruttori: il tutto dimettendosi solo due volte. Insomma, un ministro molto capace". (Marco Ulivi)

1. Berlusconi: "Congiura contro il governo". (agi.it)
2. Berlusconi: "Mai parlato di congiura contro il governo". (tiscali.it/Nicola Andrucci)

Chiesto ai controllori dei treni della tratta Roma Tiburtina e Avezzano di contare e segnalare i passeggeri rom che salgono e scendono dal treno. (leggo.it/Ida Testa)

Licenziata dalla Cgil mentre cura il cancro. (tgcom-mediaset.it)

1. La mamma migliore è quella italiana. Domenica la festa, che cosa farete? (lastampa.it)
2. Catanzaro, uccide la madre con sei coltellate. (lastampa.it, due articoli sotto!/Riccardo Viganò)

Cina, bimbo cade dalla finestra. Orecchie a sventola lo salvano. (tgcom-mediaset.it/Alessandro Cai)

7 maggio

Ammanettato il professore che chiedeva sesso in cambio di voti alti. Stavolta dai carabinieri. (Ernesto Montale)

Parallele

1. Neofascisti in corteo a Roma: piazza della Repubblica blindata. ("Il Messaggero")
2. "È vietata la riorganizzazione, sotto qualsiasi forma, del disciolto partito fascista." (Costituzione Italiana)
3. "Ai fini della XII disposizione transitoria e finale (comma primo) della Costituzione, si ha riorganizzazione del disciolto partito fascista quando una associazione, un movimento o comunque un gruppo di persone non inferiore a cinque persegue finalità antidemocratiche proprie del partito fascista, esaltando, minacciando o usando la violenza quale metodo di lotta politica o propugnando la soppressione delle libertà garantite dalla Costituzione o denigrando la democrazia, le sue istituzioni e i valori della Resistenza, o svolgendo propaganda razzista, ovvero rivolge la sua attività alla esaltazione di esponenti, princìpi, fatti e me-

todi propri del predetto partito o compie manifestazioni esteriori di carattere fascista. Chiunque, partecipando a pubbliche riunioni, compie manifestazioni usuali del disciolto partito fascista ovvero di organizzazioni naziste è punito con la pena della reclusione sino a tre anni e con la multa da 400.000 a 1.000.000 lire." (Legge 20 giugno 1952, n. 645/Marcello Campardo)

Verona. Raid contro cliente molesto: gli staccano la punta del naso a morsi. (ilgazzettino.it/Marco Bressanini)

8 maggio

Parallele

Donna fa sesso con gli amici della figlia: "Volevo soddisfarli per proteggere la verginità di mia figlia". (redding.com/Piergiorgio Romano)

1. Bertolaso: "Mai preso soldi da Anemone". (repubblica.it)
2. G8, spunta assegno di Anemone 25mila euro a moglie di Bertolaso. (repubblica.it/Vito Catanzaro)

Pilates

1. Franceschini: "Siamo a nostro punto più basso".
2. Franceschini: "Non ci siamo mossi di una virgola". (Alessandro Cai)

1. Veltroni: "Noi siamo quelli che al partito ci credono di più, quelli che lo hanno fatto nascere".
2. Veltroni: "Noi siamo quelli che hanno fatto 'sta gran cazzata!". (Luca Coiro)

9 maggio

Il capo dello Stato, in occasione della Giornata della Memoria per le vittime del terrorismo ha dichiarato: "A Ustica intrighi internazionali e opacità da parte di corpi dello Stato. Tra altri ventinove anni vi dico il resto". (Emilio Mazzon)

Liam Gallagher produrrà un film sugli ultimi anni dei Beatles, con l'ex frontman degli Oasis nella parte di John Lennon. I fans dei Beatles sono talmente entusiasti che non vedono l'ora di vedere Chapman che spara a Gallagher. (Riccardo Viganò)

In Svezia considerato un dovere di padre insegnare al figlio come masturbarsi. È giusto, io ho dovuto imparare da solo, e adesso Dio solo sa cosa ci faccio col termosifone. (Mattia F. Pappalardo)

Parallele

1. Bondi non va al festival di Cannes: "Draquila offende l'Italia". (corriere.it)
2. Il cognato, Anemone e l'appalto per gli Uffizi all'ingegnere-coiffeur. Bondi lo scelse come direttore del restauro. (corriere.it/Giancarlo Gismondo)

"Latte di mucca?", "No grazie, preferisco quello materno." Ragazza inglese fa i dolci così. (blitzquotidiano.it/Massimo Mirandola)

Cina. Passa dieci anni in carcere per omicidio, ma la vittima ricompare. (blitzquotidiano.it/Silvio Perfetti)

10 maggio

Fede su Saviano e la mafia: "Non è lui il solo che l'ha denunciata, ci sono registi autorevoli, ci sono magistrati che l'hanno combattuta e sono morti". E poi ci sono quelli che la ospitavano in casa. (Alessandro Cai)

I vescovi italiani intendono contribuire al delicato e importante tema delle riforme istituzionali. Arrivano gli esperti di monarchie assolute. (Alex Lovisa)

Letizia Moratti: "I clandestini che non hanno un lavoro regolare delinquono". Per esempio lavorando in nero alle dipendenze di onesti imprenditori. (Silvio Perfetti)

Il vulcano islandese torna a creare problemi: scoperte nuove consonanti. (Nico Donisi)

Parallele

1. La Moratti: "Immigrati irregolari normalmente delinquono". (repubblica.it)
2. Incarichi d'oro a Palazzo Marino, la Moratti condannata con la giunta. (repubblica.it)
3. Milano, il sindaco Letizia Moratti indagata per omissione d'atti d'ufficio. (Adnkronos.it/Gianni Zoccheddu)

1. Tnt, gruppo olandese attivo nel settore delle spedizioni espresse e nei servizi logistici, nel primo trimestre del 2010 ha totalizzato ricavi pari a 2,75 miliardi di euro, +12,4% a/a, e 143 milioni di profitti, quasi il doppio rispetto ai 76 milioni dello stesso periodo del 2009. (finanza.it. msn.com)
2. La Tnt chiude. Licenziati nove dipendenti. Licenziamento in vista per i dipendenti della "Tnt corriere espresso nazionale e internazionale" che operano nelle sedi di Oristano e di Nuoro. Sono già pronti a fare i bagagli 5 operatori oristanesi e quattro nuoresi. ("L'Unione Sarda Domenica"/Pietro Caria))

Fede su Saviano: "Eroe? Non se ne può più!". (corriere.it/Peppe Clemente)

Si traveste da Snoopy per l'evasione: arrestato. (corriere.it/Peppe Clemente)

Pilates

1. Emilio Fede: "Saviano non è un eroe".
2. Emilio Fede: "Saviano non è Mangano". (Claudio Contrada)

11 maggio

L'ultima fatica letteraria di Walter Veltroni: *Quando cade l'acrobata, entrano i clown*. Ardita metafora della sinistra dalla morte di Berlinguer in poi. (Marco Capra)

Bossi jr sulla Minetti: "Se lei è intelligente quanto bella faremo grandi cose insieme". La Minetti a Bossi jr: "Il problema è che lo sei anche tu". (Antonino Bondi)

Veltroni presenta "Democratica", scuola di politica del

centrosinistra. Durante il primo triennio di studi si stabilirà quale colore dei gessetti adottare. (Enzo Brunone)

Ascoltare Mozart non rende più intelligenti. A rivelarlo sono i ricercatori dell'Università di Vienna: "Abbiamo ascoltato Mozart per anni, e guardate che cazzo di ricerche facciamo". (Nicola Congiu)

Un tratto del fiume Piave è stato deviato per recuperare un gregge bloccato su un isolotto. Salvi centinaia di agnelli che rischiavano di morire senza un contorno. (Michele Incollu)

Parallele

Più soldi ai deputati che lavorano. ("Corriere della Sera"/Silvio Perfetti)

Taranto: si finse oncologo per palpeggiare una donna, parroco rinviato a giudizio. (blitzquotidiano.it/Alessandro Cai)

1. Sventa rapina ma è clandestino, arrestato a Bergamo. (repubblica.it)
2. Moratti antibuonista: "I clandestini che non hanno lavoro delinquono". (ilgiornale.it/Mara Mazzoli)

Pilates

1. Ratzinger: "Per uscire dalla crisi bisogna far dialogare razionalità economica e fede cristiana".
2. Ratzinger: "Comprate più Bibbie". (Alessandro Bielli)

1. Letizia Moratti: "Non rinnego assolutamente niente di quello che ho detto ieri, non mi sono pentita ma il ragionamento che avevo fatto era più complesso".
2. Letizia Moratti: "Sono una razzista sofisticata". (Andrea Michielotto)

1. Bossi Jr.: "Rappresento i giovani".
2. Bossi Jr.: "Rappresento i giovani raccomandati che, bocciati tre volte all'esame di maturità, essendo figli di Bossi entrano immediata-

mente in Regione prendendo lo stipendio enorme che gente che si fa il culo da una vita non avrà mai". (Marco Bressanini)

12 maggio

In arrivo per lui il contraccettivo con gli ultrasuoni. Il problema poi è staccarti il pipistrello dal cazzo. (Agostino Cinelli)

Marea nera, Mosca agli Usa: fermatela con una bomba atomica. Una proposta talmente assurda che sarebbe come cercare di liberare degli ostaggi in un teatro usando del gas nervino. (Nicola Andrucci)

Ordine dei giornalisti: avvertimento a Minzolini "per il titolo incompleto letto nella edizione delle 13.30 del *Tg1* del 26 febbraio". Una decisione talmente dura che mi chiedo cosa gli faranno per le balle su Mills. (Paolo Tombolato)

Secondo una ricerca americana, il futuro della contraccezione maschile è rappresentato dagli ultrasuoni, in grado di determinare il temporaneo "blocco" degli spermatozoi. La difficoltà sarà riuscire a convincerla che quegli ultrasuoni li produce solo la sua bocca. (Marco Ferrara)

Generali, Geronzi: "Il gruppo può continuare a porsi obiettivi ambiziosi". Già raggiunto quello di farsi presiedere da un pregiudicato. (Massimo Unali)

Bossi jr all'esordio: "È come il primo giorno di scuola". Infatti se non fosse per papà saresti ancora a letto a dormire. (Massimo Mirandola)

Esce il primo Best Of di Cesare Cremonini. Appena l'ho visto ho pensato: "Ecco il regalo che vorrei ricevere dalla mia fidanzata per lasciarla passando dalla parte della ragione". (Marco Bressanini)

Secondo un sondaggio per l'80% degli italiani la scocciatura peggiore sono le zanzare. Superate solo dalle interviste telefoniche per sondaggi inutili. (Michele Incollu)

Scajola rifiuta di deporre a Perugia, non ci sarebbero le necessarie garanzie. Secondo il suo legale il tribunale si affaccia su di uno scorcio di Perugia non particolarmente panoramico. (Matteo Poles)

Benedetto XVI: "Papa Giovanni Paolo II ti ha visitato per tre volte, qui a Fatima, e ha ringraziato quella 'mano invisibile' che lo ha liberato dalla morte quasi trenta anni fa". Ah sì, Wojtyla disse che la Madonna di Fatima aveva deviato il colpo facendolo fermare a pochi centrimetri dal cuore. Ma non era meglio far inceppare la pistola? (Giovanni Cavallo)

Parallele

Renzo Bossi inaugura il Salone del Libro di Torino. (corriere.it/Stefano Tolomelli)

Va a *Chi l'ha visto*: "Sparito mio marito". Ma era in cella. (leggo.it/Silvio Perfetti)

1. Berlusconi a Fini: "Dobbiamo essere uniti, mettiamoci una pietra sopra". (ansa.it)
2. Enorme masso cade su A3. Il traffico va in tilt. (ansa.it/Massimo Mirandola)

S'incontrano sul ponte per suicidarsi. Adesso si sposano. (leggo.it/Stefano Malandrino)

1. Scajola: "Mi dimetto per difendermi". (ilmessaggero.it)
2. Scajola non depone a Perugia: "Non ci sono garanzie". (ilmessaggero.it/Enzo Brunone)

Pilates

1. Ratzinger: "A Fatima furono annunciate le sofferenze della Chiesa".
2. Ratzinger: "Mi sa che avremo un calo nell'8 per mille". (Marco Braghin).

1. Montezemolo: "È normale che mentre famiglie e imprese tirano la cinghia non si sia tagliato un euro di costi della politica, dei troppi sprechi, delle spese inutili e non ci siano soldi da investire sul futuro, sui giovani, sulla ricerca, sulle infrastrutture?".

2. Montezemolo: "Non fate incazzare troppo i lavoratori che licenzieremo". (Andrea Michielotto)

1. Corrado Calabrò, presidente Agcom: "Pensiamo ad un sondaggio per la numerazione dei canali sul telecomando del digitale terrestre. La legge dice che bisogna avere riguardo per le abitudini e le preferenze degli utenti".

2. Corrado Calabrò, presidente Agcom: "Il capo vuole Rai3 fuori dalle balle". (Andrea Michielotto)

1. Benedetto XVI a Giorgio Napolitano: "Nel lasciare il suolo italiano per recarmi in Portogallo mi è caro rivolgere a lei signor Presidente il mio deferente saluto e mentre mi accingo a incontrare la comunità cattolica, le autorità e la gente di quel nobile paese, come pure i pellegrini, specialmente malati, che da tutto il mondo accorrono al santuario mariano di Fatima per trovare luce e speranza, invoco la benedizione del Signore sull'intera nazione italiana, in particolare su quanti soffrono nel corpo e nello spirito".

Giorgio Napolitano a Benedetto XVI: "Il più sincero ringraziamento per il messaggio che ha voluto cortesemente indirizzarmi, nonché per la sollecitudine e la vicinanza che ancora una volta ha voluto manifestare nei riguardi della nazione italiana. Trascorsi dieci anni dal viaggio compiuto dal Suo venerato predecessore la missione apostolica che Vostra Santità si appresta a compiere in Portogallo in occasione del 10° anniversario della beatificazione di Giacinta e Francesco Marto rappresenta non solo il pellegrinaggio in uno dei luoghi più cari alla cristianità, ma anche una preziosa opportunità affinché il Suo costante richiamo ai valori condivisi della pace, della libertà, del dialogo, della giustizia e della fraternità possa trovare ovunque rinnovata risonanza. Nell'augurarle pieno successo per la Sua missione mi è gradito, Santità, rinnovarle i sensi della mia profonda stima e considerazione".

2. Benedetto XVI a Giorgio Napolitano: "Scendo un attimo a buttare la spazzatura".

Giorgio Napolitano a Benedetto XVI: "Ok, se non ti porti le chiavi lascia pure accostata la porta". (Marco Ferrara)

Carnac

1. Più soldi ai deputati che lavorano.

2. On. Stracquadanio, esiste un modo per umiliare di più i lavoratori italiani? (Alberto Ida)

13 maggio

La ditta di Diego Anemone avrebbe effettuato tre ristrutturazioni in abitazioni appartenenti a Guido Bertolaso. Che dichiara: "Era solo fisioterapia ai muri!". (Filippo Ciccarelli)

Il Papa: "Anche la pedofilia nel terzo segreto di Fatima". E su cosa farà Mourinho l'anno prossimo, niente? (Augusto Rasori)

Salerno: trovato scarafaggio morto in un panino del McDonald's, bambino in ospedale. Non è andato come previsto, il lancio del nuovo McKafka. (Mattia F. Pappalardo)

Mistero su Giove: scomparsa una delle sue caratteristiche strisce scure. Un fatto talmente inspiegabile che si teme uno speciale di *Voyager*. (Andrea Di Salvatore)

Papa: "Sconfiggere meccanismi che portano all'aborto". Leggendola pare una cazzata, ma come scusa per il sesso anale può funzionare. (Roberto Mancini)

"Generosi si nasce ma la bontà dura fino a due anni." Poi c'è l'eccezione che conferma la regola e paga la casa a Scajola. (Mara Mazzoli)

Parallele

1. Londra: il nuovo premier britannico Cameron taglia e congela per cinque anni il suo stipendio e quello dei parlamentari.
2. Campania: il nuovo governatore Caldoro insieme ad altri dodici consiglieri non si è dimesso da parlamentare, continuerà a percepire il doppio stipendio. (corriere.it/Ida Testa)

1. Berlusconi sulle parole della Guzzanti: "Io tiranno? Ma no, basta guardare la tv".
2. *Tg1*: "Mills assolto". (Giovanni Cavallo)

1. Chi trattiene la rabbia rischia di più l'infarto. (corriere.it)
2. Uccide la moglie con 50 coltellate. (corriere.it/Peppe Clemente)

1. Disastro ecologico nel Golfo del Messico. (“La Voce d’Italia”)
2. Thailandia. Precipita la situazione nel Paese. (“LiberoReporter”)
3. Cina: nuova strage bambini, disturbi mentali prezzo sviluppo economico. (asca.it)
4. Appalti: Anm, corruzione è ancora una piaga per il paese. (“la Repubblica”)
5. Pedofilia, nuova bufera sulla Chiesa Usa. (“Il Secolo XIX”)
6. Pedofilia, la Chiesa irlandese nella bufera. (*Giornale Radio Rai*)
7. Papa: “Aborto e matrimoni gay i pericoli più insidiosi di oggi”. (asca.it/Marcello Campardo)

Pilates

1. Benedetto XVI: “La profezia di Fatima non si è ancora compiuta, ci saranno guerre e terrore”.
2. Benedetto XVI: “Quando tornate a casa spaventate a morte i vostri figli e ditegli: ‘Questo è il terrore del Papa’”. (Gianni Zoccheddu)

1. Berlusconi: “Scajola mi ha deluso”.
2. Berlusconi: “S’è fatto beccare”. (Andrea Michielotto)

1. Nota della Protezione civile: “Né Bertolaso, né suoi familiari posseggono alcun immobile in quella zona del centro della città. Per un breve periodo Bertolaso ha potuto utilizzare un appartamento in via Giulia, posto nelle sue disponibilità da un amico”.
2. Nota della Protezione civile: “L’appartamento in via Giulia? Bertolaso era solo l’utilizzatore finale”. (Andrea Michielotto)

14 maggio

Calderoli: “Dobbiamo dare il buon esempio in vista dei sacrifici della manovra. Taglieremo del 5% gli stipendi di parlamentari e ministri”. Così sapranno cosa significa vivere con poco più di 14.000 euro al mese. (Alessandro Cai)

Bersani: “Non lavoriamo al voto anticipato”. Senti, forse fai prima a dirci a cosa lavorate. (Nicola Congiu)

Festa della polizia: il clou si è raggiunto in piazza, col gioco delle pignatte viventi. (Fausto Lombardi)

Salerno. Compra un panino da McDonald's e ci trova dentro uno scarafaggio. "Appena ho capito cosa c'era in quel panino, ho iniziato a sentirmi malissimo. Sono dovuto andare all'ospedale," ha detto lo scarafaggio. (Alessandro Bielli)

Nuova Zelanda. Un uomo è stato morso sul pene da un ragno. Eh, i ragni sono sempre restii quando si tratta di fare pompini. (Albert Huliselan Canepa)

Calcio. La Juventus ha scelto: sarà Del Neri il prossimo allenatore a essere esonerato. (Davide Rossi)

Parallele

Botte da orbi al torneo Fair Play. (ilsecoloXIX.it/Roberto Mancini)

Brasile. Va a denunciare un furto e viene rapinata anche in commissariato. (blitzquotidiano.it/Albert Huliselan Canepa)

15 maggio

Cota promuove il Salone del Libro. Uno lo guarda e capisce che è meglio farsi una cultura. (Marco Ferrara)

Roma, Storace furioso in Comune. Urla, insulta, minaccia, ferisce un consigliere e viene trattenuto a stento dai compagni di partito. "Non l'abbiamo mai visto così," ha dichiarato uno dei presenti, "qualcuno deve avergli versato un tranquillante nel caffè." (Augusto Rasori)

Papa: "A Fatima ho pregato per il mondo intero". Gli altri giorni va a simpatie. (Daniela Ranieri)

16 maggio

Il medico di Michael Jackson ha salvato la vita a una donna su un aereo: ha risposto "No" alla domanda "C'è un medico sull'aereo?". (Davide Rossi)

Parallele

Affare eolico, bufera in Sardegna. (repubblica.it/Roberto Meloni)

17 maggio

Brunetta: "Non metteremo mani nelle tasche degli italiani". Ok, però alla fine ci spieghi il trucco? (Nico Donisi)

Berlusconi: "Gli italiani si fidano di noi". Come i bambini si fidano di certi preti. (Nicola Congiu)

Pilates

1. Schifani: "Ancora una volta l'Italia piange altri due suoi caduti per la libertà e la pace. Due soldati italiani uccisi dal terrorismo perché difendevano la democrazia e la sicurezza internazionale".
2. Schifani: "Abbiamo 19 militari sulla coscienza". (Davide Rossi)

Carnac

1. Il professor Mancuso, teologo: "È crollata la fiducia nel clero".
2. Giornalista: "Come mai i bambini non chiudono più gli occhi quando aprono la bocca per prendere l'ostia?". (Giovanni Cavallo)

18 maggio

La Russa: "In Afghanistan dobbiamo aggiornare i sistemi di difesa alla minaccia attuale e a quella ipotizzabile in futuro". Eh già, chissà quali diavolerie stanno progettando gli scienziati talebani. (Michele Incollu)

La proposta di Calderoli: tagli del 5% dello stipendio per i parlamentari. Fortuna vuole che io sia geometra. (Salvatore Lobina)

Parallele

Usa, una colletta di Viagra per il pitbull cardiopatico. (repubblica.it/Ferdinando Di Giovanni)

1. Berlusconi, fiducia in picchiata. Tre punti persi in un mese.
2. Berlusconi: "Gli italiani si fidano di noi". (repubblica.it/Carlo Cirimele)

19 maggio

Le visite del Papa sono talmente persuasive che anche il Portogallo ha reso legale il matrimonio fra gay. (Enrico Ciccarelli)

Secondo gli esperti, per seguire una dieta con successo è fondamentale modificare l'organizzazione della propria cucina. È vero: a me, ad esempio, è bastata riempirla di topi. (Giuseppe Revel)

Parallele

1. Francia: Chirac sotto accusa per impieghi fittizi dipendenti pubblici. (blitzquotidiano.it)
2. Armi di sterminio, Bush ha mentito.(corriere.it)
3. GB. Scandalo rimborsi spese, beccato anche Tony Blair. (blitzquotidiano.it)
4. Berlusconi: "Chirac, Bush e Blair insegneranno alla mia Università del Libero Pensiero". (blitzquotidiano.it/Albert Huliselan Canepa)

20 maggio

Berlusconi: "Nessuno può darmi lezioni di morale". Sarebbe tempo sprecato. (Massimo Unali)

"Parigi, rubati dal Museo d'Arte moderna cinque quadri di Picasso, Modigliani, Matisse, Braque e Leger. La registrazione delle telecamere interne mostrerebbe un solo uomo entrare dalla finestra dopo aver rotto il vetro." Be', era da solo perché, quando ha mostrato ai compari il suo piano, lo hanno mandato a cagare. (Mara Mazzoli)

21 maggio

"Sette immigrati su dieci stanno bene in Italia." Gli altri tre non giocano nell'Inter. (Davide Rossi)

Berlusconi: "Ho portato in politica una nuova visione morale". E le ha dato una farfallina d'oro per rimanere la notte. (Roberto Nadalin)

Il Viagra danneggerebbe l'udito, hanno detto al telegiornale. Almeno credo di aver capito così. (Francesco Brescia)

Pilates

1. Franceschini: "Leggere è come vivere altre vite, andare in altri luoghi: una cosa straordinaria...".
2. Franceschini: "Vorrei essere altrove". (Alessandro Cai)

22 maggio

Assemblea del Pd, Bersani: "Sentitevi tutti segretari". Ok, comincio io: "Sentitevi tutti segretari". (Andrea Canavesi)

24 maggio

Secondo uno studio inglese, il 14% delle mogli legge le mail dei loro mariti. Le altre non hanno sposato un idiota. (Andrea Canavesi)

Commemorazione di Falcone. Schifani: "Il suo esempio resti un punto di riferimento per tutti. E poi non dite che non vi avevamo avvertito". (Eugenio Iodice)

Disastro del Boeing 737 di Air India. Al vaglio degli inquirenti anche un possibile errore del pilota, peraltro espertissimo con le sue 10.000 ore di volo alle spalle. Tutte di seguito. (Eugenio Provato)

Sacra Sindone, terminata l'ostensione. Anche se hanno chiuso le porte, riesco ancora a sentire le risate degli organizzatori. (Ferdinando Di Giovanni)

Elisabetta Gregoraci si trovava sullo yacht con il figlio Falco Nathan durante il blitz della Finanza: "È stato un trauma anche per il bambino". Era così shockato che sembrava avesse capito come l'hanno chiamato. (Sarah Chiti)

Parallele

Bologna, tenta di entrare in casa: morto. (tgcom-mediaset.it/Marco Bressanini)

Pilates

1. Enrico Letta: "L'assemblea è andata benissimo, tutti i documenti sono stati approvati, il clima è ottimo, tutti gli interventi si sono concentrati sulle proposte e in un clima di lavoro in comune. È il segno che l'alternativa è possibile e il cambio di passo è cominciato".
2. Enrico Letta: "Dateci cinque minuti, solo altri cinque minuti e giuro che siamo pronti". (Marco Ferrara)

1. Al via in tutta Italia le celebrazioni per Rita da Cascia, santa dei casi impossibili. (adnkronos.com)
2. All'assemblea il Pd ritrova l'unità. (repubblica.it/Daniela Ranieri)

25 maggio

Stragi di Mafia, il *Tg1* ha osservato trenta minuti di silenzio. (Augusto Rasori)

Ha diciassette anni il nuovo campione italiano di illusionismo. È talmente bravo che ha convinto tutti di essere il nuovo campione italiano di illusionismo. (Davide Rossi)

Parallele

Berlusconi: "Il conflitto d'interessi? Non esiste". (repubblica.it/Nicola Cordioli)

Moglie porta marito in tribunale: mi spenna i pappagalli per vendetta. (ansa.it/Alessandro Cai)

Pilates

1. Germano: "Critiche anche con governo di centrosinistra".
2. Germano: "Vorrei lavorare ancora per un po'". (Roberto Mancini)

26 maggio

Parallele

1. L'ottimismo di Berlusconi: "Questa crisi non è un dramma". (panorama.it 21 gennaio 2009)
2. G8, Berlusconi: "La crisi è ormai alle spalle". (notizie.tiscali.it, 8 luglio 2009)
3. Berlusconi: "La crisi è alle spalle". (adnkronos.com, 29 ottobre 2009)
4. Berlusconi: "La crisi è alle spalle, è iniziata la risalita, ma è lenta". (repubblica.it, 11 marzo 2010)
5. Berlusconi: cavalcare l'ottimismo per uscire dalla crisi. (tg24.sky.it, 11 marzo 2010)
6. Berlusconi: "Crisi? segni inducono all'ottimismo". (leggo.it, 19 maggio 2010)
7. Berlusconi: "Sulla crisi sono ottimista". (blitzquotidiano.it, 23 maggio 2010)
8. Manovra, Berlusconi: "Sacrifici inevitabili". (ilmessaggero.it)
9. In acqua nuovo yacht di Pier Silvio Berlusconi: 37 metri, 18 milioni. (blitzquotidiano.it/Alessandro Cai)

La D'Amico e il tiralatte che salva le dirette. (corriere.it/Massimo Mirandola)

1. Crisi. Tremonti: "È come un videogioco". (leggo.it)
2. Anche i videogiochi sono in crisi. (corriere.it/Albert Huliselan Canepa)

Pilates

1. Vespa: “Prendersela con Berlusconi conviene”.
2. Vespa: “Vado contro i miei interessi leccando il culo a Berlusconi”. (Andrea Michielotto)

1. Crac Parmalat, dieci anni a Tanzi: “Sono sconcertato, mi aspettavo una riduzione della pena”.
2. Crac Parmalat, dieci anni a Tanzi: “Sono sconcertato, tutto sommato ho solo rovinato delle famiglie”. (Andrea Canavesi)

1. Tremonti: “Non aumenteremo le tasse”.
2. Tremonti: “Faremo come al solito: taglieremo agli enti locali costringendoli ad alzare le tasse”. (Marco Ferrara)

27 maggio

Parallele

1. La grande crisi. Berlusconi: “Il Paese deve tornare a spendere”. (lastampa.it, 23 novembre 2008)
2. Berlusconi ha voluto precisare che “la crisi economica è pesante ma non tragica. Gli italiani possono continuare a spendere”. (iltempo.it, 7 marzo 2009)
3. Berlusconi evoca i sacrifici: “Italia spende troppo”. (corriere.it, 27 maggio 2010/Massimo Mirandola)

Pilates

1. Berlusconi: “Con me come tecnico il Milan sarebbe campione”.
2. Berlusconi: “Entro tre anni sconfiggerò l’Inter”. (Andrea Michielotto)

28 maggio

Avrebbe finalmente un nome il misterioso “signor Franco”, uno dei protagonisti delle stragi degli anni novanta. Si chiama Franco. (Andrea Michielotto)

Bambino di due anni in Indonesia fuma quaranta sigarette al giorno. Fermento tra i radicali; potrebbe essere lui il prescelto. (Carlo Guglielmini)

Scajola Immobiliare. Le nostre case sono talmente economiche che ti sembreranno pagate da altri. (Manuel Pica)

Parallele

Il killer delle prostitute alla Corte: "Sono il cannibale con la balestra". (corriere.it/Laura Bagliani)

Pilates

1. Berlusconi: "Posso solo ordinare al mio cavallo di andare a destra o sinistra". (ansa.it)
2. Berlusconi: "Posso fare giochetti divertentissimi con un po' di Viagra". (Francesco Colaiacomo)

1. Pedofilia, Bagnasco: "Speriamo di non dover mai affrontare situazioni reali". (corriere.it)
2. Bagnasco: "Posso scegliere un argomento a piacere?". (Laura Bagliani)

1. Marea nera, BP: "Operazione chiusura sta andando abbastanza bene".
2. BP: "Be', in fondo abbiamo solo causato la più grande catastrofe naturale della storia". (Alessandro Cai)

31 maggio

Disastro ambientale nel Golfo del Messico, il consiglio di Veltroni a Obama: non chiamarla più "marea nera", ma "il principale esponente degli idrocarburi a noi avversi". (Francesco Caiazza)

Manovra finanziaria, Napolitano chiede chiarimenti: "Firmo qui?". (Matteo Adami)

Vaticano: "Per chi abusa, l'inferno sarà più duro". Finalmente un provvedimento concreto. (Daniele Rielli)

Anatema del Vaticano: "Inferno più duro per i pedofili". È il 666-bis. (Yuri Mozetic)

“La Chiesa gestisce il più grande patrimonio immobiliare al mondo. A Roma e provincia, un bene su cinque è in mano a enti religiosi.” E pensare che tutto è partito da una mangiatoia occupata abusivamente. (Thomas Innocenti)

Esercito di Israele apre il fuoco su nave pacifista: un'azione talmente meschina che mi ricorda un'azione a caso dell'esercito di Israele. (Daniele Botti)

Israele attacca navi degli attivisti pro-palestinesi causando almeno diciannove morti e trenta feriti. A bordo c'erano medicine, prodotti sanitari e sedie a rotelle. La prova che quei provocatori avevano già calcolato tutto. (Mattia F. Pappalardo)

Marea nera, BP ammette: è fallito anche il piano B, ma andremo avanti sino a esaurimento lettere. (Salvatore Lobina)

Parallele

Canada, è caccia alla gang delle rapine con gli escrementi. (repubblica.it/Massimo Mirandola)

Verona. In ospedale si toglie la protesi della gamba e aggredisce i carabinieri. (ilgazzettino.it/Massimo Mirandola)

1. Getta la figlia dalla finestra, grave neonata. (repubblica.it)
2. Grave: in fisica, corpo soggetto alla gravità. (Walter Vigna)

Pilates

1. Manovra economica, caos nella maggioranza. I finiani: “Anche Bondi la critica”. (“la Repubblica”)
2. Manovra economica, caos nella maggioranza. I finiani: “Perfino Bondi la critica”. (Giuseppe Reale)

Giugno 2010

1 giugno

Berlusconi: "Per ministro Sviluppo sono in difficoltà". Si potrebbe ridare la carica a Scajola, ma senza dirglielo. (Enzo Brunone)

Ultime notizie: Napolitano ha firmato la manovra. Cane morde uomo. (Patrizia Pietrovanni)

Dieci feriti anche tra i soldati israeliani. A forza di darsi il cinque. (Eugenio Iodice)

Fiamma Nirenstein e Alfredo Manca: "La flottiglia ha provocato". Quelle confezioni di medicinali avrebbero insospettito chiunque. (Eugenio Iodice)

Parallele

Austria, l'orchestra che suona le verdure. (leggo.it/Silvio Perfetti)

Nuoro, il rapinatore non convince e il cassiere, al telefono, lo ignora. (repubblica.it/Massimo Mirandola)

1. Berlusconi in tv contro "Repubblica": "Mai sostenuta evasione fiscale". (repubblica.it)
2. Berlusconi: "C'e una norma di diritto naturale che dice che se c'è uno Stato che chiede un terzo di quanto guadagni allora la tassazione ti appare una cosa giusta. Ma se ti chiede il 50-60% di ciò che guadagni, come accade per le imprese, ti sembra una cosa indebita e ti

senti anche un po' giustificato a mettere in atto procedure di elusione e a volte anche di evasione". (ilgiornale.it)

3. Berlusconi: "Lei sa bene come funziona il nostro sistema fiscale, lei sa che l'attuale sistema delle aliquote così elevate, le più elevate d'Europa è tale perché c'è la presunzione di un'elusione sistematica e di una evasione possibile. E... e quindi c'è un certo tipo di atteggiamento, anche morale, da parte del cittadino che eh... guarda uno stato che non gli rende in servizi ciò che prende e che ha delle imposte che sono fuori dalla norma generale, da ciò che quel diritto naturale che è dentro di noi fa ritenere come giusto. Quando lo stato chiede al cittadino e al frutto del suo lavoro più di un terzo di questo frutto, il cittadino si sente eh... moralmente in contrasto con lo Stato". (testimonianza di Silvio Berlusconi al processo Dell'Utri/Alessandro Cai)

Pilates

1. Frattini: "Mi auguro che l'operazione militare israeliana non pregiudichi l'andamento dei negoziati di pace e della soluzione finale per il Medio Oriente".

2. Frattini: "Salve, sono il ministro Frattini, l'unico ministro degli esteri al mondo capace di commentare una strage dell'esercito Israeliano usando involontariamente l'espressione 'soluzione finale per il Medio Oriente'". (Marco Ferrara)

2 giugno

Parallele

Cerchi nel grano leghisti. (repubblica.it/Silvio Perfetti)

1. Maurizio Massari (Farnesina): "Uno Stato democratico è perfettamente in grado di condurre un'inchiesta credibile e indipendente". (corriere.it)

2. Scalfaro, mafia: "Temo non sapremo mai la verità sulle stragi". (notizie.virgilio.it/Fabio Pezzoni)

1. Cieco in tandem da Schio all'India. (ansa.it)
2. Oculista trovato morto in casa. (ansa.it/Silvio Perfetti)

3 giugno

2 giugno. I leghisti assenti alle celebrazioni. Con tutti quei

tricolori, la tentazione sarebbe stata irresistibile. (Giovanni Garbellini)

Il viceministro dello Sviluppo economico: "Il *Tg* di Minzolini è quello che guardo se voglio essere informato". Per gli approfondimenti, *La pupa e il secchione*. (Marco Gherardi)

Paul McCartney è stato attaccato da una gang armata dopo un concerto a Città Del Messico. "Sto bene," ha poi dichiarato un Paul McCartney leggermente più alto. (Davide Rossi)

La Santa Sede ha nominato due cardinali e due arcivescovi per un'operazione di "purificazione" della Chiesa irlandese dopo gli scandali sugli abusi. I Quattro dell'Ave Maria. (Michele Baglioni)

Cina. Forte scossa di terremoto in Tibet; non si hanno notizie di morti o feriti. Dal 1950. (Davide Rossi)

De Sica: "Grazie ai cinepanettoni recito con Depp". Johnny Depp: "Per colpa dei *Pirati dei Caraibi* recito con De Sica". (Rosario Maruca)

Quando è morto l'inventore del Trivial Pursuit? Oggi. (Davide Rossi)

Parallele

1. Attacco israeliano. Frattini: "serve un'inchiesta". (qn.quotidiano.net)
2. All'Onu no dell'Italia all'inchiesta. (repubblica.it/Mauro Tetti)

Australia. I pappagalli che cadono dal cielo. "Sono ubriachi." (corriere.it/Massimo Mirandola)

7 giugno

Sperimentata sui topi una molecola in grado di cancellare la paura. È così efficace che dopo l'iniezione i roditori non hanno più firmato una legge. (Andrea Michielotto)

Battendo il Regno delle Due Sicilie per 2-0 la Padania si qualifica per la finale della VIVA World Cup. Incontrerà la vincente di Teletubbilandia-Terra di Oz. (Libero Farbo)

Grazie a Facebook madre ritrova i figli dopo quindici anni. Erano nella stanza di sopra. (Niccolò Dionisi)

Attore porno, omicida, muore in incidente stradale: aveva ucciso un collega con una spada da samurai sul set di un film a luci rosse, poi la caduta in un dirupo durante la fuga. In pratica un film porno che diventa un film di Kurosawa che diventa *Il sorpasso*. (Matteo Poles)

Parallele

Bambino di sette anni ruba un'auto per evitare la messa. (oknotizie.virgilio.it/Davide Passaia)

Esasperato da uno scarafaggio gli dà la caccia con l'alcol e incendia la casa. (ilgazzettino.it/Silvio Perfetti)

Sull'uscio dell'asilo il cinghiale. Stupori e tremori a Portofino. (blitzquotidiano.it/Massimo Mirandola)

1. Fisco, scoperta frode da 110 milioni a Como dalla guardia di Finanza, tre le persone denunciate. (ansa.it)
2. La Gdf di Frosinone scopre una frode fiscale internazionale da 25 milioni. (adnkronos.com)
3. Venezia. Commerciante "nullatenente" in quattro anni aveva incassato 5,2 milioni. (ilgazzettino.it)
4. Lega: "Contro l'evasione si intervenga sui venditori ambulanti". (repubblica.it/Marco Ferrara)

1. Berlusconi: "Vogliamo anche vincere il cancro che colpisce ogni anno 250.000 italiani e che riguarda quasi due milioni di nostri cittadini".
2. Manovra, allarme degli oncologi: "A rischio la cura dei tumori". (repubblica.it/Ciro Greco)

Pilates

1. Marcegaglia: “Non vedo nessun problema nel fatto che le donne possano andare in pensione più tardi”.
2. Marcegaglia: “Lavoratriciiiii?!! Prrrrrrrrr!”. (Marco Monguzzi)

Carnac

1. Il Papa: “Abbiamo bisogno di essere liberati da tutto quello che ci blocca e ci isola: timore e sfiducia verso gli altri, avidità ed egoismo, mancanza di volontà di accettare il rischio della vulnerabilità alla quale ci esponiamo quando ci apriamo all’amore”.
2. Un prete: “Com’era la frase magica per rimorchiare ragazze in confessionale?”. (Michele Incollu)

8 giugno

Parallele

1. Neonato rapito, caccia a due donne rom. (agi.it)
2. Neonato rapito, arrestata l’infermiera. (agi.it/Michele Marasciulo)

Svizzera: elefante scappa da circo e fa bagno nel lago. (ansa.it/Marco Bressanini)

“Aiuto la tigre” e chiama il 113. Ma si trattava solo di un peluche. (blitzquotidiano.it/Marco Bressanini)

La sposa è in ritardo alle nozze, il prete comincia senza di lei. (ilmessaggero.it/Salvatore Lobina)

Pilates

1. D’Alema: “Con il 7% dell’Udc di Casini avremmo risolto”.
2. D’Alema: “Non so più che inventarmi pur di non complimentarmi con Vendola”. (Giancarlo Gismondo)

9 giugno

Luttazzi accusato di aver copiato battute di famosi stand-up comedians americani. Lui da anni parla di citazioni, rielaborazioni e sperimentazioni tecniche. Ma come fare a distinguere le battute del comico italiano dalle originali? Facile, le sue sono quelle che non vanno in onda. (Daniele Rielli)

Usa: venduto per 35.000 dollari il taxi dove salì Lee Harvey Oswald poco dopo l'assassinio di JFK. Presto all'asta anche il proiettile che colpì il presidente e il governatore John Connally. Non appena avrà smesso di rimbalzare. (Gianni Zoccheddu)

"National Geographic": "I rutti dei mammut tenevano la terra al caldo". Poi gli scoiattoli hanno cominciato a scorreggiare. (Alex Lovisa)

Parallele

In Italia primo prelievo di rene dalla vagina. (ansa.it/Mauro Tetti)

Scambio di cinesi, in aula l'imputato sbagliato. (repubblica.it/Alessandro Cai)

Pilates

1. Berlusconi: "Infernale governare rispettando la Costituzione".
2. Valentino Rossi: "Infernale guidare la moto rispettando la legge di gravitazione". (Alessandro Cai)

10 giugno

La modella Gisele Bundchen raccomanda: "Fate pipì sotto la doccia per salvare la Terra". Io cago anche nella vasca, per salvare l'Universo. (Massimo Mirandola)

È nato questa mattina il figlio di Pier Silvio Berlusconi e di Silvia Toffanin. Pare abbia già accennato a una legge bavaglino. (Alex Lovisa)

L'Italia ha rifiutato di introdurre una definizione esplicita di "tortura" nel Codice penale. Ci piace continuare a chiamarla col suo nome: Bolzaneto. (Marco Gherardi)

"Daniele Luttazzi copia." E di colpo, per la stampa, le sue battute diventano divertenti. (Piero Esposito)

Parallele

1. Mafia: Maroni, nessun rischio che i beni confiscati vengano venduti a Cosa Nostra. (adnkronos.com)
2. Palmi (Rc) i boss si riprendono i beni confiscati per mafia (blitzquotidiano.it/Giancarlo Gismondo)

"Gira nuda in casa." Britney Spears denunciata da bodyguard. (leggo.it/Giancarlo Gismondo)

C'è un femore nascosto nel retro della pizzeria. (corriere.it/Stefano Malandrino)

La BP crolla alla borsa di Londra. "Non siamo a conoscenza di alcuna ragione che spieghi il tonfo del titolo." (repubblica.it/Marco Elio Tabacchi)

11 giugno

Sì del Senato alla legge sulle intercettazioni, proteste da magistratura, comitati di polizia e giornalisti. Il *Tg1* avrebbe approfondito, se solo non fosse scoppiato l'allarme afa. (Alessandro Cai)

Con la nuova legge si potranno pubblicare gli atti di un processo solo per riassunto. "P2, evasione fiscale, corruzione, frode, nano, voce sensuale." (Patrizia Pietrovanni)

Continuano le proteste per la legge bavaglio: il 9 luglio è previsto un black out dell'informazione. Aderirà anche il *Tg1*: andando in onda. (Marco Bressanini)

Pedofilia, il Papa chiede perdono: "Bastone contro sacerdoti indegni". Mi sarebbe piaciuto sentire come si sarebbe espresso riguardo alla carota. (Vito Catanzaro)

Papa: “Il sacerdozio non è un lavoro”. È un travestimento. (Eugenio Iodice)

“Il Giornale” pubblica un articolo su Veronica Lario, in spiaggia naturista a Formentera, circondata da gente nuda che è arrivata là senza alcun volo di Stato. (Fabrizio Bartoloni)

Parallele

1. Luttazzi copia. (unita.it)
2. Chi copia ha più successo: risultati di uno studio europeo. (studenti.it/Simona Podda)

1. Papa: “Sacerdozio non è un lavoro come un altro”.
2. Papa: “Sacerdozio non è un lavoro”. (Davide Rossi)

1. Pedofilia, il Papa chiede perdono. (“la Repubblica”)
2. Cala l'8 per mille alla Chiesa. (“la Repubblica”/Fabio Morasca)

Russell Crowe è morto. Ma non è vero. (corriere.it/Massimo Mirandola)

È nato Lorenzo. Il bebè che terrorizza la sinistra. (“Libero”/Fabio Morasca)

Confini Cina-Taiwan, abolito il divieto d'ingresso ai calvi. (corriere.it/Stefano Malandrino)

Latina, bloccati gli armadi in tribunale, saltano le udienze. (blitzquotidiano.it/Silvio Perfetti)

Pilates

1. Cardinal Bertone: “La pedofilia ha minato la credibilità della Chiesa”.
2. Cardinal Bertone: “Scoprire con quanta frequenza tanti sacerdoti cattolici violentano i bambini ha minato la credibilità di questa nostra monarchia assoluta che ha sede a Roma, che gode di incredibili agevolazioni fiscali, che funziona come un'azienda che ha franchising capillari in tutto il mondo ma vende soltanto false promesse in cambio di inutili paure, che ha per capo un tizio che dice di essere in contatto con un essere sovrannaturale che ha creato il mondo e ha il potere, se non facciamo quello che vuole lui, di condannarci a vivere per l'eternità in

un luogo di orribili torture chiamato 'inferno', e che riesce, tramite questa stravagante, fantasiosa trovata da film horror, nonostante la sua ridicola inverosimiglianza, a controllare l'esistenza di milioni di persone, a guadagnare un'enorme quantità di danaro e a influenzare, per il proprio tornaconto, tutte le scelte politiche ed economiche degli stati in cui detiene la percentuale di maggioranza delle credenze religiose. Be', non vi sembra ingiusto?". (Marco Ferrara)

1. Marchionne: "Stiamo vivendo in un mondo che non esiste più realmente".
2. Marchionne: "Licenzieremo e delocalizzeremo". (Marco Ferrara)

14 giugno

Al via i mondiali. Per un mese non dovrò fingere mal di testa. (Beatrice Darci)

Scienza: per la prima volta in Italia, al San Matteo di Pavia, è stato prelevato un rene attraverso la vagina. L'organo verrà donato al figlio ventenne. Mistero da dove lo faranno passare. (Mattia F. Pappalardo)

Parallele

Giappone: i pesci giocano a pallone. (repubblica.it/Massimo Mirandola)

15 giugno

Marte aveva un gigantesco oceano e 40.000 fiumi. Poi è arrivata la BP. (Vittorio Lattanzi)

Anno sacerdotale, quindicimila preti a Roma. Chissà di cosa parleranno. (Eugenio Iodice)

Fulmine a bordo di una nave della BP, operazioni sospese per cinque ore. Obama è così incazzato che questo era solo un avvertimento. (Alessandro Cai)

Berlusconi a Sofia si lamenta ancora della Costituzione: "Godo dei pochi poteri di cui gode un capo del governo limitato da una Costituzione figlia delle preoccupazioni derivanti dall'esperienza della dittatura fascista". Urge una nuova Costituzione che sia figlia della paura di finire in galera che deriva dall'esperienza del delinquere. (Patrizia Pietrovanni)

Padova, individuato e denunciato l'autore del pestaggio ai danni di una coppia gay: "Ero annebbiato dall'alcol. Li avevo presi per due froci". (Eugenio Iodice)

Fa così caldo che Scajola ha fatto una doccia a sua insaputa. (Peppe Clemente)

Stefania Craxi: "Dedicate a mio padre la zona della fontana davanti al Castello Sforzesco". In effetti a Milano non c'è posto migliore per lanciare le monetine. (Marco Bressanini)

La Corte di Giustizia di Bruxelles respinge il ricorso di Mediaset: il contributo statale per l'acquisto dell'apparecchio distorce la concorrenza e gli incentivi (110 milioni di euro) dovranno essere recuperati da chi ne ha maggiormente tratto vantaggio. Inviati di Canale 5 sono già a Bruxelles con il compito di verificare il colore dei calzini dei giudici europei. (Stefano Saporito)

Picchia e fa abortire una nomade. Ehi! La Lega ha aperto la sua scuola di politica? (Beatrice Darci)

È salpata la prima nave iraniana che porterà aiuti a Gaza; a bordo ci sono giocattoli, cibo e qualche bersaglio per l'esercito israeliano. (Davide Rossi)

Benitez presentato alla stampa: "Ho sempre desiderato allenare una squadra italiana, ma anche l'Inter va bene". (Mario Merola)

Mondiali Sudafrica. La novità sono le vuvuzela, le trombette assordanti che nelle telecronache aiutano a sopportare i commenti di Salvatore Bagni. (Silvio Perfetti)

Sapete come si fa a capire quando scoreggia Luttazzi? Cazzo ne so, Carlin è morto! (Fabio Bellacicco)

Parallele

1. Berlusconi: "La Protezione civile non andrà più in Abruzzo finché c'è l'indagine per omicidio colposo". (ilmessaggero.it)
2. Berlusconi contro la Rai: "O cambia, o niente contratto". (repubblica.it)
3. Berlusconi: "Legge intercettazioni non si cambia, basta ricatti". (ilmessaggero.it/Emiliano Sabadello)

Brasile: vanno a ruba i pupazzi vudù per i mondiali. (ilgazzettino.it/Mauro Tetti)

Il torero scappa dal toro, arrestato. (repubblica.it/Alessandro Cai)

Riceve polmoni da fumatore e muore. (ansa.it/Massimo Mirandola)

Governo: "Celle del sesso per evitare suicidi". (leggo.it/Silvio Perfetti)

16 giugno

Berlusconi: "Certe volte mi viene la voglia di andare in pensione". Altre volte pensa che le leggi ad personam gli evitano quattro anni e sei mesi. (Daniele Botti)

Trovato morto Bekhim Femiu, l'Ulisse della tv. Chi è stato? Nessuno. (Augusto Rasori)

Texas. Eseguita condanna a morte dopo trentadue anni. Al momento stiamo servendo altri utenti, rimanete in attesa per non perdere la priorità acquisita. (Gaetano Buson)

Lapo Elkann. "Sotto falso nome ho fatto l'operaio e scioperato". Furbo usare il nome vero per la droga e i trans. (Giancarlo Gismondo)

Una pornostar nipponica ha offerto sesso gratis agli studenti cinesi per "scusarsi" dell'invasione della Cina da parte dell'Impero giapponese nel 1937. Beh, se devo dire la verità, per quell'invasione anch'io ci sono rimasto un po' male. (Albert Huliselan Canepa)

Parallele

Morgan: "In televisione si sentirà la mia mancanza". (leggo.it/ Mauro Tetti)

Un fulmine distrugge il Cristo gigante. (lastampa.it/Massimo Mirandola)

Ercolano: con un'ordinanza il sindaco vieta di portare fiori freschi al cimitero. (ilmattino.it/Ida Testa)

Sardegna, tenta il suicidio con la benzina e fa esplodere la casa. (blitzquotidiano.it/Silvio Perfetti)

1. Israele: "Italia ci boicotta". (ansa.it)
2. Il Comitato Internazionale della Croce Rossa ha dipinto un quadro preoccupante delle condizioni a Gaza: ospedali non forniti, quotidiano taglio dell'elettricità, acqua non potabile. (it.peacereporter.net/ Massimiliano Rusgnak)

Pilates

1. Elisabetta Canalis: "Clooney mi ha reso più donna".
2. Elisabetta Canalis: "Clooney scopa meglio di Vieri". (Marco Bressanini)

1. Cicchitto su Spatuzza: "Salutiamo positivamente la decisione della Commissione centrale del Viminale per la definizione e l'applicazione delle misure speciali di protezione perché non si è lasciata influenzare da teoremi politici, ma ha valutato la qualità del pentito sulla base delle innumerevoli contraddizioni emerse dalle sue dichiarazioni. È questa una disposizione corretta che inverte un atteggiamento durato molti anni di una gestione a dir poco superficiale dei programmi di protezione".
2. Cicchitto su Spatuzza: "Fatelo fuori". (Giancarlo Gismondo)

17 giugno

Ernia al disco per Gigi Buffon, grande occasione per Federico Marchetti chiamato a sostituirlo: "È il sogno di ogni giocatore scoparsi la Seredova". (Andrea Michielotto)

Continuano le polemiche sulla legge bavaglio, una legge così scandalosa che tanto domenica c'è Italia-Nuova Zelanda. (Marco Battaglia)

"Libero" annuncia l'addio di Berlusconi. Ritirata per sempre la maglia numero 1816. (Beatrice Darci)

Parallele

Il processo a Totò Riina a Milano slitta al 2011: il boss non risultava detenuto. (ilmessaggero.it/Massimo Mirandola)

Sos da Torino: "C'è Eddie Murphy che spaccia". Ma era un sosia. (ilgazzettino.it/Massimo Mirandola)

1. Berlusconi: "Ho tante difficoltà, a volte penso di andarmene". (lastampa.it)
2. Emozioni low-cost. Il giro del mondo a 1270 euro. (repubblica.it/Alessandro Cai)

San Pietroburgo. Sberleffo ai servizi segreti: pene di 65 metri davanti alla sede. (corriere.it/Massimo Mirandola)

Sudafrica, si spara poi è investito da camion: salvo. (leggo.it/Massimo Mirandola)

Pilates

1. Crocifisso, Cei: "Rappresenta i sentimenti religiosi del popolo, non è un'imposizione".
2. Cei: "Rappresenta parte di quel progetto per manipolare le menti della gente a cominciare da quando sono ancora piccole e plasmabili, attraverso anche l'adozione dell'immagine del Gesù in croce, che mira ad alimentare in chi lo guarda il senso di colpa facendo credere che, visto il presunto sacrificio fatto per salvarci, dobbiamo a lui la nostra più completa devozione e l'annullamento della nostra capacità di ragionamento razionale". (Alessandro Cai)

18 giugno

Scoperto in aeroporto Usa container con sessanta teste mozzate. L'ennesimo flop del programma italiano per il rientro dei cervelli. (Massimo Unali)

Appello della modella Gisele Bundchen: "Fate pipì sotto la doccia per salvare la Terra". Grazie. Adesso che so che serve a qualcosa non ci trovo più nessun gusto. (Sandro Summa)

Violenze alla Diaz, l'ex capo della polizia De Gennaro condannato a 1 anno e 4 mesi. Governo: "Siamo con lui". Be', allora ci vuole una cella più grande. (Augusto Rasori)

Saramago: addio al Nobel per la letteratura. Una frase che, con un'altra accezione, vale anche per Moccia. (Fabio Bellacicco)

Parallele

1. Knut è un orso polare nato in cattività allo Zoologischer Garten (Berlino) il 5 dicembre 2006. Rifiutato dalla madre, è stato allevato dai guardiani dello zoo. [...] Knut è il primo orso polare in oltre trent'anni ad essere nato e sopravvissuto nello zoo di Berlino. (it.wikipedia.org)
2. Record di visite per l'orsetto polare di Berlino. Lunghe code e sensi unici allo zoo per contenere la folla richiamata dalla presenza di Knut. (corriere.it, 15 aprile 2007)
3. Minacce di morte all'orso Knut. Sorvegliato da agenti a zoo di Berlino. (tgcom-mediaset.it, 19 aprile 2007)
4. Knut fra poco dovrà rimanere solo. (lastampa.it, 20 giugno 2007)
5. Knut è troppo grasso, dovrà mettersi a dieta. (qn.quotidiano.net, 31 luglio 2007)
6. Germania: trovato morto il "papà" di Knut, è giallo. (repubblica.it, 22 settembre 2008)
7. "Knut è triste e solo", entra nel recinto. Blitz di un trentassettenne allo zoo. (lastampa.it, 23 dicembre 2008)
8. Knut è innamorato. Ma lei lo schiaffeggia. (ilsole24ore.com, 30 settembre 2009)
9. L'orsacchiotto Knut: commosse l'Europa, è un "tenerone" anche da grande. (newnotizie.it, 30 gennaio 2010)
10. Berlino, l'orso Knut innamorato rischia la castrazione. (liberonews.it, 5 marzo 2010)

11. Knut è impazzito. Tic e linguacce, bufera sullo zoo. (lastampa.it/Marco Ferrara)

Falsi mafiosi truffavano e chiedevano il pizzo. (tgcom-mediaset.it/Marco Bressanini)

Gelli: "Il mio piano applicato male dal governo". (blitzquotidiano.it/Giancarlo Gismondo)

Pilates

1. Brancher: "Ho deciso di accettare questa sfida proprio per portare a compimento i vari passaggi del federalismo".
2. Brancher: "Sono salvo". (Alessandro Cai)

1. Marcegaglia: "Come si fa a bloccare un investimento di 700 milioni di euro per tutelare gli assenteisti? Bisogna guardare avanti e non far finta di non vedere, bisogna guardare al futuro di 5000 lavoratori più altri 10 mila dell'indotto".
2. Marcegaglia: "Come fa un'azienda come la Fiat a imporre a 5000 lavoratori più altri 10.000 dell'indotto un accordo che si fa beffe dei loro più elementari diritti, in deroga alla Costituzione e al contratto nazionale, e, contemporaneamente, a lasciar passare l'idea offensiva e ridicola che tutta la responsabilità di una eventuale decisione dell'azienda di delocalizzare all'estero sia solo di una minoranza scellerata di sindacalisti radicali che si oppone a quest'accordo per difendere i privilegi degli assenteisti? Be', se hai dalla tua un governo di arroganti oligarchi del tutto indifferenti alla sofferenza sociale, una maggioranza di sindacati che hanno abdicato al loro ruolo storico, un'opposizione dall'inettitudine ormai autoevidente e il più alto tasso di disoccupazione da dodici anni a questa parte, significa che sei in Italia, quindi puoi tranquillamente adattare alla grande industria la logica padronale delle fabbrichette in nero dell'ultimo scantinato dell'ultimo sobborgo dell'ultima miserabile provincia del paese; la logica basata sul puro e semplice ricatto: 'O fai quello che ti dico io o te ne vai a fare la fame'. Bisogna guardare avanti e non far finta di non vedere, bisogna guardare al futuro non solo dei lavoratori della Fiat, ma di tutti quanti i lavoratori italiani ormai disposti ad accettare ogni sopruso pur di continuare a inseguire disperatamente lo sbiadito miraggio consumistico di quello stile di vita che soltanto la boriosa minoranza di privilegiati di cui io faccio parte può veramente permettersi, ma la cui falsa promessa continuerà a incatenarli, a sedurli e ad annichilirli di frustrazione grazie all'opera costante di tutti i media controllati dal potere". (Marco Ferrara)

21 giugno

Lutto nel mondo della letteratura. Baricco scriverà altri libri. Saramago no. (Beatrice Darci)

Italia-Nuova Zelanda, problemi nella diretta Rai. Il secondo tempo è stato visto quasi ovunque. (Augusto Pizzuti)

Riccardo Garrone: "Vedere Antonio (Cassano) sposarsi è una grande emozione, è un matrimonio diverso rispetto a quelli di tanti calciatori: di solito i giocatori sposano modelle e gran belle donne". Ora trovate voi un modo migliore per dire "Quel coglione con tutti i soldi che gli diamo si sposa un cesso...". (Stefano Sartini)

Parallele

Anche alle scimmie piace guardare la tv, soprattutto il circo. (blitzquotidiano.it/Giancarlo Gismondo)

Vive in Sudafrica da quattro anni, la Rai non si arrende: "Paghi il canone tv". (ilmessaggero.it/Giancarlo Gismondo)

1. Violenze alla Diaz, l'ex capo della polizia De Gennaro condannato a 1 anno e 4 mesi.
2. Cameron Diaz: "Sono bisessuale". (Alessandro Scalzo)

1. In Vaticano amarezza e voglia di reagire: "Risponderemo alle accuse punto su punto". (repubblica.it)
2. Santa Sede: "Sepe collaborerà nei limiti del Concordato". (repubblica.it/Pasquale Vicidomini)

1. La politica vista da Cossiga: "Snervante e complicata, ma divertente". Il libro-intervista di Andrea Cangini. (adnkronos.com)
2. Cossiga: "Maroni dovrebbe fare quel che feci io quand'ero ministro dell'Interno. In primo luogo, lasciare perdere gli studenti dei licei, perché pensi a cosa succederebbe se un ragazzino di dodici anni rimanesse ucciso o gravemente ferito. Gli universitari invece lasciarli fare. Ritirare le forze di polizia dalle strade e dalle università, infiltrare il movimento con agenti provocatori pronti a tutto, e lasciare che per una decina di giorni i manifestanti devastino i negozi, diano fuoco alle macchine e mettano a ferro e fuoco le città. Dopo di che, forti del consen-

so popolare, il suono delle sirene delle ambulanze dovrà sovrastare quello delle auto di polizia e carabinieri. Nel senso che le forze dell'ordine dovrebbero massacrare i manifestanti senza pietà e mandarli tutti in ospedale. Non arrestarli, che tanto poi i magistrati li rimetterebbero subito in libertà, ma picchiarli a sangue e picchiare a sangue anche quei docenti che li fomentano. Soprattutto i docenti. Non quelli anziani, certo, ma le maestre ragazzine sì". (intervista di Andrea Cangini/qn.quotidiano.net/Marco Ferrara)

22 giugno

Berlusconi: "Noi i più ricchi d'Europa". E anche i meglio governati. (Franco Spettu)

Lippi: "Colpa della sfortuna". Siamo stati così sfortunati che nel nostro girone sono capitate altre squadre. (Andrea Michielotto)

Il Fonzie di *Happy Days* oggi scrive storie per bambini. Mio nipote le usa per rimorchiare le compagne d'asilo. (Marco Bressanini)

Parallele

1. Berlusconi: "Siamo i più ricchi d'Europa". (repubblica.it)
2. Eurostat: l'Italia è tredicesima in Europa per il Pil pro-capite. (blitzquotidiano.it/Peppe Clemente)

Maturità: Miss Italia ha scelto il tema sugli Ufo. (corriere.it/Ida Testa)

1. Clima: rilanciare negoziato globale, Rutelli e Frattini con presidente Maldive. (adnkronos.com)
2. Gucci presenta l'uomo in vacanza. (repubblica.it/Andrea Michielotto)

1. Italia-Slovacchia: la prima partita in 3D della nazionale. (sportydoo.it)
2. Anche i Puffi diventano 3D. (repubblica.it /Andrea Michielotto)

Pilates

1. Calderoli: "C'è chi lavora per il federalismo e chi filosofeggia".
2. Calderoli: "Ci siamo noi e c'è chi pensa prima di parlare". (Davide Rossi)

1. Il senatore Paolo Tancredi sul condono edilizio: "È un emendamento che è stato presentato insieme ad altri cento e che io non ho valutato. Se mi fossi reso conto, io non lo avrei firmato. Sarà ritirato".
2. Il senatore Paolo Tancredi sul condono edilizio: "Ho presentato l'emendamento a mia insaputa". (Andrea Michielotto)

1. Cicchitto: "Conosciamo bene la spregiudicatezza tattica dei comunisti e dei post-comunisti: con Fini o con Bossi o addirittura con tutti e due, pur di smantellare il centrodestra".
2. Cicchitto: "Pur di far fuori Berlusconi, Bersani darebbe vita a un'alleanza strampalata come la nostra". (Andrea Michielotto)

23 giugno

Scienziati registrano la "musica" del Sole. Ripete: "Sto in fronte a 'sto cazzo". (Nico Donisi)

La traccia scientifica: "Siamo soli?". Svolgimento: No. Se no riuscirei a copiare. (Eugenio Iodice)

Parallele

La polizia inglese paga guardie private per proteggersi. (blitzquotidiano.it/Marco Ferrara)

Pilates

1. Sacconi: "Da oggi il paese è più moderno".
2. Sacconi: "Da oggi i sindacati non contano proprio più un cazzo". (Marco Ferrara)

24 giugno

Ricostruita la finale mondiale Italia-Francia. In aeroporto. (Mattia F. Pappalardo)

Protesta degli aquilani di fronte alla Rai con lancio di pomodori. Il servizio del *Tg1*: "Intramontabile pummarola". (Gianni Zoccheddu)

25 giugno

Mondiali, Italia sfortunata. Tutti quelli che avrebbero saputo fare le convocazioni e mettere meglio la squadra in campo erano impegnati a giocare a carte nei bar. (Nico Donisi)

Berlusconi: "Marcello Lippi può ancora avere dei figli". (Piero Lisi)

La peggior nazionale di calcio di sempre. Per fortuna possiamo consolarci con il miglior governo degli ultimi centocinquant'anni. (Ubaldo Gioia)

Rocco Siffredi deve due milioni di euro al fisco. Io solo 700 euro. Tutto in proporzione. (Antonio Caletti)

Il sindaco dell'Aquila: "Prima sentivamo il governo dietro di noi, ora non più". Ve la devo spiegare? (Gianni Zoccheddu)

International Conference of Yawning: "Lo sbadiglio potrebbere essere un'emozione sessuale". Quindi in tutti questi anni mi volevo solo scopare Floris?! (Davide Rossi)

Parallele

Lui vede Italia, lei con amante: boom in motel. A Roma pienone di prenotazioni durante gara azzurri. (ansa.it/Salvatore Lobina)

Crotone: spara su bambini, facevano rumore. (Corriere.it /Gianni Zoccheddu)

1. A tavola con Lucio Stanca, trecento ricette in vista dell'Expo 2015. (panorama.it)
2. Expo 2015, Stanca si dimette: "Non farò il capro espiatorio". (repubblica.it/Roberta Peron)

1. Di Pietro: Berlusconi riferisca perché ha inventato un nuovo ministero. (libero-news.it)
2. Confessò le mazzette. Ora è ministro. Brancher: 300 milioni a De Lorenzo. (ilfattoquotidiano.it)
3. Bpi, Brancher invoca il legittimo impedimento. (corriere.it/Roberta Peron)

Si tuffa in mare e pesca 24 chili di cocaina pura. Stupefacente ritrovamento di una turista ad Alghero. (blitzquotidiano.it/Albert Huliselan Canepa)

Pilates

1. Rocco Siffredi: “Il Comune ha trasmesso con quattro anni di ritardo il trasferimento della mia residenza in Ungheria, dove vivo dal 1997 e dove ho trasferito ufficialmente la residenza, come risulta dal registro dell’Aire, dal 21 settembre del 2001. Avevo la doppia residenza senza saperlo. Non pensavo che fosse un problema”.
2. Rocco Siffredi: “È il mio cazzo che confina con l’Italia”. (Alessandro Cai)

1. Nota dell’organismo di vigilanza: “Innocenzi ha presentato le dimissioni da componente dell’Autorità per le garanzie nelle comunicazioni e che di ciò va data informazione al presidente del Senato per i provvedimenti di competenza”.
2. Nota dell’organismo di vigilanza: “Dite a Berlusconi di trovarsi un nuovo servo”. (Alessandro Cai)

1. Mr. Facebook: “La privacy è un valore superato”.
2. Mr. Facebook: “La privacy altrui è un valore superato”. (Marco Bressanini)

1. Elisabetta Casellati, sottosegretario alla Giustizia: “Sono stata positivamente colpita dagli aspetti della organizzazione, della riabilitazione e della formazione che caratterizzano il sistema carcerario statunitense”.
2. Elisabetta Casellati, sottosegretario alla Giustizia: “Anche in Italia servirebbe il braccio della morte”. (Andrea Michielotto)

26 giugno

Avvistata una pantera per le vie di Palermo invase dalla spazzatura. E non hanno ancora visto la pantegana che se l’è divorata. (Patrizia Pietrovanni)

Alcuni studiosi affermano: "Lo sbadiglio potrebbe solo essere un'emozione sessuale". Non per questo mentre sbadiglio siete autorizzati a mettermi il pisello in bocca. (Nico Donisi)

Un'indagine pubblicata sul "Journal of Sexual Medicine", ha rivelato che dieci minuti è la durata perfetta per un rapporto sessuale. Allora io sono l'amante ideale, se si conta anche il tempo per contrattare il prezzo. (Andrea Michielotto)

Sesso, oltre i dieci minuti è noia. E soprattutto la mia mano si stanca. (Alessandro Cai)

In soli dieci giorni da ministro, Aldo Brancher ha chiesto il legittimo impedimento e ci ha rinunciato. E adesso, le meritate vacanze. (Nicola Congiu)

Parallele

Preso in Francia il boss Falsone. Si era fatto la plastica facciale. (adnkronos.com/Marco Bressanini)

L'iPhone non riceve? Impugnatelo in qualche altro modo. (corriere.it/Marco Bressanini)

Pilates

1. Calderoli su Brancher: "Io credo che il fatto di fare il ministro sia una cosa, sottoporsi agli adempimenti della giustizia un'altra".
2. Calderoli: "Una cosa è Brancher, una cosa è Berlusconi". (Alessandro Cai)

1. Napolitano: "Sulla strage di Ustica non è stata fatta luce".
2. Napolitano: "Non perdetevi la prossima puntata di *Blu notte*". (Aldo Benassi)

28 giugno

Berlusconi: "Crisi? Italia sta meglio delle altre nazioni". Quest'uomo è così pieno di sé che quando va in bagno dice che si è riunito il G1. (Francesco Dibenedetto)

L'allarme della Cia: "L'Iran ha uranio per due bombe atomiche". Qualcosa mi dice che ci sarà un'altra missione di pace. (Claudio Contrada)

"Journal of Sexual Medicine": "Sesso, oltre i dieci minuti è noia". E costa venti euro in più. (Mattia F. Pappalardo)

"Il sushi dello chef è d'oro, un piatto costa 2000 dollari." Sono proprio curioso di sapere cosa ci faranno col mio rene di mancia. (Pasquale Vicidomini)

"Violenze in casa: uccidono di più i familiari che la malavita." Meno male che li ho uccisi tutti. (Albert Huliselan Canepa)

Parallele

1. Mondiali, Cameron: Inghilterra ha un tifoso in più, Berlusconi. (apcom.net)
2. Germania-Inghilterra 4-1. (repubblica.it/Massimo Mirandola)

Uccidono di più i familiari che la malavita organizzata. (blitzquotidiano.it/Marco Bressanini)

Milano: impedisce a prostituta di lavorare, denunciato per stalking. (blitzquotidiano.it/Gianmarco Borgo)

29 giugno

Spunta condono sui beni archeologici. Una mini-multa e puoi tenerti in casa Napolitano. (Alessandro Verdoliva)

Ieri alle 20 e 45 Nicolas Hayek, il padre degli orologi Swatch, si è fermato. (Mattia F. Pappalardo)

Tg1: Dell'Utri è stato assolto a sette anni per concorso esterno in associazione mafiosa (Alessandro Oreglia)

"Sesso, oltre i dieci minuti è noia." Ecco perché dicono tutte che sono un tipo noioso. No, scherzo. Non le faccio annoiare mai. (Peppe Clemente)

"Uccidono di più i familiari che la malavita organizzata." Chi è che ha detto in giro della peperonata di mia madre? (Rita Filomena Merenda)

"Il sesso perfetto dura dai sette ai tredici minuti." Poi tuo marito ti sveglia. (Eugenio Iodice)

Parallele

1. Berlusconi: "Mia missione è diminuire pressione fiscale". (31 gennaio, intervista rilasciata ad Haaretz)
2. Berlusconi: "Nostro scopo è di arrivare a diminuire la pressione fiscale". (9 giugno, intervento assemblea Confartigianato)
3. Istat: Sale il peso del fisco. Italia quinta nella UE. (29 giugno 10, "Il Sole 24 Ore"/Roberto Mancini)

Pilates

1. Il sindaco di Anzio: "A distanza di venti secoli, finalmente, gli storici seri stanno rivalutando la figura di Nerone: un grande imperatore, amato dal suo popolo, per le sue coraggiose riforme sociali e per il lungo periodo di pace che ha caratterizzato il suo principato".
2. Il sindaco di Anzio: "Nerone buono e amava tutti. Ma era perseguitato dai giudici comunisti. E in ogni caso, Poppea era maggiorenne". (Giancarlo Gismondo)

30 giugno

Scienziati dell'Università di Harvard hanno modificato il batterio *Synechococcus elongatus* deviando il suo metabolismo e costringendolo a secernere glucosio, fruttosio e acido lattico. Batteri: "Non si può neanche più cagare in pace". (Francesco d'Antonio)

Secondo una ricerca, il lessico dei maturandi è povero, tanto che molti ragazzi non distinguono fra apportare e asportare, installare e instaurare, transizione e transazione. La buona notizia è che quelli che non distinguono tra assoluzione e condanna a sette anni, dopo la maturità avranno buone probabilità di essere assunti al *Tg1*. (Monica Murgia)

Assolto Tartaglia per l'aggressione a Berlusconi: quel giorno in piazza Duomo non era in grado di intendere e di volere. Ma nemmeno Tartaglia era molto lucido. (Alessandro Bielli)

L'Iran avrà l'atomica tra due anni. Sono gentili ad aspettare che noi sconfiggiamo il cancro. (Nico Donisi)

Parallele

Jimmy Ghione aspetta il secondo figlio: "Ma il parto mi terrorizza". (leggo.it/Ida Testa)

Mondiali. Paul, il polpo indovino, dice ancora Germania. (lastampa.it/Silvio Perfetti)

Pilates

1. Fnsi: "I giornalisti non sono cagnolini da salotto".
2. Fnsi: "Non siamo tutti Minzolini". (Andrea Michielotto)

1. Cannavaro chiama Gattuso: "Vieni a Dubai anche tu".
2. Cannavaro chiama Gattuso: "Vieni a Dubai, anche se ora giochiamo da schifo ci coprono d'oro". (Marco Bressanini)

Luglio 2010

1 luglio

Fa talmente caldo che quando mi sono svegliato sul lenzuolo c'era la Sindone. (Silvio Perfetti)

Parallele

Palermo e la pantera, per stanare il felino usato un agnellino come esca vivente. (blitzquotidiano.it/Nicola Andrucci)

Stuprava convivente con martello, arrestato. (ansa.it/Silvio Perfetti)

1. Piazza Navona, Fo: "Berlusconi solo e isolato". (repubblica.it)
2. "Berlusconi in Brasile notte con sei ballerine." (repubblica.it/Gianni Zoccheddu)

Pilates

1. Cicchitto: "Fini deve essere capace di separare il proprio ruolo politico di minoranza all'interno del Pdl da quello di presidente della Camera. La 'minoranza' di Fini, deve allinearsi alla maggioranza. Le uniche alternative sono o la sistemazione del dissenso in un quadro di regole, o la separazione. La guerriglia logora tutti".
2. Cicchitto: "Se non la smetti con le critiche e i richiami alla legalità per farti bello con gli elettori, ti buttiamo fuori dal Pdl, togliamo la museruola a Feltri, Belpietro e Minzolini e gli facciamo annusare un tuo indumento". (Andrea Armandi)

2 luglio

Parallele

1. Il ministro Carfagna: "Con la legge che ha istituito il reato di stalking, le donne hanno uno strumento in più per difendersi". ("la Repubblica")
2. Uccide le due ex e si spara: denunciato sette volte per stalking. (ansa.it/Enzo Brunone)

5 luglio

Fa talmente caldo che Pannella si è fatto una granita di piscio. (Giancarlo Gismondo)

Parallele

1. Anche il divorzio può diventare contagioso. (repubblica.it)
2. Berlusconi-Fini, verso l'ipotesi di separazione. (corriere.it/Gianni Zoccheddu)

1. Brancher: "Non ho mai parlato di passo indietro non so da dove arrivi la notizia. Verificherò da quali fonti del Pdl è venuta fuori questa storia". (corriere.it)
2. Brancher va dai giudici: "Mi dimetto". (corriere.it/Marco Ferrara)

Sui carboni ardenti alla convention. Nove agenti immobiliari in ospedale. (roma.corriere.it/Matteo Allochis)

1. Berlusconi: ora tifo Brasile. (calciomercatostar.it)
2. Incredibile, Brasile a casa. (repubblica.it/Massimo Mirandola)

Dopo lite prende a martellate la propria auto, pensando fosse quella del fidanzato. (metro news/Andrea Versace)

I mattoncini Lego diventano un film. (corriere.it/Marco Bressanini)

1. Alemanno: "Un casello sul GRA? Lo sfondo". (leggo.it)
2. Caro pedaggi, Alemanno e Zingaretti: soprattassa sia investita sul territorio. (ilmessaggero.it/Massimo Mirandola)

1. Palermo, dopo la pantera è allarme per un pitone. (leggo.it)
2. A Palermo riappare la pantera. (lastampa.it /Massimo Mirandola)

6 luglio

Fa talmente caldo che Scajola ha comprato un igloo a sua insaputa. (Marco Bressanini)

Parallele

1. Il Papa: "Si apre una nuova era. Internet va evangelizzato". (repubblica.it)
2. Sacerdote sorpreso a fare sesso con una quindicenne adescata in chat. (corriere.it/Marco Bressanini)

7 luglio

I terremotati abruzzesi manifestano davanti a Palazzo Grazioli. Sarà andata male la crociera. (Mattia F. Pappalardo)

Pilates

1. Bersani: "Siamo al secondo tempo di un film che non può essere protratto a lungo".
2. Bersani: "Berlusconi è il produttore, il regista, e il protagonista del film; noi siamo gli spettatori che aspettano che finisca". (Marco Ferrara)

8 luglio

Manovra: il Pd scova nel testo una norma pro Fininvest. Non è stato facile trovarla: era abilmente celata tra le norme pro Berlusconi. (Laura Bagliani)

Parallele

Sciopero dei giornalisti, Vittorio Feltri: "Ecco perché 'Il Giornale' va in edicola". (ilgiornale.it/Alessandro Cai)

Spagna in finale, la Regina Sofia nello spogliatoio. (lastampa.it/Nicola Andrucci)

1. Obama: "Straordinaria l'Italia in Afghanistan". (corriere.it)
2.Afghanistan: Abbiamo ucciso 1200 persone. (espresso.it/Giovanni Pignatelli)

1. Parma, quindicenne stuprata: arrestato un quarantenne. (leggo.it)
2. Prete violenta quindicenne. Niente arresto, polemiche. (leggo.it, l'articolo accanto!/Giancarlo Gismondo)

1. Tremonti dichiara guerra a falsi invalidi ed evasori. (lastampa.it)
2. Rossi si presenta in stampelle e poi corre. (corriere.it/Antonino Bondi)

India, sei operai affogano in vasca di salsa di pomodoro. (blitzquotidiano.it/Marco Bressanini)

Il fotografo degli sposini cade in acqua santa. (leggo.it/Silvio Perfetti)

E le ossa di San Clemente Martire finiscono tra i rifiuti a Ercolano. (corriere.it/Gianni Zoccheddu)

Pilates

1. Masi: "Vedrò Santoro, spero in accordo ma spetta a me decidere".
2. Masi: "Vedrò Santoro, ma prima aspetto una telefonata...". (Giancarlo Gismondo)

1. Moccia: "Potrei scrivere un libro sul calcio".
2. Moccia: "Potrei scrivere un libro". (Beatrice Darci)

12 luglio

Fa talmente caldo che il Papa benedice i fedeli coi gavettoni. (Silvio Perfetti)

Legge bavaglio, quotidiani e telegiornali hanno sospeso l'informazione per un giorno. Il *Tg1* ha deciso però di continuare la protesta. (Mattia F. Pappalardo)

Berlusconi avverte: "Se la manovra non passa andiamo tutti a casa". O in tribunale. (Piergiorgio Romano)

"Coldiretti: in estate un frutto su quattro finisce nel bidone." Devo essere più preciso. (Peppe Clemente)

Fa talmente caldo che Berlusconi si fa pisciare addosso dalle sue troie.* (Salvatore Lobina)

* Il precedente vero è raccontato da Oliviero Beha: "(...) la D'Addario a fotografare il premier a Palazzo Grazioli nel leggendario 'lettone di Putin' con tanto di registrazione delle telefonate e dei momenti hard. Dovessi sceglierne una, opterei per la registrazione dello scambio in cui Lui la richiama perché 'è tornato forte come un toro', Lei accorre ma lo trova 'inadeguato', Lui risolve con un 'Beh, allora pisciami addosso'."(Oliviero Beha, *Dopo di Lui il diluvio*, Chiarelettere 2010, pag. 118). Nessun giornale ha riportato quel dialogo, nessun giornale ha recensito l'ottimo libro di Beha. Libertà di informazione.

Parallele

Entra nudo nel Pantheon e si sdraia sulla tomba di Raffaello. (corriere.it/Gianni Zoccheddu)

Scozia, cane mangia un chilo di sassi. (repubblica.it/Massimo Mirandola)

Ancona, morti cinquecento polli in incendio autocarro. (adnkronos.com/Vittorio Lattanzi)

Pilates

1. Denis Verdini : "Non faccio parte di associazioni segrete".
2. Denis Verdini : "La P2 la conoscono tutti". (Rita Giampaoli)

13 luglio

Veltroni: "Le stragi di mafia del 1992-1993 utilizzate per battere i progressisti". Poi è bastato fondare il Pd. (Stefano Arena)

Verdini indagato per aver partecipato a "un'associazione per delinquere volta a condizionare il funzionamento di organi costituzionali e di rilevanza costituzionale". Che scoperta! Ne è uno dei coordinatori nazionali. (Enrico Peano)

Obama: "L'Italia ha un ottimo premier e un ottimo presidente". Ehi, ti sei scordato dell'ottimo allenatore ai mondiali sudafricani. (Andrea Deiana)

Radio Vaticana, una perizia conferma il nesso tra le onde delle antenne e i tumori nei bimbi. E ancora non hanno indagato sulle conseguenze di un suo ascolto prolungato. (Barbara Frisone)

Parallele

1. Milano, per De Corato la 'ndrangheta non esiste. (nuovasocieta.it)
2. Ecco il nuovo volto della 'ndrangheta, trecento arresti tra Calabria e Lombardia. (repubblica.it/Giuseppe Cossu)

1. La Moratti ad *Annozero*: la mafia a Milano non esiste. (repubblica.it, 3 novembre 2009)
2. Il prefetto: a Milano la mafia non esiste. (corriere.it, 22 gennaio 2010)
3. 'Ndrangheta: Milano capitale economica, cosche da anni settanta. (ansa.it, 13 luglio 2010/Gianni Zoccheddu)

Berlusconi: "Spagna campione merito di tutti noi". ("Il Sole 24 Ore"/Francesco Dibenedetto)

Nesso tra tumori dei bambini e onde di Radio Vaticana (leggo.it/Silvio Perfetti)

Usa: entra nelle case per rubare pannolini sporchi. Condannato. (blitzquotidiano.it/Massimo Mirandola)

Australia, ubriaco tenta di cavalcare coccodrillo di cinque metri. (liberonews.it/Alessandro Cai)

1. "Non ci sono soldi." Torino perde le finali europee del basket. ("La Stampa")
2. Nuova ZTL tremila multe in tre ore. ("La Stampa"/Daniele Fesce)

Pilates

1. Frattini: "Sconcertato per le critiche dell'Onu".
2. Frattini: "Berlusconi mi ha detto di dire che è sconcertato per le critiche dell'Onu". (Rita Giampaoli)

14 luglio

Parallele

1. Moratti: "Purtroppo l'attenzione della 'ndrangheta sull'Expo c'è ed è inevitabile laddove ci sono appalti e fondi. Ecco perché ho chiesto al governo di avere una commissione che vigilasse sugli appalti". (radiocor)
2. Expo, no alla commissione antimafia. La Moratti si schiera con il prefetto. (corriere.it/Tito Darca)

15 luglio

Pilates

1. Il ministro Fazio: "La cravatta è una grande fonte di infezioni, via dagli ospedali".
2. Il ministro Fazio: "Non conosciamo nessuno di FederCravatte". (Andrea Michielotto)

16 luglio

Pilates

1. D'Alema: "Premier è finito, sì a governo transitorio".
2. D'Alema: "Premier è finito, ma se si andasse a votare perderemmo un'altra volta". (Marco Bressanini)

1. Nichi Vendola: “Sfiderò Bersani per la leadership nel centrosinistra”.
2. Nichi Vendola: “Sfiderò D’Alema per la leadership nel centrosinistra”. (Rita Giampaoli)

Carnac

1. Bagnasco: “La Chiesa fa bene come una medicina”.
2. Eminenza, cosa possiamo dire alle famiglie dei bambini con tumori causati da Radio Vaticana? (Marco Bressanini)

VACANZE ESTIVE

Bio

Alberto Aimi (Milano, 1985-) studente
Francesco Alberici (Milano, 1988-) studente
Luigi Alfarano (Gallipoli, 1984-) studente universitario
Giuliano Aloisi (Roma, 1973-) musicista, disegnatore
Ernesto Amico (Modena, 1959-) mediatore familiare
Nicola Andrucci (Bagno di Romagna, 1977-) laureando in Scienze politiche
Giuseppe Annunziata (Bollate, 1975-) informatico
Betta Antichi (Pisa, 1970-) operatrice di call center
Mario Antonelli (Siena, 1983-) operaio
Tommaso Ari Moscati (Milano, 1988-) studente
Paolo Ariu (Cagliari, 1988-) studente
Andrea Armandi (Castel San Pietro, 1985-) impiegato
Vittoria Armentano (Castrovillari, 1981-) libera professionista
Andrea Artigiano (Napoli, 1979-) precario
Antonio Atte (Vico Equense, 1990-) studente
Stefano Bachis (Iglesias, 1982-) studente
Michele Baglioni (Grosseto, 1983-) conservazione dei beni culturali
Vittorio Banfi (Roma, 1988-) studente
Stefano Barco (Tortona, 1984-) medico
Davide Barile (Bologna, 1986-) studente universitario
Marco Baroncini (Roma, 1980-) filosofo disoccupato
Fabrizio Bartoloni (Spoleto, 1974-) consulente informatico
Marco Battaglia (Gavardo 1985-) studente universitario
Luca Beato (Napoli, 1975-) impiegato
Fabio Bellacicco (Putignano, 1987-) studente
Francesco Beltramini (Imola, 1973-) educatore
Aldo Benassi (Roma,1989-) studente
Sergio Benni (Trieste, 1973-) impiegato
Francesco Bertolucci (Viareggio, 1980-) giornalista
Andrea Bertora (Tortona, 1975-) ingegnere
Stefano Bessone (Torino, 1970-) impiegato
Giulio Betti (Arezzo, 1983-) studente di Ingegneria
Matteo Bianchini (Napoli, 1989-) studente

Federico Bicocchi (Reggio Emilia, 1984-) grafico, designer
Alessandro Bielli (Vimercate, 1978-) ingegnere
Cinzia Bigliosi (Suzzara, 1969-) traduttrice
Francesco Biondi (Livorno, 1984-) studente universitario
Antonino Bondi (Como, 1979-) ingegnere
Enrico Bongiovanni (Bologna, 1976-) bibliotecario
Mirko Bonini (Modena, 1982-) fumettista
Massimo Borghetto (Torino, 1970-) consulente
Riccardo Borghi (Roma, 1967-) professore associato
Pietro Borrelli (Roma, 1966-) cartoonist, autore comico
Diego Boscolo (Milano, 1972-) libero professionista
Daniele Botti (Marino, 1977-) copywriter
Marco Braghin (Vercelli, 1976-) impiegato pubblico
Amos Brandalise (Feltre, 1979-) artigiano
Alessandro Brescia (Venaria Reale, To, 1973-) progettista sociale
Marco Bressanini (Giussano, 1984-) studente/lavoratore
Enzo Brunone (Portici, 1966-) vice-sceriffo
Gaetano Buson (Vicenza, 1974-) psicologo
Pierpaolo Buzza (Roma, 1980-) scrittore
Stefano Cacace (Roma, 1980-) avvocato
Alessandro Cai (Mesagne, 1985-) studente
Marco Calderoni (Molinella, Bo, 1989-) operaio
Marcello Campardo (Bergamo, 1987-) studente
Andrea Canavesi (Legnano, 1969-) negoziante
Marco Cannariato (Palermo, 1984-) disoccupato
Paolo Capelletti (Brescia, 1984-) studente
Ruben Caris (Trieste, 1978-) fraud analyst
Mattia Caron (Varese, 1984-) ingegnere
Dimitri Carrer (Cittadella, 1983-) studente universitario
Gianmaria Caschetto (Milano, 1980-) illustratore
Giuliano Cassataro (Palermo, 1987-) studente universitario
Riccardo Castelli (Milano, 1974-) autore di fumetti
Mattia Cavani (Carpi, 1988-) studente
Andrea Cecchini (Genova, 1985-) studente
Federico Cecconi (Città Di Castello, 1981-) geometra
Luigi Cereoli (Roma, 1974-) ingegnere
Andrea Cervellera (Taranto, 1986-) studente
Fabrizio Checcaglini (Perugia, 1977-) impiegato
Sarah Chiti (Pisa, 1972-) analista programmatore
Cesare Ciasullo (Ariano Irpino, 1943-) insegnante
Peppe Clemente (Cervinara, 1984-)
Luca Cogoni (Cagliari, 1978-) ingegnere elettronico
Luca Coiro (Roma, 1975-) ricercatore
Mattia Coletti (Vittorio Veneto, 1984-) studente
Emanuele Colletta (San Benedetto del Tronto,1981-) architetto d'interni
Nadia Collina (Bologna, 1983-) studentessa

Davide Colombo (Moncalieri, 1986-) designer grafico
Michele Comelli (Palmanova, 1974-) operaio
Edoardo Confuorto (Milano, 1984-) aspirante attore
Fabrizio Congiu (Torino, 1979-) informatico
Nicola Congiu (Cagliari, 1985) studente universitario
Giuseppe Coppola (Erice, 1984-) ingegnere in Informatica
Fabio Corigliano (Catanzaro, 1974-) grafico
Giuseppe Cossu (Nuoro, 1982-) studente
Francesco Cremonini (Modena, 1981-) impiegato pubblico
Tony Currenti (Catania, 1979-) emigrato
Paolo Curti (Milano, 1965-) avvocato
Antonio D'Addio (Napoli, 1984-) studente universitario
Daniele D'Agnelli (Canosa di Puglia, 1986-) universitario, impiegato
Peter D'Angelo (Anagni, 1974-) lanciatore di pesi della Germania dell'Est
Francesco d'Antonio (Salerno, 1984-) libraio
Diego Daniel (Treviso, 1983-) insegnante
Francesco Daucelli (Bitonto, 1985-) studente
Damiano Debiasi (Rovereto, 1977-) sceneggiatore/regista
Domenico De Felice (Foggia, 1982-) giornalista
Giuseppe de Finis (Torino, 1966-) ingegnere
Giovanni Del Bianco (Pesaro, 1986-) studente
Dario Delfino (Ravenna, 1984-) studente
Paolo Delfino (Breno, 1984-) studente sfaccendato
Sabina Delkic (Sorengo, 1987-) studentessa
Guido Del Giudice (Chiavari, 1981-) cercatore di tesori
Maurizio Delnegro (Barletta, 1978-) impiegato
Francesco De Lisi (Foggia, 1984-) studente
Valentino De Luca (Roma, 1979-) giornalista
Damiano De Marchi (Udine, 1981-) impiegato
Francesco Demelas (Atzara, 1985-) studente di Ingegneria civile
Sara Diani (Mantova, 1985-) studentessa
Massimiliano Di Bacco (Roma, 1986-) studente
Francesco Dibenedetto (Barletta, 1977-) informatico
Silvio Di Giorgio (Benevento, 1977-) giornalista
Ferdinando Di Giovanni (Giulianova, 1983-) studente
Peppe Di Nunzio (Avellino, 1965-) agricoltore
Niccolò Dionisi (Fano, 1984-) studente
Nico Donisi (Salerno, 1987-) studente universitario
Matteo Donninelli (Monte San Vito, 1986-) studente
Manuel Dossetto (Pinerolo, 1988-) studente
Paolo Egasti (Fiorenzuola d'Arda, 1971-) libero professionista
Piero Esposito (Napoli, 1983-) dottore in Giurisprudenza
Stefano Fabrizi (Ancona 1983-) dj, magazziniere
Daniele Falchi (Foligno, 1964-) impiegato
Massimo Famularo (Sarno, 1977-) portfolio manager

Eleonora Farris (Nuoro, 1985-) studentessa universitaria
Claudio Favara (Catania, 1982-) disoccupato precario
Riccardo Favara Pedarsi (Frascati, 1983-) studente di Medicina
Gianluca Fauci (Napoli, 1979-) avvocato
Gabriele Fazzi (Castri di Lecce, 1977-) insegnante
Marco Ferrara (Sarno, 1979-) scrittore
Gaetano Fiaccola (Mortara, 1986-) studente di Ingegneria
Sergio Fissore (Torino, 1956-) consulente in comunicazione
Sandro Fiuzzi (Rimini, 1990-) studente di Lettere
Aldo Fontana (Asti, 1985-) rappresentante
Francesco Foti (Trieste, 1984-) studente di Medicina, musicista
Matteo Fulimeni (Civitanova Marche, 1986-) studente
Daniele Gabrieli (Milano, 1975-) sceneggiatore
Stefano Galdo (Tione di Trento, 1982-) studente di Ingegneria
Emanuele Galvani (Legnago, 1984-) studente/ricercatore
Giovanni Garbellini (Brescia, 1970-) traduttore
Andrea Garofalo (Foggia, 1983-) grafico pubblicitario
Enrico Gastaldelli (Bussolengo, 1981-) grafico
Alberto Gatta (Bergamo, 1987-) studente ricercatore
Vito Danilo Gattullo (Foggia, 1986-) studente
Lorenzo Gemo (Ferrara, 1984) operaio
Sergio Gentile (Messina, 1980-) cantautore
Matteo Giacomelli (Trento, 1979-) ingegnere
Stefano Giaimo (Pordenone, 1981-) studente
Lauro Giobbi (Como, 1975-) tecnico di laboratorio
Vittorio Giordano (Castellammare di Stabia, 1978-) avvocato
Giancarlo Gismondo (Messina, 1984-) studente di Medicina
Pier Giuseppe Giunta (Milano, 1990-) studente
Giovanni Giuzio (Potenza, 1989-) studente di Fisica
Fabio Gori (Pistoia, 1979-) dottorando
Fabio Graziani (Teramo, 1983-) consulente
Federico Graziani (Avezzano, 1982-), studente
Benedetta Greco (Campi Salentina, 1987-) artista
Ciro Greco (Milano, 1983-) dottorando in Psicologia cognitiva
Rosaria Greco (Bologna, 1966-) avvocato
Andrea Grimaldi (Genova, 1984-) studente
Carlo Guglielmini (Ferrara, 1972-) insegnante e istruttore di guida
Maura Guidi (Belluno,1977-) pediatra
Andrea Hoffmann (Varese, 1985-) studente
Alberto Huliselan Canepa (Amsterdam, 1980-) animatore socio-culturale per bambini
Michele Incollu (Lanusei, 1980-) informatico
Paolo Ingraito (Milano, 1982-) musicista
Eugenio Iodice (Eboli, 1983-) studente
Piero Iudiciani (Sulmona, 1982-) dottorando
Piermichele Kobauri (Torino, 1991-) studente liceale

Giorgio Laghi (Faenza, 1981-) architetto
Vittorio Lattanzi (Porto Sant'Elpidio, 1977-) agente immobiliare
Cesare Lazzini (Carrara, 1977-) operatore call center
Andrea Lecca (Cagliari, 1986) grafico
Diego Leonardi (Roma, 1977-) controllore del traffico aereo
Francesco Leonetti (Andria, 1966-) sviluppatore web
Maurizio Lippa (Bologna, 1972-) impiegato
Piero Lisi (Bitonto, 1986-) studente di Informatica
Salvatore Lobina (Villanova Tulo, 1982-) geometra
Alessandro Loi (Torino, 1973-) musicista, insegnante
Fausto Lombardi (Benevento, 1986-) studente
Alex Lovisa (Montebelluna, 1981-) avvocato
PierPaolo Lucchini (Venezia, 1959-) marketing/informatica
Pietro Lusso (Bra, 1958-) autore fumetti
Devan Maggi (Milano, 1968-)
Nicola Magnani (Colorno, 1976-) fisico
Stefano Malandrino (Alessandria, 1985-) ingegnere meccanico
Roberto Mancini (Roma, 1984-) studente
Giorgio Mannelli (Milano, 1975-) consulente aziendale
Giorgio Mantoan (Carpiano MI, 1994-) studente
Michele Marasciulo (Conversano BA, 1978-) ingegnere
Stefano Marchesi (Trento, 1988-) studente
Claudio Margaroli (Borgomanero, 1972-) commerciante
Alessio Marinelli (Ancona, 1982-) software engineer
Domenico Marozzi (Ascoli Piceno, 1971-) ingegnere gestionale
Manuela Marsili (Roma, 1974-) insegnante
Rosario Maruca (Lamezia Terme, 1978-) ingegnere
Davide Marzorati (Como 1987-) studente universitario
Andrea Massaro (Palermo, 1986-) studente
Lucio Massarotto (Pola Croazia, 1982-) ingegnere, musicista
Alessandro Mastantuoni (Napoli, 1980-) responsabile punto vendita
Giovanni Mattei (Nuoro, 1991-) studente
Marco Mattioli (San Giovanni in Persiceto, 1979-) ingegnere
Pio Mazzaro (Salerno, 1975-) dj, insegnante autoscuola
Mara Mazzoli (Foligno, 1982-) farmacista
Emilio Mazzon (Castelletto Ticino, 1962-) traduttore
Barbara Melgiovanni (Casarano, 1983-) escort
Roberto Meloni (Cagliari, 1980-) impiegato precario
Rita Filomena Merenda (Reggio Calabria, 1982-) studentessa
Mario Merola (Agropoli, 1984-) informatico
Marco Messina (Manfredonia, 1979-) ingegnere
Andrea Michielotto (Carrara, 1972-) progettista informatico
Andrea Miele (Treviglio, 1990-) studente
Maurizio Migliora (Londra, 1984-) scrittore
Stefano Miniato (Barletta, 1984-) studente
Massimo Mirandola (Verona, 1971-) informatico

Adelmo Monachese (Foggia, 1983-) studente
Gianni Monaco (Modica, 1981-) studente
Manuele Monsù (Grottaccia di Cingoli, 1983-) studente di Filosofia
Ernesto Montale (Catania, 1975-) ingegnere ricercatore
Federico Montironi (Loreto, 1982-)
Fabio Morasca (Roma, 1983-) disoccupato
Andrea Mori (Firenze, 1983-) studente
Nicola Mosti (Pisa, 1972-) psichiatra
Giulio Motta (Orzinuovi, 1977-)
Yuri Mozetic (Terni, 1979-) ingegnere
Claudio Mucci (Roma, 1978-) disoccupato
Emanuele Musarra (Giarre, 1982-) filmmaker
Nicolò Musmeci (Roma, 1987) studente
Roberto Nadalin (Roma, 1967-) libero professionista
Vito Nanna (Bari, 1984-) impiegato
Valentina Neri (Padova, 1988-) studentessa
Alessandro Oreglia (Cuneo, 1977-) commercialista
Mauro Ottonello (Genova, 1967-) impiegato
Giulia Pacchioli (Milano, 1974-) giornalista freelance
Davide Paolino (Caserta, 1986-) disoccupato
Mattia F. Pappalardo (Salerno, 1984-) studente
Simone Pasqualetto (Genova, 1988-) studente
Davide Passaia (Bovolone, 1983-) perito chimico
Mario Passeri (Firenze, 1981-) disoccupato
Enrico Peano (Cuneo, 1981-) medico
Lorenzo Pedalà (Erba, 1988-) studente
Silvio Perfetti (Milano, 1965-) precario
Roberta Peron (Bassano del Grappa, 1974-) impiegata
Alan Perotti (Castellamonte, 1985-) informatico
Leonardo Pezzuto (Torino, 1988-) studente
Manuel Pica (Lanciano, 1987-) studente
Patrizia Pietrovanni (Roma, 1963-) nullafacente
Carlo Pinciroli (Varese, 1980-) ricercatore
Stefano Pisani (Napoli, 1975-) comunicazione scientifica
Jan Pochobradsky (Washington USA, 1982-) label manager
Simona Podda (Cagliari, 1973-) ricercatrice
Matteo Poles (Treviso, 1978-)
Giovanni Pontano (Genova, 1965-) architetto
Daniele Porcu (Alessandria, 1986-) cantoniere
Gianfranco Preverino (Rivarolo Canavese, 1964-) prestigiatore
Vittorio Principe (Roma, 1982-) videomaker
Davide Priore (Brescia, 1983-) impiegato, spogliarellista
Eugenio Provato (Savona, 1970)
Bastiano Pugioni (Nuoro, 1976-) impiegato/schiavo/anarchico
Filippo Quaranta (Crotone, 1968-) impiegato
Marco Racca (Torino, 1975-) sceneggiatore

Giovanni Rago (Bologna, 1990-) studente
Giuseppe Rallo (Marsala, 1985-) studente
Luca Ranieri (Crotone, 1979-) web designer
Augusto Rasori (Carignano, 1969-) impiegato
Antonio Rauccio (Santa Maria C.V., 1978-) ingegnere
Giuseppe Reale (Campobasso, 1989-) studente universitario
Marco Redaelli (Brescia, 1985-) studente
Andrea Renzo (Torino, 1985-) impiegato
Daniele Rielli (Bolzano,1982-) dj/insegnante
Federico Righi (Modena, 1981-) ingegnere
Papet Rillot (Lecce, 1976-) consulente
Marco Ritter (Palmanova, 1984-) studente
Andrea Romagnoli (Sinalunga, 1982-) sistemista informatico
Piergiorgio Romano (Benevento, 1972-) architetto
Davide Rossi (Milano, 1986-) studente
Edoardo Rubatto (Ivrea, 1985-) studente
Stefano Rubini (Pietrasanta, 1978-) disoccupato
Giovanni Runza (Caltagirone, 1984-) studente
Massimiliano Rusgnak (Trieste, 1979-)
Massimo Russo Tramontana (Germania, 1970-) operatore sociale
Emiliano Sabadello (Roma, 1974-) filosofo
Aldo Saia (Milano, 1942-) pittore
Marco Salvini (Busto Arsizio, 1983-) studente universitario
Gabriele Sanna (Oristano, 1984-) studente
Stefano Sartini (Genova, 1974-) informatico
Fabio Scalese (Salerno, 1984-) informatico
Marco Scalon (Venezia, 1990-) studente
Alain Scherrer (Locarno, 1965-) ingegnere
Marco Sciamanna (Assisi, 1983-) fisico
Alberto Secondi (Sassari, 1984-) studente
Richi Selva (Torino, 1978-)
Pietro Senatore (Cosenza 1987-) studente di Ingegneria elettronica
Eddie Settembrini (Nardò, 1970-) counselor
Leonardo Settimelli (Firenze, 1974-) videomaker
Maicol Sibille (Susa, 1983-) praticante avvocato
Alessandro Signore (Lecce, 1973-) ingegnere
Davide Simonovic (Trieste, 1982-) disegnatore tecnico
Michele Sommariva (Trieste, 1980-) bibliotecario
Gaetano Maria Spataro (Niscemi, 1984-) studente
Franco Spettu (Cagliari, 1990-) studente
Andrea Spinelli (Como,1979-) supplente
Paolo Spinello (Adria, 1968-) libero professionista
Turi Maria Spinozzi (Catania, 1969-) architetto
Francesco Squillace (Reggio Calabria, 1987-) laureato Dams
Sandro Summa (Sanbenedetto del Tronto, 1979-) musicista
Lorenzo Tarantino (Lecce, 1990-) studente

Alberto Terragni (Seregno, 1982-) ingegnere informatico
Ida Testa (Caserta, 1953-) impiegata
Mauro Tetti (Marrubiu, 1986-) studente
Nikitas Thlimmenos (Napoli, 1985-) studente
Stefano Tiburzi (Porto San Giorgio, 1974-) ingegnere meccanico
Giulio Toffano (Venezia, 1984-) studente
Riccardo Tomaselli (Trieste, 1984-) studente
Gian Piero Travini (Cesena, 1983-) studente
Aldo Trevisan (Padova, 1962-) operaio
Stefano Trevisone (Napoli, 1983-) ingegnere
Carlo Trimarchi (Messina, 1981-) informatico
Francesco Turri (Negrar, 1985-) studente
Nicola Ulivieri (Siena, 1970-) ingegnere
Massimiliano Vado (Savona, 1970-) attore
Ezio Vecchi (Monza, 1984-) artista
Alessandro Verdoliva (Castellammare di Stabia, 1985-) studente
Pasquale Vicidomini (Bentivoglio, 1985-) poeta
Marco Viganò (Monza, 1985-) biologo
Emanuele Vigo (Cagliari, 1978-) lavoratore precario
Francesco Villa (Legnano, 1983-) musicista
Luigi Vitali (Genova, 1983-) studente
Paolo Vittone (Torino, 1988-) studente universitario
Luca Zanotti (Rimini, 1970-) impiegato
Nicola Zecchin (Venezia, 1983-) studente
Gianni Zoccheddu (Marrubiu, 1976-) disoccupato
Paolo Zocconali (Roma, 1973-) funzionario compagnia aerea

Indice